U0140619

中国历史文化名人传

真书风骨

柳公权传

和 谷 著

作家出版社

中国历史文化名人传

组委会名单

主任：李　冰
委员：何建明　葛笑政

编委会名单

主任：何建明
委员：郑欣淼　李炳银　何西来　张　陵　张水舟　黄宾堂

文史组专家成员（按姓氏笔划为序）

王春瑜　王家新　王曾瑜　孙　郁　刘彦君　李　浩　何西来
郑欣淼　陶文鹏　党圣元　袁行霈　郭启宏　黄留珠　董乃斌

文学组专家成员（按姓氏笔划为序）

王必胜　白　烨　田珍颖　刘　茵　张　陵　张水舟　李炳银
贺绍俊　黄宾堂　程步涛

出版说明

中华民族五千年文明史中，涌现了一大批杰出的文化巨匠，他们如璀璨的群星，闪耀着思想和智慧的光芒。系统和本正地记录他们的人生轨迹与文化成就，无疑是一件十分有必要的事。为此，中国作家协会于2012年初作出决定，用五年左右时间，集中文学界和文化界的精兵强将，创作出版《中国历史文化名人传》大型丛书。这是一项重大的国家文化出版工程，它对形象化地诠释和反映中华民族文化的基本精神，继承发扬传统文化的精髓，对公民的历史文化普及和建设社会主义文化强国都具有重要而深远的意义。

这项原创的纪实体文学工程，预计出版120部左右。编委会与各方专家反复会商，遴选出在中国文化发展史上产生过重大影响的120余位历史文化名人。在作者选择上，我们采取专家推荐、主动约请及社会选拔的方式，选择有文史功底、有创作实绩并有较大社会影响，能胜任繁重的实地采访、文献查阅及长篇创作任务，擅长传记文学创作的作家。创作的总体要求是，必须在尊重史实基础上进行文学艺术创作，力求生动传神，追求本质的真实，塑造出饱满的人物形象，具有引人入胜的故事性和可读性；反对戏说、颠覆和凭空捏造，严禁抄袭；作家对传主要有客观的价值判断和对人物精神概括与提升的独到心得，要有新颖的艺术表现形式；新传水平应当高于已有同一人物的传记作品。

为了保证丛书的高品质，我们聘请了学有专长、卓有成就的史学和文学专家，对书稿的文史真伪、价值取向、人物刻画和文学表现等方面总体把关，并建立了严格的论证机制，从传主的选择、作者的认定、写作大纲论证、书稿专项审定直至编辑、出版等，层层论证把关，力图使丛书经得起时间的检验，从而达到传承中华文明和弘扬杰出文化人物精神之目的。丛书的封面设计，以中国历史长河为概念，取层层历史文化积淀与源远流长的宏大意象，采用各个历史时期最具代表性的文化符号与雅致温润的色条进行表达，意蕴深厚，庄重大气。内文的版式设计也尽可能做到精致、别具美感。

　　中华民族文化博大精深，这百位文化名人就是杰出代表。他们的灿烂人生就是中华文明历史的缩影；他们的思想智慧、精神气脉深深融入我们民族的血液中，成为代代相袭的中华魂魄。在实现"中国梦"的历史进程中，必定成为我们再出发的精神动力。

　　感谢关心、支持我们工作的中央有关部门和各级领导及专家们，更要感谢作者们呕心沥血的创作。由于该丛书工程浩大，人数众多，时间绵延较长，疏漏在所难免，期待各界有识之士提出宝贵的建设性意见，我们会努力做得更好。

《中国历史文化名人传》丛书编委会

2013 年 11 月

柳公权

左：《翰林帖》局部1

右：《翰林帖》局部2

三塗六趣之中忽當湯

火滄寒荼梏解脱鐘之

功德可思量乎余與威

儀有重廿之舊聞其所

立悦而銘之其詞曰

《回元观钟楼铭》

一切有為法

如夢幻泡影

如露亦如電

應作如是觀

佛說是經已長老須菩提及

諸比丘比丘尼優婆塞優婆

夷一切世間天人阿修羅聞

佛所說皆大歡喜信受奉行

金剛般若波羅蜜經

故是諸眾生無

復我相人相眾

生相壽者相無

法相亦無非法

上：《金剛经》敦煌唐拓孤本
下：《金剛经》局部

上：《刘沔碑》局部

下：《魏公先庙碑》局部

我國家誕受
天命。奄宅區
夏二百廿有

《神策军碑》(宋拓本)局部

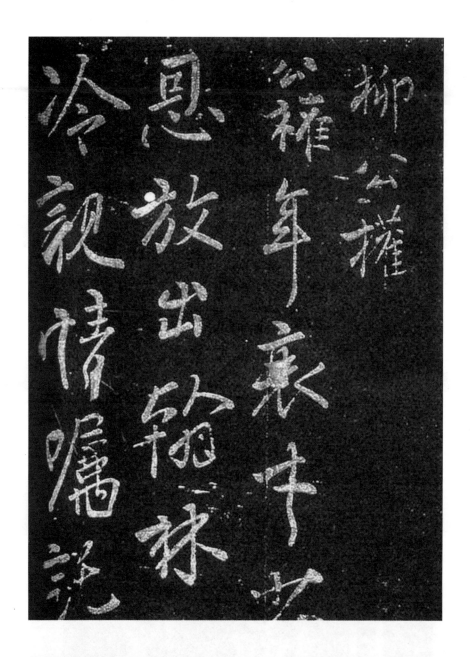

《紫丝革及鞋帖》

目录

第一章

华原柳

　　唐玄宗天宝年间，柳公权的祖父柳正礼官拜士曹参军，从京城长安前往邠州履职。过了渭河，沿着泾河的河谷北上，需要三几天的路程才能抵达目的地。

　　因豳、幽二字易混，唐开元时改豳州为邠州，即今陕西省彬县。柳正礼赴任前后，除遥远的西部边关时有战事外，曾经刀光剑影的邠州地域尚处于和平气氛之中。

　　官居正七品下的柳正礼，履行防御备战的职责，承担着修建维护桥梁、道路、舟车及驿站、舍宅的任务，继而管理辖区的户籍登记和杂徭征集，还得顾及田讼和婚姻等公务，"知籍方可按账目捉钱"，事无巨细，实在是个苦差事。

　　闲暇之余，也不免游览邠州名胜古迹，想寻找一点内心的安静。出城西，就是李世民为母庆寿由尉迟敬德监修的大佛寺。有时骑马东行百十里，去寻访周祖公刘的墓冢，隐隐听得见泾河的水声。

　　天有不测风云。天宝十四年（755），爆发了安史之乱，唐玄宗西逃，马嵬坡兵变，由第三子李亨继位为唐肃宗。战乱时期，在邠州当差的柳正礼提心吊胆，昼夜察看津梁关隘，没有睡过一个囫囵觉，枕戈待旦，度过了一个个难熬的日子。直到战事稍有转机，公务恢复常态，柳正礼才舒缓了一口气。待避乱入蜀的玄宗回到长安之后，又与肃宗在十三天内先后辞世。经历了八年的动荡，大唐帝国由盛转衰，代宗一朝竭力医治战乱的创伤，逐步恢复了安定的局面。

若干年之后，生活在唐朝中后期的柳公权，年少时伫立于华原沟壑纵横的旷野上，或是到了晚年徘徊在唐长安城大明宫的长廊里，他也许遥想到了祖父在邠州做官时的情景，想象不到那里的严冬与酷暑是什么滋味。

祖父柳正礼无疑也是在柳家原乡间长大的，追溯先祖的功德和希冀，官至邠州司户参军，在那里驻扎了多年。按照七十致仕的朝规，老来还是一介芝麻官的柳正礼解甲归田，修身养性之余扶掖后人，还担当了孙子公绰、公权的启蒙老师。

柳正礼之次子柳子温，也就是柳公权的父亲，也是在柳家原长大成人，唐肃宗年间前往长安做官。到了唐代宗大历初年，柳子温离开京都，途经华原柳家原家中，稍加歇息几日，告别家人后继续北上，出任丹州刺史。

丹州，即今延安宜川。此地贡为麝香、蜡烛、龙须席，赋为麻、布。黄河在县东七里，河岸顿狭，乡人呼为石槽，悬水奔流，即今日之黄河壶口瀑布胜景。地处北方边地的丹州，曾经是羌胡之地，自然环境相对恶劣，多种族人口混杂，没有相当的执政经验和魄力是镇守不住的。柳子温想必既如履薄冰，又权衡左右，恪尽职守，才从刺史这一官职位置上得以引身而退的。

官至正六品的柳子温，在丹州刺史任上政绩如何，史册几无记载。可以想见的是，柳子温必定珍重历史赐予的好机遇，在官职品位上比父亲高出一筹，是凭借才智和实干得以擢升的。他虽然没有煊赫的政声，亦无劣迹，只是按部就班地致仕还乡，在华原柳家原偏僻的田园中，度过了平淡无奇的晚年。但他最为上心的恐怕也是教育子孙，以期子孙在功名上青出于蓝，续写华原柳氏未竟的理想。

柳子温的长兄柳子华，乃柳正礼之长子，也就是柳公权的伯父，在官职品位上高过胞弟。唐代宗永泰初，柳子华为严武西蜀判官、迁成都令。

柳子华仕途畅达，是凭借了西蜀长官严武的提携。严武虽属凶悍武夫一个，亦雅好作诗，此时杜甫因避乱入蜀，官员诗人严武带着酒肉来看望，便荐杜甫做其幕僚为检校工部员外郎，便有了"杜工部"之称谓。作为严武密友，又同样擅于诗文的柳子华与杜甫也有过几番交集。之后，柳子华远赴今安徽西南部的长江港口，迁池州刺史，励精图治，也饱览了江南如诗如画的风景。

从池州回到唐长安的柳子华，"入为昭应令，知府东十三县捕贼，寻检校金部郎中、修葺华清宫使。元载欲用为京兆尹，未拜而卒。自知死日，预为墓志。"（《旧唐书》柳公权传附）距唐长安城六十里地的华清宫，自古以来就是游览沐浴胜地。旖旎秀美的骊山风光，自然造化的天然温泉，吸引了在关中建都的历代天子。柳子华既然胜任修葺华清宫使，不仅需要周密干练的组织实施才干，尚须有文化底蕴和对建筑艺术的审美水准。无疑，他是难得的人选。

作为修葺使的柳子华，当然熟知华清宫的来龙去脉。周幽王修建骊宫，秦始皇砌石起宇骊山汤，汉武帝重新修葺，北周武帝造皇堂石井，隋文帝重加修饰，唐太宗营建汤泉宫，到了唐玄宗几经扩建，新宫易名华清宫。至此，华清池成了唐玄宗与杨贵妃爱情罗曼史的发生地，先后十年间的每年十月，唐玄宗都要偕贵妃和亲信大臣来华清宫避寒，直至翌年暮春才返回京师长安。安史之乱，使得大唐王朝从巅峰直落而下，华清宫也由盛转衰。

帝国积重难返，华清宫事过境迁。白居易的《长恨歌》脍炙人口，华清池犹如一件精美绝伦的瓷器，只可惜已经被摔碎了。柳子华的修葺华清宫使，惨淡经营，不管如何尽职尽责，殚精竭虑，却像把破碎的精美瓷器重新粘连起来一样，再也无法恢复大唐王朝昔日的辉煌。当朝宰相元载运气正好，欲用德才兼备的柳子华为京兆尹，未拜而卒。其预料到死日将至，已经提早给自己制作好了墓志，人都称他有自知而知人之明。

柳公权的哪一位先祖为华原柳氏之始祖？说法不一。

据耀州史志《柳氏世系考略》称，柳公权的祖籍地为河东，即今山西省永济市，传至晋太常卿、平原太守柳纯的六世孙柳懿，徙居京兆华原，即今陕西省铜川市耀州区柳家原村。柳懿，官至北魏车骑大将军、汾州刺史。其子柳敏，北周时为礼部中大夫。其孙柳昂，隋初授上开府，官拜潞州刺史。柳公权乃华原柳氏第十一世孙。

隋唐京兆华原，后亦称耀州。明朝邑人乔世宁所撰《耀州志》，考证《唐书》宰相表柳氏表云："又有显河东者九十人，徙襄阳显者三十八人。河东者自汝南太守耆，襄阳者自耆弟平阳太守纯，华原者徙自纯六世孙懿，合一百五十余人。故当时称世胄者，推先焉。"据此，在而后华原的地方史志中，均称柳懿乃河东柳氏迁居京兆华原之始祖，时在北魏末隋初。

笔者考证，车骑大将军柳懿，在北魏时居于河东蒲州，年纪轻轻就下世了，不然不会丢下九岁的儿子柳敏。后在北魏做了河东郡丞的柳敏，曾带领河东郡十二万户民众归附西魏宇文泰，成了北周的重要谋臣。柳敏在长安为官时，朝廷动荡，官职危机四伏，晚年赋闲到去世也是在河东老家。由此推论，柳懿的孙子柳昂，生于河东，长于长安，盛年为官隋初，当是实际意义上的河东柳氏迁居京兆华原之始祖。若追索三代，华原地方史志的记载也情有可原。如果仔细推算柳懿、柳敏、柳昂三代人各自的履历，迁居时间应为隋初柳敏逝世之后，他的儿子柳昂所为。

按说，先祖柳昂不是一个落难逃亡者。隋文帝杨坚任北周丞相时任柳昂为大宗伯，授任之日就得了中风病，不能就职治事，待病痊愈后隋朝开启，加授上开府，官拜潞州刺史（《周书》列传卷三十二）。柳昂功成名就，迁居华原后他又要折回来前往潞州履职，理应志得意满才是，然心里却像压了一块石头。为什么离别故土另择栖居地，是时世所迫、家道破落还是遭遇年馑，而后落脚的地方又不是别处，却是都城以北百里外的京兆华原。

在北魏以往的体制下，地方士族通过门阀和乡议便可入仕并获美差。新兴的隋朝，"隋氏罢中正，举选不本乡曲，故里闾无豪族，井邑无衣冠。"（《通典》卷十七选举）一些士族开始舍弃故乡家业，因赴考而迁徙移居，前往全国政治中心的京兆长安和洛阳。一部分士族由于在外地做官，亦从旧籍另迁新贯，设籍或归葬于两京地区。柳公权的先祖柳昂，出自家族的传承与子嗣的发达，也不得不辞别故土，背井离乡而北迁。

为何选择华原为新的栖息地，自有缘分。河东柳氏涉足京兆华原，不自柳昂始。柳氏一族乃河东世家，同族柳僧习曾在北魏时当过北地郡太守（《北史》列传第五十二）。其子柳庆曾任宜州刺史（《周书》列传第十四），之后称为华原的县域隶属北地郡与宜州管辖。也就是说，柳昂是步同族之后尘踏上这片土地而落籍的，起先自有一番氏族人脉的铺垫。

溯其渊源，柳氏肇基于姬公后裔柳下惠，秦时柳安始居河东解，即今虞乡（《柳河东集》卷十二）。传至隋朝晋州刺史柳敏，已逾二十四世（《河东柳氏先祖世系表》），为河东郡丞，率十几万户百姓归附西魏，宇文泰嘉奖说："今日不喜得河东，喜得卿也。"于是拜柳敏为丞相府掌记室，负责接待四方宾客以及监督朝中吉凶礼仪诸事，迁为尚书（《北史》卷六十七）。北周建立后，调任鄜州刺史，柳敏以病告假未上任。

这时候，柳敏之子柳昂羽翼渐丰，以才干为周武帝重用，任内史中大夫，掌有书写诏诰之任。自杨坚称帝建立隋朝，授柳昂上开府。父因子贵，柳敏被授太子太保称号。也许是乐极生悲，柳敏于隋朝开皇元年（581）溘然长逝（《周书》列传卷三十二）。柳昂不曾见过祖父柳懿一面，祖父的灵魂已随北魏王朝一起沉入了历史烟云。英名一世的父亲柳敏，却也是命运多舛，在城头变幻大王旗的乱世风云中宠辱不惊，沉浮自若。然而，隋朝的开国钟声，恰好又敲响了他老人家的丧钟。柳氏这一支脉的前景，就看柳昂的造化了。

别了，黄河东岸隐隐远去的老家。待车马渡过摇摇晃晃的黄河浮桥时，柳昂不禁长出了一口气，开始逆渭水岸边的官道一路向西，朝着京都大兴城的方向前行。望着悠悠的渭水，初任隋朝显宦的柳昂理应踌躇满志，前去的地方是新帝王的京兆之地。他的这一支河东柳氏血脉，是否能够在华原扎下根来，以图续写荣耀，总还是自信的。北迁的车马经过曾经是汉长安城的龙首原，这里已经建起了隋朝的大兴城。

位居朝廷上开府的柳昂，在京城购置了房产，但他的理想栖息地并不在都城，而是早已踏勘好了的京兆华原。他在那里购置了田产，动工打窑造屋，修建一处乡间别墅，老来归田是再惬意不过了。新的华原柳氏庄园，当是柳昂在京城宅邸之外一处理想的归宿。君不见，历朝历代在朝廷不管当多大的官，都会有告老还乡的打算，然后把尸骨埋在属于自己的土地里。不像皇帝，哪儿也去不了，一直待在皇宫里，死后再掩埋于旷野上的皇家陵园。

柳昂携家眷在大兴城宅邸住了一些时日后，从华原带来消息说，那里的柳氏庄园已经落成，随时可以前往居住。柳昂一家即乘坐马车，离开京城朝北行，眼前是一马平川、沃野连绵的开阔景象。

隋唐时期，延州道为长安北去的三条驿路之中路，商旅多经行东渭桥、高陵、三原进入华原县泥阳驿。漆水与沮水环抱的这块土城，其形如船，所谓二龙戏珠之穴位。华原曾是华夏传说中的帝王阴康氏的治地，阴康氏为了解除水患给先民造成筋骨瑟缩的疾病，使之活动关节、通畅血脉以恢复健康，从而创制了最初的中国舞蹈（《吕氏春秋》古乐篇）。此地在西汉景帝二年（前 155）设铜官县，三国魏黄初元年（220）改为泥阳县，隋朝开皇六年（586）易为华原县。

而华原城仍旧不是柳昂此行迁居的目的地，只是租住了一处上好的院落客居了几日。再北上几十里，翻沟过梁，沿着赵氏河的支岔蜿蜒而上，进入丘陵沟壑间的小道，抵达一处葫芦状的山原，便是目的地，也就是新营造的一处庄园。后来，这里便依据河东柳氏的华原一支叫作柳家原。这样，河东柳氏的一支后裔从东到西再往北，一路鞍马劳顿，自柳昂始，从此开辟了华原柳氏之先河，在柳家原扎下根来。

柳昂仕北周时，历职清显，为朝廷所重。北周建德四年（575），北周武帝宇文邕讨伐北齐途中患病，不能说话，眼睑垂下盖住眼睛，一脚抽缩不能行走。内史柳昂很着急，找来梁武帝时领殿医师姚僧垣，治其痊复。宣政元年（578），北周武帝出行到达云阳，竟然卧病在床，于是召姚僧垣赶赴云阳。

内史柳昂私下问："陛下饭食减少时间长了，脉象怎么样？"

姚僧垣回答："陛下是天子，上承天意，或许不是我力所能及的。如果凡人百姓那样，无人不死。"（《北周书·姚僧垣传》）

北周武帝驾崩，长子宇文赟面无哀戚，抚摸着脚上曾被父亲惩罚的杖痕，大声对着棺材喊道："死得太晚了！"宣帝宇文赟即位只有一年，柳昂尽管"稍被宣帝疏，然不离本职"（《周书》列传第二十四）。

杨坚称帝后，柳昂外放为潞州刺史，似乎有点仕途不得志的征兆，与同族任华州刺史的从兄弟柳机惺惺相惜。在一次由隋文帝所主持的宴会上，在中央为官的显贵右仆射杨素得意地说："二柳俱摧，孤杨独耸。"意思是说你们都完蛋了，我就钻天上去了。这近似一句玩笑话，却让二柳从兄弟大伤自尊。政治斗争向来是残酷的，大臣们的宦海浮沉是常有之事。如此奚落，杨素既暗示自己上升的地位，又显示了二柳的清寂处境。二柳虽然无奈，但也只是苦涩一笑了之（《隋书》卷四十七列传第十二）。

柳昂受任刺史的潞州，即今山西长治。他认为隋朝形势已趋安定，正是乱极思治、强化风俗教化、推行劝学行礼的好时机。于是，便郑重地向隋文帝呈了一篇奏章。"昂见天下无事，上表请劝学行礼。上览而善之，优诏答昂。自是天下州县皆置博士习礼焉。"（《周书》卷三十二列传第二十四）

柳昂在奏章中写道:"臣闻帝王受命,建学制礼,故能移既往之风,成惟新之俗。"大意是,我听说帝王承受上天的旨命,举办学校定礼仪,所以能够转变过去的陈旧风俗,形成现在的新风俗。

进而劝谏隋文帝:"若行礼劝学,道教相催,必当靡然向风,不远而就。家知礼节,人识义方,比屋可封,辄谓非远。"大意是,如果实行礼教,鼓励兴学,道义教化互相促进,必定能顺利推行,不久就会有所成就。家家懂得礼仪节操,人人通晓行为的规范,这样,家家户户就都能具有受封官爵的道德规范了。

隋文帝看到了柳昂的奏章,颇以为善,即下了一道诏书,开篇为"建国重道,莫先于学,尊主庇民,莫先于礼"。诏书首先把文化教育提到了一个高度,让天下人勤于学习。几百年的乱世沉重打击了文化教育,使得社会上"务权诈而薄儒雅,重干戈而轻俎豆",百姓们不重视道德,你争我夺,尔虞我诈。要求全国建立健全文教制度,地方官员要大力宣扬教化,百姓在非役之日和农忙之余学经习礼,目标是让全天下都"知礼节,识廉耻,父慈子孝,兄恭弟顺"。

《隋书》不吝啬篇幅,全文记载了与柳昂奏章紧密关联的隋文帝诏书。而皇家的身体力行,为民表率,是一件极为重要的事。其实,皇家子弟受到过良好教育,对皇位的争夺反对兄弟相忌,父子相残,伦常乖离,要想教化行于天下,不亦难成。繁盛十多年后,因为战争又造成学校荒废,师徒怠散,空有建学之名,而无弘道之实。但是隋朝扭转乱世积习、重拾文教的努力是功不可没的。

柳昂死于潞州任上,可谓鞠躬尽瘁。最终的归宿,应该是他开创的京兆华原。这是他当初北迁时就预料到了的,未能在这里享受几天乡居的清闲日子,却客死于任上。千里归葬,风雨飘摇,尸骨总算掩埋在了自家庄园的山原上,生死相依,灵魂也安妥了。

"昂在州甚有惠政。卒官。子调嗣。"(《周书》卷三十二)柳昂之子柳调,历任秘书郎、侍御史,掌管图书经籍收藏及校写,掌记录朝廷动静,纠弹百官朝仪。

柳调也是颇有性格的，对专权时的左仆射杨素就毫不客气。有一天，高大威武的杨素在朝堂上见到身材消瘦的柳调，故伎重演："柳条通体弱，独摇不须风！"是说你看你柳调，通体文弱，你不须风吹独自就这般摇摇晃晃。

柳调收敛住刚才的微笑，一脸正色，执笏抗言说："照你老人家这么说，柳调我好像没有什么可取之处，不当以为侍御史。可我柳调自信有可取之处，你老人家不应发此言。你老人家当具瞻之地，言行乃君子之枢机，何以轻发此言语。"（《隋书》列传卷十二）

杨素不料，官职比自己低许多的柳调竟然有此抗议，只是忍其责备而已。杨素曾对柳氏从兄弟柳机和柳昂说过"二柳俱摧，孤杨独耸"，使其无奈，如今又来贬损柳氏后辈，却遭到言辞凿凿的反讽而大失颜面。

隋炀帝嗣位，柳调"累迁尚书左司郎中。时王纲不振，朝士多赃货，惟调清素守常，为时所美。然于干用，非其所长"。（《北史》卷六十七）柳调官至侍御史，老来致仕，便离开朝廷回到了父亲开创的华原柳家原，算是过了几年田园生活。整日面对自然界的庄稼和草木，在四时变化中，渐次将自己融入了长眠的冬夜。

参阅《河东柳氏先祖世系表》文本，柳调之嫡系后裔没有记载。柳调有一个从祖弟柳道茂，之后的班辈顺序为柳孝斌、柳客尼、柳明伟、柳正礼、柳子温、柳公权。

而耀州史志文本的《柳氏世系考略》则称，柳懿、柳敏之后"只一传"。柳敏从兄柳五臣官水部郎中，柳宝积为职方员外郎。柳五臣之子柳明湛官和州刺史，从子柳明伟官义川令。柳明湛之子柳正元官大理评事，柳明伟之子柳正礼官邠州司户曹参军。

因辈分秩次在不同文本中的差异难以疏理，只能大概判断出其间的来龙去脉。相同的一点是，柳正礼系柳公权的祖父。

笔者推测，有一种假设，北迁京兆华原的始祖柳昂，继之柳调，之后的嫡系子孙无继，或许没有值得书写的官宦履历，或有沦为庶民百姓的可能。而柳调的"从祖弟"柳道茂人丁兴旺，从初唐至盛唐均有显宦辈出。

三十年河东，三十年河西，谁也保证不了一个支脉一直拥有功名，永垂青史。华原柳氏在隋初至唐中期的支派延续，一直到柳公权一辈，起码有两次"从兄弟"为继的记载。

急功近利的隋炀帝，未能与建立民生顺遂的社会局面相适应，从而走向衰落。短命的隋朝，至隋恭帝杨侑禅让李渊，隋朝灭亡，国祚不过三十八年。一个生机勃勃的大唐帝国，应运而生。

唐朝建立后，属于关中郡姓的河东柳氏，虽说与李唐王朝有这样那样的关联，在宫廷动荡中却也难以避免遭遇不测。柳公权先祖的柳氏另一支脉，柳宗元的先祖柳奭官至唐高宗朝宰相，可谓显赫一时，却晚节不幸，以大逆罪被诛。至于辈分，柳公权与柳宗元的父亲柳镇为同族从兄弟，只是早已出了五服。

按照《河东柳氏先祖世系表》推测，迁居华原的柳昂之子柳调，在隋炀帝朝官至尚书左司郎。之后历经唐高祖、太宗、高宗、武周、中宗、睿宗，这一支脉显然仕途不继，被置于唐朝主流社会之外，朝里已无人做官了。他们蛰居于华原柳家原乡间守候家业，春种秋收，纳粮进贡，繁衍子孙后代。也试图通过科举入仕自我挣扎，以期东山再起，却屡试不第，只好回家作务稼穑，或为小吏杂差，不得而知。几番起死回生，逐渐由以往的家族荫官向科举入仕转化，终于至玄宗朝，这一支华原柳氏才从社会底层崭露头角，出了一个正七品下的柳正礼。

论及官阶，先祖柳调的尚书左司郎中，以至柳昂的上开府，与柳公权的祖父柳正礼可谓天壤之别，几乎不可同日而语。从柳调之后家族仕途命运的一落千丈，到百年孤寂后的复苏，华原柳氏不啻经过了多么艰难的风雨历程。这一支士族世家由盛转衰、又由衰转盛，始终不曾丢失的是血脉和气节，是家风家学，就像一粒被丢弃的种子，一旦遇到墒情就会重新发芽，焕发出生命的力量，长成参天大树。

而据耀州史志文本的《柳氏世系考略》，华原柳氏进入唐朝之后，几辈人均有官至水部郎中、职方员郎、和州刺史、义川令、大理评事的记载。从柳正礼之后，长子柳子华官池州刺史，次子柳子温官丹州刺史。这样，华原柳氏也就不是百年孤寂，而是兴盛百年了。

唐代宗广德元年（763）七月一日，京都长安的天空分外晴朗，群臣上代宗李豫尊号为"宝应元圣文武孝皇帝"，十一日赦天下，改元广德。这一年，史朝义自缢死，安史之乱告终。

两年之后，唐代宗永泰元年（765）某月某日，京兆华原柳家原村的人们奔走相告，传递着一个喜人的消息，柳子温得了一个儿子。

第三日，作为孩子伯父的柳子华急切地前往探视，看见大侄儿一双天真而睿智的眼睛，欣慰地笑了。

他转过身给弟弟柳子温说："保惜此儿，福祚吾兄弟不能及。兴吾门者，此儿也。"意思说，光大我柳家门庭的，是这个儿子。

因以"起之"为字，名"公绰"。绰，即宽裕，舒缓，宽绰，绰绰有余。而从糸，从卓，比喻长可拖地的丝绸服饰。起之，起来！是华原柳氏好兆头。

父亲柳子温会意地点点头，母亲崔氏自然也乐不可支。

过了十三年，唐代宗大历十三年（778），柳子温次子出生，起名公权。

公，上面是八，表示相背，下面是厶，私的本字，与私相背，即公正无私之意。权，繁体为从木、雚声，即权利、权力。

这是一个朝政衰微而文豪辈出的特殊年代。柳公权出生这一年，书法家颜真卿七十岁，文学家韩愈十一岁，白居易、刘禹锡七岁，柳宗元六岁。

第二章 少年书生

柳子温的长子柳公绰出生的这一年，为唐代宗永泰元年，即公元七六五年，是大唐王朝遭遇安史之乱的终结之年。而从凤翔以西、邠州以北的河西陇右之地，皆为吐蕃所占领，大唐并非天下无事。

柳子温次子柳公权，比胞兄柳公绰晚出生十三年，时值唐代宗大历十三年，即公元七七八年。

柳公权出生在柳家原崖畔的土窑洞里，抑或是原顶上的瓦屋里，不得而知。这一带的地貌沟壑纵横，自古以来，人们借助崖畔的黄土断面开凿窑洞，所谓以穴而居。若建造土木砖瓦结构的厦房，则需要更多的成本。这时候，柳公权的父亲已经官居丹州刺史，用积累的俸禄建造一处像样的大房院落，应该不成什么问题。所以不排除柳公权落草于相对阔绰的厦房里。

笔者曾寻访柳公权的故居，当地人的说法是崖畔上的一处荒草凄迷的窑院。一棵传说为柳公权手植的皂角树，尽管树冠不大，粗壮且中空的树干足以说明它的树龄已越千年。但从塌陷的窑洞样式看，其窑院顶多是清代到民国年间的遗物。一位村民说，多年前曾在原顶的开阔处挖掘出一件硕大的础石，说明柳氏在兴盛时有过高屋大院的。

柳公权出生的年份，柳家原这个小村子隶属稠桑乡，距华原县城四十里。唐玄宗时由原先的关内道始置京畿道，下辖京兆府之华原。之后到了唐天祐元年（904）于华原置茂州，翌年改为耀县，华原的称谓先后存在了三百余年（明代乔世宁《耀州志》）。

华原地处关中平原与渭北高原接壤地带，属桥山山脉南支与鄂尔多斯台地南部边缘，素有北山锁钥、关辅襟喉之誉，是京城通向朔方的天然门户。因在地理位置上处于关中传统农耕地带的边缘，演绎过多次民族征战与融合的历史风云。这里的风土民俗不仅积淀着农业文化的遗存，也保留了游牧部落的习性，本分好客又强悍冷倔，忠厚老诚又精明过人，守候传统又有着社会变革的期望。

柳公权在知书达理之后，咀嚼再三，寻思先祖柳昂为何选择了这里定居，一定有其充分的理由。这里是典型的黄土台塬地带，远古以来，从北方鄂尔多斯高原吹来的漫天风沙，在临近渭河平原的丘陵间堆积成了厚厚的泥沙粉尘，经过长期的积淀和雨水冲刷，形成了阔大的沟壑。地势北高南低，雨水顺流而下，将偌大的原野切割成了无数斑驳的碎片，形成了层层叠叠的台塬。远远望去，如同黄褐色的虎纹斑，雄奇而苍茫。柳家原地势偏高，比较平坦，是两条大沟护佑的一片城堡似的土原，状若龟盖，视野辽阔。

柳家原因三面临沟，只有一条被当地称为崾崄的山梁可供出入，易守难攻，可谓一夫当关，万夫莫开。柳氏家族在近几代，都是从中原逐鹿与北方游牧部落的轮番征战的动乱中拼杀出来的，深知栖居地的安全比什么都重要，从防御角度讲，这里的地形是如同葫芦状的半岛，应该是理想的。华原地带，向来是北方草原部落袭扰关中长安的跳板，一旦攻破北边桥山的石门关，便可顺地势一路南下，所向披靡。假如有铁骑袭来，柳家原的周围沟壑纵横，驿路缠绕，迷魂阵一般，要找到这里是很难的。远离大道驿站，又曲里拐弯儿，曲径通幽，到了这里也是到了乡间土路的终端。

土地是人的立身之本，农耕时代的土地是判断一个士族或一个人价值的基本参照物。有功之臣，皇上要赐予土地，所谓邑若干百户、千户以至万户侯。京城的富豪商贾，也在乡下置地或圈地作为资产或遗产。大户人家、殷实人家、破落人家的贫富区分，往往是以土地多少为衡量标准的。土地是无价宝，不占有土地的人只能是贫佃户雇工，是务农的庶民。华原北部相对于渭河平原偏僻一些，但土地相对宽松，尽管是沟壑台塬，并不特别影响土地的质量。虽然大部分是旱地，风调雨顺的话，照样旱涝保收。可见，先祖越过炙手可热的京兆渭河平原和泾河两岸，而选择在渭河支流的台塬一带置地落籍，是有其睿智眼光的。这里远离喧嚣的都城，有田野的自然景象，再说，城头的大王旗若有变幻，华原别墅当是相对安全的处所。

达则入朝做官，穷则退避田园事农，不失为明智之举。而后的华原柳氏在一百多年的盛衰沉浮中，蛰居乡野，再图崛起。说柳家原是一处耕读传家的宜居之地，甚或是陶渊明梦中的桃花源，一点也不过分。恬静，寂寥，可谓荒僻而诗意的栖息之地。

柳氏一族的老根在黄河以东的厚土之上，分蘖一支于渭水之北华原的旷野上，重新起根发苗，竟也枝干茂盛，郁郁葱葱。从而，华原柳氏伴随隋唐时代的风起云涌，显赫或者沉寂，延续了近五百年之久。

柳公权上世来的这一年，朝廷发生了几件边关战事，引起丹州刺史柳子温与少年柳公绰的关注。当然，柳公权大睁着婴儿天真的眼睛，对事理的感知尚处于混沌状态。

七月十四日，郭子仪奏言：“回纥兵尚在塞上，随时可入，边人恐惧，请遣邠州刺史浑瑊帅兵镇振武军（今内蒙古托克托），代宗从之，回纥于是引退。”（《中国历史纪事》）

到了八月，吐蕃二万余众入侵银、麟二州，郭子仪遣李怀光等击破入侵者。接着，吐蕃万骑直下青石岭，逼近泾州，代宗诏郭子仪等击退。

也就是说，安史之乱平息以来，局部战争的阴云不时在西北部的天空笼罩着。等到少年柳公权略晓世事，就与稍有见识的长兄柳公绰开始谈论农耕时令之外的大事，一知半解地纵横古今，捭阖国情民意。

年幼时，柳公绰对父母孝顺，对兄弟友爱，性格严整，品质庄重，行为都有礼法。写的文章文雅不俗，不是圣贤的书不读（《新唐书》卷一六三柳公绰传）。这对胞弟柳公权来说，是一种无形的影响。

兄弟俩遇到疑难的家庭往事或人情世故方面的迷惑，不大清楚的事情，就请教父亲。

父亲曾说道，北魏时，河东柳氏先辈柳僧习，曾在此地当太守，写得一手好隶书，也是最早涉足华原的柳氏族人。接着，柳僧习之子柳庆步其后尘，在北周武成年间做过宜州刺史，颇有官声。

柳庆起初在北魏做官，充任雍州别驾。有名商人带了二十斤黄金到京城做买卖，寄住在一家客栈中，每次出门总是随身携带宝箱的钥匙。不知道为什么，房间紧闭，金钱却全部消失，他认为是客栈老板所偷。客栈老板经不住官府严刑拷问，便无辜负罪。柳庆听到这个消息后却表示怀疑，询问商人："平日钥匙放置何处？"商人答："经常自己带着。"又问："你可曾同别人一同住宿过吗？"答："不曾。"再问："曾与人一起喝酒吗？"答："前一阵曾与一位僧人痛饮过两次，醉得大白天就睡着了。"柳庆判断，房主人只是因为刑讯痛苦才被迫认罪的，那个僧人才是真正的小偷。于是立即派人追捕。出家人在偷得黄金后虽然逃逸，仍被柳庆捕获，寻回商人所丢失的黄金。

广陵王元欣是魏皇室的亲族，他的外甥孟氏屡次横行不法。有人告发孟氏盗牛。柳庆将其逮捕审讯，确认情况属实，立即下令把他监禁起来。孟氏完全没有一点害怕的神色，竟然对柳庆说："今天你如果给我戴上了镣铐，以后你又该用什么方法放掉我呢？"元欣也派人辩解外甥无罪，孟氏因此更加骄横。柳庆就召集僚属吏员，公开宣布孟氏倚仗权贵虐害百姓的罪状，施以笞刑。从此以后，皇亲贵族收敛气焰，不敢再侵害百姓。

父亲柳子温还说道，唐天宝初年，河东族人柳镇中了进士，在至德年间出任华原县尉，后任太常博士。柳镇少乐闲静，不慕荣贵。曾自司州游上元，爱其风景，于钟山之西买地结茅，开泉种植，隐操如耕父。其左右居民皆呼为柳父。这个柳镇，与华原柳氏同宗同祖，也就是后来名声大噪的柳宗元之父。柳宗元比柳公权大五岁，柳子温也不曾料到，这两个柳氏后生会在日后有多大的造就。

到了唐乾元初年，华原县衙发生了一桩大事，街谈巷议，传得沸沸扬扬。柳公绰、柳公权兄弟俩出于好奇，欲知事件真相，一再追问下，父亲柳子温便道出了其中缘由。

华原有一个叫卢枞的县令，因为公事责备过同乡人齐令诜。这个齐令诜是一个心胸狭窄的宦官，便对县太爷卢枞怀恨在心，设计陷害卢枞，使其获罪。经复查后认为，卢枞应当免官，并以官吏迎合上级律条以死罪论处。

朔方节度使张齐丘之子张镒，因祖上功业授任左卫兵曹参军，郭子仪上表任用其为元帅府判官。状告华原县令卢枞的案子到了张镒手里，他明察秋毫，发现其中冤情，便愤愤不平。张镒回到家中，就告诉母亲说，如今为卢枞申诉，卢枞免于死，而我则获罪贬官无疑。沉默不语则有负国家，贬官又为太夫人添忧，请问如何能使您安心？母亲说，儿不要有负于道义，我就安心了。于是，张镒坚持纠正对卢枞的处罚，卢枞得以流放，张镒则被贬为抚州司户参军，后改任晋陵令。江西观察使张镐上表任命张镒为判官，又升为屯田、右司二员外郎。张镒为母亲守丧，以尽孝闻名。

柳公绰和柳公权兄弟十分敏感，也富于好奇心，缘起华原县令卢枞吃官司之事，关注到了这个值得敬佩的张氏世家。听说张镒的父亲张齐丘，特别信奉释氏。每天早晨穿上新衣服，拿着经书在佛像前念金刚经十五遍，坚持不懈几十年。在做朔方节度使时，衙门内有一个小将犯了罪，怕事情败露，于是就煽动几百个军人商定谋反。张齐丘退出衙门，在小厅里闲走，忽然有几十个兵士，亮出兵刃走进去。妻子、女儿和奴婢叫喊着冲出门来，说有两个甲士进了厅屋。衙内的卫士听说兵变，带兵器闯入，走到小厅前，看见十几个人站在院子里，垂手而张口，把兵器扔在地下。有五六个人说不出话来，其余的人都自首说，欲要上厅，忽然看见两个甲士几丈高，瞪着眼睛叱责，就像中毒一样。卫士上前，就把他们擒住了。张齐丘听说之后，好像醒悟到什么，便断绝了酒肉，信了佛法。

后边还有故事。建中二年（781），张镒授任中书侍郎。因两河用兵，皇帝下诏减少御膳和皇太子的食物，张镒上奏减少堂餐钱和百官官俸的三分之一，来资助国用。朱泚率领卢龙军戍守凤翔，皇帝挑选人来代替，看着张镒说："文武兼备，望重内外，没有人能取代你，希望你能为朕安抚卢龙军。"之后，张镒在朝廷任工部尚书判度支，因为奏事称职，代宗皇帝当面许诺要封他为宰相，待他特别好。张镒天天盼望着下诏书，但几十天过去也没有消息。忽一日，张镒晚上梦见有人推门急忙而入，大声说道："恭喜你调任拜相了！"张镒惊醒，想屋里屋外都没人，这是怎么回事呢？少时，有走马吏来报告说："诏书下！"张镒果然被封为中书侍郎平章事，也就是拜相了。

先前，华原的又一个县令叫顾繇，也惹了官司，只是运气没有后来的卢杞好，少了贵人相助，流落异乡。此案涉及到当朝宰相元载，不是不报，时机未到，唐代宗大历十二年（777），元载因贪贿被杀。

这一年，柳公绰十二岁，略知世事，柳公权则是于次年才出生的。等柳公权长到听懂故事的时候，就缠着父亲柳子温给他讲贪官元载被杀的来龙去脉。

早在唐永泰元年（765），华原县县令顾繇胆识过人，上书举报说，元载的儿子元伯和等人揽权受贿。没料到，举报人顾繇因此获罪，被流放到了锦州。元载的儿子元伯和黑恶势力很大，朝内外知名。元载在中书省时，他的丈人把房子卖了，来投奔他想谋一职。元载审度他的丈人，不能任职，便写了一封致幽州官员的信叫丈人拿走了。他丈人既惋惜又很生气，不得已只好拿信走了。到了幽州，想到自己破产而来只得了一封信，信若写得恳切还有希望，他便把信折开看了，信上没有一句话，只有元载的署名。他非常悔恨，想回去，可是已经走了千里路，便抱着一种试试看的心理去拜访院僚。院僚问："你既然是相公丈人，能没有书信吗？"他说："有。"判官大惊，立刻叫拜访者上来讲话。一会儿，有人捧一木箱，他便把信投入箱中，然后便到上好的馆舍住着。他住了一个月才辞别而去，走时还奉赠一千匹绢。

肃宗时，元载因与掌权宦官李辅国之妻同族而受到重用，管理漕运。李辅国向肃宗举荐元载当宰相，天子迫不得已，只好点头。大历五年（770），势倾朝野的宦官鱼朝恩日益骄纵，代宗终于愤怒了。一贯与鱼朝恩不睦的宰相元载，趁机奏请诛除鱼朝恩，遂以重金贿结其左右心腹。可谁曾想到，刚刚摆平了这个弄权自专的奴才，自诩除恶有功的宰相元载又复坐大。从此结党营私，卖官鬻爵，致使朝廷贿赂公行，比鱼朝恩有过之而无不及，中枢政治一团糜烂。到了大历十二年（777），代宗决意整肃，遂下诏赐死元载。

由此可以见得，一个小小的华原，与京城朝廷的人脉瓜葛。无怪乎，当初华原县令顾繇，上书举报元载儿子元伯和等人揽权受贿，是跟自己过不去，因此获罪被流放，似乎是自讨没趣。然而这种无畏的精神，却不能不令人钦佩。元载父子，终是没有逃脱罪有应得的下场。

父亲柳子温明白这些道理，在华原长大的儿子柳公绰、柳公权及后辈人，其为人为官的品行也自然受到深刻影响。

在华原做过县令的另一个人是武元衡，曾让少年时代的柳公绰、柳公权兄弟为之羡慕。

武元衡的政治背景显赫，为武则天曾侄孙。曾祖父武载德，是武则天的堂兄弟，官至湖州刺史。祖父武平一，善于写文章，官至修文馆学士。武元衡少时天资聪颖，二十六岁时参加科举考试，因诗赋文佳，金榜题名，位列进士榜首。

柳公绰比武元衡小七岁，武元衡中状元时柳公权才六岁。当然，柳公权在二十多年后也做了状元。在漫长的科举道路上，武元衡不失为幼年柳公权的一个榜样，所以有关武状元的身世及轶闻趣事，自然是柳公权一直所关注的。

武元衡登进士第后，曾任监察御史，后改华原县令。然而到任不久，即以县难治，称病去之。可见华原这个地方地气硬，官是很难当的。也就是在这个时候，武元衡写下了一首《立秋华原南馆别二客》："风入泥阳池馆秋，片云孤鹤两难留。明朝独向青山郭，惟有蝉声催白头。"

唐德宗在位时，知其才学，召授武元衡中央官吏中的要职，一年内连升三级，迁至御史中丞，掌监察执法、受公卿奏事、举劾案章之事，常与德宗咨议国事。德宗称赞："这人真是有宰相的才能啊！"

这个武元衡，之后竟然成了柳公绰父子的好友。华原柳氏与武氏的交集，武元衡又如何在上朝的路上遭遇暗杀身亡，此当后话。

唐德宗建中元年（780），柳子温长子柳公绰风华正茂，靠家学读书破万卷，为父在为儿子科举应试的前途着想。官至刺史的柳子温，难免也一样望子成龙，渴盼其子学业有成，仕途通达。

早先，时任礼部侍郎杨绾，就朝廷选官制度的变革上书唐代宗。认为古代选官必须考核他的操行，近代选官则专门崇尚文章。朝廷的公卿大臣以此来看待士人，家中长辈以此来教导儿子，其中明经科的考试，人们背诵帖括经书以求侥幸及第。建议请让县令察举孝廉之士，取那些在乡里表现出众的，以及饱读经书的人，推荐他们到州府，经过刺史对他们的考试，再送到尚书省。杨绾见自己的上书得到皇上青睐，顺势又使招数，请求唐代宗设置五经秀才科。这便使柳子温和儿子柳公绰受到激励，对读书人的仕途充满期望。柳公绰的性格一如父辈，庄重严谨，又喜交朋友豪杰，待人彬彬有礼。他从小聪敏好学，政治、军事、文学等样样精通，尤其喜爱兵法。自幼喜好藏书，成年之后，家有藏书处为西堂，藏书万余卷。而且每藏一书必有三副本，上者为纸墨华丽者，为镇库保存本，贮于库内，次者为常用阅览之本，下者为少儿幼子学习之本。尤其擅长于文学，所作之文不尚浮靡。

柳公绰果然不负父亲柳子温厚望，应制举，登贤良方正、直言极谏科，授秘书省校书郎。

兄弟俩年龄相差十三岁。这一年，兄长柳公绰已经是年方十八的英俊才子了，胞弟柳公权尚处在启蒙阶段。一般家庭的孩子，这时候还是玩尿泥的年龄，柳公权却在父亲的教诲和兄长的感召下，开始练习捏毛笔写字了。

家喻户晓的一个成语，叫"孟母三迁"。孟子小时候，居住的地方离墓地很近，学了些祭拜之类的事。母亲将家搬到集市旁，孟子学了些做买卖和屠杀的东西。母亲又将家搬到学宫旁边，孟子学会了在朝廷上鞠躬行礼及进退的礼节。近朱者赤，近墨者黑。是说靠着朱砂的变红，靠着墨的变黑。比喻接近好人可以使人变好，接近坏人可以使人变坏，指客观环境对人有很大影响。华原一带庄稼人也说，跟上皇上做娘子，跟上杀猪的翻肠子，娘子当得风风光光，肠子也翻得行家里手。当然，这说的是男怕入错行、女怕嫁错郎的大道理。

柳公权从小就接受了柳氏世家血脉的承传，家风家教的耳濡目染，使他自幼年时便偏爱汉字，嗜学成痴，开始学习写毛笔字。

父亲柳子温官至刺史，为一方诸侯，在京城的柳氏世家中争得一席之地。父亲在京城的影响，势必与河东传统士族有了交集，重续旧缘，有幸迎娶了河东清河世家崔氏的女子为妻。作为第一个启蒙老师，母亲对柳公绰、柳公权兄弟最初的人格导向至关重要。母亲出自官僚诗书世家，文化修养自不待言，最初手把手地教儿子写字，一定是母亲崔氏亲为。

柳公权自幼学书写字，是新旧《唐书》的正史中都有记载的，毋庸置疑。是说这孩子有天分，也可以说是他笨鸟先飞，从小就早早开始写字了，又未尝不可。至于当地民间口口相传下来的故事，说父亲怎么教柳公权照剑和刀的样子写"人"字，卖豆腐脑儿的老头儿用软塌塌的豆腐脑儿恶评童子柳公权的歪字，字画汤如何用脚写得一"手"好字，这类轶闻趣事，不曾见诸正史，可能是仰慕柳氏书法的后人添盐加醋杜撰出来的，但却或多或少透露出一些信息，说明柳公权并非书法小天才，而是后天的勤奋苦练出来的。

流传甚广的民间故事说，童年时候的柳公权读书很好，字却写得歪七扭八，常常受到老师和父亲的责罚和训诫，而母亲更心疼小儿子，则相对温和一些。

一次，父亲柳子温来到书房看他练字，不料儿子不在屋里面，书案上放着尚未写完的大字，便生气地说，把个"人"字写得缺筋少骨，不像个"人"字。

这时，儿子正爬在地上，让村里孩子们骑在背上当马玩。父亲喊叫了一声，调皮的孩子们一哄而散，儿子拍打着身上的尘土，沮丧地回到书房。

父亲严厉地训斥说："不要只知道玩耍而误了学业，要把字练好。你写的"人"字，就像你刚才爬在地上的狗熊样，没出息！"

父亲说着，从一旁取来一把刀和剑，在桌子上摆成一个"人"字。说道："小子，做人和写字，就要像刀剑一样铁骨铮铮才是。"

在父母和兄长柳公绰的辅导下，柳公权一边认识汉字，练习写字，一边了解这个世界上所发生的事情，充满好奇心，也在学习如何明辨是非。

这一年的一天，柳公权正在仿写当朝书法名家徐浩的字帖，父亲平静地告诉他说："孩子，这个字写得很好的老先生不久前去世了。"

柳公权犹疑地问道："为什么？"

父亲说："不为什么，他活了八十岁，算是高寿了。"

柳公权又问："人为什么要死呀？"

父亲答："人活在世上不过百年，这是老天爷定的，一辈辈人就像地里的庄稼种了割了，割了又种了，一茬又一茬没有穷尽。春夏秋冬，四季轮回，人也一样。"

处于启蒙年龄的柳公权，开始意识到人之死亡的恐惧了，人要是不死该多好啊。不过，一年那么漫长，一百年又该多么遥远啊！

接着，父亲柳子温就给他讲了徐浩的故事。

徐浩小时候，好学上进，特别是对书法有浓厚的兴趣。徐浩的父亲看到儿子小小年纪，也爱书法，且有才气，想到徐家书艺后继有人，就向他精心传授技艺。在父亲的教导下，徐浩勤学苦练，寒暑不辍，大篆、小篆、隶书、行书等各种字体，都认真地学习和钻研，终使自己书艺超群，特别是精于楷法，圆劲厚重，自成一家。年轻时的徐浩，运用各种字体，书写了四十二幅字屏，八体皆备，各放异彩，轰动一时，名闻朝野。

日后等到柳公权成人，才逐渐了解了徐浩的书法名气，当初在书法大家颜真卿之上。徐浩草隶尤胜，得意处近似王献之笔法，历仕肃宗、代宗、德宗三朝，官至太子少师，存世墨迹有《朱巨川告身》，碑刻有《不空和尚碑》《大智禅师碑》等。徐浩一家，自祖父起至其子辈，四世与书法有缘。祖父徐世道精于真行，父亲徐峤之也是唐代有名的书法家。唐肃宗时，徐浩被授为中书舍人，朝廷中凡是诏、令、诰、策诸种文字，俱出自徐浩之手。他写的字似"怒猊抉石，渴骥奔泉"，意思是说，像愤怒的狮子扒石头，口渴的骏马奔向泉水。

柳公权偏爱当朝大书法家颜真卿的字，仿写得很痴迷。

听母亲说过，颜真卿从小很可怜，三岁时父亲就死了，是由母亲抚养长大的。因家贫缺纸笔，常常用笔蘸着黄土水在墙上练字，后考中科举进入仕途。三十四岁时，毅然辞去礼泉县尉，赴京师长安拜学书法家张旭。之后又辞官到洛阳，再访导师张旭，希望在名师的指点下，很快学到写字的窍门。张旭却没有透露半点书法秘诀，只是让他临摹一些名家字帖。有时候带着他去爬山游水，赶集看戏，回家后又让练字。一天，颜真卿壮着胆子，红着脸说："学生有一事相求，请老师传授行笔落墨的绝技秘方。"张旭回答说："学习书法，一要工学，即勤学苦练，二要领悟，即从自然万象中接受启发。我是见公主与担夫争路而察笔法之意，见公孙大娘舞剑而得落笔神韵，除了苦练就是观察自然，别的没什么诀窍。"老师的教诲，使颜真卿大受启发，真正明白了为学之道。从此，扎扎实实勤学苦练，从生活中领悟运笔神韵，年复一年，终成为一位大书法家。

有一天，当柳公权正沉浸在临摹颜真卿字帖时，听哥哥柳公绰说，颜真卿死了，是前不久在蔡州被叛贼李希烈杀害的！

柳公权很惊异地问道："为什么？他字写得那么好，为什么还被人杀害呢？"

柳公绰叹了一口气说："颜真卿文武双全，不仅是一位书法大家，本身还是一位叱咤风云的军事家。"说来话长。

安禄山谋反那年，颜真卿被推为联军盟主，统兵二十万横扫燕赵，后升职为御史大夫。淮西节度使李希烈叛乱，已是年近八旬的老翁颜真卿前往劝谕，叛将却劝他做他们的宰相，颜真卿不从，便被关了起来，扬言要活埋他。过了一年，李希烈自称楚帝，又派部将逼颜真卿投降，不然就用火烧死他。李希烈想尽办法，终没能使颜真卿屈服，就派人将其缢杀，终年七十七岁。

唏嘘！年幼的柳公权，还不能完全理解他心目中的书法大家的精神境界，却从幼小的心灵深处敬仰之至。父母和兄长给自己讲述的为人之道，他所读到的历史中的仁人志士者是这样的大英雄。一手执笔，一手捉刀，文武兼备，是怎样的优雅，又是如何的威武。成年之后的柳公权，饱读诗书，涉足官场和社会，越发崇尚颜真卿的为官为人为文之道。

柳公权欣赏颜真卿的《颜氏家庙碑》，书法筋力丰厚，系晚年的得意作品，与其早年时期的作品相比更加浑厚大气。其墨迹《争座位帖》《祭侄文稿》《刘中使帖》《自书告身帖》等，给予柳公权以丰沛的书艺营养。

多年后，柳公权也许是在宫廷做侍书郎时，目睹过《祭侄文稿》。侄季明与其父杲卿殉安史之乱后，颜真卿于乾元元年（758）祭侄灵前写下此稿。五十岁的颜真卿，在援笔作文之际悲愤交加，情不自禁，一气呵成。此稿以篆法入行，时出遒劲，杂以流丽。笔者情绪已难以平静，错桀之处增多，时有涂抹，写得凝重峻涩而又神采飞动。其圆润雄奇，姿态横生，得自然之妙，被人称为天下第二行书，堪与王羲之《兰亭序》媲美。

身为侍书郎的柳公权深知，这一墨法的艺术效果，与颜真卿当时撕心裂肺的悲恸情感达到了高度的和谐一致。此稿渴笔较多，且墨色浓重而枯涩。这与颜真卿书写时所使用的工具，即短而秃的硬毫或兼毫笔、浓墨、麻纸有关。而此帖真迹中，所有的渴笔和牵带的地方都历历可见，能看出行笔的过程和笔锋变换之妙。其圆转遒劲的篆籀笔法，开张自然的结体章法，令人叹为观止。

颜真卿的书法用笔肥愚，行笔衄挫不爽落，书法艺术尖端的"飞白书"于颜氏而不显。书法虽然肥厚，但丰润饱满，端庄尊重，绝对不是所谓的墨猪。颜体楷书，于圆满中见筋骨，笔力雄健，力沉势足，大气磅礴，开一代新风，对后人产生了深远影响。而最受益者莫过于柳公权，从"颜筋"到"柳骨"，相辅相成，相得益彰，成为大唐王朝书法遗存的标志。

民间故事也说，柳公权小时候开始习字时，字写得很糟，但他很要强，受到私塾先生和父亲的训斥后，下决心一定要练好字。经过一两年的日夜苦练，他写的字大有起色，和柳家原年龄相仿的小伙伴相比，柳公权的字已成为方圆最拔尖的了。从此以后，他写的大字，得到同窗称赞和老师夸奖，连严厉的父亲脸上也露出了微笑，他感到有几分得意。

一天，柳公权和几个小伙伴一起，在村旁的老桑树下摆了一张方桌，举行书会，约定每人写一篇大楷，互相观摩比赛。

柳公权胸有成竹，很快就写好了一篇。

这时，一个卖豆腐脑儿的老头儿来到桑树下，放下担子歇凉。柳公权厚道，出手大方，掏钱给小伙伴每人买了一碗豆腐脑儿，酸辣可口，小伙伴们吃得直吸溜。老头儿因为孩子们照顾了他的小生意，也乐呵呵的。

虽是个卖小吃食的老头儿，却也酷爱书法，有点见识。他很有兴致地看孩子们练字，忍不住指指点点，说长道短。柳公权递过自己写的字，颇有把握地说："老爷爷，您看我写的字怎么样，能得几分？"

老头儿接过去一看，只见写的是"飞凤家"三个字。稍微识文断字的庄稼人也常说："会写飞凤家，敢在人前夸。"意思是这三个字，笔画复杂，结体不好拿捏，轻易写不好，能写好这三个字，就可以在人前夸耀一番，以满足虚荣心了。

觉得眼前这孩子有点可教，只是容易骄傲，老头儿便皱了皱眉头，沉吟了一会儿才说："我看你这字虽然有点眉目，仔细推敲的话，只能说写得并不怎么样，值不得在人前夸。"

柳公权被泼了一头凉水，听老头儿这么说，难免有些沮丧，微微低下了脑袋。但心里仍有点不服气，问道："那您说说，怎样写才算好字？"

老头儿也毫不客气，笑了笑说："你这字写得像什么，就好像我担子里的豆腐脑儿一样，软塌塌的，没筋没骨，有形无体，还值得在人前夸吗？"

几个小伙伴都停住笔，仔细听老人的品评。见老头儿把柳公权的字说得一塌糊涂，就赌气地说："人家都说他的字写得好，你偏说不好，你有本事写几个字让我们看看！"

老头儿爽朗地笑了笑，一边收拾挑担一边说："不敢当，不敢当！我老汉是一个粗人，写不好字，但认得瞎好。可是，人家有人用脚都写得比你好得多呢！"

老头儿挑直豆腐脑儿担子转身离去。柳公权想了想，这话是挖苦人呢，还是真有用脚写字的人？顺口大声问道："谁用脚写字？"

老头儿拧过身，说："不信，你到华原城里看看去吧！"

开始柳公权有些生气，以为老头儿在骂人。后来想到老头儿和蔼的面容，爽朗的笑声，又不大像骂人的话，就决定到华原城里去一趟，看看谁用脚还能写好字。

华原城离柳家原有三十多里路。第二天，他起了个五更，悄悄给家里人留了张纸条，背着馍布袋就独自翻山越岭，一路南下，往华原城去了。

之前，柳公权跟着父母和哥哥到过华原城，也逛过瓷器街、中药铺子和吃食店，大概知道东南西北。这回进城，他的目标是寻找用脚写字的人，对别的没有兴趣。终于，他在北街一棵老槐树下找到了目标，树荫下挂着幅白布幌子，上写"字画汤"三个字，字体苍劲有力，笔法雄健潇洒。

老槐树下围了许多人，大多是看客，也有人在掏钱购买字纸。柳公权挤进人群，到了跟前，不禁惊得目瞪口呆。只见一个黑瘦的畸形老头儿，没有双臂，赤着双脚坐在地上，左脚压住铺在地上的纸，右脚夹起一支毛笔，挥洒自如地在写对联。其运笔如神，笔下的字迹似群马奔腾，龙飞凤舞，博得围观看客们阵阵喝彩。好心者在一旁帮忙，拾掇字纸，代理买卖。

柳公权这才明白，卖豆腐脑儿的老头儿没有说假话。他惭愧极了，心想，和字画汤老爷爷比起来，自己写的字真是差得太远了。写字需要双手，字画汤也许因为什么遭遇失去了双手，为了生存，在这个世界上苟延残喘地活下去，还要养家糊口，竟然练习用脚写字，这需要多大的毅力啊。运用仅有的双脚，让它们开掘出特异的生理功能，把字写得如此之好，所下的功夫非常人能比，这对拥有双手的健全人中的书法爱好者不啻是一种讥讽。

这时候，有一种悲天悯人的情绪，袭上了少年柳公权的心头。他默不作声地蹲在一旁，等到收摊，围观者一一散去，他帮忙拾掇完摊场，字画汤老爷爷这才发现了他。便问道："孩子，你家住在哪儿，我怎么没见过你？"

柳公权恭敬地回答说："我是从柳家原来的，专程来城里拜访您老人家。"

字画汤笑了："岂敢岂敢，我一个糟老头子，哪儿值得小公子专程拜访？"

没料到，少年柳公权扑通一声跪在了字画汤面前，虔诚地央求道："老爷爷，我愿拜您为师，我叫柳公权，请您收我为弟子，愿师傅告诉我写字的秘诀和方法。"

字画汤慌忙用脚拉住柳公权说："起来，好孩子，我是个孤苦的畸形人，天生下来没手，干不成活，只得以手代脚，靠脚巧混生活，与乞丐无异，虽能写几个歪字，怎配为人师表？"

柳公权一再苦苦哀求，字画汤被他的真诚所打动，便在地上铺了一张纸，用右脚提起笔，写道："写尽八缸水，砚染涝池黑。博取百家长，始得龙凤飞。"

字画汤对柳公权说："这就是我写字的秘诀。我自小用脚写字，风风雨雨已练了五十多个年头了。我家有个能盛八担水的大缸，我磨墨练字用尽了八缸水。我家墙外有个半亩地大的涝池，每天写完字就在池里洗砚，池水都乌黑了。可是，我的字练得还差得远呢！朝里写字好的，除了徐浩，要数颜真卿了。你立志书艺，得好好用心练习他们的书帖。"

柳公权告诉说："这二位大家的字帖我都临摹过数遍，看来还是不得要领，功夫还没下到。"

字画汤将写有四句顺口溜的字纸交给柳公权，他鞠躬谢过后，小心翼翼地折叠起来，装入口袋，与老爷爷告别。

柳公权望着字画汤的残缺的背影，泪眼迷蒙，依依不舍地离开了华原城，一路小跑，赶天黑前回到了柳家原家中。

自此，柳公权拥有了一种精神的力量，这种力量与父母兄长给予的督促与教诲不同，更多是来自外部世界的鞭策，或者说是一种刻骨铭心的刺激。同样是人，命运各有差异，人的潜能的发挥，其动力也更多出自心灵的自觉。成功者天分是有的，多半却是后天的努力，不吃苦中苦，难为人上人。

从华原城回来，家人见柳公权像是变了一个人，沉默寡言，只知道伏案练字。于是，手上磨起了厚厚的茧子，衣肘磨破了，让母亲补了一层又一层。

源自民间的传说，将柳公权顶礼膜拜用脚写字的字画汤的事情讲得津津有味，虽然有夸大的成分，也可以自圆其说。

柳公权十二岁时，其兄柳公绰二十五岁，先任校书郎，后迁渭南县尉，正九品上。此时的柳公权，不仅在书艺上大有长进，可谓质的飞跃，并博览群书，能为辞赋，出口成章。随着年龄的增长，他在不断体味和接受柳氏家风家学的滋养，以德行为根株，博贯经术，像一棵生机勃发的小树，在朝着天空渐渐长高。

在书艺上，柳公权初学当朝书法大家徐浩，继之临摹颜真卿，又寻根溯源，钻研东晋书法家王羲之、王献之父子书艺，遍阅历代笔法。柳公权在阅读中得知，王羲之在少年时曾经跟他的姨母卫夫人即卫铄学习书法，并认真学习卫夫人的老师钟繇的书法，得到了一手秀丽飘逸的笔法。中年游览名山大川，目睹秦汉时期书法大家如李斯、蔡邕、钟繇、梁鹄的书法遗存，眼界开阔，博采群碑，改学篆书、隶书，得到了质朴丰茂的书风。暮年变法创新，罗集民间精华，综合百家的要妙，熔融章草的娴熟，改变藁行的纵逸，得到了道逸瑰丽的书体。后人把他看成是书法的圣人，尊为书圣。

让少年柳公权敬佩的是王羲之的性情。最初为秘书郎，后来担任右军将军、会稽内史的王羲之，其性格耿直，倜傥不群，不拘礼法，因与位高其上的扬州刺史王述不和，耻居其下，便称病辞官，誓墓不仕，也就是在自己的祖墓前发誓以后再不当官，从此遁迹山林，论道谈玄。受其影响，不热衷于官阶的门道，这也许是柳公权步入仕途后久久不得进升的一个思想根源。

柳公权读到的王羲之法帖众多，可惜无一本是真迹，实在是遗憾，然而王羲之书法的摹本、拓本、刻本，足可以称雄千古了。其楷书《黄庭经》《乐毅论》《东方朔画赞》，行书《快雪时晴帖》《丧乱帖》《孔侍中帖》《姨母帖》《奉橘帖》《得示帖》《兰亭序》《圣教序》，草书《十七帖》《初月帖》等等，在柳公权的笔下已经临摹了无数遍，可以说是滚瓜烂熟了。

对于王献之的书法作品，也只见史书记载，柳公权观览不到流传的原物或拓片。搜寻到的书帖则有小楷《洛神赋》十三行，行草《鸭头丸帖》《中秋帖》《送梨帖》《十二月割至帖》《地黄汤帖》《东山帖》《鹅群帖》，草书《诸舍帖》等，他也是视为珍宝，临摹了无数遍。

凡是学习书法者，几乎没有一个不是直接或间接学习二王的，少年柳公权也不例外。二王的书法，特别是王羲之的书法，奠基了源远流长的中国文人书法，他们以法度与意韵感染了一代代的书法学习者，同时也造就了他们在书法界称王称雄的地位。

从少年时代起，以至后来在宫廷生活多年，柳公权把目光也投向了初唐四大家，即欧阳询、虞世南、褚遂良、薛稷的书法艺术，体悟不同的书风。

欧阳询博通经史，其书法初学二王，后遍学秦汉篆隶、魏碑。楷书碑如《九成宫醴泉铭》，隶书碑如《房彦谦碑》，行书帖如《张翰思鲈帖》，草书如《千字文》残本，于平正中见险绝，世称欧体。唐太宗称虞世南有德行、忠直、博学、词藻、书翰五绝。其行书墨迹有《汝南公主墓志》，圆融遒逸、外柔内刚，可以看出其沉静寡言、志性刚烈的性情。因反对高宗立武则天为皇后而贬到爱州的褚遂良，其书法作品《雁塔圣教序》《房玄龄碑》等，则是融会汉隶，变隶书为楷书，使书法方圆俱备，婉美华丽。因预知窦怀贞谋害玄宗事被赐死于狱中的薛稷，书法有《信行禅师碑》，用笔纤瘦，结字疏通又自成一家。

初唐四大家的书法，也有一个共同的特点，就是楷书的风格都是清秀瘦劲，其中欧阳询楷书更为突出。少年柳公权，临摹了历代和当朝诸多书法家的字帖，逐渐掌握了各家各派的笔墨特点，也略知一些书法家们不同的人生际遇和轶闻趣事。让柳公权着迷的是他们风格迥异的书艺，其不同的仕途命运，也使柳公权疑惑不解，为之叹息。对父母和兄长以及私塾老师所讲的社会、历史、政治、军事、人生、艺术等等理念，无疑是在他日后的履历中不断消化的。

之后形成的柳公权楷书，有学习民间字画汤的奔腾豪放，有学习颜体的清劲丰肥，也学欧体的开朗方润，也学宫院体的娟秀妩媚，为自成一家的柳体书法积累了丰厚的滋养。从幼年学书，到长达八十多载的漫长岁月中，柳公权除了在宫廷中供职的生存手段外，从来没有离开过对汉字书写方式的追索。书法成了他的生命,成了他终生为之痴迷的技艺。

随着年龄的增长,生存环境的改善,宫廷生活的优裕,学养的不断积累和沉淀,柳公权对中国汉字的渊源必定有一番深入的探究。中文中的最小组成单位不是单字,而是组成单字的基本笔画,即横、竖、点、撇、捺、提、折、钩八法,或为横、竖、点、撇、捺五种,其他笔画均可以视为基本笔画的组合和变形。

从上古时期的结绳记事,到母系氏族公社陶器的刻符,从仓颉造字到史籀再到秦书八体的大篆、小篆、刻符、虫书、摹印、署书、殳书、隶书,中国文字是朝着易写、易识、易记的方向改进,书面语言也就成了文化传播发展的主要形式。

自幼在京兆华原长大的柳公权,从起根发苗的"一"字临摹始,踏上了一条钻研中国文字嬗变源流从而求索汉字书写艺术的不归路。他经常看人家剥牛剔羊,研究骨架结构,从中得到启示。他还注意观察天上的大雁,水中的游鱼,奔跑的麋鹿,脱缰的骏马,把自然界各种优美的形态都熔铸到书法艺术里去。

柳公权在日后漫长的书法修炼中,深切体悟到中国文字的博大精深。它不是单纯的语言符号,而是形意结合的语言文字,通过它的形可以联想到它的意,根据它的意又可以联想到它的形。其奥妙无穷,完全可以信赖地付出自己毕生的心血,是值得的。

从童年到少年的柳公权,当然不是两耳不闻窗外事、一心只读圣贤书、只知道写毛笔字的书呆子,他尽管天生性情内向,但也敞开心灵,感知外边精彩的世界。

柳氏家庭的娱乐活动,常常是与各种生辰、节庆结合在一起的。从年节的正月初一到上元节,从寒食到清明,从端午到七夕、中元、中秋、重阳,从冬至到腊八直到除夕守夜,一家人团聚欢乐的机会就更多了。这些传统习俗,在唐朝时已经形成了。婚丧嫁娶的乡间节日,少年柳公权也一定是一个有心的看客。人情世故,人间冷暖,喜怒哀乐,难免在这个性格内敛的少年心上留下烙印。

虽为官宦之家，其根底也总是凭农耕方式生存的，柳家自然也拥有方圆连绵的田地。作为柳氏子弟，奉耕读传家为信条，在读书之余，总是少不了下田劳动。白露播种的时候，他会跟在犁耧后边，观察麦子粒如何落入湿润松软的泥土。春天，看麦苗在残雪融化的田地里返青。农忙时节，龙口夺食的五黄六月，柳公权也一定是一副庄稼人后生的模样，在麦浪中挥舞镰刀，在打麦场上牵引骡马用碌碡碾场，在暑热过后的清风徐徐的月夜扬场打理颗粒。底层民间的生活气息，一直伴随着少年学子的心灵波澜。

华原地处京兆地域，自周、秦、汉至唐代，这一带的文化遗存不胜枚举。柳公权自幼嗜好书法，对汉字书写方式的专注探究，到少年时已不满足于临摹名帖，喜欢到四处走走逛逛，游山玩水，释放一颗在笼子里关不住的好奇之心。

在丹州当刺史的父亲柳子温，很少有时间能回到柳家原家中，陪伴妻子和孩子们享受天伦之乐。有机会还朝办理公务，回长安来往途经华原，告几日假，便领着孩子们到周围游玩一阵子。更多的时候，柳公权是跟着哥哥柳公绰出游。哥哥步入仕途后，他便常常独自一个人出门，走出沟壑中的柳家原，无拘无束地到周围百里方圆的地方去见世面，踏访名胜古迹。

每当出行，母亲总是为他备好了烙馍，给足盘缠，生怕儿子出门在外受苦。烙馍是用温火在鏊子上烤制出来的一种面食，称为干粮，是因为水分极少，容易储存，不至于腐烂变质。当时出征将士的行囊里，是少不了这种吃食的。烙馍也叫锅盔，与盔甲一个模样。它的特点是耐饥饿，有嚼头，如果再加入一点茴香、芝麻、椒盐作料，就更香了。

柳公权足迹所到之处，那里或是有镌刻在石碑上的名家墨迹，或有过往的历史故事，更有一番建筑与山川流水及草木风物浑然一体的胜景及风俗民情。这对于求知欲望正处在巅峰状态的少年柳公权来说，是尽情的游玩，是艰苦而快活的远足，更是仔细研习书法艺术和增长学养的好机会。读万卷书，还得行万里路，方为饱学有识之士。

一个春暖花开的时节，柳公权独自游了一回柳家原北边庙湾镇的三石山。后世因山寺踞山阳，春夏两季，山花烂漫，香气四溢，而易名为今天的耀州大香山寺。三石山为东西走向，主峰分东峰、中峰、西峰依次排列，酷似一个巨大的笔架，又像一个巨大的香炉，远望之，三座奇峰犹如三根顶天香烛插入炉中。山之周围是万顷林海，青翠欲滴，远处的崇山峻岭云雾缭绕。山中泉、溪、瀑、潭、湖、河等水景形态多样，山水相依，秀丽异常。更有多处天然溶洞，大者数百平方米，钟乳石形态各异，奇秀无比。

唐代前几任皇帝均崇信佛教，香山乃京畿近邑，自然佛事盛大。大香山寺是八大佛山之一。肇于苻秦（351—384），盛于姚秦（384—417），乃传说中的观音菩萨肉身成佛之地，故以菩萨灵验而遐迩知名。至南北朝到隋唐，香火一直延续不断，已经成为一处远近闻名的佛教圣地。每年前半年的农历三月初五至十五，后半年的十月初五至十月十五为香山庙会，前来朝山进香的信众和游人络绎不绝。

柳公权自小所读之书，大多系孔孟之道或老庄学说，佛学经典有所涉猎，但还不是一心向佛的教徒。他在这里体悟到的多是历史的脉络、文化的更替和玄妙的佛界传说。至于香山妙庄王之说，缘于佛经，妙善公主的故事则是后人演绎的。在戏曲宝库中，有一出关于妙善公主的戏叫《香山还愿》，流传甚广。当他置身于此，一定被这情景震惊不已。他从小也听说过许多神神鬼鬼的故事，有一种惧怕的心理，随着年龄的增长，对于这些虚无缥缈的东西反而产生了半信半疑的态度。他不禁佩服民众超凡的想象力，往往把自己无法在真实生活中实现的愿望寄托于神灵，依附在神话传说中，是一种民间智慧，也有一种教化的力量。

这次独自出游大香山的印象，以至影响到了柳公权的晚年，诗文著述不多的老先生，甚至还突发奇想，写过几篇写梦的怪异小说，其灵感也许与他早年在家乡尤其是游历大香山有关。

有一年古历二月二，是龙抬头的吉日，柳公权便缠着考取功名的哥哥柳公绰，央求闲暇时回到柳家原家中的父亲柳子温，去赶华原城东一年一度的药王山庙会。母亲崔氏信奉佛祖和药王，也难得一同出游。

庙会上，前来烧香磕头的男女老少人头攒动，他们之中有给药王爷献祭面塑的，有还愿的，有取神水的，祈望百病脱身，健康长寿。药王山本名五台山，由五座山峦组成，顶平如台，形如五指，在南北朝时就开始建有佛教寺院。隋唐医药学家孙思邈，晚年归隐于此，被尊为药王，药王山便由此得名。为纪念药王孙思邈，后人在此修庙建殿，塑像立碑，成为著名的医宗圣地。远远眺望，绿树丛中，殿宇环山依岩而建，气势壮观迷人。

柳公权想到，孙思邈乃道士一个，幼年体弱多病，家境贫寒，然而聪明过人，少年时能侃侃而谈老子、庄子学说，精通道教典籍。立志学医，重视民间验方，亲自采制药物，为人治病。毕生勤于著书，晚年隐居于此专心立著，其中《千金方》六十卷，药方论六千五百首，堪称华夏最早的一部临床医学百科全书。他终身不仕，隐于山林，一生淡泊名利，认为走仕途之路去做高官太过世故，不能随意，少了自由超脱，就多次辞谢了朝廷的封赐。九十余岁乃下山讲养生之道，能言周齐间事，魏徵修史时屡访录之。如此高人，让柳公权为之仰慕。

在药王山的小径上游历时，柳公权与父亲和哥哥，就孙思邈的生卒年月也难免有过一番探讨，不知所终。距柳公权所生活的年代，孙思邈的时代则早了将近一百年。孙思邈出生年月，一说为西魏大统七年（541），那么恰巧与隋朝开国皇帝杨坚同一年出生。皇帝乃天子，但不一定比平民寿命长，杨坚活到六十岁就下世了，药王孙思邈竟活到了一百四十多岁，寿数多出两倍还多。孙思邈是在唐永淳元年（682）去世的，也就是唐朝第三位皇帝高宗李治在位期间，那时间，皇后武则天当然还在世。

让少年柳公权流连忘返的是遍及山间的石塔、石棺、石牌坊，尤其是石刻，北魏至隋唐摩崖造像碑，精美绝伦，弥足珍贵。在他的眼前，出现的是一个琳琅满目的石头建造的艺术长廊。

　　柳公权之后多次登临药王山，临摹北魏及唐初造像碑的铭文和楷书，对楷中有隶的结体规律仔细琢磨，探寻文字、书法、雕刻三者融会贯通的秘径。这对于他日后的书法造诣，尤其是多以碑文形式传世的书艺书风，无疑是上了最初的田野调查的一课。

　　在华原方圆一带，自古文脉鼎盛，士族显赫，人才辈出。令柳公权敬仰的除了孙思邈，尚有以西晋北地泥阳，今耀州关庄镇傅家原人傅玄为代表的傅氏家族。在西汉时，傅氏祖先傅介子曾出使大宛，傅睿曾任代郡太守，傅充曾任魏国黄门侍郎。在魏晋南北朝时期，相继有五代十二世四十五人荣为高官，留名青史。

　　柳公权的柳家原距傅家原不远，同属华原稠桑管辖，翻一道沟，半晌工夫抬脚便到。柳公权经常来到这里，探究这一块同样是沟壑纵横的山原，为何既能生长庄稼和草木，繁衍生息勤劳朴实的庄稼人，也竟然能诞生并生长一代代杰出的旷世贤达。

　　听傅家原的农人说，傅玄幼年时因华原一带遭遇年馑，为了能够活下去，便背井离乡，随父亲一路逃难到了河南。少时孤苦贫寒，生计稍有转机，即专心诵学，博学多识，文采出众，通晓乐律。其性格刚劲亮直，不能容忍别人的短处。最初在郡里任计吏，两次被推举为孝廉，并被太尉府征召，心劲很高的他都不就任。之后，傅玄被州里举为秀才，被选拔为著作郎，奉命撰集《魏书》。

　　从典籍中，柳公权得知在此期间，傅玄上疏请求推荐贤才，认为应该撤除闲散无用的职位，并统一规划天下若干人分别为士人、农民、工人、商人。尊崇儒道，崇尚学术，以农业为贵，以商业为贱。应该制定相应的制度考核天下官员，缩短居官时间，以鼓励官员建立良好的教化，争着做一些政绩。书上奏后，晋武帝司马炎下诏褒赏。不久，傅玄升任侍中。最初，是傅玄推荐皇甫陶共掌谏职的，但等到入朝后两人就有抵触，因政事争执，傅玄遭弹劾，而获罪免官。

　　柳公权研读了这位乡党先贤的著述《傅子》《傅玄集》，觉其尚公道、重爵禄，犹有法家之意，深受教益。傅玄的思想成就，主要是唯物论的哲学思想，认识论上的朴素唯物主义。在自然宇宙观上，认为元气是构成自然界事物的基本元素，自然界的生成不是靠造物主、神、天等神秘力量，并总结秦亡的教训，指出要实现长治久安，统治者须息欲富民。

在华原一带，令狐氏族一直名震朝野。少年柳公权在寻谒令狐氏的故地令家庄后，找来唐初史学家令狐德棻的著述，点灯熬油，彻夜阅读。近二百年前的令狐德棻，在柳公权的眼里，亦是华原所出的一位旷世奇才。

隋炀帝末年，令狐德棻授官为药城（今安徽亳县）长官，他很明智地没有远程跋涉去就职，待李渊起兵反隋后，任总管府记室参军。李渊称帝后，又迁秘书丞。贞观时任礼部侍郎，兼修国史。后以八十高龄致仕，又四年卒于家。在阅读中，柳公权发现，在近半个世纪的仕宦生涯中，令狐德棻同唐初三位皇帝都有较亲密关系，不断被委以修史重任，而他也殚精竭虑，竭诚尽忠。

在唐初，令狐德棻所做的一件大事是购募遗书，所做的另一件大事是首倡修史。令狐德棻除主周史外，所修五史均负主编之责，贞观十年（636）正月五史修成。之后升任《五代史志》监修，附入《隋书》。一个人的名字能与二十四史的三分之一发生联系，这是史学史上的奇迹。

唐进士中，令狐氏有七人。后人令狐峘曾职华原尉，之后迁秘书少监，承先祖遗业修《玄宗实录》百卷、《代宗实录》四十卷。令狐楚比柳公权大十岁，贞元年间登第。令狐楚之次子令狐绹则比柳公权小十七岁，日后还尚有同朝共事的机会。唐进士中的华原柳氏有柳公权、柳仲郢、柳珪、柳璧，举贤良方正直言极谏有柳公绰，举经明有柳批，当是后话。

华原民间有一种说法，柳家原的地形是村人所说的"老鳖踏蛋"的美穴，将来必定出大人物。柳家原南原四十多亩地，曾是一片瓦房。传说有一天，柳家原来了一位阴阳先生，说涝池里有一个活穴位，便对年幼的柳公权说："你站在这儿，看涝池的水动不动。"阴阳先生走到远处去跺脚，又返回来问，"水动不动？"本来水是动了，柳公权却说："不动。"阴阳先生不信，在跺脚的地方画上记号，让柳公权站在那儿跺脚，柳公权却站在圈外，阴阳先生亲眼见水不动，叹气地说："我眼瞎了。"美穴一说，柳公权将信将疑，全不放在心上。

民间甚至有很离奇的传闻，说柳公权与柳公绰为同父异母，柳公权系柳子温小妾所生。也有人说母亲生下柳公权之后，改嫁走时已经有了身孕，自豪地告诉人们说："我肚子里还怀着一个宰相。"肚子里怀的人，就是与柳公权同朝为官的令狐楚，系同母异父兄弟。此传说姑且听听，博得一笑了之，权当无稽之谈。

同官县黄堡镇，位于华原城北三十里，是唐代陶瓷烧制的著名产地，北方青瓷的代表。少年柳公权兴趣十足，逆漆水河而上，不止一次造访这里。

柳公权来到黄堡镇，看到漆河上下都是烧瓷的，故有"十里窑场"之称。他饶有兴致地观察窑场的场景，骡马拉动大碌碡在碾坩子土，泥池平静如湖，波光荡漾。在制坯作坊，他看见工匠变戏法似的在转盘上制作出形状各异的器物，不由得手心痒痒，也想玩一玩泥巴。谁知这看似容易的活路，像自己写字读书一个道理，也是冰冻三尺非一日之寒，熟能生巧。

他注意到，这里生产的瓷器，有黑釉、白釉、青釉、茶叶末釉和白釉绿彩、褐彩、黑彩以及三彩陶器。装饰方法主要有刻花、剔花、印花、镂空等。装饰题材有牡丹、菊花、忍冬、莲荷等植物纹样，有凤、鹤、鸭、鱼等动物纹样，所产器皿以碗为最有特色。碗的造型，一般呈喇叭形，外形作莲瓣状。后来被称为耀州窑的瓷器，在唐代开始烧制时胎质稍松，呈灰色，釉质失透，有乳浊感。其烧造工艺和装饰技法，对各地的影响较大，除关中境内的一大批窑仿烧外，其技艺还传到河南的临汝、禹县、宝丰、内乡，广东的西村窑，广西的永福窑，形成了以黄堡镇窑为首的一个庞大的窑系。

柳公权请教黄堡窑青瓷的主要产品种类，匠人屈指数来，说有碗、盘、杯、碟、瓶、罐、壶、盆、炉、灯、枕、彩盒、香薰、注子、盏托、钵等，凡属生活需要的品种应有尽有。其工序也十分繁复，一件制品完成要经过采料、精选、风化、配比、耙泥、陈腐、熟泥、揉泥、手拉坯、修坯、釉料精选、配制、施釉、手工装饰、窑具制作、装窑、烧窑等几十道工序。匠人见柳公权喜欢造型奇巧的梅瓶，便说，这一品种以青瓷最负盛名，其特征和鉴定要领是胎色灰白，胎质坚硬，露胎处呈现酱黄色。

柳公权在黄堡镇小住几日，由此北行十多里，见有葛真人修行的遗址，仰望山崖上的石洞，伫立良久。他听当地人说，此洞与华原城药王山洞穴相通，是孙思邈给龙王治病时龙王所栖之处，前洞烧香，后洞冒烟。葛真人即稚川，指著述《抱朴子》的晋代隐逸葛洪，在此飞仙山之飞仙洞中炼过丹。

柳公权继续北行，过了同官县城住了一宿，寻访了姜女祠。

他逐字逐句朗读姜女祠碑文："相传秦始皇时，有孟姜女，同官人。适范郎为妻，婚三日，范郎即服役筑长城。姜女登台望夫，久不见归，亲制寒衣，跋涉千里，送往长城。及至，闻夫身死，遗骸被筑城墙中，仰天捶胸，哭声震地。城忽毁一隅，暴骸骨无数而不可辨。姜女咬破手指，以血滴骸，血入其骨者，知为夫骸，即负之而归。行至宜君，倦甚渴极，欲饮无水，放声号哭，地涌甘泉，后此地名哭泉。姜女行至金锁关，秦兵紧追，忽山回峰转，姜女脱难，后有女回山，亦名搬转山。姜女负夫骸行至同官城北，已身心交瘁，筋力竭尽，于西崖石窟中抱夫骨瞑目而逝。百姓重其节烈，葬姜女并夫骨于此，并立祠塑像祭祀。"

世间竟然有此等贞烈女子，柳公权禁不住双手合十一揖，顶礼膜拜。地域民间文化的种子，悄悄地潜入他纯真无邪的心田。他继续前行，往北过了金锁关，翻山越岭，终于来到了他向往已久的玉华宫。

唐高祖时，北部突厥力量强大，经常沿北方干道或秦直道入侵，有时又从子午岭两侧的泾洛河谷进犯，穿过唐雍州宜君，沿石泉河、沮河西南下，过华原、富平、高陵，抵东渭桥，直逼京师。于是，高祖就在直道与干道中间的玉华山修筑了前哨阵所，先后四次巡行至此，之后成为避暑、休养、狩猎胜地。贞观时，由阎立德在此设计营建玉华宫，宫殿巍峨，宫门华丽，在其西北的庆州至宜州地带修筑了防御突厥的长城，玉华河两岸修有马坊和马场。此时，只是繁华早已落尽，空留无限的苍凉。

正值深秋时节，千顷松涛，红叶如染。这里夏有寒泉，地无大暑，气温明显比华原一带凉爽许多，是避暑及修心养性的处所。这里属桥山山系，与柳公权的柳家原庄园以北的山脉相连，放眼连绵的森林，自然景色非常优美。让柳公权颇感兴趣的是，据说唐太宗在此避暑，同时练习书法，从山崖上狂泻而下的瀑布捕捉到艺术灵感，从中琢磨出书法表现方式中的至高境界，即飞白笔法。

当年唐太宗在玉华宫休养，于正殿召见了高僧玄奘，对其献身佛教文化与治学精神予以表彰，并让玄奘在此避暑休养，以示尊崇。后又在庆福殿召见玄奘，并让弘文馆学士上官仪宣读御制《大唐三藏圣教序》，太子李治也在此撰就《述三藏圣记》。唐高宗崇信佛教，改玉华宫为寺。显庆四年（659），玄奘奏请逐静翻译，乃移居此地，玉华寺才真正成为佛教胜地。玄奘师徒在此历时三年，翻译梵本共二十万颂的《大般若经》。开始翻译《大德经》时，玄奘已精疲力竭，感觉死期已至，遂圆寂于玉华殿。之后众僧徒也相继离开，玉华宫从此冷落下来，渐成山间小寺。

柳公权在此流连忘返，读到了杜甫至德二年（757）所作的《玉华宫》一诗。是啊，眼前的情景，也一样是溪路回转，松林里的风很大，有老鼠在古老的瓦檐上蹿跳。这里不知道是给哪个王修的殿宇，建构在绝壁之下。阴冷的房屋里有青色的鬼火，毁坏了的道路上有湍急的流水。大自然的声音是真正的音乐，秋天里的景物正是最美的时候。当时的美人都已成了黄土，何况是泥塑的木偶呢。当时能侍奉在皇帝左右的，也唯独剩下石马了。作者心里感到忧愁，坐在草上，大唱一首歌，眼泪落了一大把。漫漫的征途中，谁又能活到一大把岁数。

凭吊古迹，柳公权品咂诗作所描绘的安史之乱时期玉华宫的一片破败景象，吟咏再三。诗作写就的年月，已经过去了近四十年，尚留偏安于肃成院一隅的古刹玉华寺，寺僧零落，庙宇几成废墟，望之不禁怆然。

民间传说，凤凰山峰东有一条河谷，因谷中常有五色雀翔于中而得名凤凰谷。正值风华正茂的柳公权，是否见到了飞翔于河谷中的五色雀？

少年柳公权的心，也许已经被五色雀带到了向他召唤的大唐帝都长安。于是，他时刻准备着从华原的柳家原出发，一路南下，去书写平生的远大抱负。

第三章 状元

在京兆华原柳家原，少年柳公权过着传统的耕读生活，长到二十岁时，为弱冠之年，取字诚悬。

从周朝开始到唐朝，不论男女都要蓄留长发，等长到一定的年龄，要为他们举行一次成人礼的仪式。男行冠礼，就是把头发盘成发髻，谓之结发，然后再戴上一顶表示已成人的帽子。但身体还未发育强壮，所以称弱，而弱是年少之意。冠，弁冕之总名也，谓之成人。

在北部边塞的丹州做刺史的父亲柳子温，公务之余约摸着次子公权的生日回乡省亲，准备了祭祀天地祖先的供品，邀来达官贵人与亲朋好友，为柳公权行加冠的礼数。

这一天，华原柳家原煞是热闹。冠礼由父亲主持，柳公权由父兄引领进柳氏宗庙，祭告天地、祖先。然后由来自方圆的傅氏和令孤氏几大世家的贵宾，为柳公权加冠三次，即依次戴上三顶帽子。首先加用黑麻布材质做的缁布冠，表示从此有参政的资格，能担负起社会责任。接着再加用白鹿皮做的皮弁，就是军帽，表示从此要服兵役以保卫社稷疆土。最后加上红中带黑的素冠，是古代通行的礼帽，表示从此可以参加祭祀大典。

柳公权明白，这三次加冠，分别代表拥有治人、为国效力、参加祭祀的权利。他不由得挺了挺结实的胸脯，端视前方，目光豁朗而镇静。

加冠后，父亲柳子温设酒宴招待宾赞等人，叫礼宾。赞是宾的助手。主人倾其所有，酒宴自然丰盛，七碟子八碗，白蒸馍夹肉，饭菜胜似过年的筵席。当地有给客人端酒的礼数，作为受冠者的柳公权自然不可例外，酒满茶半杯，躬身一拜，双手将斟满酒的瓷盅递到客人手中，看着客人仰起脖子一饮而尽，以求尊重。而不是友朋之间的平起平坐，一起干杯。

礼宾后，受冠者入内拜见生身母亲崔氏。母亲乃河东清河望族大家闺秀，识文断字、纺织针线和茶饭厨艺都不落人后，且教子有方，宽严相济，是不离左右、一手把儿子们带大的。自小性情内向的柳公权，对母亲又爱又怕，爱的是母亲对自己的衣食起居和学业关切备至，但也惧怕母亲严厉的眼神，当然是在自己做错了什么事的时候。他感恩于母亲的养育之情，跪在地上连磕了三个响头。母亲却背过身子抹起了眼泪。

男子二十冠而字。加冠后，由贵宾向冠者宣读祝辞，并赐上一个与俊士德行相当的美字，代表今后在社会上有其尊严。古人认为人成年后，只有长辈才可称其名，一般人或平辈只可称其字，因此要取字便于别人称呼。柳公权得到的字，乃诚悬。父亲柳子温解释说，诚悬亦作诚县，喻指处事公正明察。语出《礼记·经解》："故衡诚县，不可欺以轻重。"衡，称也。诚，审也。悬，锤也。柳公权对自己得到的字甚为满意，诚悬之下，轻重难欺，轻重必正，是他内心向往的一种为人的品德。

接着，再依次拜见兄弟，拜见赞者，并入室拜见姑姊。之后，他脱下最后一次加冠时所戴的帽子和衣服，穿上玄色的礼帽礼服，带着礼品，去拜见华原长官和乡先生，即退休乡居的官员。

古代早期的原始社会，男女青年进入成年阶段时，会举行一种仪式，称为成丁礼、入社礼，后来就演变成冠礼。冠者，礼之始也。意思是说，冠礼是一切礼仪的开始。已冠而字之，表示他已经是一个成年人了。

柳公权由此想到了两句名诗："弱冠弄柔翰，卓荦观群书。"这是西晋文学家左思的代表作《咏史》中的诗句。柔翰，即毛笔。是说作者二十岁就擅长写文章。荦，同跞。卓跞，意为才能卓越。是说博览群书，才能卓异。柳公权从小喜欢学习，十二岁就能作辞作赋。他对前辈左思的为人为文甚为崇敬，知晓左思少时曾学书法鼓琴皆不成，由于父亲的激励，乃发愤勤学。虽然貌丑口讷，不好交游，但辞藻壮丽，曾用一年时间写成《齐都赋》。因其妹被选入宫，举家迁居洛阳任秘书郎，后退居专意典籍，数年后病逝。

当时，由于门阀制度的限制，出身寒门的才俊壮志难酬，不得已只好退而独善其身，做一个安贫知足的达士。一个郁郁不得志的有理想有才能的知识分子，从积极入世坠入消极避世的境界，时而也发出不平之鸣。回想左思的命运，无疑给尚未步入社会的柳公权以心灵的震撼，但真正透彻地体悟其中的深味，还有待在滚滚红尘中去获得。

柳公权读到了前辈杜甫的诗句："读书破万卷，下笔如有神。"正是由于左思博览群书，才能善于写作，给后人留下脍炙人口的名篇。而对于柳公权来说，自幼至弱冠之年，始终没有放弃研习书法和博览群书的志向，这与他的家世、家学、家风密不可分。

出身于官宦之家，官至丹州刺史的父亲柳子温，受唐代科举制度对童蒙教育的影响，家法非常严厉。后世流传广泛的所谓柳子温家法："常命粉苦参、黄连、熊胆和为丸，赐诸子。每永夜习学含之，以资勤苦。"（《南部新书》丁卷）

苦参，多生在山坡、沙地、草坡、灌木林中及田野附近，对土壤要求不严，一般沙壤和黏壤上均可生长，为深根性植物，有清热燥湿之药效。黄连，大苦大寒，主要成份是黄连素，可泻火解毒。而熊胆，为熊科动物的胆囊，熊胆汁有平肝明目之功用，是一种较为罕见的动物性药材。苦参、黄连系植物，得来不难，而要获取凶猛的熊一类动物的胆囊绝非易事。

父亲柳子温以此几种苦药和为丸子，供夜读的柳氏子弟含啜，以免打瞌睡，振作心神。柳公权和哥哥柳公绰一样，备尝了这种药丸的苦涩味道。他也由此体验到古人的悬梁刺股是什么滋味。父亲柳子温告诉了其中的来由。

悬梁的故事，发生在楚国一位名叫孙敬的贤士身上。孙敬到洛阳求学读书，怕受睡眠困扰，就把头发绑住悬于梁上，如果读书疲累，眼睛一合上，头低下来，那悬在梁上的头发一拉，必定痛得醒过来，最后苦读有成。

刺股的故事，发生在战国苏秦身上。苏秦少时便有大志，变卖家产，在鬼谷子那儿学合纵连横之术，到秦国游说却不被采用。旅费用完，衣衫褴褛地回到家，被父母大骂了一顿，妻子也不理，他很羞愧难过，于是发愤苦读。读累了想打瞌睡，就拿一把锥子在腿上戳，把睡意赶跑，血流至足，继续读书。这样坚持了一年，再次周游列国，终于说服齐、楚、燕、韩、赵、魏合纵抗秦，并手握六国相印，投纵约书予秦，使秦王不敢窥函谷关达十五年之久。

相似的典故，还有凿壁偷光，是说西汉经学家匡衡，自幼家贫，勤学而无烛，他的邻居比较富裕，他便将墙壁掏个洞，引来邻居家的灯光苦读。还有囊萤映雪的故事，是说晋代车胤家贫，没钱买灯油，觉得非常可惜，白白地浪费光阴，便在夏天晚上抓一把萤火虫来当灯读书。晋代孙康，冬天夜里利用雪映出的光亮看书，终于成为饱学之士。

柳公权从父亲不止一次的劝诫中，熟知了这些流传下来的故事，或比喻家境贫苦，刻苦读书，或说明只要付出时间和精力，只要下功夫，就会有成就。如同庄稼人一样，种瓜得瓜，种豆得豆，有播种才会有收获。

由此可见，家长的良苦用心和士族对子弟教育的重视。同时告诫子弟一个简单通俗的人生道理，即吃得苦中苦，方为人上人。科举竞争本身，就激励和鞭策子弟及早读书，只有通过读书这唯一渠道，方能进入社会的核心阶层或中上流圈子。隋唐时期，以学而优则仕为特征的科举制确立之后，客观上增强了人们对科举应试教育的重视。科举士人通过应考，"白衣起为公卿"，成为名门望族。若想保持其家庭与家族的地位声望，必须靠其子弟不间断地获取科举功名，在众多的家庭类型中，唐代士族家庭尤其鼓励子弟努力读书向学。进士家庭既以家教立名，又能将家教得以传承。

唐代士族家庭的教育，尤其强调家风，重视家学。家风世代相承，成为一个家庭或家族所延续的文化传统。家庭或家族的传统作风与风格，具有明显的继承性、典型性和相对稳定性的特点。

柳公权自幼接受了良好的童蒙教育，首先有赖于崔氏的母仪母教。人在幼年时，接触最多的往往就是母亲，所以母亲的教养对孩子的成长有重大的影响。河东清河崔氏一脉，向来闻名于世，出身名门的母亲自有从长辈那里得到的育儿经验，尤其从心智方面有一套调教的办法。这或许也是古代官宦家庭的婚姻看重门当户对的一个重要原因。古代世族家庭强调母系亲属具备良好的品格与学养，才能更好地承绪传家，光大门楣。

当然，也离不开父兄在家学传承中的辅导与点拨。家有读书之人，则礼有人讲究，纲纪有人扶持，忠孝节义从此而生，公卿将相亦由此而出。读书关系如此，田地钱财有来有去，书中受用则无尽无穷。

唐代士人的仕进之途，主要是通过以进士科为中心的科举来实现的。因此，唐人好学，争相科举入仕。柳氏家庭，更是严格要求子弟努力读书，像他们的父辈那样由科举致仕，成为栋梁之才。唐代开元至天宝以来，社会大力推崇进士科，重文学而轻经学。唐代士族家庭的教育，也不失时机地适应这种形式。所传授的知识，主要以科举考试的内容和方法为主。

也如同唐代其他士族家庭一样，在柳家原，于住宅旁立有书屋一所，专事训教童蒙。每年正月择吉日起馆，至冬月解散。童子年五岁令入学，至十五岁出学。这种家学教育，可以集中全族的财力来培养子弟，以保证本家族人才辈出。

多年之后，柳公权在宫廷读到了韩愈的诗作《符读书城南》，是作者在送其长子韩符到城南别墅读书时，鼓励其刻苦向学而写的。其诗云："人之能为人，由腹有诗书。诗书勤乃有，不勤腹空虚。"柳公权欣赏韩愈的这首诗，言语虽然有些偏颇，但把人的成才与否归结到后天的努力学习，在训导子弟努力向学方面起了导向作用。当初，父兄对自己的教诲，又复现在眼前。

在唐代社会中，诗赋不仅展现个人的修养与才华，更是仕宦显达的工具和途径。哥哥柳公绰，经常找出李白、杜甫的作品为范本，让柳公权诵读书写，从中领会诗文的奥秘，希望弟弟通过诗赋来取得功名，得以科举入仕。当时的思想信仰相对自由开放，儒、佛、道三教并立合流。在唐代士人家庭教育中，许多士人把佛、道等宗教作为一种家学加以传播。柳氏家族，也不例外。

婚姻乃人伦大事，不可马虎。从周代到汉唐，成婚年龄大体相同。

《礼记》说："男子二十而冠，始学礼，三十而有室，始理男事。女子十有五而笄，二十而嫁，有故，二十三而嫁。"

孔子说："男子二十而冠，有为人父之端，女子十五许嫁，有适人之道，于此而往，则自婚矣。"

唐太宗贞观元年（627）诏令适婚年龄：男年二十，女年十五以上。

唐开元二十二年（734），唐玄宗敕令：男年十五，女年十三以上，听婚嫁。这是由于边疆征战频仍，赋役加重，劳动力欠缺，国家对人口需求不断增加，婚龄在原来的基础上降低了。

唐人初婚年龄大体在礼制规定的年龄范围内施行，但法定婚龄实际上也突破了礼制的限制，在一个较长的时期内实行早婚。同时，由于社会动荡、经济因素、家庭变故等诸多原因，也有部分男女实行晚婚。安史之乱，对婚嫁年龄产生了影响，出现一些大龄出嫁或待嫁的妇女。

杜甫诗云："夔州处女发半华，四十五十无夫家。更遭丧乱嫁不售，一生抱恨堪咨嗟。"看来，这些女性终身不得嫁了。战乱时期，不少皇族子弟也不能以时嫁娶，前后达十余年之久。一直到德宗即位，朝廷方有暇顾及此事，结果出现了同月内公主、郡主、县主纷纷出嫁的事件。她们出嫁时，年方几何呢？其中大多应该属于大龄女性。

唐代的婚姻，愿与旧族为婚，新的贵族形成，又互为婚，讲门第婚，门当户对，似乎是天经地义之事。

柳公权弱冠之年，应该是到了成婚的年纪。他也许是在寻谒华原傅氏世家故居时，与傅家后辈的妙龄女子邂逅，日后新婚燕尔，夫唱妇随。也许是在某一次药王山庙会上，与华原令狐德棻世家的后辈女子相遇，情投意合，一番鸿雁传书，终成眷属。也许就是父母之命，媒妁之言，门当户对，迎娶了某一达官贵人的千金小姐。也有可能与村姑或牧羊女相识相恋，那才叫"罗曼蒂克"呢！但这似乎是不可能的事情。

因为阶级的分野、社会等级的差别，延续于古代社会的每一个角落。男婚女嫁自不例外。唐时之婚尚风俗中，士庶有别的门第观念，虽已不若南北朝时严格，但当朝新贵仍是买婚旧门为荣。良贱不通婚，则是明确的法律禁令。

那么，柳公权弱冠之年，正值唐德宗贞元十四年（798），干支纪年为戊寅虎年。男女婚嫁趋于正常，朝廷再也没有出台相关婚龄规定，女性出嫁年龄大致回复为笄年之后至二十岁之间。也就是说，柳公权在此已经成为一个新郎倌，是有家室之男子了。或许，他属于晚婚一族也难说。

比如诗人白居易，元和三年（808）娶妻杨氏，当时他已经三十七岁，的确属于晚婚。诗云："近代多乱离，婚姻多过期。嫁娶既不早，生育常苦迟。"不仅普通百姓家庭，有些家境拮据的低级士宦家庭亦然。有其父携子女奔波宦游，家境不佳又无暇顾及子女婚娶，致使女儿二十多岁尚待字闺中。也有富于修养而独具禀赋者，因性格原因而晚婚。又比如宰相牛僧孺，元和五年（810）娶妻辛氏时，也已三十一岁。

说不准，也许为了功名，柳公权的婚姻，是在近十年后金榜题名时才圆梦的。所娶妻室，姓氏芳名，不见于史籍，也就不必猜测虚构了。

柳公权自幼年学书，独具天赋。随着年龄的增长，他愈发执着于献身书法的远大志向。作为读书人自身的精神需求，加之科举应试制度的规则，柳公权在研习书法的同时，一直夜含苦药丸子，可谓含辛茹苦，博览群书。对于当朝的科举选官制度，柳公权是向往的、赞赏的，虽然不乏质疑，也只能依照规矩，顺应时势，找到一条实现自己生命意义的路径。

在柳公权看来，历史上品德好而且有才能的平民被推举或考核，授予官职，参与国家的行政管理，是天经地义的事。尧帝年纪大了，一直没找到接班人，心中很忧虑。听说有个人叫作舜，父亲待他不好，弟弟常欺负他，而他依然孝顺父亲，友爱弟弟。尧就把他叫来，委以重任，并把自己的两个女儿嫁给他，来观察他在家和在外的为人与能力。舜赢得了尧的信任，把天下国家的政治接管起来。等到尧死了，舜就接替做了帝。上古的时候，置相就是立储，帝选拔贤能的人，把他们立为相，来辅佐政治，而这些相就是帝的继承人。到了夏、商、周三代，贵族与平民做官掺半。之后到了战国的时候，各诸侯国争相网罗人才，养士用士。《尚书》《礼记》一类的书是古代圣贤所作，其中讲到为政，首要的就是要兴办学校，用以培养人才。汉朝以后，举荐和选拔贤能的人做官执政逐渐制度化，地方向中央进贡，除去物产珍宝，很重要的一项就是人才，所以叫作贡举。地方推举出来的人，由皇帝和中央考核录用。

隋炀帝大业年间，开始有了进士科的考试。唐承隋制，并使科举成为唐朝政治家最重要的来源之一。唐高祖一进长安，天下未定，就下诏设立学校，安排宗室子弟和其他青年上学。唐朝从中央到地方，都设有官办的学校，用来劝导和奖掖青年人学习上进，谋求士宦。这些官办学校都归国子监，类同高教部管。其中有专门招收高干和京城干部的子弟的国子学，有招收中高级干部的子弟和近亲的太学，有为普通干部的孩子和老百姓中优秀青年设立的四门学。此外，有专科的律学、书学和算学等，招收小官和平民的子弟。京都及各都督、都护府、州、县都分别设立学校，中央政府中和太子宫中设有弘文馆和崇文馆，都是皇亲国戚、宰相、一品大官和大功臣的子弟。入学的年龄为十四到十九岁。学生每十天有一天休假，放假前要有小考试，默写经文并背诵先儒对经典的解释，答对三分之二的就算及格了，不及格的要受罚。每年放两个长假，五月农忙间的叫作田假，九月又有换冬衣的授衣假。家住得远的，还特别加给路上往返的时间。

上学期间，年终要考一年的学业，口试一百条对经文的解释，答对百分之八十的得优，对百分之六十的得中，百分之五十以下得差。上学不听话、旷课超过三十天、事假超过一百天、因父母生病请假超过两百天的，或者年终考试得过三次差、在学校羁留九年而学业无望的都要退学回家。而且，还要记录下来，送到相应的管理部门。大官的孩子们，送到兵部，看看能不能借上老子的光，当个武士。

柳公权的祖上为隋唐世家，应归于大功臣之列，理应读的是弘文馆或崇文馆，也许就读于国子学。由于祖父和父亲都是在京城之外做地方官，家住乡间，他在十四岁之前，大多时间是在京兆华原的柳家原乡间度过的。之后就近进入华原县城读书，也只是在五月农忙的田假日和九月更换冬衣的授衣假期，才回到从小长大的柳家原庄园度假。

柳公权在唐朝官学的学业内容，以儒家经典和史书为主，根据难度和分量的不同，分成所谓大经、中经和小经。《礼记》《左传》为大经，《诗经》《周礼》和《仪礼》为中经，《易经》《尚书》《公羊传》和《穀梁传》为小经。除此之外，所有的学生都要能兼通《孝经》和《论语》。秦始皇统一文字语言，把秦地的文字和方言定为官方语言。两汉以来，对齐鲁方言写成的经典，做了诠释。唐朝的学生除学习经典的正文，还要同时学习注释。

幼年即开始识文断字的柳公权，应该是从十四岁入学读书，经弱冠之年，到应试赶考之前，已经对必修课的《诗经》《尚书》《春秋》《左传》《国语》有了深入的研读。在之后漫长的宫廷生活中，这些传统经典又被他反复咀嚼，熟知于心。

柳公权尤为喜爱《诗经》中"饥者歌其食，劳者歌其事"的民歌。

祖父柳正礼，曾任唐邠州士曹参军，邠州即之前所称之豳州。柳公权想象不到，祖父曾经在那块豳风浩荡的沟壑纵横的丘陵上，如何刀光剑影，只有在发黄的《诗经》中寻找先人的踪迹。

在《诗经》中，柳公权读到的《豳风·鸱鸮》为周公旦所作。风，其意义就是声调，多为民间歌谣，是土风，风谣。这是一篇用动物寓言故事以寄寓人生感慨或哲理的诗歌："鸱鸮鸱鸮，既取我子，无毁我室。恩斯勤斯，鬻子之闵斯。迨天之未阴雨，彻彼桑土，绸缪牖户。今女下民，或敢侮予？"是说猫头鹰你这恶鸟，已经夺走了我的雏子，再不能毁去我的窝巢。我含辛茹苦，早已为养育雏子病了。我趁着天未阴雨，啄取那桑皮桑根，将窗扇门户缚紧。现在你们这些住在树下的人，还有谁敢将我欺凌？

柳公权明白，这首诗的主角，是一头孤弱无助的母鸟。当它在诗中出场的时候，正是恶鸟鸱鸮刚刚洗劫了它的危巢，攫去了雏鸟在高空得意盘旋之际。即以突发的呼号，表现了母鸟目睹飞来横祸时的极度惊恐和哀伤。母鸟看似孤弱，却也一样富于生存的勇气和毅力。它刚还沉浸在丧子破巢的哀伤之中，即又于哀伤中抬起了刚毅的头颅。诗作与其说是代鸟写悲，不如说是借鸟写人，那母鸟所受恶鸮的欺凌而丧子破巢的遭遇，以及在艰辛生存中面对不能把握自身命运的深深恐惧，正是下层人民悲惨情状的形象写照。

他读到的《豳风·七月》，是一首极古老的农事诗，产生于西周初。它叙述了农夫一年四季的劳动生活，并记载了当时的农业知识和生产经验，像是记农历的歌谣："七月流火，九月授衣。一之日觱发，二之日栗烈。无衣无褐，何以卒岁？三之日于耜，四之日举趾。同我妇子，馌彼南亩，田畯至喜。"是说七月大火向西落，九月妇女缝寒衣。十一月北风劲吹，十二月寒气袭人。没有好衣没粗衣，怎么度过这年底？正月开始修锄犁，二月下地去耕种。带着妻儿一同去，把饭送到向阳的土地上去，田官十分高兴。

他猜测，诗的作者像是一个奴隶家庭的家长，率领一群农夫和自己的妻子儿女为公和公子劳作，忠实地描绘了从氏族公社转化来的奴隶制的社会情状。农夫们既要在田中耕作收获，又要种桑养蚕、纺麻织丝，乃至练习武功、打猎捕兽。农闲时还得到城堡里去修理房屋，就是在寒冬里也不得闲，要凿取冰块藏入地窖，供公及公子们夏日里享用。一年到头，周而复始。他们吃的是什么？大抵是苦菜、野果、葫芦、麻子这一类东西。一切好物事，全归主人所有。公和公子不但享受了农夫们的劳动成果，还驱使他们为自己高呼万岁。

柳公权自幼生长在农耕田园的包围之中，晴耕雨读，一呼一吸都接着地气。尽管家道富足，过的是士族世家的美好生活，他也常常喜欢走到田野中去，与农夫们攀谈，饶有兴致地了解时令与庄稼的常识，体谅劳动者的酸甜苦辣。这样，读诗不仅是科举应试的科目，也让他从汉字的行列中品评其中的意味，无疑是一种难得的精神洗礼与享受。

他读到的《豳风》中的《东山》，写的是出征多年的士兵在回家路上的复杂感情，在每章的开头都唱道："我徂东山，慆慆不归。我来自东，零雨其濛。"去东山已经很久了，走在回家路上，天上飘着细雨，衬托出士兵的忧伤感情。一会儿想起了恢复平民生活的可喜，一会儿又想起了老家可能已经荒芜，迎接自己的也许是一派破败景象。但是，即使是这样，也觉得还是老家好："不可畏也，伊可怀也！"一会儿又想起了正在等待自己归来的妻子："鹳鸣于垤，妇叹于室。……自我不见，于今三年。"然后又想起妻子刚嫁给自己时那么漂亮："其新孔嘉"，可是，三年不见她还是那么漂亮吗？"其旧如之何？"

这位士兵在归家途中的心理情景，是对和平生活的怀念和向往。柳公权想到自己的祖辈，从河东迁至京兆华原，隋朝时门楣生辉，到唐初至中期渐次失势，直到安史之乱前后才重新焕发脉气。近几代人皆一生戎马倥偬，历经征战。曾任唐邠州士曹参军的祖父柳正礼，正是在豳风所描述的地方驻防多年。柳公权想象不到，祖父曾经在回到华原柳家原的路上，是否天上飘着细雨，想起了老家可能已经荒芜，想起了正在等待自己归来的妻子，长年不见她还是那么漂亮吗？

在科举应试的科目中，上古文献档案汇编《尚书》，柳公权不可不细读。《尚书》为孔子晚年整理的古代典籍，将尧舜一直到春秋秦穆公时期的重要文献资料汇集在一起，挑选出一百篇而成书。自汉以来，《尚书》一直被视为政治哲学经典，既是帝王的教科书，又是贵族子弟及士大夫必修的大经大法。就文学而言，《尚书》是中国古代散文已经形成的标志。在生涩的文字中，柳公权琢磨出了该书的要旨，无非是明仁君治民之道与明贤臣事君之道。

对于孔子修订的《春秋》，柳公权也未曾不研读，此乃必修之课。书中用于记事的语言极为简练，遣词井然有序，然而几乎每个句子都暗含褒贬之意，被后人称为"春秋笔法"。在中国上古时期，春季和秋季是诸侯朝觐王室的时节。春秋，也代表一年四季，史书记载的都是一年中发生的大事，因此"春秋"成了史书的统称。天开人文，鲁兴春秋，人们开始有了礼，懂得了仁爱，大智大勇的智慧开始浮现。

柳公权之后在诗文写作的时候，无疑受到春秋写作方法的影响，用字用言，字字珠玑。在一个毫无言论自由的封建国度里，不仅说话要注意，连写字都要注意。"春秋笔法"就像是文人们的救命稻草，藉以著书立说，褒贬时事。

在柳公权的阅读经验中，以为《左传》虽不是文学著作，仍是中国第一部大规模的叙事性作品。许多头绪纷杂、变化多端的历史大事件，都能处理得有条不紊，繁而不乱。其中关于战争的描写，尤其写得出色，善于刻画人物，重视记录辞令。情韵并美，文采照耀，是先秦时期最具文学色彩的历史散文。《国语》也叫《春秋外传》，记录了春秋时期的经济、财政、军事、兵法、外交、教育、法律、婚姻等各种内容，有很强的伦理倾向，弘扬德的精神，尊崇礼的规范，认为"礼"是治国之本，非常突出忠君思想。其政治观比较进步，反对专制和腐败，重视民意，重视人才，具有浓重的民本思想。

在柳家原的庄园里，或在华原城的学堂里，柳公权从春到秋，年复一年，在阳光或灯光下，执着地漫游于人文经典的汪洋大海之中。如此般苦渡书海，追古抚今，思接千年，度过了他好学多思的青少年岁月，开始步入社会，初试锋芒。

柳公权在华原城学堂苦读应试科目时，得知河东节度李说于花甲之年去世的消息。

翌年，尚未考取功名却在书法界初显端倪的柳公权，受官方及李氏家人邀请，承当了书写李说碑之任。由此，或可想象其为年少妍华之书。

这一年，柳公权二十四岁。在他的书法生涯中，此乃处女作，开山之作。

碑主李说，何许人也？

柳公权审慎地阅读了碑文文稿，疑难处便查找典籍资料和相关记述，得知李说乃淮安王神通之五世孙，官至汾州刺史。其父李遇，曾以门荫历仕，在马燧手下做事，之后李说也被辟为幕僚。

汝州郏城即今河南郏县人的马燧，少时攻兵书战策，多有谋略。安史之乱时曾劝范阳留守倒戈，事泄逃脱，后为河东节度使，平定河中有功，迁光禄大夫。因轻信吐蕃，招致平凉会盟之劫被夺兵权，备受唐德宗冷落，降为司徒兼侍中，郁郁而薨。接任马燧兵权的是泗水人李自良，天宝年间从军于兖郓，率军讨伐贼寇获胜，授右卫衔。回鹘侵犯边境时屡破敌营，被册封为右龙武大将军，并充任河东节度使。唐德宗亲自选任李景略为副帅，让李说忌妒不已。回鹘受降后，梅录入京进贡经过太原，李说设宴接待，梅录欲争入座的顺序，李说出自情面，不便遏制。李景略则大声喝斥梅录，令其上前跪拜，在下首的座位上坐下来。就座的人皆归心于李景略，李说愈发愤郁不满。适逢回鹘又要前来侵扰，唐德宗忧虑此事，筛选可以守卫的人驻防要冲之地丰州。李说便以丰厚的物品贿赂要人，推荐李景略为丰州都防御使，调离了河东。此间，李说被河东节度使李自良复奏为太原府尹、检校庶子、兼中丞。

贞元十一年（795）五月，李自良患病，凡六日而卒。按照当时惯例，节度使不是长子继承就是军中推举，朝廷只能追认。身为太原府尹的李说与监军王定远设计，秘不发丧，先将士兵拥戴的将领打发去休假，然后迅速请求朝廷任命李说为代理节度使，并且立即给军官们加官晋级，兵权得以顺利交接。之后情势有变，王定远认为李说军政皆自专决，并请求皇帝给自己"赐印"。监军有印信，得以干涉军政事务，便是由王定远开始成为惯例。

让李说大为不满的是，王定远自从有了印信，便开始委任军官，委派虞侯田宏为列将，被取代的彭令茵不服，说："田宏没有功劳，怎敢取代我？"王定远居然把彭令茵找来斩首，还把他的尸体埋在马粪里。军士为此闹事，李说向朝廷报告，而唐德宗因为王定远过去有扈从之功，也不治罪。当王定远知道李说在弹劾他，当即闯入李府举刀就刺，李说赶紧逃走，得以幸免。

王定远召集将吏，拿出箱子里的二十多卷官告即委任状，一边给大家看，一边说："我这里带着敕书，命令李说前往京城受训，诸位全都提升官职。"于是，将吏们跪倒一大片，顶礼膜拜。多了一个心眼的大将马良辅偷偷向箱中看去，发现箱中放的都是王定远的告身和他所接受的敕书，即指挥将吏们说："敕书和告身都是假的，诸位被蒙骗了！"王定远一看阴谋被戳穿，连忙跑了出去，在翻越城墙时摔了下来，被枯树枝戳伤。对这样作恶的监军，唐德宗也只不过下了一道诏书："长流崖州。"

朝廷以李说为行军司马，充节度留后、北都副留守。在职六年，勤心吏职，后遇疾，言语行步蹇涩，不能录军府之政，悉由监军主之。但又被人欺诳，军政事多隳紊，如此累年，六十一卒，皇帝废朝一日，赠左仆射。

柳公权接受书写碑文，对碑主李说的身世和人品官品尽得其详。未有仕途经历的年轻书家，通过碑主的人生轨迹，惊叹于官场命运的神秘莫测。其实，李说也是以门荫历仕，背后的靠山是马燧，之后是马燧线上的李自良，当他用贿赂上司的手段排斥走了妨碍自己的异己李景略后，与之先是合谋后转化为政敌的王定远，险些要了他的性命。如此一位颇有政治军事智慧的强人，在生活的涡流中却难免身不由己，晚年因疾权柄旁落，徒有虚名，浮萍一样任凭风吹雨打，而黯然凋零。

撰写李说碑文文稿的作者郑儋，时年六十岁，比柳公权年长三十有六，应该是父辈一代的老者了。在请教郑老先生时，柳公权自然恭敬备至，小心地求征碑文中的字句措辞，以求领悟其中的语境和涵义，从而通过符合碑文格调的文字书写表达出来，存留后世。

郑儋，自号白云翁。唐德宗建中元年（780），也就在柳公权两岁时，应军谋越众科及第，拜京兆府高陵尉。高陵，即在京兆通往华原的途中。在与郑老先生攀谈时，得知老先生历官起居郎、司封郎中、吏部郎中，后任山南东道节度参谋，迁大理丞、太常博士。想不到，柳公权入仕之后的履历也大致与其相似。

让柳公权感到惊异的是，撰写李说碑文时，郑儋是在接任李说的河东行军司马，任检校工部尚书、太原尹、河东节度使任上。也就在来年的八月，他得知郑儋在任不期年，病卒于任的噩耗，享年六十有一，恰与李说相同寿数。明年的今日，竟然是旁人为写碑文的人而写碑文，真乃人生匆促，应验了《论语》中死生有命、富贵在天的古话。

《河东节度李说碑》原石在洛阳，已佚。李说碑，一边是柳公权的开山之作，一边竟然成了郑儋的绝笔。不知又有谁人，继之为郑儋撰写碑文呢？

而柳公权的碑文书写生涯才刚刚肇始，一如早晨八九点钟的太阳，喷薄而出。

有史料说，也就在之前的唐贞元十四年（798），柳公权曾遇到过一次展示身手的机会，书写《赠越州都督符元亮碑》，立于京兆。

符元亮，名璘，贞元十四年卒。碑主所供职的越州，为今绍兴市越城区。武德四年（621）讨平李子通，置越州总管，后改总管为都督。唐初其领军出征者为行军总管或大总管，后以总管府为都督府，成为地方最高军事长官。

《赠越州都督符元亮碑》，据《宝刻类编》："贞元中立。此碑不著书撰人名氏，其字画，公权书也。"另《集古录目》《宝刻丛编》亦著录。一说为伪作。

柳公权时年二十一岁，此碑难道是他的处女作？不得而知。符元亮其人，亦史无记载。而二十四岁所作之李说碑，则铁板钉钉，毋庸置疑。

度过了四年的青春岁月，到二十八岁时，柳公权似乎还没有多大惊人的出息，在科举场上似乎是运气不佳，屡试不第，一直酷爱的书艺如何作为，继书写李说碑之后也无出名的明显征兆。如果说他在弱冠之年便娶妻生子的话，孩子已经到了自己当初捉起毛笔写字的年龄了，而眼下的自己依旧功不成名不就，还背了一个类似神童的虚名，竟然是这番德行，一家老老少少没有颜面，让他情何以堪？假如属于晚婚大龄男子，人说不愁无妻室、只愁事不成，那也是够煎熬的了。那么，就等着大器晚成了。

这期间，柳公权依然在华原城的学堂里继续留守深造，或者回到柳家原的村庄读书习字，烦闷时便游历于周围的山水名胜和历史遗址。间或，到长安城客居一些日子，踏勘在典籍中读到的故事的发生地，走访先贤，结交同道，将大唐王朝的风景揽入自己的胸怀。

大唐的天空，飘过滚滚乌云。这年正月二十三日，唐德宗病死在皇宫中的会宁殿，时年六十四岁。当朝皇上驾崩，往往会是国运的转折点，也关乎每一个臣民的利益和命运。

熟读史籍与诗文的书生柳公权，处于功名未就的彷徨期，在黎明中等待天亮，不会不为之关切备至。

对于唐德宗李适的命运，柳公权一向很好奇，也有几分敬重之心。

这位皇帝生于天宝元年（742）的长安大内宫中，乃唐肃宗的长孙、唐代宗的长子，母为睿真沈皇后。他的整个少年时代，正是大唐帝国昌盛繁华的辉煌岁月。但好景不长，他十四岁那年的冬季，爆发了安史之乱，第二年国都长安失守，曾祖父玄宗出逃四川，从此大唐帝国陷于一场亘古少见的大动乱之中。在国运的盛衰变迁中，李适和其他皇室成员一起，饱尝了战乱和家国之痛，也亲身经历了战火的洗礼和历练。

唐代宗即位之初，李适被任命为天下兵马元帅，肩负起与安史叛军余孽最后决战的使命。平定叛军之后，因功拜为尚书令，李适与平叛名将郭子仪、李光弼等八人一起被赐铁券、图形凌烟阁。依照惯例，于广德二年（764），李适以长子身份被立为皇太子。大历十四年（779），唐代宗病逝于长安宫中，身为皇太子的李适遵照父皇遗诏柩前即位。

柳公权以为，青少年时代的动荡生活，使唐德宗深知国家安定的可贵。在位前期，坚持信用文武百官，严禁宦官干政，颇有一番中兴气象。但泾原兵变后，文官武将的相继失节与宦官集团的忠心护驾形成了强烈反差，使唐德宗轻易地放弃了以往的正确观念。在执政后期，唐德宗委任宦官为禁军统帅，在全国范围内增收茶叶等杂税，导致民怨日深。当一番改革谋略遭遇挫折后，他的雄心竟然消失殆尽，顺其自然，让唐王朝这艘大船逐流而下。在他一生中，无论是性格还是行动，都充满了矛盾和悲剧色彩。

让柳公权钦佩的是，唐德宗曾下罪己诏，跟自己过不去，所谓自我批评抑或自我惩罚，堪称中国历史上著名的一道皇帝罪己诏，其辞痛切沉郁，其情挚诚感人。以往的皇帝，通常是在面对重大天灾时，出于对天谴的敬畏才不得不下诏罪己，其辞往往流于形式，其情亦难免作态之嫌。而李适此诏，则纯粹面对当朝人事，是对自己所作所为的深刻反省和强烈谴责。这份检讨书，虽是由本人口述、翰林学士陆贽草诏，但其深切忏悔之状依然溢于言表，令人感动。

柳公权曾听到这样一个故事：唐德宗在一个叫辛店的地方打猎时，微服私访，来到一个叫赵光奇的农人家中，德宗问："百姓们生活得高兴吗？"

赵光奇不知是皇上驾临，实话实说："不高兴。"

德宗问道："今年庄稼获得了丰收，你们为什么不高兴呢？"

农人赵光奇回答:"国家的诏令不守信用。"

德宗复问:"怎么不守信用?说来听听。"

赵光奇答道:"前边说的是除两税以外不再有其他徭役,现在各种强迫收费比两税还要多很多。后来又说这是和籴,实际上是对百姓巧取强夺,而且还不给百姓们钱,连个白条也不打。开始时说收百姓的粮食由官府来收取,现在却强迫百姓们把粮食送到几百里外的京西行营。由于路途遥远,很多人家干农活的牲口被累死了,车也坏了,导致家庭破产,难以维系。农人的生活如此愁苦,有什么可高兴的呢?国家每次发布的优恤百姓的政策,只不过是一纸空文而已!圣上深居在防卫森严的皇宫里,哪里会知道这些民情呢?"

德宗当即下令,免除了赵光奇家的赋税和徭役,并指示调查落实这方面存在的问题。

唐德宗感叹当皇帝的难处,治国之道真是太难以悟透了。自古统治者所担忧的,是君主的恩泽被下属截流而百姓得不到实惠,民间的真实情况被官吏隐瞒,上边被蒙在鼓里。所以君主虽然心里经常挂念着人民,不断出台优惠百姓的政策,但百姓却由于得不到实惠而并不买账。老百姓愁困怨愤,而君主却无从知晓,以至于百姓和国家离心离德而走上反叛的道路,最终导致国家危亡。历朝历代政权的消亡,大都是由此造成的。

除武则天以外,德宗乃唐朝第九位皇帝,在位整整二十六年。唐朝皇帝中,比他在位时间长的只有高宗和玄宗,太宗在位时间也不过二十三年。在他之后,再没有哪个唐朝皇帝比他在位时间长久。

如柳公权所料,唐德宗驾崩,太子李诵继位,即唐顺宗。

唐顺宗李诵是唐德宗李适的长子,母亲为昭德皇后王氏,进封宣王。顺宗被选立为皇太子时,已经十九岁,初为人父,长子李淳已降生。在做太子的二十六年中,亲身经历了藩镇叛乱的烽火,也耳闻目睹了朝廷大臣的倾轧与攻讦,在政治上逐渐趋于成熟。他慈孝宽大,仁而善断,对各种技艺学术很上心,对佛教经典也有涉猎,写得一手好字,尤其擅长隶书。每逢德宗作诗赐予大臣和方镇节度使时，一定是命太子书写。泾师之变时，随皇帝出逃避乱，顺宗执剑殿后，在四十多天的奉天保卫战中，面对朱泚叛军的进逼，他常身先禁旅，乘城拒敌，守护了父皇的安全。

柳公权欣然看到，即位之际的唐顺宗李诵，继承先皇未竟之遗愿，立刻重用王叔文、王伾等人对朝政施行改革，和彭城人刘禹锡、河东人柳宗元等人一起，形成了以"二王刘柳"为核心的革新派势力集团。这次史称"永贞革新"的宗旨，乃维护统一，主张加强中央集权，反对藩镇割据，反对宦官专权，采取了一系列的改革措施。

不曾预料，唐顺宗毕竟缺乏执政经验，在新官上任的三把火尚未燃烧起来之时，被动了利益的宦官俱文珍等人，如惊弓之鸟，急于一手操办立太子之事。将顺宗长子广陵王李淳更名为李纯，玩弄权术，竟然以顺宗名义下诏，由皇太子主持军国政事。随即，宦官拥立李纯登上皇帝之位，即唐宪宗，迫使被蒙骗了的顺宗退位称太上皇。等到顺宗醒悟过来，一切悔之晚矣，永贞革新胎死腹中，宣告失败。

朝廷的变故，似乎与柳公权如何取得功名没有多大关系。谁当皇上都一样，并不能改变一个疲惫地跋涉在科举途中的老考生的命运。被旁人看来才高八斗却屡试不第的柳公权，实在是耐着性子，又一番别无选择地踏上了赶考应试之路。

但当他通过父亲柳子温与兄长柳公绰得知唐王朝的宫廷变动时，却禁不住深为"二王刘柳"为核心的革新派之败北扼腕长叹。这位在书法上与柳公权有着共同擅长的顺宗李诵，只是当了八个月的皇上，被逼迫内禅，退居二线顾而不问，革新梦断，可惜了不是?!

也罢，唐王朝的前景就看新皇上的了。常言道，新的总比旧的好。

唐宪宗李纯出生时，正是皇曾祖代宗李豫的晚年。出生的第二年，祖父德宗即位，父亲顺宗被立为太子。幼年懵懂之时，长安城里就发生了泾师之变，德宗仓皇出逃，皇宫中那些没有及时撤离者有七十七人死于叛军之手。在他六七岁的时候，德宗刚刚重返长安。

有一天，李纯被祖父德宗皇帝抱在膝上逗引作乐，问他："你是谁家的孩子，怎么在我的怀里？"

李纯目光锐利，顺口回答道："我是第三天子。"

啊呀呀！尚处在懵懂年龄的孙儿的这一回答，使祖父德宗大为惊异。作为当今皇上的长孙，按照祖、父、子的顺序回答为第三天子，既闻所未闻，又很契合实际。孺子可教也！德宗不禁对皇孙增添了几分喜爱。

日后果然做了皇上的唐宪宗李纯，自幼遭遇战乱，自身的家庭关系也很有些混乱。母亲王氏曾是代宗的才人，另外有位同父兄弟被祖父德宗收养为子。宪宗自己的婚姻关系也有些奇特，娶了郭子仪的孙女、驸马都尉郭暧与代宗长女升平公主之女为妻。论辈分，宪宗要比自己所娶的郭氏低了一辈。婚后两年，郭氏就生了儿子李宥，也就是后来的唐穆宗。

与新皇上年岁相当的柳公权也明白，二十八岁的李纯，从一个普通的郡王到登上最高权力的顶峰，仅仅用了四个月的时间。依靠宦官的拥立和发动宫廷政变，迅速取得了最高权力。这一刻确实来得太快了，难道有什么神力相助吗？看来，皇帝的政治作为与他获取权力的途径是否合法，绝对没有直接的关系。宪宗之前的太宗和玄宗，莫不是如此。

元和元年（806）正月十八日，乍暖还寒，唐宪宗下诏宣称太上皇"旧恙愆和"，第二天就死于兴庆宫。这就难怪有人估计，太上皇早就死了，向天下通报太上皇的病情，也许是为掩盖太上皇被害死的真相。

也许将太上皇顺宗直接杀死，正是拥立宪宗的那些宦官为了消除一切可能的隐患，目的最终自然不外乎是稳固自己刚刚赢得的地位。而宪宗个人在当时早已是成熟的年龄，整个过程他自然不会茫然不知，权力的诱惑自然不会使他拒绝对太上皇用粗，利欲熏心，更何况九五之尊。

赶考途中的老考生柳公权，对此传闻略知一二，觉得宫廷的政变距离自己的仕途还尚远，并不完全左右自己的前程。也许是踌躇满志，正积聚青春的力量，等待崭露头角的那一天。也许有郁郁寡欢的时候，或心里发毛，急躁不安。对于年近而立之年的他来说，书海无涯，这闭门读书写字的炼狱般的日子，到什么时候才是个头啊？

随着季节更替，华原的田园景色在重复着不同的图景，似乎没有什么天大的事情可以改变自然的脚步。奔跑在风雨中的柳公权，体力与精神似乎扛不住这漫长的应试生涯了。

此时，距离他书写李说碑的昙花一现，业已过去了五六个春夏秋冬。什么时候，他才能脱离苦海，金榜题名呢？

胞兄柳公绰比胞弟柳公权运气好。之前于唐贞元元年（785），年方十八岁的柳公绰就参加了制举考试，举贤良方正直言极谏一举登科，补校书郎。三年之后，二十一岁的柳公绰再次参加制举考试，再登其科，授渭南尉。后被提升为侍御史、吏部员外郎。

当下奔三十而立之年的柳公权，并非不才，显然是比柳公绰晚熟，其功名之路走得并不顺当。他似乎不属于兄长那样的幸运儿，自己十八岁到弱冠之年，还是往来于京兆华原与柳家原的一名苦读的书生，一文不名。二十四岁上书写李说碑，似乎是出头的日子到了，高兴了一阵子，却也是悄悄回到学堂或柳家原乡下，没有挪地方，还是面对黄纸青灯，继续他苦读的日子。

或许已经是资深父亲，或许是事不成不言娶妻，尚且奔波在立身的路上。但愿大器晚成，父亲柳子温和兄长柳公绰都这样安抚柳公权。

一筹莫展，还是镇静自若，也只能如此了。

秋去春来，燕子回归。很快到了唐宪宗元和元年，即公元八〇六年，二十九岁的柳公权从华原柳家原一路南下，前往京城长安参加春试大考。

柳公权老成持重，却也掩饰不住内心的冲动，在轻车快马的行程中，高声朗诵起李白的诗句："会稽愚妇轻买臣，余亦辞家西入秦。仰天大笑出门去，我辈岂是蓬蒿人。"

此番入京，柳公权有如李白的仰天大笑，出门登程而去。心里想着，满腹诗书经纶之我等，岂能埋没民间，岂能甘做庸人？

已经到了不算年轻的岁数，他的最终目标很高，一向瞄准的是科举考试形式中的制举，别无选择。

"其天子诏者曰制举，所以待非常之才也。"制举考试由皇帝出题，考试地点设在皇宫大殿内，其规格高于普通的贡举考试。柳公权的兄长柳公绰，曾在四年之内两次参加制举，两次登科，不知令多少陷入"三十老明经，五十少进士"套中的人羡慕不已。此番向制举冲刺，柳公权有几分胜算呢？他在科举考试的一系列程序中一路走来，可谓筚路蓝缕，岂止十年寒窗。

唐代的科举，其考生来源主要有三：一是学校出身的曰生徒，二是通过州县地方选拔考试而选送的叫乡贡，三是皇帝亲自选中的考生曰制举。

在唐代，国人分为士、农、工、商。士，其社会地位最高，大多都是做官的。农民的利益最受重视，工、商两个阶层最没有社会地位，而以商人为尤。除此之外，还有吏，即衙门里的办事员、警察、执行刑罚的人等，和尚、道士，加上犯过罪被流放的人。在这些人中，只有士与农的子弟允许参加科举考试，其他阶层的人都不许做官。另外，品行不好或犯了大逆不道之罪的人之直系亲属，也都不能入仕。在农业社会，农民当然是绝大多数，而其他几类人常被视为社会的边缘人群。

每年深冬，中央及各州、县的官办学校要把学员挑出来进行初步考试，把优秀的推举到尚书省，类似国务院应考。不是从这些官办学校毕业出来的人叫作乡贡，先由邻里乡亲保举推荐，地方长官验证后也一起送到尚书省。地方保举不当，不仅被错举的人不能予试，就连他的所有同乡都要受到牵连，被剥夺考试的资格。到了省里，要把名字、年龄、地址、籍贯等重要数据写在牒子即个人履历上，由户部即管理户口的部门核查过了，印证了推举环节，交给吏部即人事部门的考功员外郎，即专门考核下级官员的功过劳苦以定其升迁的官员，进入考试程序。

始于隋朝的科举制，到了唐代以降至清末，是封建知识分子跃身仕途的重要途径，从童生到状元，一般须经过若干台阶。凡应考生员，即秀才之试者，不论年龄大小，皆称儒童，习惯上称为童生。院试，由省学政主持，童生参加考中的称秀才，也叫生员，一般可称相公。此二者只是预选形式，乡试、会试、殿试才是正式的科举考试。乡试，通常每三年在各省城举行一次，由于是在秋季举行，所以又称为秋闱。童生先要通过本省学政巡回举行的科考，成绩优良的才能选送参加乡试，考中后称为举人，可称老爷。第一名称为解元，第二名至第十名称亚元。

省试，即科举中的礼部试，次年春天在京城礼部举行，举人为应试者，由尚书省礼部主持。每逢辰戌丑未年为正科，遇皇室庆典加恩科，一般安排在二三月进行，因此又称春试。省试合格称贡士，第一名称会元。每逢省试，京城长安为之倾动，试前要举行隆重庄严的仪式。礼部贡院考试当日，设香案于阶前，主司与举人对拜，仪式举行后进入考试程序。省试在贡院内进行，连考三天。考生要对号入座，试卷要糊名、誊录，并且由多人阅卷。考官俱为临时委派，并由多人担任。考官获任后要即赴贡院，不得与外界往来，称为锁院。考试完毕，监考官、阅卷官进行评卷，分初阅、复阅两次。成绩合格者，由尚书省张榜公布，第一名称省元。落第者可以诉请复试一次。为防舞弊，常对权贵亲属、子弟合格者加以复试。学子通过省试后方可进入殿试，也就是通常所说的考状元。

柳公权参加的制举，即参加由皇帝亲自主持或钦命大臣代理主持的殿试。合格的统称进士，第一名称状元，第二名称榜眼，第三名称探花。合称为三鼎甲，第二甲第一名俗称传胪。

考试的科目虽多，但方法却只有五种：口试，即口头问答；帖经，就是将经书任揭一页，将左右两边蒙上，中间只开一行，再用纸帖盖三字，令试者填充；墨义，是对经文的字句做简单的笔试；策论，指议论当前政治问题，向朝廷献策的文章；诗赋，则需要具有文学才能。

唐朝初年，秀才科等级最高。贞观年间，有一个州被推举应考秀才科的，没有一人及格，太宗大怒，处罚了州长，并废除了秀才科的考试。后来时有时无，到了玄宗天宝年以后，就名存实亡了。从此，知识分子仕进，就以进士与明经两科为主，而最看重进士。

俗话说，是骡子是马，拉出去遛遛，是需要宠辱不惊的勇气与耐力。可以设想，在读书应试的旅途上，从弱冠之年到而立之年的十数年间，人生最美好的青春年华，迫于时势与立身之必须，柳公权已不止一次参加过乡试及省试，兼有得失，或许还有点恃才自傲的性情，自尊地回避了程序化的应试。再则，也许过于擅长于书法训练，且没有特长生一说，他的偏科势必影响了应试制度的成绩。好在几番笔战终于过关，并名列前茅。

柳公权踌躇满志，心高气盛，期待着大唐王朝的至高学位。他想到，进士科一般取中很难，录取率只有百分之一二。唐前期每科进士只取十几人，后期也只取三十几人。他想到孟郊，在渡过难关而考中后何等欣喜若狂，作《登科后》："春风得意马蹄疾，一日看尽长安花。"还有韩愈，中进士后，三次选试都没有通过，只好去刺史那里做幕僚，可见选才制度之严格。

唐代的科举考试，仍保留汉代以来的誉望风气，主考官并非单凭考生的成绩而定等第，还考虑考生的知名程度。所以在应考前，考生必须云集京师，竞将自己的得意作品送呈达官贵人，以邀名誉，观素学，以期即使临场失准亦可被录取。此种做法称为公卷制。

柳公权也明白，科举制之用意，在用一个客观的考试标准来挑选社会上的优秀分子，使之参与国家的政治。应试者怀牒自举，公开竞选，可以免去汉代察举制必经地方政权之选择，从根本上消融社会阶级之存在，促进全社会文化之向上，培植国人对政治之兴味而提高其爱国心。它不仅在于给国家摢选良士贤才，更重要的在于它的社会整合功能。科举考试的标准，一则求其公平，不容舞弊营私，二则求其单纯与统一，减免经济因素的限制，使贫民亦有出头之日。如此一来，间接地助成了风俗教化的统整，以辅成大一统政府的团结与巩固。地方大族优秀分子因科举而被吸收到国家体制内，迁徙于城市之中，民众中的优秀分子均有参政机会，新陈代谢，以逐步消解政治特权阶层。对于士族门阀制度而言，在瓦解和侵蚀士族制度方面的作用远远超过革命与暴动，对社会的整合之过程虽然缓慢，但效果是稳定的。

尽管如此，隋唐时代的门阀士族仍在政治人事上占主导地位，唐朝执政者有多人出自士族，甚至一支士族前后产生十几个以上的宰相。例如，一流大士族博陵崔氏一门，在唐朝有宰相十五人，其中进士九人，明经一人。京兆杜氏，有宰相十一人，进士六人，秀才一人。陇西李氏，有宰相十人，进士四人。在老牌士族当中，范阳卢家考中进士最多，从唐贞元元年（785）到乾符二年（875）的九十余年之间，登进士者一百一十六人。从武则天时代起，科举出身者超出门荫出身者，而这种趋势还在不断扩展。到后来，通过门荫而跻身宰辅者几属凤毛麟角，而且还羞于启齿。因此，即使老牌士族也无法抗拒时代潮流，不得不屈尊应试，以图高就。

如此看来，河东柳氏世家虽不在一流大士族之列，却也算得上是处于边缘的既得利益者。柳公权的先祖官至隋朝开府仪同三司，登上了权力的高峰。而后百年渐渐沦落为无名之辈，经过初唐到盛唐之际，祖父及父亲也只不过做到刺史一级的官员。兄长柳公绰，通过应举登科，其政治位置有超过前辈的可能。而柳公权呢，仅凭写得一手的好字，能够光宗耀祖不成？守住祖上名望且有光大，成就一番事业，不枉其一生一世，无疑是青年柳公权的梦想。

但他也十分清楚，科举风云，难免有个中蹉跎。在京城长安预备应试的日子里，柳公权与有着相同期待的考生难免也放松放松，闲暇之际聊起了考场之外的轶闻趣事。

说是在唐玄宗时期，有一个人在皇上身边侍奉了多年，玄宗决定放他到外面去做个官。这个人在拜谢了皇上的大恩大德之后斗胆提出一个请求，他说臣的女婿王如泚今年已经报考进士，希望圣上将原本赐予臣的恩德转授给臣的女婿，让他成为进士。玄宗答应了这个请求，让礼部有关官员给安排一下。礼部侍郎接到圣旨后去请示宰相，即便是圣恩也还是要按规矩来。右相李林甫询问："以王如泚这个人的水平能考上进士吗？"礼部侍郎回答："有可能考上，也有可能考不上。"李林甫说："这种水平的人，是不能给他进士这个头衔的。如果让一个能不能考中还在两可之间的人成为进士，那朝廷将用什么标准来衡量人才呢？"当天，李林甫就将自己的意见上报给唐玄宗。王如泚得知圣上已经同意特批自己成为进士后，认为这是十拿十稳的事，就广发帖子邀请亲朋好友参加庆贺酒会。两天之后，王如泚的家门口车马盈门，前来道喜的客人络绎不绝。就在王家沉浸在一片欢乐气氛中时，从礼部传来了最新消息：王如泚应该依照正常程序参加科举考试。这喜庆的酒是没心思喝了。

又说到天宝后期，杨国忠得势，炙手可热，他的儿子杨暄参加科举考试成绩不及格。主持考试的礼部侍郎达奚珣心里发毛，连忙让自己的儿子达奚抚去杨国忠那里打个招呼。杨国忠听说达奚抚求见时，认定自己的儿子肯定是高中，满心欢喜地接见达奚抚，所得到的汇报是："我奉了父亲大人的命令前来禀报，您的公子这次考试没有及格，不过，父亲大人是不会让他落选的。"杨国忠听了脸色大变，高声喝道："我的儿子难道还担心不能富贵吗？为什么要为一个进士的名分落你们的人情？"达奚抚吓得不轻，飞马赶回家中对父亲说："杨国忠仗着权势目中无人，和他讲不成道理。"最终公布的金榜上，杨国忠之子杨暄以优异的成绩名列前茅。

至于唐德宗时期，裴延龄的儿子参加考试的轶闻，皆是坊间尽知的事。是说儿子考试之后，裴延龄亲自来到阅卷现场打听消息，当主考官杜黄裳和苗粲出门时被拦住了。到底是有些心虚，裴延龄没有直接说事，而是念出儿子所写作文的开头语："是冲仙人。"两位主考官对此心知肚明，便直接把话回死。杜黄裳问苗粲："你记得录取者的文章中有这样的话吗？"苗粲回答："好像没有。"裴延龄一看主考官这种态度，就知道面子是使不成了，便仰头大呼："不得！不得！"录取通知书下达后，果然没有裴家公子的大名。

柳公权从考生中听到一则流传甚广的科举趣闻。说是唐德宗时，有一个名叫宋济的人，参加过不少次进士考试总是落榜，属于屡败屡战的人。有一次，考试时的作文是一篇律赋，文章快做完时，宋济才发现用错了韵。他禁不住抚膺长叹："宋五坦率矣！"宋济排行老五，"宋五坦率"这句话便传遍了京城，甚至传到了皇宫之中。落榜后，宋济在西明寺借住过夏，头顶一块布头巾，光着膀子，下身穿一条"犊鼻裈"大裤衩，在房间里抄书。这时，外面进来一位客人说："能不能给冲杯茶水？"宋济头也没抬，回答说："房子外面炉子上的壶里有开水，案子上的瓦罐里有茶叶末，你可以自己沏茶。"客人问他姓甚名何，排行第几，是干什么的，攻读的是什么学科？答曰："作诗。"客人说："现在写诗的人很多，听说当今的圣上也是诗作爱好者。"宋济答了一句："圣意不测。"此时从外面又进来几个人，跪在那个客人面前叫着"官家"。宋济立即意识到，这个客人是当今的圣上德宗皇帝，急忙恳请圣上恕罪。德宗倒没怪罪，只是想到京城流传的那句名言，就随口说道："宋五大坦率。"转眼间，一年一度的进士考试又到了公布成绩的时间，德宗特意指派小宦官去看一下宋济考中了没有，小宦官快去快回禀报圣上说："榜上没有宋济的名字。"德宗叹息道："宋五又坦率也。"

这则趣谈，让柳公权捧腹大笑，却也酸楚不已。科举考试是一个关口，难煞了许多学子，唐朝一辈子都在参加科考的人着实不少，所以有人写诗说："太宗皇帝真长算，赚得英雄尽白头。"有一年，二十九个人成为进士，其中的施肩吾说："二十九人及第，五十七眼看花。"二十九个人应该是五十八只眼睛，说五十七是因为其中有一个进士的一只眼睛因苦读失明了。

考不上的是大多数，个别人比较极端，一个叫郭东里的落榜考生就曾大闹看榜现场。唐代进士榜的公布地点在长安城中皇城的礼部南院，东墙是专门为公布进士榜而修建的，它比其他的墙要高。前面专门砌了一道矮墙，与进士榜之间还布下了蒺藜做障碍。进士榜是用黄纸写的，人称黄榜。这个落魄的郭东里，硬是越过矮墙冲过蒺藜，扯坏了进士榜。

大多数落榜生是好的，有些人写下一首诗之后回家去了，有些人则留在京师，复读备战明年的考试。留在京师复读叫作过夏，学子有的在城中租下一间房子，有的则找一座寺院借住，来日再搏。

由此可见，开科取士既取决于士子才能的大小，又取决于外围工作的多寡，仅有才能而无关系，只注重埋头苦读而不追求扬名延誉，其结果往往是名落孙山。受世风影响，士子记废学重托之气日炽，公平公正性受到挑战。

独占鳌头，谓科举时代称中状元，据说皇宫殿前石阶上刻有巨鳌，只有状元及第才可以踏上迎榜，后来比喻占首位或第一名。眼下，科举风云中独占鳌头的幸运儿，能是谁人？

唐宪宗元和元年，即公元八〇六年，京兆华原学子柳公权，在二十九岁的时候，出人意料，如同一匹黑马，在人头攒动的考生人群中脱颖而出。经科考，柳公权登进士科，又登博学宏词科，为状元。

这让柳公权自己欣喜若狂，也让父母亲和兄长及一家人为之释然。华原的老百姓也为之自豪，奔走相告，咱华原也出了一名当朝状元！华原城里摆地摊的字画汤老先生更是摆开龙门阵，看客围了个水泄不通，说当初幼年的柳公权如何向他求教写字的秘诀，他这没有手臂的废人还曾受过当朝状元的三个响头，老夫此生足矣！

冰冻三尺，非一日之寒，十数年的心血终于没有白费，其间的酸辣苦甜只有柳公权自己体味得最深。梅花香自苦寒来，报春花开，预示着他人生中的一片温暖而璀璨的前景。

科举制度开启后，隋唐状元榜上，除了一代风流孙伏伽、张九龄、王维等大名外，又有柳公权的名字入列，载入史册。科举考试以名列第一者"元"，乡试第一称解元，会试第一称会元，殿试第一称状元。老百姓把状元看作文曲星下凡，所谓十年寒窗无人问，一举成名天下知，多少士子追逐着这顶桂冠，通过金榜题名，步入政坛，获得升官晋级的机会。

重才学品质而不重门第的科举制度，削弱了门阀大族世袭的特权，扩大了官吏的来源，为大批门第不高的庶族地主知识分子参政提供了机会。大者登台阁，小者任郡县，科举制把读书、考试和做官紧密联系起来，把选拔人才和任命官吏的权力，从地方豪门世族手里集中到中央政府手里，有利于政局的稳定。从庶民百姓到达官显贵，无一不坚定地认为，学而优则仕，书中自有颜如玉，书中自有千钟粟，书中自有黄金屋。读书的直接功利目的就是入仕。历代状元中，大多出身名门望族。他们从小就处在优裕的家庭环境，既有重臣之后，又有名士之家。但是，也有相当一部分状元出身寒门，他们全凭自己的才智成为一国学子之冠。

早先，唐太宗李世民看见新科进士从考场中鱼贯而出时，高兴地说："天下英雄，尽入吾彀中矣！"

由武状元而位至宰相者，是唐代开元初年武举高等状元郭子仪，曾两度担任宰相，同时也是历代武状元中军功最为显著者。他力挽狂澜，平定了安史之乱，居功至伟，皇帝赞其再造唐王朝。

状元中，诗画成就最高的，是唐开元九年（721）的状元王维。他是盛唐山水田园诗派杰出代表之一，其诗歌艺术被认为自李白、杜甫而下，当为第一。其绘画被推为南宗绘画之祖，文人画亦自他而始。

而书法成就最高的，就数唐元和元年（806）状元柳公权了。他精于楷书，也擅长行草书，之后和唐代另一书法家颜真卿并称"颜柳"。

摘下当朝状元桂冠的柳公权，自然又想起了大他二十多岁的孟郊，也是一番"春风得意马蹄疾，一日看尽长安花"。静下心来，他重新疏理了过往的若干状元的仕途命运，希望从中寻觅到一条可供自己选择的路径，借鉴前人的处世经验，使自己少走一些弯路。他清楚，状元不是终生的护身符，只不过是一个学历的资质，往后的一切作为，其成败还得由自己重新开始。

在他的内心深处，所欣赏的状元前辈，一是历史上第一位状元孙伏伽，比柳公权早了将近二百年。早年在隋朝时考中进士，任大理寺史，是一位怀才不遇的下级官吏。入唐后曾上书高祖坦言三事：一是开言路，二是废百戏散乐，三是请为皇太子及诸王慎选僚友。高祖阅后大喜，用其为治书侍御史。又请设谏官一职，高祖均采纳。后因上疏而被免官，应进士科考试取中第一，官授刑部郎中，拜大理卿，成为朝廷重臣。因年老辞官，病逝于家，算得上是功德圆满。

二是敬重张九龄，西汉留侯张良之后。则天顺圣皇后长安二年（702）状元及第，唐开元尚书丞相，秉公守则，直言敢谏，选贤任能，不徇私枉法，不趋炎附势，敢与恶势力做斗争，后罢相为荆州长史。举止优雅，风度不凡，深为时人所敬慕。自张九龄去世后，唐玄宗对宰相推荐之士，总要问"风度得如九龄否？"诗风清淡，一扫六朝绮靡诗风。他曾辟孟浩然为荆州府幕僚，提拔王维为右拾遗。杜甫早年也曾想把作品呈献给他，未能如愿，晚年追忆，犹觉得可惜。是为先贤。

三是崇尚王维，唐玄宗开元九年（721）状元及第，比柳公权早了近百年。应举之前，得知公主预定名士张皋为状元，颇为不满，身着锦绣之衣，随岐王拜见公主，独奏琵琶，献上诗作。公主读罢大惊："此早已熟读之诗，原以为古人佳作，岂知竟出自汝之手！"遂请至上座。岐王乘机语及状元之事，公主一口应承，后王维果先后取解元、状元，先任右拾遗，后出使凉州，返回长安迁殿中侍御史，过着平静的文官生活，在辋川买下产业，常与文友聚会，参禅信佛，写田园诗。安史之乱爆发，他被迫受伪职，战后受到唐肃宗宽恕。死后葬于蓝田别墅辋谷中。如此人生虽不是一帆风顺，也堪称一代智者。

看似五彩斑斓然而讳莫如深的状元之仕途，在等待着来自京兆华原的柳氏之后去践行。毕竟是三十而立之年的人了，柳公权在短暂的兴奋过后，即着手持重地盘算自己的人生规划了。

士子经礼部试及第成为进士，仅取得做官资格。至于正式授官，须再经吏部释褐试，中式者授以官职，不及格者须过三年再试。释褐试的标准有四：身，指观考生的样貌，必须仪表端正；言，指观考生的言辞，必须善于辞令；书，指考生的书法，为官常书写公文，故文笔及书法须佳；判，指凭案例考识见，由于古代行政与司法不分，地方官须兼理狱讼，故须有判断能力。六品以下官员，包括京官及地方官由吏部选用，五品以上官员则经宰相商议及皇帝批准后任命。

在一个风和日丽的清晨，当朝状元柳公权从长安城南的柳府骑马北去，穿过熙熙攘攘的闹市，衣冠楚楚地进入大明宫入仕为官，授秘书省校书郎，正九品上。

从此，他便开始了漫长的仕途生涯，竟然历仕宪宗、穆宗、敬宗、文宗、武宗、宣宗、懿宗七朝。在半个多世纪的时间里，皇帝宝座上七番易主，或病殁，或被杀，或是吃了长生不老的丹药致死，都是短命的。唯独擅长书艺的近臣柳公权，几乎一直围绕在皇帝宝座周围，看惯了你方唱罢我登场的更朝换代，体悟了一个个帝国王朝诸多事物的变幻莫测和人世间的寒暑冷暖。

第四章

校书郎

柳公权，虽经不止十年寒窗的苦读生涯，却又几乎在一夜之间，从一个默默无闻的京兆华原学子，成为名震京城长安的状元郎。即授秘书省校书郎，正九品上。

终于有了一份安身立命的公差，柳公权的心情舒坦多了。整天出入于大明宫的皇家宫殿，披阅典籍书牍，出口成章，提笔如有神助，俨然成了不乏饱学的文化人物。也不似多年的掩门闭窗，青灯黄纸，前途未卜，孤独得想学狼叫。眼下同僚也尽是舞文弄墨之名士，探究兴趣所在的学问，奇文共欣赏，疑义相与析，相谈甚欢，儒雅了得。

平时骑马回到柳府，与年迈的父母及兄嫂、侄儿们一起团聚，抑或自己也应该有了妻室儿女，尽享天伦，其乐融融。有了自己的一份俸禄，心理上安然多了，生活上虽然不是所谓钟鸣鼎食，远不是华原农庄的粗茶淡饭可比了。这样的日子，不就是自己读书多年梦寐以求的吗？

他所供职的所谓秘书省，乃官署名。东汉桓帝始置秘书监一官，典司图籍，先属太常寺。曹操置秘书令，典尚书奏事，属少府。到了唐代龙朔二年（662），改秘书省曰兰台，监曰太史，少监曰侍郎，丞曰大夫，秘书郎曰兰台郎。武后垂拱元年（685），秘书省曰麟台。到了唐太极元年（712），曰秘书省。有典书四人、楷书十人、令史四人、书令史九人、亭长六人、掌固八人、熟纸匠十人、装潢匠十人、笔匠六人，秘书郎三人皆从六品上。掌四部图籍，以甲乙丙丁为部，皆有三本，一曰正，二曰副，三曰贮。

柳公权就职伊始的校书郎，正九品上的编制有十人，另有正九品下正字四人。唐代的秘书省与弘文馆、崇文馆、集贤殿、司经局，皆置此职位。校书郎的业务范畴，主要是订正讹误，校勘整理皇宫图籍史册。东汉朝廷藏书于东观，征召学士至藏书处校勘典籍，称校书郎中。除有御史中丞领侍御史在殿中处理行政事务外，还有众多名儒学者，在其中负责典校秘书或从事撰述。

比柳公权小一岁的元稹，在《赠三吕校书》诗中写道："同年同拜校书郎，触处潜行烂熳狂。"之后的王建《寄蜀中薛涛校书》诗云："万里桥边女校书，枇杷花下闭门居。"薛涛，蜀中能诗文的名妓，时称女校书，后因以女校书为妓女的雅称。

作为当朝状元的士人刚入仕，柳公权所任的校书郎，亦是唐代基层文官之一。虽然只是一个九品小官，但任官资历要求很高，须进士或同等条件。和他一起在校书郎岗位上的同事，皆是进士登第后又中博学宏词科及书判拔萃科，或者制举即殿试，才被选拔任命的。流外和视品官出身者，被禁止充当此官。

文武行政官员称为职事官，皇亲国戚和立了大军功的有爵位和勋封。所有这些官员都有相应的品位，这个品位或称本位，或称散位，标志着学历与资格。职事官中最高的是正一品的三师和三公，最下一等是从九品下的内侍省主事等，共三十阶。三品以上称清望官，四品以下但职守重要的称清官。勋官最高的是正二品的上柱国，最下一等是从七品上的武骑尉，共十二阶。爵位分亲王、嗣王、郡王、国公、郡公、县公、县侯、县伯、县子、县男。封爵有食邑，但往往为虚封，唯加实封者可以享有所封地的租税收入，后改为领取俸禄。

柳公权被授的品位，为正九品上。科举考试及格登第，是获得了品位的一个途径。所考的科目难易及成绩优劣不同，所获得的品位也不同。秀才上上第为正八品上，明经上上第为从八品下，而进士考试获甲等的，为从九品上，以下类推。考书学和算学的，则在九品之下。

考核选拔有道德与才能的人，担任行政职务称为选，参选要有学历和资格。学历，就是科举的结果。资格包括出身、门荫、前资和流外入流内。所谓出身，主要指有爵位的人。嗣王、郡王的出身为从四品下，以下至公、侯、伯、子、男依次类推。五品以上的大官们的孩子有门荫，就是乘老子这棵大树的荫凉，借光做官的意思。一品官的孩子，得正七品上的荫，从五品官的孩子得从八品下的荫。但这个荫凉，不是家中所有的孩子都能乘得到的。皇帝皇后的直系亲属，一家荫两个孩子。一、二、三品官家，只能在指定的两个孩子中荫一个。而五品官家，只能荫及一人，而这个人还必须是上边指定好的。既没有爵位，又没有功勋，又没有做大官的好爸爸，要参选做官就得走第三条路，即科举，乃知识分子最主要的仕进之门。

礼部的常选对象，通常是无出身、无官资的白身人，他们通过礼部的考试后，移送至吏部，在接纳这些及第举子时，尚要进行"关试"，取得为官资格证，成为入仕守选人。唐代的士子入仕为官的途径，除建立军功或秉受门荫外，主要依靠科举考试。常科中的明经及第者须守选七年，进士及第者守选三年。

柳公权顺理成章，为官的第一步当上了朝廷的校书郎，已经是好运气了。进士及第守选合格后，只能授与州县参军或簿尉（主簿和县尉），而制举登科，则多是校书郎、正字和畿县簿尉。柳公权的状元及第，则在这一深远范围之内。

柳公权明白，入仕做官有三个大门槛儿。一是要入流，流内为官，流外为吏；二是要进五品；三是要进三品。六品以下的散位都叫郎，所以又称为郎官。原则上讲，做官谨慎无误，没有超人的政绩，正六品就算是到头儿了。五品以上为大夫。五品以上的官，没有在外做过州、县官的人和很多其他的人，根本就不许做。又有严格的人数限制，而且要出类拔萃，考核优异，皇帝特别恩眷、器重，才能授予。至于三品以上的官，因为地位高，声望远，不轻易授人。除了宰相和各部门长官以外，剩下的差不多都是名誉官而没有实权，常常授给历朝元老，以示恩宠。七十岁以上，或者衰老、有慢性病、不能胜任公务的允许退休。在唐朝，退休叫作致仕。五品以上官致仕之后，拿一半俸禄。官员的履历，常常开始于某年进士，终于以某官致仕。

尚且年轻的柳公权，还考虑不到临终能够做到多大的官阶，觉得日后的路还很漫长，只是恪守职责，做好当下的校书郎就是了。

自古以来，做官必经考核，晋升必有途径。先秦有所谓三考三黜陟，汉魏至隋唐都有明确的标准和程序，对官员定期考绩，以为进退、升迁的依据。另设御史，主管按察、弹劾。做官每年都要考绩，每个官至少要经历四次考绩，由尚书省吏部即人事部门主持。凡应考的官员，由秘书写出当年的功过、品德，本单位长官对众宣读，大家评议优劣，定为上上、上中、上下、中上、中中、中下、下上、下中和下下共九等，核实后送到吏部以备升迁。

考核的方法，有所谓的四善和二十七最。四善，是用来考查为官的一般行为，"德义有闻"即德高望重，"清慎明著"即清廉谨慎，"公平可称"即断事公平，"恪勤匪懈"即勤劳不懈。二十七最，是按照不同的专业分工，分别选出实际工作中最优秀的。考绩得了上下的进升二阶，中上进升一阶，中中不升不降，中下以下每等降一阶，考绩得了下下的则立即解除官职。官员有行政失误，可以告发到御史台，御史也会自行监督察访，一旦暴露出来，御史台上奏并提出弹劾的建议，依照律法定罪惩罚。

柳公权所任的校书郎，大多文学素养丰厚，都是一些文才出众、秀逸超群之人。通过校雠、编著、酬唱等活动，得以广泛地接触社会，增加生活体验，并且用诗文记下自己的体会和感受。从校书郎迁转过程中形成的送别诗、政论散文来看，要离开原来熟悉的环境，去往新的未知的地域，因此就形成了大量的送别诗，体现了士人的心态和社会生活状况。

唐代文学家中的一些风云人物，都经历过校书郎一职，他们在仕途上以校书郎起家并官至宰辅。在唐代，从校书郎起家的诗人或文士当中，就有三十五位官至宰相，可见此职是一个肥差，炙手可热。

不论是盛唐、中唐还是晚唐，深受儒家正统理念影响的有识之士，都怀抱着治国平天下的雄心壮志，却也常常感觉怀才不遇。王昌龄，在任校书郎期间写有许多诗作，融入了心中的壮志和感慨，诗风新颖奇特，含蓄蕴藉。白居易，自贞元十九年（803）至元和元年（806）在秘书省任校书郎，其间的诗文体现了他积极进取的政治心态，也表现出内心向往的闲适心境。李商隐，在秘书省工作的时间较长，曾两入秘书省，任过校书郎、正字，他的诗文绮丽朦胧、晦涩含蓄，婉曲地表达了自己的复杂心态。

校书郎一职虽显清要，却是正九品上的微官，往往是士人踏上仕途的首任官职。对于柳公权来说，从校书郎起家，确实是一个良好的升迁起点，虽然处于官员阶层的低层，但是俸禄的供给还是比较稳定的。但在此位置上待得久了，理想和现实的矛盾，也常常会引发内心不安于现状或不满于才高位卑的惆怅之感。

日复一日，年复一年，岁月不饶人啊！赫赫有名的状元柳公权，曾经是如何雄心勃勃，却怎么也没有料到，自己的仕途生涯并不顺当，在仕宦前程看好的校书郎任上竟然原地不动，一待就是十三年之久。正值三四十岁的美好年华，在仕途上却始终贴着一个校书郎的标签，没有什么进步，他的内心能不深感委屈吗？

唐宪宗元和二年（807），柳公权在校书郎任上度过了三十而立之年。

这一年，年长柳公权六岁的白居易做了翰林学士。

柳公权一向所倾慕的白居易，曾祖父时从祖籍太原迁居下邽即今陕西渭南，生于河南新郑一个世敦儒业的中小官僚家庭。两岁时任巩县县令的祖父卒于长安，祖母又病故，父亲白季庚被授彭城县令，他得以在宿州度过了童年时光。白居易聪颖过人，读书读得口都生出了疮，手都磨出了茧，二十九岁中进士时头发都白了。在出道较晚这一点上与柳公权近似，有点同病相怜，惺惺相惜。

当初，柳公权中状元的时候，听说白居易罢了学子们为之羡慕的校书郎一职，与元稹"退居于上都华阳观，闭户累月，揣摩当代之事，构成策目七十五门"（白居易《策林》序）。华阳观在朱雀门街东永崇坊，本是玄宗之女兴信公主宅第，后来卖与剑南节度使郭英义，此人因在任上肆行不轨为人所杀，死后住宅被籍没入官。大历十二年（777）为代宗第五女华阳公主追福，立为观。白居易退居华阳观，落花何处堪惆怅，著书立说。

白居易通过并非升堂断案的《百道判》的写作，独一人高中书判拔萃甲科。并在十年之间，三登科第，始得名于天下。举行制举考试那天，宪宗亲自在大殿对应诏赴试士子。除白居易外，还有校书郎元稹、监察御使独孤郁、前进士萧俛、沈传师都崭露头角。授白居易盩厔县即今西安周至县尉，作乐府诗百篇流传宫中，宪宗喜好，遂召回授翰林学士。

柳公权猜测，是白居易厌倦了校书郎的差事以求转机，还是向往宫廷外的广阔天地另谋出路，他看不出白居易的仕途规划，自己还是想在这一岗位上历经一番再说。

另一位比柳公权小一岁的元稹，六世祖从洛阳迁居长安，生于乱世，八岁丧父，家贫却藏书颇富，随母亲在凤翔度过童年。十五岁应试明经科及第，后与白居易同登书判拔萃科，同入秘书省任校书郎，元和元年应才识兼茂明于体用科试，名列第一，授左拾遗。

元稹与白居易，一时为文坛领袖。二人在两地为官，交称莫逆，酬唱无数，每有新作，除用邮筒传递外还以邮亭题壁交流。元稹每在邮亭见到白居易的题诗，"尽日无人共言语，不离墙下至行时"。白居易也是"每到驿亭先下马，循墙绕柱觅君诗"。

柳公权自知也比不得出道较早的才子元稹，诚实内敛的性格，注定了他暂且安于校书郎的职位，一时并无好高骛远的非分之想。

这一年，胞兄柳公绰已经四十有五，年富力强，遂为武元衡判官，随之入蜀。武元衡乃武则天曾侄孙，曾登进士第，还当过华原县令，与柳氏算是半个乡党。与胞弟柳公权笃诚内向的性格不同，柳公绰性情庄重严谨，喜欢与朋友豪杰交集，以礼待人，仕途顺畅。

一起饮茶时，柳公权第一次见到年少时就心仪的状元武元衡，腼腆地说："早年在华原时就仰慕前辈的才学，后学视前辈为榜样，才走到今日的。"武元衡笑了，说："我在华原做官当了逃兵，实在惭愧，不料我的半个乡党柳公权竟然也荣为一代状元，可见华原之地乃一方宝地也。公绰、公权二兄弟，前途无量啊！"

柳公绰也曾补校书郎，验校古书。兄长离开京城长安之际，免不了为入仕不久的胞弟操心，说上一席鼓励和劝慰的知心话。柳公权说："兄长放心，我会勤勉努力的。"

元和四年（809），柳公权三十二岁时，胞兄柳公绰为营田副使检校尚书吏部郎中兼成都少尹。此年二月二十九日，成都武侯祠建立《蜀丞相诸葛武侯祠堂记》，柳公绰正书，裴度撰文。

碑文上留有柳公绰名字职务，后缀则是赐紫金鱼袋。裴度时任节度掌书记侍御史内供奉绯鱼袋。绯衣与鱼符袋，即朝官的服饰，唐代五品以上佩鱼符袋。官服分颜色：三品以上紫袍，佩金鱼袋；五品以上绯袍，佩银鱼袋；六品以下绿袍，无鱼袋。官吏有职务高而品级低的，仍按照原品服色。如任宰相而不到三品的，其官衔中必带赐紫金鱼袋的字样；州的长官刺史，亦不拘品级，都穿绯袍。

柳公权听兄长说过，裴度少时贫困潦倒，一天在路上巧遇一行禅师，发现裴度嘴角纵纹延伸入口，恐怕有饿死的横祸，因而劝勉裴度要努力修善。裴度依教奉行，日后又遇一行禅师，大师看裴度目光澄澈，脸相完全改变，告诉他以后一定可以贵为宰相。依大师之意，裴度前后脸相有如此不同的变化差别，是因为其不断修善断恶，耕耘心田，相随心转。之后，便有绯鱼袋可佩。

柳公权从兄长寄自成都的信札中，读到了武侯祠堂碑文的拓片，开头说："度尝读旧史，详求往哲。"这说明裴度对先贤诸葛亮的生平经历及业绩都做过研究，是很了解的。称赞诸葛亮是一个"藏器在身者，待时而动"的英才。碑文说："公是时也，躬耕南阳，自比管乐，我未从虎时称卧龙。"因刘备"三顾而许以驱驰"，于是"翼扶刘氏，缵承旧服，结吴抗魏，拥蜀称汉"。兄长公绰的书法更让胞弟开眼，作为书法同道，柳公权从兄长书艺的些微变化中，体悟到了艺无止境的道理。

由裴度撰文，柳公绰楷体手书，鲁建刻字，因文章、书法、镌刻都极精湛，世称三绝碑。还有一种说法，三绝是指诸葛亮的智绝、裴度的文绝和柳公绰的书绝。由此可见，在擅长于书法造诣的柳公权前边，有一个称为书绝的人，竟然是他的胞兄。只是由于在书法之外的造就更显著，而掩盖了胞兄的书法地位。反言之，也许由于胞弟一生专工书法艺术，书法之外并无显赫于胞兄之处，柳公权的知名度则超过了柳公绰。

元和五年（810），柳公权在校书郎任上。胞兄柳公绰回到长安，改谏议大夫。

唐宪宗爱好武功，并且多次外出游猎，身负谏议重责的柳公绰义不容辞，上奏章《太医箴》来讽谏皇帝。

奏章的意思是，上天排定寒暑次序，对人不讲私情。品类既然完全，用高贵低贱平衡，人要限制嗜好，才能保护身体，清静没有污染，光色才会鲜明。狩猎游乐没有节制，就会丧失志气。骑马奔驰损耗身体，呼喝就损伤元气。不保养肌肤，是前面修养方法忌讳的。人凭着元气生存，嗜好欲念从它产生，元气离开身体就会有病有灾，元气充盈就会心舒体泰。弊病在于生了病才考虑防治，防治应当在生病之前才是正确的。心情安适沉静又喜欢运动，就会身体和顺道德完美。能施舍于万物，靠此能享受万年寿命。圣人高高在上，各有各的归宿，我执掌太医之职，斗胆报告皇上。

皇帝阅罢奏章，认为柳公绰是高才，派使者对他说："你说的元气运行不闲，裂隙漏洞不在大，这是对我的厚爱，应该把它作为座右铭。"

过了一个月，任命柳公绰为御史中丞。

这期间，父亲柳子温毕竟早已过了七十致仕的年龄，从丹州刺史的位置上退隐，在华原柳家原老宅度过清闲的晚年，溘然长逝，长眠于那片沟壑纵横的山原之上。柳公绰和柳公权，老大做了刺史，老二在宫廷做校书郎。孙子辈，柳公绰的长子柳仲郢，柳公权的长子柳仲宪，也已经长大成人，重孙也上世了，当爷爷的也应该心满意足了。

作为未亡人的崔氏，守在乡下毕竟孤孤单单，便被两个儿子迎侍到了长安城里安度晚年，做儿子的也算尽了一份孝心。柳公权虽然身居京城长安，毕竟入仕时间不长，论各方面待遇条件，显然不及兄长优越，也就顺了母亲的意愿，让母亲随兄长一起生活，在京城养老。好在两兄弟住宅相距不远，隔三差五，柳公权也去兄长宅邸给母亲请安。

翌年，柳公绰为潭州刺史，兼御史中丞，充湖南观察使。长子公绰去了南方，年迈的母亲崔氏就一直与次子公权生活在一起，倒也身心安泰。柳公权与兄长天各一方，只是凭书信往来，大多谈论的是家事。母亲人老了便絮叨，手心手背都是肉，总是说常常梦见长子，想去南方探望公绰，不然怕是赶死也见不上长子一面了。官做得再大，母子却远隔千里，好像长子的出息与名望只是说给旁人好听的，做母亲的倒希望他是一个平庸的儿子，能够常常守在自己跟前，享受天伦之乐的好。

柳公权言语短，劝慰不了母亲，只好把实情写信告诉兄长。柳公绰也不无思念年迈的母亲，但感觉南方潮湿，恐怕母亲来了不能适应，反而尽不到一片孝心。在犹犹豫豫了两年后，柳公绰终是遵循百事孝为先的古训，不计较官场得失，以湖南地气卑湿，不能迎侍母亲崔氏为由，上奏乞分司洛阳，朝廷许久不允。

一直到这年的十月，柳公绰方移为鄂州刺史、鄂岳观察使。这样，柳公权便按照兄长盼咐，千里迢迢，亲送母亲至江夏。

母亲崔氏的身体还硬朗，父亲在北边塞上做刺史，不可能带上家眷，母亲一直是在华原柳家原老家过活的。如今，父亲不在了，尽管她老人家坚持留守在老家，不想到了古稀之年，两个儿子一个在长安，一个在江夏，自己又执意随长子漂泊异乡，却又担心把自己的老骨头丢在了家门之外。

江夏郡治，隶山南道，与江夏县同一治地，尉迟恭督修武昌城，至德元年（756）恢复鄂州名，隶江南西道。鄂岳观察使柳公绰驻地江夏，此地历来就是兵家重镇，其辖区北临淮西藩镇，一旦朝廷用兵淮西，这里便是前线。好在眼下处于和平时期，这里仍是宜居的好地方。

到了元和十年（815），在校书郎任上的柳公权，明显察觉到朝政事态的变化。

此年六月三日，报晓晨钟敲过，天色未明，大唐宰相武元衡即启门户，出了自己在长安城靖良坊的府第车门，沿着宽一百步的道路左侧行进，赶赴大明宫上朝。岂不知刚出靖安坊东门，即被躲在暗处的刺客射灭灯笼，遇刺身亡。同时上朝的副手裴度，也遇刺受伤。

柳公权早就知晓并有所交集武元衡，因曾经是京兆华原县令的原由，多少有一些同乡之谊。加上兄长柳公绰随同入蜀做判官，自然关切其人的仕途走向。元和二年（807），武元衡拜门下侍郎平章事，寻出为剑南节度使。他制定规约，三年民殷府富，蜀地少数民族纷纷归服。治蜀七年后，武元衡还朝，仍拜门下侍郎平章事。宰相李吉甫、李绛不和，不断争吵，武元衡对二人不偏不向，宪宗称赞为忠厚长辈。淮西节度使吴元济谋反，宪宗委任武元衡统领军队对淮西蔡州进行清剿，引起与淮西勾结的成德节度使王承宗、淄青节度使李师道等割据势力的恐惧，预谋刺杀武元衡等主战派大臣以救蔡州。李师道及其幕僚认为，天子专心一意地声讨蔡州的根由，在于有武元衡辅佐，遂秘密前去刺杀。如果武元衡死了，其他宰相不敢主持讨伐蔡州的谋划，就会争着劝说天子停止用兵了。

人生莫测，武元衡被刺杀身亡时，三十七岁的校书郎柳公权，不禁唏嘘不已。他找到了兄长柳公绰抄录的武氏及白居易、裴度的诗稿，试图从诗文中感受到一些他们的心境气息，也是打发自己沉闷而寂寞的时光，精神上是有一些解脱与慰藉。

柳公权读到兄长柳公绰入蜀期间的一首题为《和武相锦楼玩月得浓字》的诗作："此夜年年月，偏宜此地逢。近看江水浅，遥辨雪山重。万井金花肃，千林玉露浓。不惟楼上思，飞盖亦陪从。"柳公绰奉诏入朝任吏部郎中，武元衡写了诗送别柳公绰："落日河桥千骑别，春风寂寞旆旌回。"当时，裴度也在节度府中任判官，与柳公绰关系密切。裴度有诗相赠："两人同日事征西，今日君先捧紫泥。"兄长文武双全，堪为诗友的武元衡也是一个历史上少有的诗人宰相，其诗之瑰奇在于雕琢字句，求奇求工。

武元衡在西川时，曾经游玩前任西川节度使韦令公的旧宅园，园中池边有一只很漂亮的孔雀，遂即兴作诗一首，名为《孔雀》，诗曰："荀令昔居此，故巢留越禽。动摇金翠尾，飞舞碧梧阴。上客彻瑶瑟，美人伤蕙心。会因南国使，得放海云深。"字里行间表达了诗人的同情之心，充满了言外之思，感叹人生的变迁。回到长安后，他将此诗示于朝中大臣。既是同僚又是朋友的白居易读罢，以诗相和，诗曰："索莫少颜色，池边无主禽。难收带泥翅，易结著人心。顶毳落残碧，尾花销暗金。放归飞不得，云海故巢深。"在韵律上回应了武元衡的原作，同时也在情感上比原诗更为深切悲伤，表示孔雀在蜀地滞留已久，有沦落他乡之感，且羽翮已经残伤，即便将它放飞也难以重归故巢了，情感基调感伤至极。

柳公权知道，武元衡与白居易交好，然而二人却近似情敌，都与一位女诗人要好。武元衡号称唐朝第一美男子，在时任西川节度使的时候，与当时的美女诗人薛涛的关系极为暧昧，这让爱慕薛涛的白居易心生嫉妒。武元衡曾赋《赠道者》一诗："麻衣如雪一枝梅，笑掩微妆入梦来。若到越溪逢越女，红莲池里白莲开。"诗人大加赞美欣赏这位美丽的白衣女子，对她的姿色颇为倾倒。薛涛也曾作《送友人》更是煽情："水国兼葭夜有霜，月寒山色共苍苍。谁言千里自今夕，离梦杳如关塞长。"诗中字字真切，层层曲折，将那执着的相思之情一步一步推向高潮，对友人的思恋是多么的绵长。武元衡奏薛涛为校书郎，好似武元衡的贴身秘书。

武元衡在被刺杀的前夜，作了一首很具有诗谶意味的《夏夜作》，诗道："夜久喧暂息，池台惟月明。无因驻清景，日出事还生。"冥冥之中，武元衡似有预感而又无能为力去改变未卜之事的发生。寂静的深夜，没有了白天的喧嚣，唯有那明月高高地悬在夜空，照着池台，但灾难却在不知不觉之中静悄悄地向着武元衡靠近，给人以"天要下雨，娘要出嫁"的无可奈何之感。

柳公权感叹于朝廷生活的扑朔迷离，也觉察到了官宦群体背后的险恶。所庆幸的是，武元衡虽然命运多舛，其子武翊黄颇有出息，乃唐朝元和状元。武氏其文脉承传，后继有人矣。

宰相武元衡被刺杀案，一时朝野震惊。明摆着，这是藩镇对中央政府的公然挑战。宪宗皇帝龙颜大怒，下诏捕贼，明令谁敢窝藏刺客，诛灭九族。案情告破，杀了张晏等十九人，唯不及元凶淄青节度史李师道，则出自朝廷的策略。而时任左赞善大夫白居易，急匆匆地上书，责怪办案官僚办事不力。因而触怒了执政群僚，以越职言事为罪名，让他落了个遭贬的下场。

白居易被贬江州司马，柳公权听到这个消息，不禁扼腕长叹。自己尚在所谓兼济天下的期许中，而白居易已经由此"换尽旧心肠"，个人际遇和生活由此成为转折点，到了所谓独善其身的境地。江州司马青衫湿，白居易自以为天涯沦落，牢骚满腹，顾影自怜。朝廷中的言论，一是说当朝委屈了他，二是说他活该，是对其一贯喜欢出风头的合理惩罚。

是非不由己，祸患安可防。白居易满怀凄楚地离开了长安，那个宁折不弯的白居易不见了，开始了他的亦官亦隐生活。在任江州刺史道上，中书舍人王涯又上疏追论白居易平时言行之过，认为所犯状迹，不宜治郡。母亲精神失常，坠井而死，白居易写过一首《新井篇》，于是又追贬为江州司马。后来，甘露事变，王涯被杀，白居易听闻后，非常开心，到东都香山寺游玩，写了如下诗句："祸福茫茫不可期，大都早退似先知。当君白首同归日，是我青山独往时。"白居易被贬期间诗作《琵琶行》云："同是天涯沦落人，相逢何必曾相识。"从个人仕途而言，不幸落入了低谷，从接触到社会底层并写出了佳作这一点上说，他又是幸运的。

从白居易的身上，柳公权意识到了官场的神秘莫测，变幻无常。于是，他试图兼济天下的进取心受到伤害，尽职尽责之外，便把自己可以支配的精力用在了书法的探究上，沉溺不已。

而胞兄柳公绰的仕途前景则光明灿烂，却也使柳公权为奔赴杀场、生死未卜的兄长担忧，惶惶不可终日。

元和十年（815）初，唐宪宗下令讨伐淮西吴元济，柳公绰接到命令，让他调派本部五千兵马归安州刺史李听指挥。按照管辖范围，安州是由鄂岳观察使节制的，现在让观察使柳公绰调派兵马显然是因为他是文臣，而李听则是将门之后。朝廷认为我是儒生就不懂军事吗？这是柳公绰接到命令后的反应，他当即上奏，要求亲自将兵开赴前线。

在得到朝廷的许可后，柳公绰率领本部兵马渡过长江，北上安州。安州刺史李听遵循迎接观察使的礼仪，身着戎装挎弓背箭迎接柳公绰。柳公绰对李听说："你出身于名将之家，熟知军事，如果认为我没有能力指挥，你可以告缺，如果愿意听从我的指挥，我将任命你为部署，今后将按照军事法令行事。"李听回答得很干脆："一切都按照您的命令办。"

柳公绰号令整肃，知权制变，甚为时人所称道。当时唐中央政权进讨淮西的战争进行得并不顺利，但鄂岳的军队却经常在战斗中获胜。其间，柳公绰骑的马，把养马人踢死了，他让人杀死马为其祭奠。有人说："这是一匹好马，是养马人不防备造成的，杀了可惜。"柳公绰说："此马能奔善跑，但生性顽劣，有甚可惜。"

整日出入于大明宫的校书郎柳公权，也还操持着柳氏一家人的家政事务，不时关注着兄长戎马生涯的安危。在焦虑与期盼中，战事终于结束，兄长凯旋而归，柳公权心里的一块石头才落了地。

　　元和十一年（816）十一月，新任京兆尹柳公绰，前往光德坊东南隅的京兆府办公地走马上任。

　　京兆尹是首都地区的最高行政长官。所谓京，是极大的意思，兆则表示数量众多。定名京兆，显示出一个大国之都的气派与规模。京兆在汉时被形容为辇毂，意思是在天子的车轮之下，离天太近，各种矛盾错综复杂，人际关系盘根错节。西汉时，颖川太守黄霸曾调任京兆尹，几个月后就因不称职而离任返回原职，还受到了降薪二百担的处分。黄霸当时在全国省级官员政绩考核中名列第一，而且重新回到颖川主持工作依然治理有方为时所赞，可见是不服京兆水土，所谓橘生北则为枳。

　　唐玄宗李隆基设立京兆府，京兆尹一般情况下为从三品官秩，手下有京兆少尹两名，还有功曹参军等相当于现今局一级的官员。京兆府下辖二十三个县。第一任京兆尹是孟温礼。起先，京兆尹住在自己的私宅里，每天走班。大中年间，唐宣宗特批钱两万贯，令京兆尹韦澳在京兆府办公院内营造官邸。

　　柳公权明白，兄长这个京兆尹的官并不好当。涉及唐时京兆尹的更换频率，白居易在其《赠友五首》中写道："京师四方则，王化之本根。长吏久于政，然后风教敦。如何尹京者，迁次不逡巡。请君屈指数，十年十五人。"诗中没有明指是哪十年，但从元和元年（806）至十年（815）八月，担任京兆尹的就有十四人次，十年十五人当不是虚指。

　　唐代相继任京兆尹的，如刘晏、李岘、黎干、李廙、第五琦、柳公绰、郗士美等。有父子先后担任京兆尹的，如柳公绰、柳中郢。有兄弟任京兆尹的，如李仲通、李叔明。有叔侄任京兆尹的，如韩迥、韩皋。还有一个叫王甫的禁军将领，自己任命自己为京兆尹，最后被郭子仪杀了。而玄宗、肃宗时期的崔光远则创造了另一项纪录，在不到三个月的时间内，三任京兆尹。

　　柳公绰初次上任京兆尹这天，前有清道，戟阵追随，仪刀团扇，僚佐相拥，象征着身份和权力。突然，一个神策军小将驰马从横向蹿出，直冲进仪仗队中。小将被制服后，柳公绰按住马头，下令依照法令行事，处以杖击。一阵棍棒落下，受杖者气绝身亡。京师长安三大恶，中使、闲汉、神策军。对于这三股势力，一般很少会有人去惹。这一次，神策军小将因违反法令送了小命。

一向沉稳从事的柳公权听了，着实吓了一大跳，为面临皇上问责的兄长捏了一把汗，不知是福是祸，是出师不利还是旗开得胜？

第二天，大明宫延英殿，唐宪宗面带怒气，责问柳公绰事前不请示独断专杀一事。柳公绰从容对答："陛下不认为臣是无能之辈，令臣管理您车轮下的土地，此次臣初次上任，就有人违反法令闯进仪仗队伍之中，这不仅是对臣的无礼，更重要的是在蔑视陛下的权威，臣只知道冲闯仪仗的人理当杖击，并不在于他是不是神策军的人。"唐宪宗退而求其次，追究柳公绰事后不汇报的责任："何不奏？"柳公绰答道："臣只是在行使正常的职责，没有必要汇报。"宪宗再求其次："谁当奏？"柳公绰答："此人所在的神策军应当上报，如果死在大街上由金吾街使上报，如果死在坊里那么应当由左右巡街使上报。"

唐宪宗面对柳公绰的言之凿凿，的确无话可说。事后皇上对左右的人说："你们以后遇上柳公绰这个人要多留心，连朕也怕他几分。"

柳公权听后，为之释然，敬重兄长为官的胆识与智慧。家乡土话说，同是从一个娘的肠子上下来的，其性情则有差异。

柳公绰曾在西川任职时，纳有一姬，有同院邻里却说他纳妓。柳公绰曰："士有一妻一妾，以主中馈，备洒扫，公绰买妾，非妓也。"

周围人都知道，柳公绰妻韩氏，相国之曾女孙，家法严肃，"俭约为缙绅家楷范，归柳氏三年，无少长，未尝见其露齿，常衣绢素，不用绫罗锦绣，每归觐，不乘金碧舆，只乘竹兜子，二青衣步屧以随（《河东柳氏族训》）"。荒年歉收，柳公绰家虽然丰衣足食，但每餐饭他不超过一碗，到丰年才恢复饭量。有人问他，回答说："四方的人都困苦饥饿，我能一个人吃饱吗？"

如此德行，与柳氏家族崇尚家法相关。《河东柳氏族训》载："中门东有小斋，自非朝谒之日，每平旦辄出至小斋，诸子仲郢皆束带晨省于中门之北。公绰决私事，接宾客，与弟公权及群从弟再会食，自旦至暮，不离小斋，烛至，则命子弟一人，执经史躬读一过，讫乃讲议。居官治家之法，或论文，或听琴，至人定钟，然后归寝。诸子昏复定于中门之北，凡二十余年，未尝一日变易。其遇饥岁，则诸子皆疏食，曰：'昔吾兄弟侍先君为丹州刺史，以学业未成，不听肉食，吾不敢忘也。'"

由此可见，柳氏家法之一斑。长此以往，柳公权从兄长柳公绰身上汲取了不少处事的品行与才智，子侄辈如柳仲郢等也在家风家学的熏陶下受益良多。

柳公绰担任京兆尹后，母亲崔氏也随同移居长安城，一大家人尽享天伦，其乐融融。母亲随长子在江夏度过了一段美好的时光，见识了异乡的风光，算是一点晚年的慰藉，也在与亲戚邻里老太拉话时多了一层谈资，心情自然舒畅。返回长安后不久，因年事高迈而谢世。柳公权与兄长一起去职，回到了久别的华原柳家原家中，为母亲守丧，亦称丁忧。

树欲静而风不止，子欲养而亲不待。母亲的去世，使柳公权顿觉人生之匆促，自己在不知不觉中也已经踏入不惑之年的门槛。在仕途上，也还是一个默默无闻的校书郎而已。在这一点上，也难免有一些自责，羞于启齿似的有愧于已经故去的老母亲。想到这里，也不由得潜然泪下，泣不成声。

唐朝法律中有十恶之罪，其中第七恶为不孝，闻父母丧匿不举哀就是不孝之一。因而，在任官员去职丁忧是常见的事，除非皇上认为公务需要下旨缩短某个官员的守丧期，这叫夺情，否则是一定要为父母守够三年期限的。在此期间要坚持做到不做官、不婚娶、不赴宴、不应考。当然，在自己家吃不吃筵席没有硬性规定。

柳氏兄弟，在生母崔夫人丧后，三年不沐浴，因哀伤过度而身体瘦弱。同时，事继母薛氏三十年，有的远方姻戚尚不知非薛氏所生。舅兄薛宫很早就死了，柳氏兄弟将其女儿抚养成人出嫁。柳公绰守丧期满，任刑部侍郎，兼任盐铁转运使。

已迈入不惑之年的柳公权，在这一年的十月，柳州大云寺复建，邀请他书写《柳州复大云寺记》碑，又有机会施展一番自己的书法造诣了。

碑文撰文者，乃柳宗元。祖籍河东的二柳在此相遇，实在是千载难逢之幸事。尽管各自的祖辈离开河东蒲坂城已经几百年之久，错把异乡当故乡，颠沛流离，荣辱沉浮，总是从一个娘胎里繁衍下来的，所谓血浓于水。若按辈分，柳宗元得称柳公权为叔父。

叔侄二人也许在长安有过不多的交往，但在千里之外的异乡相见，他乡遇故知，一起追忆河东柳氏宗亲的来龙去脉，叙说宦海沉浮的往事，自然倍感亲切，也不无伤感与宽慰。

河东柳氏的祖籍，起源于一个叫柳下的地方，即今河南濮阳东柳下屯。柳下惠是鲁国大夫，任士师，即掌管刑狱的法官。因办案公平，严惩酷吏，损害了封建权贵的根本利益，曾三次被罢官。于是就有人问他，你为什么还要留在鲁国而不去别国做事？柳下惠说，我用正直的态度做事，到哪里都会被三次罢免的。如果用不正直的态度做事，还有必要背井离乡吗？他是一个轻名利、重为人的正直之人。在他看来，丢官事小，失节事大。

柳公权与柳宗元叔侄二人说到远祖的一则趣事，有点不好意思。有年冬天，柳下惠到外地办事，耽搁了出城时间。此时，客店也已住满了客人，他只好到城门下夜宿。稍后，一位年轻貌美的女子也来到城门下夜宿。柳下惠见那女子衣服单薄，冻得瑟瑟发抖，恐怕那女子冻死，就用自己的棉衣把她裹在怀里，一直到天亮，丝毫没有淫乱行为。可见，柳下惠善于讲究贵族礼节，是一个被奉为楷模的正人君子，是个道德高尚的人。此后，人们就用"坐怀不乱"来形容男子在两性道德方面持有情操，作风正派。

柳下惠死后，门人为他写悼词，他的妻子说，夫子的品德，你们不如我了解。于是，就娓娓道来，最后说，夫子的一生宜用一个"惠"字来归结。门人听从其妻之言，送他一个谥号叫"惠"。孟子称柳下惠为

"圣之和"。

柳姓繁衍之地，在今河南北部和山东西部一带。解梁，是春秋时晋国智伯的封地，故城在蒲州虞乡西北四十里，即今永济虞乡开张镇古城村，智伯墓在城外栲栳镇东下村。秦灭六国后，柳下惠的裔孙柳安被封为贤大夫，入居山西境，始居河东解县，即今山西运城解州镇。

柳宗元在《故大理评事柳君墓志》中写道："柳族之分，在北为高，充于史氏，世相重侯。"在为其叔父撰写的《故殿中侍御史柳公墓表》中说："公讳某，字某，邑居于虞乡。"在河东虞乡，有柳氏祖茔。柳庆的曾孙柳子夏，唐初任徐州长史。柳子夏的玄孙为柳宗元。《虞乡县志》记载："唐子厚，即柳宗元，先茔在县北五里阳朝村东，有数大冢，今其地犹称柳家坳。"

叔侄二人说到故乡家山，都无不为之怅然。

一起说到柳庆之孙柳亨，隋末附于李密，败后归唐，累授驾部郎中，受到李渊的爱重，娶李渊的外孙女为妻，迁至左卫中郎将，后拜太常卿，检校岐州刺史。唐太宗李世民曾对柳亨说过："与卿旧亲，情素兼宿。"柳子夏的叔伯兄弟柳奭，贞观中为中书舍人，高宗李治朝做过宰相，他的外甥女王氏为皇后。当时的柳氏一族，是与皇族有着亲密关系的权臣贵戚。

在唐朝，河东柳氏作为关陇集团的一个有势力的家族，在朝廷中据有显赫的地位。柳宗元并未在虞乡生活过，他生在长安，随父母游移。其门柳奭为相时，在长安万年栖凤原修有庄园，其后多居于长安。父柳镇，安史之乱中奉母隐王屋山，后徙吴兴，仕途不畅。从高祖、曾祖、祖、父及柳宗元，都归葬在万年县先人墓，在今西安栖凤原，可见柳宗元之族已不在故里祖茔安葬。

柳宗元在回忆时说："人咸言吾宗宜硕大，有积德焉，在高宗朝，并居尚书省二十二人。"

柳奭是柳亨的兄子，柳奭之父柳则曾为隋左卫骑曹，出使高丽而殉职。柳奭入蕃迎丧柩，哀号逾礼，深为夷人所慕。贞观中，累迁中书舍人。后以外甥女为皇太子妃，擢拜兵部侍郎。妃为皇后，柳奭又迁中书侍郎，后代褚遂良为中书令，仍监修国史。

唐高宗一朝，是宫闱内廷之纷争异常激烈的特殊年代。由于高宗王皇后无子，成为唐高宗的一桩难却的心病，王皇后好似风雨飘摇。柳奭与元老重臣褚遂良、韩瑗、长孙无忌、于志宁等多方设法为王皇后固位。然而最终还是无济于事，武则天得宠后，王皇后被疏忌至废。再加上母魏国夫人柳氏及舅中书令柳奭入见六宫，又不为礼的说法，形势对王皇后一派更为不利，最终武则天成功运用其政治手腕被立为皇后。武则天严厉打击政敌，柳奭与诸位元老重臣均遭贬黜，柳氏一族损失惨重。

随后，武昭仪诬王后与其母魏国夫人柳氏为厌胜，敕禁后母柳氏不得入宫，贬吏部尚书柳奭为遂州刺史。柳奭行至扶风，岐州长史于承素希旨奏柳奭漏泄禁中语，复贬荣州刺史。皇后被废，柳奭被贬为爱州即今越南清化刺史。寻为许敬宗、李义府所构，云柳奭潜通宫掖，谋行鸩毒，又与褚遂良等朋党构扇，罪当大逆。高宗遣使就爱州杀之，籍没其家。柳奭既死非其罪，甚为当时之所伤痛。

柳宗元与柳公权谈到柳氏命运，"遭诸武，以故衰耗。武氏败，犹不能兴。为尚书吏者，间十数岁乃一人（《河东柳宗元文》卷十五）"。从此之后，柳氏家族中道衰落，从皇亲国戚的特权地位降到普通士族官僚阶层。虽然开元时柳亨之孙柳涣曾任中书舍人，并且上表请求许其伯祖柳奭还葬乡里，其曾孙无忝放归本贯之后，无忝后也曾官至潭州都督，但柳氏衰落的大势已经在所难免。

虽然后来柳氏中有柳浑这样升至宰相的机会，同时也可以看到，终于乾元年的柳真召曾经年弱冠、举孝廉的情况，但毕竟是少数。更多类似秘书少监柳行满，摄鸿胪卿监护、柳机之孙柳偘为处士，柳偘两兄未仕等，柳氏家族逐渐由靠家族势力的荫官等向科举入仕转化，许多人也通过科举入仕，但官职不高。

柳宗元的曾祖父柳从裕、祖父柳察躬，都只做过一般的县令。其父柳镇，虽然是明经及第，颇有政能文才，因没有门荫特权的倚仗，只能由府县僚佐这样的低级官吏地位逐步迁升，到晚年才靠军功到长安受任正七品京衔。

安史之乱中，柳家又一次受到打击。战乱中，柳镇送母亲入王屋山避难。贞元九年（793），其子柳宗元考中进士，很快就与朝中一些激进的改革派结合在一起，推动改革，最终失败后遭贬永州。

柳公权与柳宗元，同属晋代官至侍中的柳景猷后人，相隔三百多年，约十多代。柳宗元比柳公权大五岁。四岁时父亲柳镇去了南方，信佛的母亲卢氏带他住在京西庄园里，后随父宦游长沙、九江一带，十二岁时随父亲在夏口亲历了藩镇割据的战火。二十岁考中进士，同时中进士的还有好友刘禹锡。先是任秘书省校书郎，与杨凭之女在长安结婚，后中博学宏词科，调为集贤殿书院正字。当了两年蓝田尉，又调回长安任监察御史里行，时年三十一岁，与韩愈同官，成为王叔文革新派的重要人物。

唐宪宗上台，"二王刘柳"被贬，柳宗元九月便被贬为邵州刺史，行未半路，又被加贬为永州司马。六十七岁的老母亲随往，寄宿龙兴寺未及半载，老母卢氏便离开了人世。柳宗元富有藏书，《诒京兆尹许孟容》云："家有赐书三千卷，尚在善和里旧宅，宅今三易主，书存亡不可知。"永州一贬就是十年，王叔文党人未有迁官，有人主张召回，后升职但遣送到更远地方。元和十年（815），柳宗元接到诏书，回到长安不但没有受到重用，又被改贬为柳州刺史。柳宗元说："让母子同往，实在悲惨。"

柳公权所书碑文《柳州复大云寺记》，乃柳宗元写于任上。碑文写道："越人信祥而易杀，傲化而偭仁。病且忧，则聚巫师，用鸡卜。始则杀小牲，不可，则杀中牲，又不可，则杀大牲，而又不可，则诀亲戚饬死事，曰神不置我矣，因不食，蔽面死。以故户易耗，田易荒，而畜字不孳。董之礼则顽，束之刑则逃，惟浮图事神而语大，可因而入焉，有以佐教化。"

到柳州任刺史后，柳宗元发现当地百姓有了病不医而迷信鬼神巫术，滥杀禽畜，致使人口减少，田地荒芜，禽畜难以繁殖等情况。于是，他主持修复了被焚毁约百年的大云佛寺，利用佛教戒杀的主张和讲究大中之道的教义，引导百姓去掉滥杀牲口的陋习。柳州当初奉朝廷的命令建有四座佛寺，其中的三座在浔水的北面，只有大云寺建在江水的南面。江北环绕着柳州城居住有六百户人家，江南则有三百户。大云寺建成不久，江南发生了火灾，大云寺也被烧毁，以后约百年一直没有修复。柳宗元来到这里不久，就把当地人崇拜的怪神赶到偏僻遥远的处所，将立神的地盘管理起来。

这里恰好有一座僧人居住的小房舍，就在这基础上扩建了一座更宽大的寺庙，并且使门前的道路纵横交错，四通八达，向北可以一直连接到江边。还将扩建佛寺的事报告给桂管观察使府，给佛寺取上原来的名字大云寺。大门之后，在门额上书写了寺名作为标志。庙内建有东西两厢房，还充实寺庙的设施，作为僧徒居住的地方。会集僧徒并送给他们食物，让他们在寺内击磬敲钟，念唱佛经，以便显示佛教道义的尊严和传播佛教的教义。

从此以后，地方上的百姓又开始抛弃迷信鬼神巫术的陋习，停止了滥杀禽畜，努力趋向于讲究仁爱。人们生病之后，有所请求就让他们用恰当的方法去做，这也许是适合于教化当地百姓的一种好办法。修复大云寺的同时，还在这里建造了房屋若干间，开垦荒地若干亩，栽种树木若干株，种了竹子三万竿，开辟菜地上百畦、田地若干块。两年之后的十月某日，寺庙就完全修复好了。

宪宗实行大赦，在裴度的说服下，敕召柳宗元回京，柳宗元却在柳州因病去世，享年四十七岁。

《柳州复大云寺记》碑文，是柳公权应柳宗元之邀而书写的。也许有远方同族从叔从侄的人脉关系的因素，而柳公权的书风在这时候的宫廷和民间也已经声名鹊起。书写此碑文，代表了柳公权早年书法风貌，显示了其潜在的书法才能，也为日后的仕途生涯做了很好的铺垫。

柳公权对朝廷的事件了如指掌，甚至对一些幕后的交易也明白几分，但对于一向诚实内敛的他来说，只是做好自己的事情，并不去说道国事与官场之是非。对于革新派的"二王刘柳"及柳宗元的仕途命运，他有自己的公正理解，同情加之气不忿儿，只是把立场深藏于内心，不去公开表白。他也许过于本分，不屑于见风使舵，见人说人话，见鬼说鬼话，人鬼不是，恐怕是他没有升迁机会的因素之一。

也就在唐宪宗元和末期，柳公权再也无法忍受一待就是十三年之久的校书郎公职，厌倦了宫廷里沉重而压抑的气氛，决意离开长安城，到塞外的广袤天地中去，长长地喘一口气也好。

第五章

北上夏州

唐宪宗执政时代，柳公权在秘书省校书郎的职务上停滞不前，徘徊了十三年的漫长时光，仕途不济，一直未能升迁。

按说，柳公权品行端正，不存在说是道非，得罪了哪位长官，堵塞了他升迁的途径。也不存在能力问题，他的才学应该是同事中出类拔萃的，除非遇到了嫉贤妒能的主儿。但在每年一度的实绩考评中，不一定总是上上，一是他性格中的不与人争，宽以待人，乐于谦让，二是他的安分守己，上进心不强。至于阿谀奉承、拍马溜须的勾当，向来被他所不屑。但最主要的恐怕是他痴迷书法，视手艺胜于官职，没有把主要精力放在谋取官职升迁的技巧上，这就使得他在仕途上一直处于劣势。

总之，他一向被同事和上司看作好人，一个老实人，而吃亏上当的往往是好人或老实人。如果是一个贴紧上司的红人或哥们儿弟兄，升迁有份儿，或者充当一个恶人，一个动不动就威胁有过失的上司，升迁也会有份儿。不怕得罪君子，就怕得罪小人。看来，柳公权是过于君子了。

仕途出路何在，树挪死，人挪活，挪动位置的去向，似乎只有离开京兆外放一条道儿。

在唐代，因科举及第者多为馆学生徒，科举出身的官员要进入高一级官员中，其修养和地方执政经验向来备受重视和青睐。职在亲民的刺史、县令被认为是治理之本，是否担任过县令、刺史，有无地方施政实践，逐步成为选拔三省、御史台高级官员的先决条件，即所谓"凡官不历州县者不拟台省"（《新唐书》选举志）。

入仕后的元和十四年（819）五月，已经四十二岁的柳公权，被兄长柳公绰的朋友李听辟为幕僚、掌书记、判官，正八品上。

作为幕僚的柳公权，他的顶头上司是夏州刺史李听，与兄长柳公绰交集甚笃。也是基于柳公绰与李听的亲密关系，柳公权才有机会北上夏州任职，有了一生唯一一次履职藩镇的经历。

对于李听，柳公权向来是钦佩其名望的。其父李晟乃一代名将，七岁时李听便以荫授太常寺协律郎进出公署，后随吐突承璀讨伐王承宗，为神策行营兵马使设计生擒卢从史。由此李听立了一大功，转左骁卫将军，出为安州刺史，随鄂岳观察使柳公绰讨吴元济，军声遂振。元和中征讨李师道，李听为楚州刺史，统淮南之师平了山东。李听以功授夏州刺史，赴任之前，少不了与他曾经的上司知己柳公绰话别，说到选聘掌书记，恳请柳公绰为其推荐贤达。

这时，柳公绰随即提到了其弟柳公权，在秘书省待了十三年之久未能移动，这自然是一个机会。作为胞兄，柳公绰也为胞弟的境遇忧心忡忡，但也拿不了胞弟的主意，只是说斟酌一下再说不迟。

柳公权听胞兄这么一说，觉得是一个改变自己处境的机遇，再也不能在校书郎的位置上消磨下去了，便也应承下来，情愿随李听北上夏州。

柳公权曾以状元驰名朝廷，并以书艺知名，便得入仕为官。生于官宦诗书之家，受兄长柳公绰影响最大，走上一条官宦和书法兼之的人生道路。起先是必须科考方可入为官，入仕后并不顺利，长期不被重用，书法造诣并未带来实惠，竟然长居校书郎任上，无奈之下随李听赴边塞夏州当了幕僚。

要离别繁华的京都长安城，前往风沙弥漫的塞北，只是从九品上递进一个官阶为正八品上，划算得来吗？但柳公权确实从心底里厌倦了漫长的校书郎生涯，一天也待不下去了，故纸堆的霉味加上周围的酸腐气息让他受够了，哪怕换一换环境也好。向来安分守己的他，何尝不知道安逸的自在，但他缺少的正是兄长柳公绰那样的勇敢和不惧怕冒险的性情，这一回他终于要摒弃文弱书生的秉性，让自己威武与潇洒起来。官升一级于他如草芥，重要的是逃开熙熙攘攘的人群，去拥抱类似家乡华原一样宽阔坦荡的大自然。他毅然横下心，打点行囊，前往李听任刺史的夏州。

离京赴任，一路北上。塞外边关，剽悍的游牧部落故地，也许可以获得他逃出樊篱之向往，放牧一颗自由之身心。而书法修炼的深层体悟，除法帖之外往往汲取于大自然的奇妙造化。

夏州，位于今天的陕西靖边红墩界白城子村。此地在春秋及战国时属魏，秦并天下，置三十六郡，属上郡。汉武帝分置朔方郡，灵帝末，羌胡为乱，塞下皆空。在柳公权抵达这里的近四百年前，晋末赫连勃勃在此称大夏。勃勃字屈孑，一作屈丐，朔方匈奴人。父卫辰，符坚时为西单于，为后魏所杀。勃勃杀高平没奕，并其众自称天王，于朔水之北、黑水之南营起都城，即统万城。至子昌为魏太武帝所灭，置统万镇，不久即改为夏州。隋大业元年（605）以为朔方郡，隋末为贼帅梁师都所据。唐贞观二年（628）讨平之，改为夏州，置都督府。

到了柳公权随李听镇守此地之后的唐末僖宗时，党项部首领拓跋思恭被朝廷封为夏国公。而后，北宋赵光义削藩镇兵权，李继迁借故逃离，连娶数位当地豪强的女儿作为妻妾，一下子与地方首领成了亲戚，被契丹人封为夏国王。宋真宗为息事宁人，承认了西夏的独立地位。到了后世，夏州城周围已逐渐为沙漠所覆盖，最终成为废墟。

由此可见，夏州乃一处曾经演绎过血火大戏的广阔历史舞台。柳公权与他的上司李听，仅仅是这里的匆匆过客。

唐开元时的夏州，户六千一百三十二，乡二十。到柳公权到任的元和年间，人口锐减，户三千一百，乡八。贡：角弓，毡，酥，拒霜荠。赋：麻，布。管县四：朔方，德静，宁朔，长泽。自汉至唐，夏州常为关中根本。城西南有二盐池，大而青白。青者名曰青盐，一名戎盐，入药分也（《元和郡县图志》卷四）。

夏州城外的无定河，一名朔水，一名奢延水，从大漠流过，注入黄河。

一日，柳公权随李听巡至无定河边，驻马小憩。

李听问道："你以为此处景色如何？"

柳公权说："无怪乎赫连勃勃北游此处，叹曰：'美哉，临广泽而带清流，吾行地多矣，自马领以北，大河以南，未之有也！'"

李听说："赫连勃勃于无定河之北、黑水之南，改筑统万城。曾经下书曰，今都城已建，宜立美名。朕方统一天下，君临万国，宜以统万为名。你随我当今统领此地，也当自豪不是？"

柳公权道："身临其境，才知其城土色白而牢固，曾有九堞楼，峻险非力可攻。《诗》所谓'王命南仲，城彼朔方'，是也。"

李听说："汉武帝收河南地置朔方、五原郡，使校尉苏建筑朔方。贞元以降，终于归属我大唐，你我镇守于此当幸哉。"

柳公权叹曰："不到夏州，真不识王维'大漠孤烟直，长河落日圆'之诗意何在。苍茫漠野，空旷而有风骨，书艺之事可效法也。"

柳公权在夏州的职位是节度掌书记，乃掌管一路军政、民政机关之机要秘书。为观察使或节度使的属官，掌朝觐、聘问、慰荐、祭祀、祈祝之文与号令升黜之事。随着藩镇权力的扩大和独立性的增强，掌书记的地位也日益显得重要，在藩府中掌表奏书檄等文书，是沟通藩镇与中央的高级文职僚佐，地位仅次于节度副使、行军司马、节度判官等上佐。

对于柳公权来说，其才能不仅胜任此职，且绰绰有余。掌书记一职要求会写奏章文檄，且要精于草隶，所以入幕前其人员主要来自科举出身者、朝官、地方官和知名文士。

他也明白自己的仕途目标，掌书记的迁转，一是幕府系统内部的迁转，即幕职升迁和幕府兼官迁转，二是由边镇幕府迁出任官，主要是任朝官和地方官。掌书记在幕府系统内多迁转为节度副使、节度判官甚至是节度使，其命运通常与长官官职的升降息息相关，历朝历代都一个理儿。掌书记入朝为官，多任监察御使、殿中侍御使、拾遗、补椡等清望近要之职。

在夏州，柳公权还有一个称谓：判官。唐制官名，即特派担任临时职务的大臣可自选中级官员奏请充任判官，以资佐理。

柳公权还有一个官衔：太常寺协律郎。太常寺属于五寺之一，乃掌管礼乐的最高行政机关。协律郎掌和律吕，律指的是规律性的成体系的标准音高，提出相应各律振动体的长度标准，互有规律联系的律才可以称为律吕。掌乐律、乐舞、乐章以定宫架、特架之制，祭祀享则分乐而序之。

由此可见，擅长书法艺术的柳公权，亦是精通音乐的高手。虽精于音韵，却并不入迷其间，只是沉溺于书艺之海，更乐于享受天籁之声。

滴水成冰，朔风呼啸，柳公权躲在夏州城的官衙里，捱过了异常寒冷的塞上的冬天。他期待春天的暖阳，早日照在他时任判官的书案上。

柳公权北上夏州时，将家眷留在了京城长安，妻室儿女也趁空回了华原柳家原老宅住了一段时间。孤身一人，远赴边关，思乡之苦难免，而家人对他的担忧，何尝不是一日三秋。

"誓扫匈奴不顾身，五千貂锦丧胡尘。可怜无定河边骨，犹是春闺梦里人。"这首诗出自鄱阳人陈陶笔下。柳公权供职夏州时，陈陶尚不足十岁，后举进士不第乃浪游名山，以诗名世。汉代精锐部队羽林军穿锦衣貂裘，五千将士誓死杀敌，奋不顾身，但结果全部丧身胡尘，足见战斗之激烈和伤亡之惨重。接着诗人笔锋一转，写闺中妻子不知征人战死，仍然在梦中想见已成白骨的丈夫。知道亲人死去，固然会引起悲伤，但确知亲人的下落，毕竟是一种告慰。诗中的少妇则深信丈夫还活着，丝毫不疑其已经死去，几番梦中相逢，情景更凄惨。多年之后，柳公权读到了这首诗，甚为感慨。

李听在夏州刺史任上仅一年余，第二年六月改任灵盐节度使。柳公权的仕途，也在意料之外有了一次出头的机遇。

在夏州任上，柳公权换了环境，身心为之自由，思想与意志也受到锻炼，从而得以转运。为纪念并表达对这一经历的谢意，二十多年后，当初赏识自己的李听去世，六十三岁的柳公权念及当年的知遇之恩，亲自书写了《太子太保李听碑》，也算是一种真情回报与感恩。此为后话。

也就在柳公权呆坐于边塞夏州的官衙里，等待又一个春天降临的时候，听到了从京城长安传来的消息，石破天惊：元和十五年（820）正月二十七日夜，王守澄、陈弘志等宦官潜入寝宫，谋杀了四十三岁的宪宗皇帝！然后守住宫门，不准朝臣入内，伪称皇上"误服丹石，毒发暴崩"，并假传遗诏，命李恒继位，是为穆宗。

宪宗李纯，唐朝第十二位皇帝，顺宗长子。宪宗即位以后，经常阅读历朝实录，每读到太宗和高宗的故事就仰慕不已，以祖上圣明之君为榜样，注重发挥群臣作用，敢于任用和倚重宰相，在延英殿与宰相议事都是很晚才退朝。在位十五年，勤勉政事，君臣同心同德，从而取得了削藩成果，重振中央政府的威望，成就了唐朝的中兴气象。到后来进取心减弱，追求长生不老，依照李唐迷信神仙的传统开始服食丹药，变得性情暴烈，动辄对身边的宦官责打或诛杀。操纵权力的宦官为了立其子李恒为帝，便杀了其父李纯。从此唐朝皇帝的废立，都由宦官说了算。应该说是神仙与宦官联手，置不惑之年的宪宗于死地，也实在可悲可叹。

在柳公权眼里，唐朝皇帝中的佼佼者有三人：太宗、玄宗、宪宗。宪宗没有能够像太宗和玄宗那样开创一个辉煌盛世，在某种程度上却能够和他们并驾齐驱，相提并论，这也正说明了他不同寻常的帝王命运。宪宗是中晚唐皇帝的一个亮点，唐王朝一度回光返照，但和玄宗一样都是虎头蛇尾，有始无终。适逢解决宦官问题的最好时机，宪宗却并未把握住，在对藩镇作战时开始起用宦官监军，开了一个不好的先例。

被宦官所谋杀的宪宗，还有一个被后人称道的独到之处，即不立皇后。原因很简单，他之所以不立皇后，就是怕皇后吃醋，干涉自己宠爱别的女人。而且从宪宗开始，穆宗、敬宗、文宗、武宗、宣宗相继效法，也都没有立皇后，原因与其类同。这一时期史书上所称的皇后，其实都是她们的儿子当上皇帝以后加封的。显而易见，不立皇后的甜头，宪宗本人以及他的子孙都尝到了。然而，在品尝这种甜头的同时，他们也吞下了致命的苦果。为了满足自己的欲望，宪宗经常吃长生不老药以及壮阳药，越吃身体越虚弱，越虚弱越吃，如此恶性循环。他的身心受到了很大伤害，性情变得暴躁无常，身边亲信人人自危。最后，他愣是叫太监给毒死了。

至于宪宗的那两个儿子、三个孙子，更是有过之而无不及。为了御女多多，达到快感，他们经常吃方士配的金丹。他们死时的年纪都不是很大，宪宗和敬宗是暴死的，自不待言。穆宗活了三十岁，文宗活了三十岁，武宗活了三十三岁，宣宗也只活了五十岁。而柳公权，在从边关夏州回到长安之后，长达几十年间，几乎一直生活在宫廷的花团锦簇之中，耳闻目睹了这些大唐天子们的生死荣辱。

也就在柳公权于秘书省校书郎任上的最后一年，元和十三年（818）十一月，得知功德使上奏，言凤翔法门寺塔有佛指骨，相传三十年一开，开则岁丰人安。来年应开，请遣使迎奉。十二月一日，宪宗遣宦官率僧侣数人赴凤翔迎佛骨。此举，遭到刑部侍郎韩愈的竭力反对。

到了柳公权远赴边塞夏州当判官的元和十四年（819），宫廷的儒佛矛盾以一种激烈的形式爆发了。此年是开塔的时期，唐宪宗要迎佛骨入宫内供养三日。韩愈听到这一消息，写下《谏迎佛骨》，上奏宪宗，其中说道："孔子说，严肃地对待鬼神，但却离他远远的。我请求将佛骨交给有关部门，扔进火里水里，永远灭绝这个佛僧骗人的根本，断绝天下人的疑虑，杜绝后代人的迷惑。佛如果真的灵验，能降下灾祸的话，那么一切的祸殃都应加在我的身上，老天爷在上面看着，我绝不后悔埋怨。"唐宪宗接到谏表，大怒，要处死韩愈，当时大臣裴度、崔群出来说情，贬韩愈为潮州刺史。其侄孙韩湘赶来送行，他无辜远谪，此时胸中正充满郁愤，又值严冬时节，天雪冰寒，路途艰难，更增添了他内心的感伤和对前途的担忧，所以借韩湘送行，韩愈写下了"云横秦岭家何在，雪拥蓝关马不前"的诗句。柳公权深为敬佩韩愈的官品、人品、文品，自愧可望而不可即。

也就在这年十一月初八，柳公权尚在边关夏州任上围炉取暖，他的柳氏族侄柳宗元在四季如春的柳州去世，终年四十七岁。

呜呼哀哉！柳宗元仅比柳公权长五岁，年纪轻轻，倏忽凋零，让柳公权不由得倍感人生之匆促。

韩愈和柳宗元，同是唐代古文运动中桴鼓相应的领袖，私交甚深，友情笃厚。韩愈于次年在袁州任刺史时，为其撰写了《柳子厚墓志铭》，酣恣淋漓，顿挫盘郁，乃作者至性至情之所发。柳公权之后读到韩文，叹其噎郁苍凉，实为墓志中之千秋绝唱。

元和十五（820）年初春，当身为夏州判官的柳公权奉使入京奏事时，刘禹锡正从连州奉母灵柩北归行至衡阳，得知柳宗元遽然而逝，"惊号大叫，如得狂病"，作《祭柳员外文》。到了这年七月十日，柳宗元灵柩北归，葬于万年其先人墓侧，刘禹锡又作《重祭柳员外文》，表达了诗人对友人之逝的深哀巨痛之情。

还是在夏州任判官的这年正月，柳公权书《薛苹碑》，该碑又称《左常侍薛苹碑》《散骑常侍致仕薛苹碑》。孟简撰文，柳公权正书并篆额。唐元和十五年闰正月立于河中，即今山西永济蒲州。

起先，柳公权与碑主并非过从甚密，只是在读了文稿后了解了其人的生平事迹，甚为赞佩。薛苹是河东宝鼎县（今万荣）人，父亲薛顺做过奉天县尉，是杨国忠的老朋友。杨国忠发达之后想提拔他，薛顺却多次谢绝。薛苹没有参加过科举考试，做小吏时因为能力强，逐渐被提拔起来，先后做长安县令、虢州刺史，后来做过湖南、浙江西道观察使，属于一方大员。他既注重德治，也注重法治，百姓们很喜欢这样的官员，能够安心服从他的统治。在自身修养方面，他清廉节俭，自奉甚薄。观察使的官服是绿颜色的，他做了一件绿袍，一穿就是十几年不肯更换。他的俸禄大都周济了亲戚朋友，没有给自己积下钱财。七十岁辞官，住在洛阳，优游林下，吟诗为乐。七十四岁去世，朝廷赠他为工部尚书，谥为宣。

邀请柳公权书碑，大概也缘于碑主系同乡，尽一份乡谊之情。

离京为官，在边地夏州待了近一年后，柳公权于这一年春暖花开之际，奉命入京奏事。出一趟公差进京城，看望一下家人，也是上司李听的善解人意。但让柳公权不曾料到的是，此番回京奏事，却让他的人生命运和仕途生涯有了一个重大转机。

是说新任皇帝唐穆宗曾经巡游时，在一座佛寺院里见过柳公权写的字。也算书法内行的皇上心里十分喜爱，很想见一见作者，在一起谈论谈论书艺。正巧，没过多久，唐穆宗听说柳公权从自己做官的夏州南下，来朝廷办事，已经回长安来了，就让他前来大明宫一叙。

三月二十三日，柳公权向朝廷汇报工作时，得到了唐穆宗的召见，一番问候后，皇帝对其书法大加赞赏。

穆宗曰："朕于佛寺见卿笔札，思见卿久矣。"（北宋钱易撰《南部新书》）

依柳公权的性情，不会表现出特别的受宠若惊，神情自若道："承蒙天子赏识，谢恩。"

所谓佛寺笔迹，即柳公权曾于一座佛寺看到朱审所画山水，产生共鸣，便手题笔诗曰："朱审偏能视夕岚，洞边深墨写秋潭。与君一顾西墙画，从此看山不向南。"

朱审何许人也，乃吴兴即今浙江吴兴人，一作吴郡今苏州人。建中年间颇知名，其画自江湖至京师，壁障卷轴，家藏户珍。论者称朱审工画山水及人物竹木，其山水深沉环壮，险黑磊落，湍濑激人，平远极目。唐安寺讲堂西壁之作，最其得意。其峻极之状，重深之妙，潭色若澄，石文似裂，岳耸笔下，云起峰端，咫尺之地，溪谷幽邃，松篁交加，云雨暗淡，虽出前贤之胸臆，实为后代之楷模也。

柳公权所观朱审山水画的唐安寺，一说位于今湖北荆门，初建于唐高祖武德元年（618）。也许是胞兄柳公绰于鄂州刺史任上，也许是柳公权前往护送母亲崔氏去江夏途中，顺路去了荆门唐安寺，在讲堂墙壁上题写了《题朱审寺壁山水画》一诗。那已是六七年前的事了，没料想于冥冥之间入了当朝皇上的法眼。

唐穆宗曾经至此一游，不经意间欣赏到了朱审的画作，尤其是赏识柳公权的诗作和书法，便铭记于心，日后派上了用场。不论慧眼识珠，还是伯乐识马，看来是需要时间和机遇的，有时那是一种天意，所谓天赐良缘，运气是也。

如果从《记两京外州寺观画壁》一书所载，荆门唐安寺一说是可靠的。然而也有另一说，唐安寺朱审山水画作被纳入长安佛寺壁画列表，并说众多的佛寺像棋子般散布在棋盘式的长安城内外。那么可以说，京城长安也有一座名为唐安寺的佛寺，这样的话，柳公权或者唐穆宗涉足此地的机会要多一些。诗文的传播，大多是以京都为聚散之核心地的。

"言以足志，文以足言。不言，谁知其志？言之无文，行而不远。"文学的价值也是在传播中得以实现的，但唐人似乎还不能熟练应用印刷技术，诗文的传播，如元稹、白居易诗文，"缮写模勒，炫卖于市井，或持之以交酒茗者，处处皆是"，"自六宫、两都、八方至南蛮、东夷国，皆写传之，每一章一句出，无胫而走，疾于珠玉"（元稹《白氏长庆集序》）。沿交通线，一路复制传播开来。

陈子昂十年居京师不为人知，于是在长安街头用千缗重金买下一把胡琴，利用人们的好奇心在宣阳里举行盛宴，把一些社会名流请来，吃完，捧琴语曰："蜀人陈子昂，有文百轴，驰走京毂，碌碌尘土，不为人知，此乐贱工之役，岂宜留心！"说完当众砸碎那把胡琴，为了传播诗名，将自己的诗文赠与会者，于是"一日之内，声华溢都"，继之登上了进士第。

柳公权满腹诗书，缘于性情内敛，只是很低调，从不声张自己如何才华横溢。他在唐安寺观朱审山水画，动之以情，便提笔写了诗文，也未必能想到会被名士甚至皇上看到。他也许信了俗话说的"酒好不怕巷子深"，大有"姜太公钓鱼愿者上钩"的泰然处之。

有些事情也玄妙，总是有心栽花花不开，无心插柳柳成荫。

由此，柳公权遥想到了东晋年代的书法前辈王羲之。"永和九年，岁在癸丑，暮春之初，会于会稽山阴之兰亭，修禊事也，群贤毕至，少长咸集。"诗人们在这种小型集会上发表诗作，相互唱和。但唐代并不兴盛这种诗歌传播的惯常方式，诗人也有聚会唱和，但带有更多随意和偶然，没有谁在意这种小圈子传播的做派。杜甫在《偶题》一诗中写道："文章千古事，得失寸心知。作者皆殊列，名声岂浪垂。"白居易为了自己的文集传之久远，而抄写了五通，或留甥侄或藏名山大寺。只有那些无赖可恶之徒，才能够用买来的行卷游于江湖，瞒天过海，欺世盗名，混得一时风光，终究臭名远扬。

一向不得志的校书郎柳公权，因一首不经意间题写于佛寺的诗作，竟然成了进入大唐翰林的"敲门砖"，奇也不奇。但他的诗文书法，却不是借以猎取功名的工具，一达目的即可抛弃，柳公权日后的诗文遗留下来的不多，书法却成为他生命本真的毕生之寄托。

何况，皇上穆宗李恒当初看上眼的并没有说是他的诗作，而是字，书法也。

柳公权明白，穆宗李恒出生前，其父宪宗已经有了长子李宁和次子李恽。排行老三的穆宗，却有一个势力强大的母亲，那就是宪宗为广陵王时娶的妃子郭氏，对唐室有再造功绩的尚父郭子仪的孙女。长子李宁的母亲是宫人纪氏，次子李恽的母亲竟没有留下姓名，究竟是选择哪一位皇子，宪宗一直拖到登基四年以后，心思渐渐地向长子倾斜了。此时十七岁的李宁，平素喜欢读书，举止颇符合礼法，深受宪宗的喜爱，于是在大臣建议早立储君以杜绝奸人窥伺觊觎之心时，他宣布了立长子为嗣君的决定。到了元和六年（811）十二月，刚刚做了两年太子的李宁竟然在十九岁时病死了。宪宗悲痛欲绝，不得不为选立继承人再次陷入抉择。李恽因为母氏地位卑贱，难以在朝廷上得到支持，宫廷内外几乎都建议选立皇三子李宥，郭氏一系在朝野上下的势力实在是太强大了。元和七年（812）七月下诏立李宥为太子，改名为李恒。

当时，身为秘书省校书郎的柳公权尽管远离宫廷权争，却也道听途说，隐隐约约猜测到，宪宗心里对这位太子并不满意，为穆宗日后的登基埋下了祸根，也为自己留下了祸患。宪宗因为服用丹药暴死后，梁守谦等人立即拥立太子即位，次子李恽被杀了个措手不及，被送上了黄泉路。穆宗位居储君的惶恐不安，随着成功登基也就烟消云散了。

这当儿，新任皇上也难免附庸风雅，棋琴书画一番，便适时约见了字写得很好的前朝状元、前秘书省校书郎、现任夏州判官柳公权。

于是，穆宗为了在有兴致时舞文弄墨，使唤起来也方便，还不就是天子一句话，就把被冷落多年的书法才子柳公权留在身边，做了朝廷里的右拾遗，名义上负责给皇上提建议，实乃小官一个。

穆宗即位时已二十六岁，对于年轻登基的皇帝来说，如果想在政治上有一番作为，这正是一个使人钦慕的年龄，太宗是二十八岁登基，玄宗登基也是二十八岁。如果想饱食终日，游乐享受，那也是无人可以比拟的时候。令人遗憾的是，穆宗没有仿效太宗、玄宗的励精图治，而是选择了毫无节制的纵情享乐。

起先，穆宗点名柳公权为翰林院侍书学士，不知怎么回事，时任宰相段文昌不乐意，建议拟进左金吾卫兵曹充职。这个段文昌，是武则天曾侄孙、武元衡之女婿。此人性格疏爽，讲义气，不拘小节，入蜀初授校书郎，因与同僚刘辟不和，被其进谗言贬到灵池县任县尉多年。因武元衡与宰相韦贯之不协，宪宗欲召段文昌为学士，韦贯之奏曰："文昌志尚不修，不可擢居近密。"至韦贯之罢相，李逢吉乃用段文昌为学士，后拜监察御史，迁祠部郎中，穆宗时拜中书侍郎平章事。

倚老卖老而没有眼色的段宰相，缘何阻止皇上慧眼识珠的柳公权入为翰林院侍书学士，竟然敢于违命于当朝皇上，是与其兄柳公绰的仕途圈子有什么过节儿，还是嫉贤妒能，五大郎开店？也许是按规矩秉公办事的谏臣一个，史料有限，不得其详。

穆宗还算有点城府，暂且考虑到宰相的意见，虽然面有难色，算是给个面子，即御笔改右小谏，即谏官拾遗的别称。

俗话说胳膊拗不过大腿，宰相毕竟拗不过皇上，只是时机未到，之后柳公权还是做了侍书学士，并入翰林院。

一时间，在大明宫里，得知职守多年的状元校书郎、从夏州判官位置上回京的柳公权入了翰林，实至名归，朝臣们皆呼为国珍，即国宝一个。

第六章

入翰林

唐穆宗长庆元年（821），四十四岁的柳公权在右拾遗、翰林侍书学士任上。

侍书，即皇帝的书法老师。官阶尽管只是从八品上，但近在当朝皇上身边，情况就大不一样了。显然，柳公权算是熬出了头，虽然同在朝廷，出入大明宫，比起在秘书省做校书郎，整日面对典籍的郁闷日子，心情舒坦了许多。

一日，天气尚好，断断续续下了多日的雨住了，阴云散尽，蔚蓝的天幕一直从大明宫的上空伸展到终南山巅，依稀可见黛色的峰峦了。宫内空气清新，绿地上的花草也楚楚动人，姹紫嫣红。

时朝完毕，穆宗忙了一阵子国务，难得有好心情步入了侧殿的书房，准备操起笔开始临帖。一边走近书案，一边风趣地吆喝道："朕的柳先生呢？还不快快笔墨伺候。"

身为皇上书法老师的柳公权，正在书房整理书帖，不防估皇上会在这时要来书房，一听得皇上的动静，有点手忙脚乱。他镇静了一下，连忙应答："臣在，笔墨早已备好，只待圣上任意使唤。"

柳公权又连忙整饬了一下备好的纸绢镇尺，又研磨了几下砚中的墨汁，指点着笔架上大小不一狼毫羊毫软硬俱全的毛笔，任这个嫌为书法学生的皇上选择。并翻动王羲之及颜真卿的书帖，不知哪一种字帖在这当儿更合圣上的意。当然，一旁也少不了有书童茶水伺候。

穆宗说，颜体规整一些，临摹起来需要耐心，一笔一画稍不到位就不成样子，反而让人败兴。挑来捡去，还是王右军的字临起来舒畅，照猫画虎，尽管临不出三分像，倒也图个一时心手两爽。

临写了几行字，笔墨顺手，穆宗感到有一点得意，便放下笔，呷了一口茶，让老师柳公权评价他的字临写得如何，是否较前日有所长进。

穆宗喜好书法，完全是一时兴起，根底尚浅，没有耐性一笔一画地修习楷体，仅仅是图了个手爽，有点胡乱地临摹王羲之《兰亭序》，照葫芦画瓢，粗看起来龙飞凤舞，实际上是轻佻有余而韵味不足。自我感觉又良好了得，该让老师柳公权如何评语呢。

柳公权仔细琢磨了一番皇上的笔墨，自然是在打腹稿，话应该怎么说才对。书法有其自身的门道与讲究，柳公权不能妄言，如果一味地讨好皇上，一是有悖于艺术的良知，二是有点"误人子弟"。还是以赞赏或鼓励为主，以引导或期望为副，取其中庸为好。

便说道："圣上的笔墨耐看，结体尚好，笔势也不差，只是……"

穆宗见柳公权的措辞有点绊磕，也明白老师下面要说什么，正在琢磨得当的用词，为打消了老师的顾虑，便说："只是什么？直截了当说，朕这个学生不才，但还是喜欢听批评意见的。"

柳公权倒有点不自在了，也便照实说："圣上的笔墨，如果一定要挑毛病的话，是在笔法、笔意上还没有完全到位，须增加些许美感就圆满了。"

穆宗貌似谦逊地点点头，恭顺地把笔递给柳公权："请老师示范，学生愿意聆听教诲。"

只见柳公权心平气静，娴熟地书写了与穆宗写的同样几个字，几乎与王羲之的字迹不差分毫，使穆宗不得不打心眼里钦佩老师的笔墨功力。

一缕阳光透过窗纸照进来，映在书案上，满堂充盈着一派亮丽的色调。窗外栖息于枝头的小鸟，啾啾地叫了两声。

穆宗便问柳公权："你的字怎么能写得这么好？若非有何绝窍？"

柳公权放下笔，稍微停顿了一下，用书法老师的口吻答道："用笔在乎心地，心正笔法就正了。"

穆宗毕竟是皇上，不经意间默默地改变了表情，仍谦恭地点点头。他知道柳公权是在说写字，也许还有一层潜在的意思，是用书法之道来规劝一个人处世的行为。

面对皇上的提问，作为书法老师的柳公权道出了写字的绝窍，即"用心"二字。

用心，也就是集中注意力，使用心力，专心。《论语》中言："饱食终日，无所用心，难矣哉。"《荀子》也说："上食埃土，下饮黄泉，用心一也。"

所谓心正笔正，也并非后世诸多书评家猜度的笔谏之意，笔正即中锋用笔，只是讲了书法固然之理。也许正是穆宗隐约中的一丝误解，反倒使柳公权后来受到了冷落。"帝改容，悟其以笔谏也"（《新唐书》列传第八十八）。

如若是借助书法之理暗喻笔谏，柳公权也就太书生气了，皇上如此赏识他的才艺，他难道不知感恩还敢于犯上吗？如果说是穆宗心虚，太富有联想及猜测，也确实怪不得柳公权了。

柳公权所遵行的"笔正"，也正是基于被广泛接受的颜真卿书法的端正庄重，笔力雄健，又气象浑厚，而适时提出的书法之根本要素。

与唐诗一样，至于对书法标准的认知，初唐的书体就趋于美观。由于皇室宫廷的提倡，其风度体貌已从齐梁宫体摆脱出来，展现出新的瑰丽姿态。唐太宗酷爱王羲之，兰亭名高风行，成为当时美学风格的造型代表。冯承素、虞世南、褚遂良、陆柬之的多种兰亭摹本，成了这一时期书法美的典型。

到了盛唐，孙过庭《书谱》提出"质以代兴，妍因俗易"，把书法作为抒情达性的艺术手段。以张旭、怀素为代表的草书和狂草，把悲欢情感淋漓尽致地倾注于笔墨之间，充满了音乐性之美。之后，颜真卿另开新路，建立了新的艺术规范，形成了影响千年的美学标准的正统。一如杜甫的诗、韩愈的文，颜真卿的字，"稳实而利民用"，被视为集大成者。

起先，柳公权右拾遗的官衔，其实是唐朝设置的小官，分左、右拾遗，即咨询建议官员。字面意思是捡起皇帝的遗漏，如政策失误，相当于监察兼助理机构。左右拾遗以左为大，右为小，也是以谏为职的官员。补阙和拾遗均为谏官，负责看管供其他谏官呈递奏折所用的四只匣子。

随之，柳公权获授的所谓翰林学士名号，是一个近水楼台的角色。

翰林即文翰之林，意同文苑，翰林学士始设于南北朝。到了唐高祖李渊，设立由各种有才能的人士供职的官署，称为别院，是为翰林院的前身。除文学人才外，医卜、方技、书画，甚至僧道等皆可入选，人才与杂流并处，任职者并无名号，主要是供皇帝游乐消遣的机构。玄宗时，遴选擅长文词的朝臣入居翰林，起草诏制，初称翰林待诏，后改称翰林供奉，逐渐演变为皇帝的秘书、顾问，参与机要。之后，玄宗另建翰林学士院，将文学之士从杂流中分出，供职者称翰林学士。

安史之乱以后，藩镇割据，宦官专权局面严重，皇帝与朝臣联合反对宦官的斗争以及朝臣内部的党争日趋激烈。号称"天子私人"的翰林学士，侵夺了中书省的权力，继而参预机密。德宗时，翰林学士与中书舍人分工日趋明确。至顺宗时，翰林权力达到过一次高峰。翰林学士王叔文与其他翰林学士实施新政，与当时集军中大权在手的宦官集团展开斗争，充分利用了翰林职权上的便利，不过以失败告终。以后宦官集团基本控制了朝中大权，翰林势力又趋式微。宪宗时设立学士承旨，为众学士之首，单独召见。

柳公权上班的翰林院，在银台门内麟德殿西重廊之后。由夹城通宫城重廊，沿横直的走廊通行麟德殿，靠近金銮殿，便于起居各殿的君主随时传召。夹城直北之处为密封城墙，柳公权进出途径必先经翰林门，然后转入宫禁范围，不须绕道，密速潜行。

本年入翰林的学士，除柳公权外，还有李德裕、李绅、庚敬休、段文昌、沈传师、杜元颖、李肇、韦处厚、路隋等，个个才高八斗，风度各异，均为名噪一时的当朝名士。

长庆元年（821），一个清风送爽的日子，名列翰林的四十四岁的柳公权尽管迟到，仍有点志得意满。为表达内心答谢之意，一时兴起，以潇洒隽永之笔触书写了《蒙诏帖》，又名《翰林帖》。

此帖为白麻纸，七行，二十七字。其文句如下："公权蒙诏，出守翰林，职在闲冷。亲情嘱托，谁肯响应，深察感幸，公权呈。"

此墨本字形长短宽窄不一，或断或连，构成章法上的和谐。笔墨浓淡轻重有致，形成层次上的变化。风格豪放雄逸，遒劲流丽，枯润纤秾，掩映相发，体势稍带颜法，沉劲苍逸，具有顿挫郁勃与开阔跌宕的艺术特点。

《蒙诏帖》今藏故宫博物院。其书曾刻入《三希堂法帖》，乾隆称"险中生态，力度右军"。世存《蒙诏帖》有两种，除故宫所藏墨迹外，另一种见于《兰亭续帖》等刻帖，二者文字不同。翰林不称"出守"，故疑其伪，当为唐末宋初高手所拟。

至此，以往数年的校书郎柳公权，结束了坐冷板凳的孤寂日子，当上了皇帝的书法老师，在最高权力的近侧行走，为他日后的书艺创新以至自成一家提供了优越的平台。深埋于泥土中的一枚玉，终被当朝皇上穆宗所识得，视为国珍，也是万幸。

要么，柳公权也许就像边塞沙海中的一块砾石，还在夏州判官的案头上敲打震堂木，岂不可惜了呢！

写字，只不过是皇上的业余爱好，隔三差五地动动笔墨，也就算书法行当常说的临池不缀了。国事重大，政务繁杂，除书法外，皇上个性使然，还有更刺激身心的的业余喜好。

柳公权有点"客随主便"，有时指导穆宗修习书法，有时与翰林学士一起应召处理事务，还时不时鞍前马后地随皇上四处游乐。

尚在朝廷为宪宗治丧期间，新任皇上穆宗就毫不掩饰自己对游乐的兴趣。当元和十五年（820）五月宪宗葬于景陵以后，他越发显得急不可耐，甚至没有节制。很快，他就带着亲信随从离开皇宫狩猎取乐去了。

到这年六月，皇太后郭氏移居南内兴庆宫，穆宗就率领六宫侍从在兴庆宫大摆宴筵。酒宴结束后，他又回幸神策左右军，对亲信中尉和将领大加颁赐鎏金刻人马狩猎杯。从这天起，穆宗每三日来神策左右军一次，同时驾临宸晖门、九仙门等处，目的是为了观赏角抵、杂戏等表演，有点开始"娱乐至死"的打算。

随行皇上近侧的柳公权，除擅于书法外也精通音律，但他始终没有娱乐的兴趣。穆宗常常陶醉于游乐之中，近在咫尺的柳公权却禁不住感觉乏味，好像一个油盐不进的旁观者。

七月六日是穆宗的生日，他异想天开地制定了一套奇异的庆祝仪式，只是因为一些大臣提出自古以来还没有这样的做法，才算作罢。他在宫里大兴土木，宫苑内修假山倒塌，一次就有七位工匠被压死。当永安殿新修成的时候，他在那里观赏百戏，还与中宫贵主设密宴以取乐，连嫔妃也都参加，好不逍遥。

到了八月，穆宗又到宫中鱼藻池，征发神策军二千人，将宪宗时期早已淤积的水面加以疏浚。池水开通后，他就在鱼藻宫大举宴会，观看宫人乘船竞渡。由于时间临近九九重阳，穆宗又想大宴群臣。担任拾遗的李珏等人上疏劝谏，认为："陛下刚刚登临大宝，年号尚且未改，宪宗皇帝园陵尚新，如果就这样在内廷大举宴会，恐怕于体例不大合适。"穆宗根本不听，在重阳节那天还特意把朝廷贵戚、公主驸马等都召集到宣和殿饮酒高会。

十一月的一天，穆宗突然心血来潮，下诏："朕来日暂往华清宫，至落日时分当即归还。"此时，正值西北少数民族引兵犯境，神策军四千人马及八镇兵赴援，边防形势很是紧张。御史大夫李绛等跪倒在延英殿门外切谏，阻止皇上前往行宫游乐。

身为右拾遗、翰林学士的柳公权对此事态感到突然，不知如何是好。

穆宗竟然对大臣们说："朕已决定成行，不要再上疏烦我了好不好？"

谏官再三劝谏也是无效。第二天一早，穆宗从大明宫的复道出城前往华清宫方向而去，随行的还有千余人，一直到天色很晚才还宫。

对于穆宗的宴乐过多，畋游无度，谏议大夫郑覃等人一起劝谏："现在边境吃紧，形势多变，如果前线有紧急军情奏报，不知道陛下在什么位置，又如何是好？另外，陛下经常与倡优戏子在一起狎昵，对他们毫无节制地大肆赏赐，这些都是百姓身上的血汗，没有功劳怎么可以乱加赏赐呢？"

穆宗看到这样的表章感觉很新鲜，就问宰相这都是些什么人。

宰相回答说："是谏官。"

在一旁的柳公权，在纳谏方面尚处于初涉阶段，不是无话可说，而是只能三缄其口。此时，到皇上身边不久的他，真是为忠心耿耿的谏官们捏了一把冷汗。

穆宗就对郑覃等加以慰劳，还说："当依卿言。"

皇上的这一婉转态度使宰相们高兴了一阵子，但实际上他对自己说过的话根本不当回事，转过身之后，依旧是我行我素。一天，他在麟德殿与大臣举行歌舞酒宴，就很兴奋地对给事中丁公著说："听说百官公卿在外面也经常欢宴，说明天下太平、五谷丰登，我感觉很安慰。"

倚老卖老的丁公著，却持有不同的看法，便对穆宗说："凡事过了限度就不是好事了。前代的名士，遇良辰美景或置酒欢宴，或清谈赋诗，都是雅事。国家自天宝以后，风俗奢靡，酒宴以喧哗沉湎为乐，身居高位、手握大权者与衙门的杂役一起吃三喝四，无丝毫愧耻之心。上下相效，渐以成俗，这造成了很多的弊端。"

穆宗对他的这番说辞一怔，静下心来一想也觉得有道理，即表示虚心接受。事实上，只是当作耳边风，仍然坚决不改。

唐穆宗长庆元年（821），柳公权胞兄柳公绰由刑部侍郎、领盐铁转运使，转兵部，兼御史大夫，复为京兆尹。梅开二度的京兆尹柳公绰，自然是新皇上信得过的重臣，柳公权又得到新皇上的赏识入了翰林，在天子身边当侍书学士，华原柳氏一门的政治待遇正在看好。

长安城中人口众多，当好一个大管家，并非易事。号称百万之众的都城中各色人物聚集，有本领高强的神偷所吃的水果是宫中的贡品洞庭橘，有年轻漂亮的女子租下高档住房接待有钱公子，更多的是爱刺青文身的街头闲人，文者浑身刺满白居易的诗，武者左胳膊刺着"生不怕京兆尹"，右胳膊上刺着"死不怕阎罗王"。京兆尹这个角色，不是谁都可以扮演的。

柳公绰曾经担任过京兆尹，当初惩治神策军的威风凛凛，仍然让长安城的恶少闻风丧胆，让百姓为之雀跃。此时幽州、镇州在交战，任免诸将领，使者骑着驿马在路上接连不断。

柳公绰上奏说："经考查，馆驿邮传缺乏，差很多驿马，穿着红色和紫色服装的宫廷使者骑的驿马达到三四十匹，穿黄色和绿色服装的使者骑的驿马也不下十匹，驿官不能查验证件。宫廷使者随口向馆驿索要供给，驿马用完了，就抢民间的马匹，百姓怨恨他们惊扰，路上行人差不多断绝了。请求朝廷规定使者数额，用来制止弊端。"

皇帝命令中书省制定法规，因此解除了因驿马短缺误事而对驿官的处罚。由此宦官都憎恨柳公绰，遂被改任吏部侍郎，升任御史大夫，改任礼部尚书，因避祖父柳正礼的名讳改任左丞。不久，任命为检校户部尚书、山南东道节度使，巡视到邓县考察刑事案件审判情况。

邓县有两个县吏都囚禁在狱中，其中一个接受贿赂，一个玩弄法律条文行奸使诈。县令因为柳公绰一向秉公执法，认为一定会杀死贪污的县吏。柳公绰断案说："贪污的县吏犯法，法律还在；奸猾的县吏毁法，法律就灭亡了。"于是，就杀死了玩弄法律行奸使诈的县吏。

这一年，白居易亲自撰写柳公绰父柳子温赠尚书右仆射诏文："敕，古人有云，树欲静而风不止，子欲养而亲不待。向无显扬褒赠之事，则何以旌先臣德，慰后嗣心乎？故朕每思大恩，行大庆，而哀荣之命，未尝阙焉。银青光禄大夫、行尚书吏部侍郎、上护军、河东县开国子柳公绰父子温等，咸有令子，集于中朝。资父事君，移忠自孝。本于严训，酬以宠名；赐命追荣，各高其等。呜呼！存者不匮，往者有知：斯可以载扬兰陔之光，辍风树之叹也！可依前件。"（《全唐文》卷六百六十二）

柳公绰、柳公权之父柳子温，曾任从三品的丹州刺史。生前名小而身后显荣的命运，其实取决于获赠之人的子辈在当今朝中所具有的举足轻重的政治地位。朝廷赠官的理论逻辑是，亡故之人的正确引导，使得而今立朝的后辈能资父事君，移忠自孝，成为了朝廷的栋梁之才。亡父价值的最终实现，似乎不在生前而在身后，不在自己创建了多大的丰功伟绩，而在家族的正常延续中为朝廷造就了可用之才。这是获享追赠殊荣的根本。

柳公权此时虽然入翰林为侍书学士，官职正八品，与兄长柳公绰的级别有很大距离，还不及为亡父追赠名号的资质，只能依仗兄长的功德获享这份殊荣了。

唐穆宗长庆二年（822）九月，柳公绰迁御史大夫，后改尚书中丞，白居易亲自制诏《除柳公绰御史中丞制》曰："中宪之设，纠谬惩违，一引其纲，百职具举。非清与直，不称厥官。谏议大夫柳公绰，忠实有常，持平守正，人颇称之。擢首谏司，器望益重。今副相缺位，中司专席，惟有守者，可以执宪，惟无私者，可以闲邪，询事审官，尔当是选。光昭新命，振起旧章，宜一乃心，以扬其职。可御史中丞。"

御史中丞担负着肃朝正纲、纠谬惩违之重任，是政风、官风、世风的风向标，非公正无私、清廉自守者不能胜任。在此职务空缺的情况下，经过考查审议，柳公绰理所当然地就任其选。这不仅是柳公绰其人得到了认可，更是他的刚正不阿、清直之气得以肯定。这后一点的意义，明显大于前者，因为这牵涉到端正朝风的宏观问题。

柳公权从白居易制诏的文字中，读出了一番为官的大道理。从仕宦经历来看，胞兄柳公绰无论担任何职，均能持平守正，并赢得口碑。柳公绰在个人操守品性的锤炼一以贯之，社会也自有公论，人心自有明断。

同月，翰林侍书学士柳公权迁右补阙，从七品上。

所谓右补阙，其职为对皇帝进行规谏，并举荐人才。左补阙属门下省，右补阙属中书省。原职右拾遗属中书省，职掌与右补阙相同，同掌供奉讽谏、荐举人才。也就是说，柳公权的现职稍高于原来的从八品上，升了一级台阶。

作为右补阙的柳公权，对穆宗的所作所为看得真真切切，清清楚楚。皇上近乎疯狂的游乐，到了长庆二年（822）十一月才算稍有收敛。不是因为谏臣的规劝起了什么作用，也不是皇上自省，幡然悔悟，其原因是有一次他在禁中与宦官内臣打马球时发生了意外。当时正游玩，有一位内官突然坠马，如同遭到外物打击一样。由于事发紧急，穆宗十分恐慌，遂停下来到大殿休息。

就在这一当口，穆宗突然双脚不能履地，一阵头晕目眩，结果是中风，卧病在床。此事一发生，宫外就接连有很多天不知道穆宗的消息。而在此前一周，穆宗还率人以迎郭太后为名前往华清宫，巡狩于骊山之下，即日就骑马驰还京城，而他前往迎接的郭太后则是第二日方还。

穆宗中风以后，身体一直没有康复。长庆三年（823）正月初一，穆宗因为身体有病没有接受群臣的朝贺。病中的穆宗曾经想过长生不老，和他的父皇一样迷恋上了金石之药。处士张皋曾经上疏，对穆宗服食金丹事提出过劝阻。

近在皇上身边的柳公权，尽管精心教授，长于鼓励与赞许，而又小心伺候，并没有让皇上的书法有多大长进。至于进谏，似乎暂且还轮不到他说话的时候，资历毕竟还短了一些。

长庆三年三月，前宣武节度使韩弘父子给朝廷内外大臣行贿事发，病中的穆宗关注到此事，亲自审阅韩弘财产账簿，见账簿上有用红墨小字记载："某年月日，送户部牛侍郎钱千万，不纳。"

穆宗大喜，以为自己知人，本月二十七日，遂以牛僧孺为中书侍郎、同平章事。时牛僧孺与李德裕皆有拜相之望，李德裕出任浙西观察使，八年未迁，疑宰相李逢吉排己，故引牛僧孺为相。由此，牛、李之怨愈深。

但柳公权耳闻目睹，察觉到朝廷的一些微妙的情况，感到从穆宗君临天下起，唐朝的皇位继承已发生了很大的变化，皇帝的人身安全也似乎变得毫无保障。这就一再提示柳公权这位皇上的书法老师继右补阙，穆宗时期的宫廷局势，已经难以用常规来审视了。

正是贪生之心太甚，反而加速了他的死亡。长庆四年（824）正月二十二日，穆宗还没有等到丹药毒发，就驾崩于他的寝殿。

柳公权开始的反应是不寒而栗，接下来是呆若木鸡，伫立于皇上的书房，凝望残留着天子余温的文房四宝，倍感人生的无常。天子的人生命运尚且如此，遑论自己一个小小的右补阙之未卜前程。

对于这位赏识自己书法才干的皇上，柳公权是感恩戴德的，二人之间起码是同道的知音。至于皇上的治国之策，他与纳谏的官员或者说是同僚，基本上是一致的，都是忠君的，指望大唐江山好的。只是觉得资历尚浅，需要历练，再向皇上纳谏不迟。他甚至自责，没有把自己的一些真实想法告诉皇上，是不是一种失职，有负于皇上的一片好心。

柳公权想，换一个天子，大唐王朝又会如何，自己的命运又会如何呢？

穆宗死时刚刚三十岁，相对于他之前的唐朝皇帝来说，可谓最短寿的一位。穆宗以前的唐朝诸帝，多能将皇位传给儿子，高宗与武则天还有二子即中宗和睿宗即位做了皇帝，穆宗的父亲宪宗另外也还有一子做了皇帝，即宣宗。穆宗以后的懿宗，有第五子即位为僖宗，第七子即位为昭宗。此前，睿宗的儿子当中，唐玄宗受命登基，让皇帝李宪追认为帝，三位获赠太子，天与之报，福流无穷。穆宗一共有五子，之后其中竟然有三个做了皇帝，即唐敬宗、唐文宗、唐武宗，这在唐朝历史上绝无仅有。

柳公权，将面临着经历日后的这一切更朝换代。行走于大明宫高墙深院中的他，望着冬去春来的风景，有点诚惶诚恐，如履薄冰。

唐穆宗长庆四年（824）正月，太子李湛即位，是为敬宗。

柳公权没有理由不继续他的职业，仍给登基后的敬宗李湛当书法老师兼右补阙。而这位新皇帝虽说也附庸风雅，佯装喜好笔墨纸砚，却从不用心，还不及其父的造就。

这倒让盼望青出于蓝胜于蓝的柳公权大为失意，也为自己平生所钟情的书法艺术而悲哀，虽然省心了不少，却平添了几分无所事事之虑，心情黯淡。

读书全在自用心，老师不过引路人。师傅领进门，修行靠个人。新皇上本没有舞文弄墨的心思，柳公权也是爱莫能助，顺其自然的好。

新任皇帝唐敬宗李湛，乃穆宗的长子，先后封为鄂王、景王，因穆宗健康恶化以太子身份监国，穆宗病死后即位。年号为长庆，第二年改为宝历。

柳公权得知，在敬宗即位之前，曾经有人上书给他的祖母郭太后，劝她临朝称制、辅佐太子。郭太后的哥哥、太常卿郭钊也是个循规蹈矩之人，一听说有人要请太后临朝，就立即致书自己的妹妹，说假如太后真要临朝听政，他就要带着儿子们回老家，再也不当官了。郭太后看了信以后很感动，亲自给哥哥回信，保证决不参与朝政。郭太后认为有人让她去仿效武则天，重返女皇时代，不由得勃然大怒，把上书撕了个粉碎，声明自己出身于世代忠良之家，决不会走武则天干预朝政的道路。在她看来，就算小皇帝贪玩，不求上进，找一些贤能的大臣来辅佐也就可以了。

敬宗刚刚即位的时候，对于发布程序化的敕命和参加象征性的礼仪，完成得还算合格。在柳公权看来，按照当时的规矩，他本应该发给各地军士赏赐，如穆宗当年即位时也颁发过赏赐，当时的数量是每个神策军士发五十千钱，这笔赏赐过于丰厚，结果造成了国家的经济困难。

如今敬宗也应该按照父亲的成例来颁发，但此时国家财政形势已经有了变化，宰相认为如果再按照当年的标准颁下去，恐怕国家财政将难以承担。

于是敬宗就下诏说："宿卫将士们功劳卓著，本应该重赏，但如今连年旱灾，庄稼歉收，国库空虚，戍边将士连衣物都不够。朝廷对将士应该公平赏赐，所以给每名神策军士赐绢十匹、钱十千，京畿神策诸镇军士每人赏钱减五缗，另外再从内库调拨二百万匹绫作为边军的春衣。"

当时的宫廷内外议论纷纷，都觉得敬宗这次的赏赐方案很公平。

但小皇帝秉承父亲贪玩爱闹的性格，在他即位之后一个月就淋漓尽致地表现出来了。可能是因为他还太年轻，也可能是因为从小就缺乏交流，导致父子感情淡漠，他并没有对父亲的去世表现出太多悲伤。在穆宗去世后的第一个月里，他居然连着几天击鞠于中和殿和飞龙院，皇宫里处处都成了游乐场。不但如此，他还在中和殿里大奏音乐，直到尽兴才散去。

可以想见，这种行为在提倡礼法孝道的大臣包括柳公权的眼里，则是无法忍受的。但这还只是一个开端，在后来的日子里，敬宗用在吃喝玩乐上的时间，远比参与朝政的时间要多得多。

唐宝历元年（825），柳公绰就任检校左仆射。牛僧孺被罢免了宰相，出任武昌节度使，柳公绰用军中仪仗和礼节参见他，亲信的幕僚劝阻他，柳公绰回答说："牛公才离开宰相职位，方镇尊重宰相，就是尊重朝廷呀！"有一个道士进献丹药，柳公绰问是从哪里得到的？道士回答说："在蓟门。"当时幽州节度使朱克融刚叛乱，柳公绰立即说："可惜呀！药是从叛贼境内得到的，即使灵验有什么用处？"于是就倒掉丹药，驱逐了道士。

不久，柳公绰被任命为邠宁节度使。前段时间，神策军驻扎在各军镇的部队，不听驻地军政长官的命令，指挥不动，所以敌军能钻空子袭扰边塞。柳公绰向朝廷论述利害关系，要求采用适当措施，因此朝廷命令神策军行营的部队，在边境危急时，全部接受驻地节度使的指挥。

之后柳公绰又回朝任刑部尚书。京兆府狱中关押的一个婆婆，罪名是她用鞭子打死了媳妇，京兆府要将她判处死刑。柳公绰说："尊长打晚辈，不是斗殴，况且她的儿子在，如果因妻子而杀死他的母亲，在礼法上说不过去。"京兆府采纳了柳公绰的意见，给予从宽判刑。

新皇帝的游乐近乎疯狂，在宫中引发了一系列突发事件，也让身边的柳公权提心吊胆，惶惶不可终日。

敬宗即位初期，大明宫内又一次刀兵相见，尸陈狼藉。其主要人物既不是王公大臣，也不是宦官藩将，而是两个普通老百姓，一个是染坊的役夫张韶，另一个是在长安街头卜卦的苏玄明。

张韶和苏玄明是朋友，关系不错。这一次苏玄明给张韶算了一卦，他是这样解释卦象的："张兄你注定将有大福大贵，能够坐在皇宫的御榻上和我喝酒吃菜。当今的皇上白天打马球，晚上猎狐狸，忙得不可开交，大多数时间都不在宫中，你我完全可以利用这一机会共图大事。"

事情就这样敲定了，既不是要拥立什么人，也不是要打倒什么人，仅仅是要开一次洋荤，亲自体验一下皇家生活。接下来的事是寻找帮手，目标定在两类人中，一类是和张韶一同在染坊工作的同行，另一类是长安街头的闲痞人。经过张韶和苏玄明的一番活动，招募到一百多人，把兵器藏在制作染料用的紫草里装上车，朝皇宫进发。很快被巡逻的禁卫军发现了破绽，拦下来询问，张韶心虚了，抽出刀杀了那个士兵，让部众拿起武器，大声喊叫着向皇宫冲去。

当时，充当体育爱好者的皇帝李湛，正在宫里与一群太监打球，眼看着变民砍开宫门闯进来，吓得魂不附体，被一个太监背到神策军大营里躲了起来。

一群人进了大殿，张韶坐上皇帝的宝座，请苏玄明一起吃东西，兴高采烈地说："你小子算得真准！"然后继续吃，没下文了。苏玄明是鼓励张韶成就一番事业的，张韶却只当他要自己来皇宫吃饭。事已至此，赶紧跑吧。正遇上宫廷卫兵赶来，张韶、苏玄明和追随者全都被砍死。

柳公权唏嘘不已，敬宗命大，竟然躲过了一劫。

同时觉察到，敬宗一味追求享乐，就连皇帝例行的早朝也不放在心上，由于过分贪玩，一个月上朝不到三次，大臣们都很少有机会见到他。即使上朝也总是很晚，日上三竿的时候还不出来。有一次，百官都在紫宸门外面等候，一些年老多病的大臣甚至等得双腿麻木，几乎昏倒在地上。

谏议大夫李渤感叹说："昨天我还上书说皇帝上朝太晚，没想到今天比昨天还晚了。"

等到退朝之后，左拾遗刘栖楚单独留下来，对敬宗说："宪宗皇帝和先帝穆宗即位的时候年龄都比较大了，结果四方还是叛乱不止。现在陛下这么年轻，而且刚刚即位，更应该勤于朝政。可是您这样天天沉溺于声色，睡到这么晚才起来，先皇的棺木还没安葬，您就已经搞得这样恶名远扬，这样下去我担心国家快要完了，干脆让我在台阶上撞碎了脑袋，也算是履行了我谏官的职责！"

刘栖楚一边说着，一边在龙型台阶上拼命叩头，直叩得头破血流，砰砰的撞头声传出去好远。

眼见如此情景，木然伫立于一旁的柳公权，感觉头发根子也竖起来了。这如何是好呢？

李逢吉传皇帝的命令说："刘栖楚别再叩头了，等着听皇上的安排。"

刘栖楚这才站起来，却又开始大谈宦官的事情，敬宗只好连连挥手，显得很不耐烦，让他出去。刘栖楚却来劲了："要是皇帝不采纳我的意见，我就死在这里！"

宰相说："你奏请的事情皇帝都知道了，到外面等着皇帝安排吧！"

刘栖楚这才出去。宰相李程赞成刘栖楚的意见，于是敬宗就派宦官去安抚他和李渤，让他们回家。过了一阵子，皇上又提升刘栖楚做起居舍人，但他托辞生病，并没有领职，回到东都洛阳闲住去了。

柳公权心里明白，其实，刘栖楚也并不像他在皇帝面前表现得那样为国忘身，当时李逢吉专权朝政，身边有许多亲信和依附他的人，刘栖楚就是其中一个。这支势力在朝廷内部有很大力量，许多人都受到排挤，除李绅之外，裴度也是一个。敬宗对谏言表现出很受感动的样子，假装谦恭地说要改，但仍是不改。后来，甚至发展为一个月也难得上朝两三次。

敬宗本人生性喜好大兴土木，即位以后，从春天到寒冬，兴作相继，没有停息的时候。自己的玩乐也变本加厉，花样不断翻新。先前曾经打算另修一座规模巨大的别殿，但受到宰相李程的劝阻，说不如拿这些木石材料去修穆宗的陵墓，他觉得有道理，就立即接受了意见。

波斯商人向朝廷进贡建造沉香亭的木材，左拾遗李汉为此进言说："皇帝要是这样做了，和夏桀、商纣那些昏君修建瑶台琼室有什么两样？"这话当然让敬宗愤怒不已，但觉得他说的也有道理，也没有施以报复。

接着，又有翰林学士韦处厚出面，对皇帝整天宴游玩乐很不满，进言说："先皇帝穆宗就是因为酒色过度而影响了寿命，那时候我没有拼命死谏，是因为陛下您当时已经十五岁了。可是现在您的儿子才只有一岁，再这样下去怎么得了，我不能不死谏了！"敬宗听了很感动，赐给了韦处厚百匹锦缎，四件银器。

适时，徐泗观察使王智兴以皇帝的生日为名义，奏请在泗州修建戒坛，剃度僧尼，作为对皇帝的祝福，其实是想要借此机会积聚钱财。由于当时的僧尼是免除徭役的，结果四方百姓纷纷赶来。浙西道观察使李德裕为此上奏说："如果再不赶紧制止，到了陛下生日那天，浙江、福建这些地方就会丧失六十万劳动力。"敬宗收到奏报后也大吃一惊，当天就命令王智兴立即停止活动。

与柳公权一起在穆宗朝做翰林学士的李绅，写有著名的《悯农》诗："锄禾日当午，汗滴禾下土。谁知盘中餐，粒粒皆辛苦。"李绅和宰相李逢吉一向不和，等到敬宗即位之后，李逢吉一派担心李绅重新得到重用，就对皇帝说："您当初之所以能够即位，全都是因为臣等的功劳，而李绅当初却想要拥立别人做皇帝，现在您即位了，他对您不利，应该贬到外地去。"

十六岁的敬宗听了这些话将信将疑，但禁不起李逢吉的一再上奏，于是在几番犹豫、再三询问之后，终于还是下决心将李绅贬为端州司马。可李逢吉等人仍然觉得不够，继续向皇帝进言，要求处死李绅。其他朝臣也都不敢发表什么意见，只有韦处厚上书，说李绅完全是被李逢吉一党陷害，再说李绅是先皇帝任用的大臣，本着对父亲三年尽孝的精神，即使李绅有罪也应该予以宽容，更何况他根本就没有罪。

听到这些以后，敬宗才渐渐有些悔悟。后来他在阅读宫中的文书档案时，又恰好发现穆宗当年封存的一小箱文书，打开一看，正是裴度、杜元颖、李绅等人奏请立自己为太子的档案，于是感叹不已，把众人弹劾李绅的文件全部都给烧了。虽然没有立即召李绅回朝，但从此之后再有人说李绅什么，他也不信了。

与柳氏家庭过从甚密的裴度，因为受到李逢吉的排挤，离开朝廷去担任山南西道节度使。韦处厚上奏敬宗，建议重用裴度。敬宗听了有些动心，后来翻看裴度所上的奏章，发现署名中没有同平章事的职衔，就向韦处厚询问，说裴度曾经担任过宰相，却没看到同平章事的职衔，不知是怎么回事。于是韦处厚说明情况，告诉敬宗说，这全是李逢吉捣的鬼把戏。

敬宗听了生气地说："怎么至于这么过分呢？"于是下达命令，恢复了裴度同平章事的职务。李逢吉听到这个消息很担心，就制造歌谣在民间传播，说是"绯衣小儿祖其腹，天上有口被驱逐"。"绯衣小儿"指的是裴度，"天上有口"说的是"吴"字，暗示裴度曾经平定吴元济的功劳，应用谶纬之说，声称裴度是要谋反，意图不轨。

柳公权也明白，敬宗虽然年轻，却不信这些说法，于是李逢吉等人又挑起事端，声称裴度要谋害他。但人们议论纷纷，大都支持裴度，认为是李逢吉的不对。后来敬宗也渐渐弄清了其中的原因，每当派出去办事的宦官经过裴度的治所时，都会让他们去看望裴度，重用他的意愿始终不改，有人想要挑拨离间，也始终达不到目的。

对于皇帝的不上朝和晚上朝，裴度也有自己的办法。他对敬宗大说了一通养生的道理，劝皇帝要清早上朝，不能拖到中午。皇帝觉得这是裴度对自己的关心，便高兴地接受了。裴度又请皇帝每月多上朝几次，说这样可以使河北的藩镇受到威慑，这一招果然奏效，敬宗觉得既然自己的上朝有这么大作用，从此上朝也就勤快频繁了一些。

柳公权身临其境，察言观色，旁观围绕敬宗发生的一桩桩宫廷事态，揣摩背后的蛛丝马迹，以判断忠良与奸臣之间的区别，从资深谏臣身上领悟到不少事理。以传统的德行为基点，在事态的变化中，他钦佩什么样的人，厌恶什么样的人，只有自己心里明白。但他因涉事未深，还不能够直言不讳地表达自己的见解，或者向皇上进谏什么，再说也承担不起在宫廷是非曲直面前的言论风险，只好暂且退避三舍。他颇感兴趣的侍书职守，却也在不谙书艺的敬宗跟前得不到充分施展，心情变得闷闷不乐起来，好像自己成了一个无用的闲人。

在此境遇下，柳公权唯一消解心情的是他的书法修炼，一有空闲，便一头进入汉字书写的汪洋大海之中，从中体味时光流逝的人生旅途之快意。在滚滚红尘中不大适意的性情中人，往往易于坠入虚幻的精神境界，在宗教文化的天际中寻觅自己的寄身之处。

先前，唐穆宗长庆四年（824）四月六日，尚在翰林侍书学士任上的柳公权，便又潜心书写了一遍《金刚经》。

在以往的习书生涯中，柳公权曾经多次挥写过《金刚经》。早在研习儒学之时，并研习《庄子》，而且深得精微。同时从儒、佛、道中汲取心灵之滋养，求得互补与平衡，身心得以某种超脱。他对于佛、道方面接触颇多，亦有多种书法创作。另外，柳公权还书写有《阴符经序》以及《清静经》《度人经》等。

书写《金刚经》时，柳公权已经四十七岁。书作刻为横石，共十二块，每行十一字。分段处留行，兼记段次，由强演、邵建和刻，立于京兆西明寺。原石毁于宋，唯一唐拓本，1908 年发现于甘肃敦煌莫高窟藏经洞，现藏巴黎博物馆。可认识者有三、四、五、七、九、十二等石块上的字迹，当是用厚黄纸拓裱。

《金刚经》为柳书早期代表作，连作者自己也禁不住为此得意，自得之情溢于言表。其下笔精严不苟，笔道瘦挺遒劲而含姿媚。结体缜密，以纵长取形，紧缩中宫，开展四方，清丽而峻拔。"柳骨"于此可初识，而柳集众书于此亦可知，其书备有钟繇、王羲之、欧阳询、虞世南、褚遂良、陆柬之之体，诚为绝艺，尤为可贵。

《金刚经》全称《金刚般若波罗蜜经》，于公元前四九四年成书于古印度，是大乘佛教般若系经典。传入中国后，自东晋到唐朝共有六个译本，以鸠摩罗什所译《金刚般若波罗蜜经》最为流行。西出长安取经于西天的唐玄奘，有一个译本名为《能断金刚般若波罗蜜经》，是对鸠摩罗什译本的一个重要补充。

"般若"是梵文音译，意为通达世间法和出世间法，圆融无碍，恰到好处，绝对完全的大智慧。"金刚"，喻指般若如金刚一样锋利无比，能破除世间一切烦恼与偏见。其两种意义，一是闪电，具有极大的快速而又猛烈的威力；二是钻石，世界上最坚硬、最珍贵、最受人青睐的宝贝。佛教运用"金刚"来形容教法的坚固和能够破斥外道，而不被外道所破坏。"波罗蜜"，意指超越生死而度达解脱的彼岸。

在书写者柳公权看来，由于人们认虚为实，认假为真，所以顽固地执着自我和外部客观世界是真实的，由此造作无量无边的身业、口业、意业，并且受这三种业力的牵引与拖累，以致长劫地生死轮回，经受不可言状的种种痛苦，始终无法获得自由和解脱。通常被人们熟知的偈颂，如："凡所有相，皆是虚妄。一切有为法，如梦幻泡影，如露亦如电，应作如是观。"

溺爱于佛学的后世人们发现，包括柳公权所书《金刚经》唯一唐拓本，敦煌遗书从最早的《大般涅槃经》开始，时间为西晋永兴二年（305）二月七日，直到最晚的宋真宗景德三年（1006）的写卷，历经了长达七个世纪的时光。而这恰好是中国汉字发展的关键时期，即由隶书到楷书的演变时期。敦煌遗书，便成为这一段书法发展史最直接的历史见证。

由此可以看出，汉末隶书开始向楷书转变，魏晋南北朝便成为这一转变的过渡阶段，正如篆书向隶书转变时经历了隶篆形态的过渡期一样，体现出的是隶楷结合的书体特征。其字形仍遗留隶书形态，每个字皆有一隶书重按的笔画，只是字体结构已由隶书的横势变为纵势。但是有很多地方又表现出向楷书演变的特征，如横画的起笔采用露锋，回笔似楷书向下按顿，而不取隶书写法，重按之后向右上挑出，但是横画仍像隶书是水平的，右边没有向上抬起。撇画重按之后向左下方顺势出锋，无回锋收笔。

还有一种楷书，同南北朝碑刻文字结合后形成的字体形态，该书体最突出的特点就是刀刻味重，被称为魏碑。这一书风期的作品，点画方折峻利，横画侧锋斜入，点作三角，垂笔作悬针，捺角尖锐，转笔雄奇角出，都是那么陈猛刚毅，如同刀劈剑削，不像出于柔软的毛笔。

柳公权一定是在仔细琢磨了西晋以降的书风变异，融入了自己的见解，探索着汉字书写的规律和玄妙之处，成就了柳体《金刚经》的。

敦煌卷子中，这一时期的行草卷子不多，汉末的张芝和西晋的索靖，堪称两位草书大家。隋代书法是承前启后的过渡时期，到了唐代，进入中国书法史的鼎盛时期，敦煌卷子中有占百分之七十以上的写卷属于这一时期。其中有许多名家作品的临写本，如王羲之《兰亭序》临本、蒋善进临智永《真草千字文》、褚遂良《大唐三藏圣教序》临本等等。

后世所见到的柳公权《金刚般若波罗蜜经》拓本卷子，为唐拓孤本，卷末有题记曰："长庆四年四月六日，翰林侍书学士朝议郎、行右补阙、上轻车都尉、赐绯鱼袋柳公权为右街僧录准公书，强演、邵建和刻。"此唐拓一字未损，纸墨如新，光彩焕发，首尾完整，极为罕见，尤可珍贵。正书结体劲媚匀称，闲逸生趣，用笔古澹。

柳书石刻《金刚经》，当初立于京兆西明寺。这个地方原为隋权臣杨素宅，占延康坊四分之一，其子杨玄感谋反，诛后没官。唐高祖时为万春公主之宅，太宗赐给魏王泰，高宗时立为西明寺，分十院，有房屋四千余间。寺额为玄宗朝刘子皋所书，入西门南壁有杨廷光画神两幅，东廊第一间传法者图赞为褚遂良所书，第四间昙柯迦罗为欧阳通书，可见此处聚集了一代书家灵光。

玄奘法师于高宗显庆年间，由大慈恩寺移居西明寺译经。柳公权也许不止一回踏入西明寺，独自欣赏回味自己的书作，也一定仿佛聆听到了玄奘法师诵经的余音，沉浸在一派空阔奇妙的境界之中。现世的宫廷争斗，人间的烦扰，顿时离他而远去。

寺有牡丹，有白居易题诗："前年题名处，今日看花来。"又题："只愁离别长如此，不道明年花不开。"元稹诗曰："莲池旧是无波水，莫逐狂风起浪心。"温庭筠诗云："为寻名画来过院，困访闲人得看棋。"

柳公权所书《金刚经》石刻，当为西明寺一景，与这里的遗迹相映衬，也与同时代的诗作融为一体，彰显着一种幽暗而明丽的情调。通常说，柳公权书法一如其人，风骨铮铮，故常人畏其严厉。然却未窥视到其严中寓情的一面，不可不谓是种遗憾。柳书三昧，尽可从柳公权《金刚经》中体味之。

唐长庆四年（824）六月，柳公权书《大觉禅师塔铭》。李渤撰文，胡证篆额，立于赣州。

这时候，柳公权的书名已经逐步走出京城长安，远播南方。大觉山，位于今江西抚州资溪县境内，大觉寺为佛、道、儒三教朝拜圣地，坐落于莲花山天然石洞中。隋唐时这里开始有了佛教宗派，禅宗就是其中之一，由于禅客众多，后又分成三个流派。

撰文者李渤，于唐代贞元中曾隐居读书于庐山白鹿洞。他的《留别南溪》诗云："欲知别后留情处，手种岩花次第开。"《大觉禅师塔铭》书写者柳公权，不一定与李渤谋过面，也许出于神交，对其人才情感佩之至。书写一通碑石铭文，便识得一位碑主的身世与造就，也识得一位撰文者的履历与才学，完善着书写者的人格秉赋。那么，书者柳公权本可以兼书篆额，又为何另请一位名胡证的人为之篆额呢？

凡事总有它的起因，篆额者胡证，乃柳公权祖籍河东人，素有同乡之谊。举进士第登科，后拜韶州刺史，以老母亲年高不可适远改授太子舍人，又拜岭南节度使。此人与柳公权同道，擅于书艺，尤工篆书，韩愈撰唐田弘正家庙碑，均为胡证篆额。

柳公权的这位同乡及同道，因广州有海之利，货贝狎至，且善蓄积，务华侈，奉养童奴数百，于京城修行里起第，连亘闾巷，京邑推为富家。后以疾上表求还京师未就，七十一岁时卒于岭南。

由于新皇上敬宗李湛对书法没有兴趣，仍然在翰林院侍书学士位置上的柳公权，索性闲置了下来。于是，在这年夏天，他先后书写了《金刚经》和《大觉禅师塔铭》，有点遁入佛门之意，潜心于书法研究。

到了长庆四年（824）年终岁末，柳公权出了翰林院，迁为起居郎，由七品上迁六品上，官阶算是升了一级。

第七章

起居郎

迁为起居郎，也许是柳公权自己的愿望，也许出自唐敬宗的意思。位置有变，升一个官阶，也算是新主子对书法老师的一点宽慰。

所谓起居郎，是隋代隋炀帝时始置的一个官职名称，称起居舍人，属内史省。唐贞观初于门下省置起居郎，废舍人，掌记录皇帝日常行动与国家大事。后另置起居舍人于中书省，掌记录皇帝所发命令。又改起居郎为左史，起居舍人为右史，而后再复旧。

皇帝御殿时，起居郎左、右对立于殿中，记载皇帝言行，季终送史馆。其职位看似荣耀，实际上在宫廷中地位比较低下，掌管解释法律条文及量刑标准，类同艺人或工匠。

也就在新任起居郎当月的九日，柳公权一改以往的矜持与低调，忽然间变得激愤起来，挺身而出，偕谏议大夫独孤朗等，上表一道抗疏，向皇帝上书直言，论淮南节度使王播厚赂求领盐铁使一事（《旧唐书》卷一百六十四）。

包括起居郎柳公权在内，谏议大夫独孤朗、张仲方，起居舍人宋申锡、拾遗李景让、薛廷老等联名上奏，请求开延英殿，当面向敬宗揭发王播厚赂求官的奸邪行为。

敬宗没有推诿，很快来到了延英殿，环顾周围，开口便问道："上次在朝廷以死规劝我的刘栖楚在不在你们中间？"

柳公权等一时不明白皇上的意思，面面相觑。

是的，身为谏议大夫的刘栖楚，不在联名抗疏之列，也许另有公务缠身。是皇上怕了那个死谏的硬骨头，只要他不在其中搅和，事情会好办一些。而一向谨慎有余的柳公权，怎么也掺和进来，对于皇上来说，且不知是忧是喜。忧的是这个貌似木讷的新任起居郎，其实十分内秀，轻易不出招的人一旦出手，必有能量，说不定会让自己难堪。喜的是这个书生气十足的起居郎，也敢于担当职守，站出来说话了。

其他几位与柳公权一起参与抗疏者，敬宗没有怎么领教过他们的举谏之风，还不知其中水有多深。

独孤朗，曾因劝宪宗从淮西罢兵，被贬为兴元即今陕西汉中户曹参军，后入为监察御史，改殿中侍御史兼史馆修撰，出为韶州即今广东韶关刺史，迁谏议大夫。看来，此人是有过因举谏遭贬经历的，深知其中的利害得失，不大好惹。

同样有过此番波折的张九龄从孙张仲方，宪宗时迁谏议大夫，吕温、羊士谔诬告宰相李吉甫阴事俱贬，张仲方因系吕温贡举门生，出为金州刺史，入为度支郎中，掌管全国财赋统计与支调。因李吉甫谥为"恭懿"，张仲方驳议，宪宗大怒，贬其为遂州司马，又拜郑州刺史。敬宗即位，与张仲方同年登进士第的李程做相，召其为右谏议大夫。看来，此人阅历丰厚，是个因直言而激怒天子的难以对付的角色。

另一位参与抗疏者宋申锡，祖父宋璟曾任宰相，母亲是张九龄的次女。中进士后在秘书省任校书郎，被湖南观察使邀请做从事，长庆初年任监察御史、起居舍人。此人仍系名臣之后，且才学出众。

至于并州文水人、拾遗李景让，河中人、拾遗薛廷老，亦有不寻常之来历。

新任起居郎柳公权，偕以上四人联名抗疏，所弹劾的王播可是曾官至权重一时的当朝宰相，在朝廷内外堪称风云人物，惹得起吗？

王播，德宗贞元十年（794）考中进士，补盩厔即今陕西周至县尉。在任期间，剖断狱讼，明察秋毫，深得御史中丞李汶的赏识，被推荐任监察御史。当时官场黑暗，贿赂公行，王播身为监察御史，曾冒着丢官的危险，弹劾并罢免了有贿赂罪的云阳县丞源咸季，擢升为侍御史。贞元末年，因得罪骄横的京兆尹李实，被贬为三原县令。任职期间，县中豪强犯法，也以法绳之，不予宽宥，年终考课，政绩为畿邑之最。

可见王播其人并非一开始就是官场投机钻营之辈，曾经不但是一个弹劾贪官的反腐败勇士，还是一位体恤百姓的好官。之后出任长安县令时，正值关中饥荒，诸镇禁止粮食出境，他奏明朝廷，下诏令各地赈援畿辅，关中地区的老百姓赖以度过饥荒。唐宪宗元和六年（811），兼任诸道盐铁转运使，负责运送朝廷征收的财赋收入，因其政绩突出，多次得到皇帝的表彰。元和十三年（818），受宰相皇甫镈的排挤，调离中央前往偏远的剑南西川任节度使。

这次贬谪，对王播是一个沉重打击，经过反思，他竟一改过去几十年的为人作风和正人君子形象，专以奉迎权贵为务。看来，在仕途的拐弯处，如何选择前去的路径只是一念之间，是好是坏，便导致终身的结局。

唐穆宗一即位，立刻贬逐了奸相皇甫镈。王播在西川闻讯，大修贡奉，且以结赂宦官，很快被召回朝廷担任宰相。当时，河北三镇相继复叛朝廷，在此事关国家安危的重大问题上，宰相王播竟不措一言，无为而治，因此被免相，调任淮南节度使。到任伊始，正值淮南遭受特大旱灾，老百姓穷困潦倒，他却加剧盘剥敲诈，民皆怨之。

为了得到敬宗的擢拔，他还在盐铜税内巧为苛敛，以羡余名目每月向皇帝进奉，年达百万余缗。看来，他是从官场沉浮的动荡中突然一下子醒悟过来，不是从正面总结经验教训，而是采取了反向思维，同流合污于腐败得逞的时势，走向了歧途。

作为抗疏者，柳公权对王播其人的仕途生涯和升降沉浮多有了解，甚至对他的身世也做了详尽的考查，想从中弄明白一个好人怎么就变成了坏人。是帝国体制在选人用人和监督奖惩机制上出了问题，还是人性的弱点使然？

人之初，性本善。听说王播小时候因父母先后去世，家境很不好，只得到惠昭寺木兰院的僧寮里借读。方丈和一些僧众开始还答应管他吃住，时间一长便冷眼相待了。他眼睛里满是屈辱的泪水，在墙壁上愤然题写了一首诗，就头也不回地走了。端午节那天，一位叫杜亚的仆射来淮南举行赛龙舟表演，同族的一位军官对王播说："我有棚子，你进去坐着看，还有酒喝。"他心中烦闷，不觉喝醉了，梦见自己坐在杜仆射的座位上好不神气。后来王播做了宰相，实现了当年的梦想。谁敢保证，当年那个在寺院里专吃白食的王播，就不能成为位极人臣的大官呢？

这一回，位居淮南节度使的王播，用十万贯钱贿赂皇上宠幸的近臣，以图谋到朝廷内做官。这些宠臣，就有谏议大夫独孤朗、张仲方，起居郎孔敏行、柳公权，起居舍人宋申锡，补阙韦仁实、刘敦儒，拾遗李景让、薛廷老等数人。却不曾料到，这些人不吃这一套，拒绝贿赂，不同流合污，反而抗疏。

前一天，柳公权与同僚已在皇帝与宰相们议政的延英殿争论过这件事，而后当事人王播才送钱买官。事实上，一些从外官迁转为内官都有价码，因此得到这些官位的人不在少数。还有县令、录事参军这些官职，也在一些官吏出入的店铺里出卖，以至竟有未经科举也没有官资的白丁，便一下子当了县宰郡守的。

柳公权很气愤地说，之所以会出现这种事，主要是各地诸侯不依从皇命，再者是来处理这样事情的官员利欲熏心，官署任人不当，加上谏官无所作为，聋子的耳朵样子货，不然为何对毁坏纲纪之事不曾向皇上举报呢？王播此人出身贫寒，进入仕途后曾经清正廉洁，一直做到了宰相。在经历了宫廷斗争的搏杀后伤痕累累，却从反面得到了经验教训，似乎只有潜规则才是唯一可以达到目的的途径。于是，与黑恶势力合作，由此发达。此风不可长，不然会危及大唐的生死存亡。

在延英殿，面对柳公权等人的强烈抗疏，当面揭发王播的奸邪行为，也得了王播进奉好处的敬宗一时抹不下面子，说是此事再议。与起居郎柳公权一起抗疏的诸位官员，也明知敬宗在王播厚赂求领盐铁使一事上的立场，不过是权宜之计而已，一面掩饰皇宫的不光彩和行贿者的劣迹，一面安抚履行公务的谏臣，不便定何人何罪，也就不了了之。而这种警示的力量，却潜移默化，弥漫于宫廷内外。

于是，王播求领盐铁使一事暂且搁置。

柳公权抗疏后的宝历元年（825），仍在起居郎任上。他也意识到，一起抗疏的同僚虽在当时崭露头角，却大多没有好下场。

独孤朗出为福建观察使，卒于路途。张仲方临危出任京兆尹，而自驳谥之后为李德裕之党摈斥，坎坷而殁。宋申锡担任过宰相，意图帮助唐文宗清除权阉，反被诬指企图推翻皇上而遭贬死。工于书法的李景让境遇好一些，拜西川节度使，谥曰孝，其翰墨有传。

而仍以举谏为职的薛廷老下场不佳。敬宗在宫中造新殿，用铜镜三千片、黄白金箔十万番，他与同僚入阁奏事，敬宗厉声曰："更谏何事？"薛廷老进曰："臣等职是谏官，凡有所闻即合论奏，莫知修造之所，但见运瓦木绝多，即知有用，乞陛下勿罪臣言。"因薛廷老言太切直，出为临晋县令，遂性放逸嗜酒，不持检操，被罢职后迁给事中，病卒。

谏臣的命运大致如此，令人唏嘘不已。柳公权至死也没有完全弄明白，为何大多数皇上总喜欢听信谗言媚语，不爱吃苦口良药，直到毁了朝政，丢了江山，有的忏悔了，有的仍然执迷不悟，如同乡下所说的被人卖了还替人家数钱哩，冤枉不冤枉？

而当初遭到柳公权等人抗疏的王播，二十多年过后，也就是在文宗大和年间，在官场上颇为春风得意，被派往江苏任军政长官。一天，王播忽然想到当年借住过的寺院看看，猛一抬头发现了自己那首讽刺诗，便命人拿来笔墨续写道："二十年前此院游，木兰花发院新修。而今再到经行处，树老无花僧白头。"然后长叹一声，怅然离去。

王播在穆宗、敬宗及文宗三朝居官十年，曾两次出任宰相。谁都知晓，其官位就是凭借苛剥庶民、贿赂皇帝和宦官而取得的。此人仕途不错，于大和初拜左仆射，封太原郡公，卒谥曰敬。

柳公权因在起居郎任上与同僚联名抗疏，熟知当事人王播在官场上的沉浮荣辱，以为此番个案，真切地折射出当朝的世态人情，同时对于自身要求有所作为的人士来说，它也未尝不能让人警醒，从而立足自我砥砺、自尊自信呢？

唐敬宗宝历元年（825）正月，柳公权在起居郎任上。

经历了对王播厚贿买官一事的抗疏后，柳公权有点灰心丧气。敬宗身为天子，本可以公正执法，惩治买官卖官者以振朝纲，谁知连自己也脱不了干系的皇上也受了行贿者的供奉，也不能说抗疏者的不是，只好搁置了此案。

看来，一味地刚正不阿，拾遗补缺，举谏国事，为朝廷的根本利益着想，一时是得不到效应的。他也并不指责自己的所谓冒失之举，却又感到无可奈何，面对纷争与案件，只好又复退避三舍，佯装不知，眼不见心不烦，静心写自己的字去了。

正月二十四日，柳公权题王献之《洛神赋》。

《洛神赋》为东晋王献之的小楷书法代表作。原来的墨迹写在麻笺上，内容为三国时期魏国文学家曹植的文章《洛神赋》，但流传到唐时就已经残损了。

柳公权仔细斟酌，王献之所书《洛神赋》体势秀逸，笔致洒脱，字之秀劲圆润，行世小楷无出其右。其楷书笔法不再带有隶意，字形也由横势变为纵势，已是完全成熟的楷书之作。用笔挺拔有力，风格秀美，结体宽敞舒展。字中的撇捺等笔画往往伸展得很长，但并不轻浮软弱，笔力运送到笔画末端，遒劲有力，神采飞扬。字体匀称和谐，各部分的组合中又有细微而生动的变化，字的大小不同，字距、行距变化自然。

王献之的楷书与王羲之相比有所不同，羲之的字含蓄，运用"内抃"笔法，而献之的字神采比较外露，较多地运用"外拓"笔法。《洛神赋》字法端劲，是书家所难，偏旁自见，不相映带，分有主客，趣向严整。与王羲之《黄庭经》《乐毅论》相比，一反遒劲缜密之态，神化为劲直疏秀。

《洛神赋》一为唐硬黄纸，帖心高二十三点七厘米，小楷书，共两行，三十三字。为唐人摹本，有柳公权等人题跋，后人疑即柳公权所临。帖后题有："宝历元年正月廿四日起居郎柳公权。"

这一年，柳公权所崇尚的一代文豪韩愈卒，享年五十六岁。已经四十有七的柳公权，对心目中敬佩的韩愈之逝有点伤感。他想，如果拿韩愈的凋零比自己，也就近十年的活头，自己眼下又能做些什么有意义的事情呢？

从二十多岁起，柳公权就开始书写碑文，其书艺已为社会重视。自从得到唐穆宗欣赏，做了皇上的书法老师，声名鹊起。尤其是书写《金刚经》刻石之后，更是受到方家和权贵们的青睐。

从他五十岁以前的作品中，已显而易见其学钟繇、王羲之书体，仿虞世南、欧阳询、褚遂良、陆柬之的体态。从王书中汲取书学营养，是柳书生命源泉之一。学王书能取其神而离其形，其形离神合，悟用笔之古淡，由柳法而趋右军。

从柳公权的行草书札中，可以看到一些作品不仅得王的血脉、风神、韵趣，且字形结体也类王书面目。他善于吸取书艺大家的智慧与成果，变化成自己一家书艺，站在这些巨人的肩头上，用荆棘辛勤刻苦地编织成功的桂冠，从而去摘取它。

唐敬宗宝历元年（825），柳公权有了一个去苏州游历的机会，与白居易相聚。

之前的长庆二年（822），白居易上书论河北的军事，不被采用，于是请求到外地任职，被任命为杭州刺史。任内有修筑西湖堤防、疏浚六井等政绩。长庆四年（824）五月，任太子左庶子分司东都，秋天至洛阳在履道里购宅。

这一年，白居易被任命为苏州刺史，五月到任。柳公权随后来到了苏州，白居易对这位状元出身的皇上身边的英才，自然是相见甚欢，亲密交谈，于西楼命宴热情款待，并与柳公权游览了名胜齐云楼。

齐云楼，言其高与云齐，位于苏州吴子城上，唐曹恭王所建，为刺史府北门城楼。伍子胥所筑吴子城，初为吴国王宫所在地，唐代时这里成了太守府。苏州是东南沿海的雄州大郡，其刺史的品级当在从三品以上。不知何故，也许是无巧不成趣，朝廷总是选用当朝杰出的诗人来担当此地的刺史一职。白居易、韦应物、刘禹锡等诗人在任苏州刺史时，都曾生活办公在其间。小城内除有官衙府库外，还有教场和花园，最为醒目的当是北门上的齐云楼。

二人相依，在齐云楼上远眺时，白居易对柳公权说："你熟读史籍，一定知晓项羽刺杀会稽郡守殷通的故事。"

柳公权说："只知皮毛，大概是秦二世元年（前209）七月，陈涉等人在大泽乡起义后发生的事。事由底细如何，不妨说来听听。"

白居易说："是的，到了这年九月，会稽郡守殷通找到项梁说，'大江以西全都造反了，这也是上天要灭亡秦朝的时候，听说先发制人，后发则制于人，我打算起兵反秦，让您和桓楚当将军统领军队。'"

柳公权问道："项梁怎么说？"

白居易回答说："项梁告诉殷通，桓楚正逃亡于草泽之中，别人都不知道他的下落，只有项羽知道。于是项梁出去嘱咐项羽持剑在外等候，然后又进来跟郡守殷通一起坐下，说，请把项羽召进来，让他奉命去召桓楚。郡守说，好！"

柳公权问："然后呢？"

白居易说："项梁就把项羽叫进来。须臾，项梁给项羽使了个眼色，意思是可以行动了。于是，项羽拔出剑来，斩下了郡守的头颅。项梁手里提着郡守的头，身上挂了郡守的官印。郡守的部下大为惊慌，一片混乱。项羽一连杀了百十来人，整个郡府上下全都吓得趴在地上，没有一个人敢起来。项梁召集原先熟悉的豪强官吏，向他们说明起事反秦的道理，于是就发动吴中之兵起事了。"

柳公权接续之后的情节，说："之后，项梁派人去接收吴中郡下属各县，共得精兵八千人。项梁又部署吴中豪杰，派他们做校尉、侯、司马。项梁做了会稽郡守，项羽为副将，巡行占领下属各县。"

白居易说："是啊，从此项氏一族便开始了他们的反秦霸业。说实话，项梁、项羽的起兵手段是够残酷无情的。殷通好歹也有意反秦，并且容留他叔侄二人在吴中避仇，也算有恩于他们，不想被他们冤杀，夺取权力后自取天下。"

柳公权感叹道："所以，项羽最终兵败，自刎乌江。众人取其头，分其体，把尸首撕了个四分五裂。对一个杀人不眨眼的刽子手来说，这也是因果报应啊！"

白居易说："由此可见，以德治天下，是多么重要。"

二人一同游览时，说到柳公权的家乡京兆华原，白居易说："我欣赏过华原磬，还写了一首诗，开头几句是：'华原磬，华原磬，古人不听今人听。泗滨石，泗滨石，今人不击古人击。'"

有过目不忘之功的柳公权，对白居易的诗作熟知于心，沉思了一会儿，接吟道："今人古人何不同？用之舍之由乐工。乐工虽在耳如壁，不分清浊即为聋。梨园弟子调律吕，知有新声不如古。古称浮磬出泗滨，立辨致死声感人。宫悬一听华原石，君心遂忘封疆臣。果然胡寇从燕起，武臣少肯封疆死。始知乐与时政通，岂听铿锵而已矣。磬襄入海去不归，长安市儿为乐师。华原磬与泗滨石，清浊两声谁得知？"

白居易感慨道："只有科考状元才有此等硬功夫，连我也记不全自己的诗句了，多谢多谢！"

柳公权说："不是我记性强，谁让我是华原的土著呢！"

二人余兴未尽，白居易对柳公权说："元稹比你小一岁吧，他也写过一首《华原磬》，你能吟得出吧？"

柳公权虽然很少写诗，但博闻强记，尤其是对咏叹家乡华原的当朝诗作，张口就来："泗滨浮石裁为磬，古乐疏音少人听。工师小贱牙旷稀，不辨邪声嫌雅正。正声不屈古调高，钟律参差管弦病。铿金戛瑟徒相杂，投玉敲冰杳然零。华原软石易追琢，高下随人无雅郑。弃旧美新由乐胥，自此黄钟不能竞。玄宗爱乐爱新乐，梨园弟子承恩横。霓裳才彻胡骑来，云门未得蒙亲定。我藏古磬藏在心，有时激作南风咏。伯夔曾抚野兽驯，仲尼暂叩春雷盛。何时得向笋簴悬，为君一吼君心醒。愿君每听念封疆，不遣豺狼剿人命。"

白居易侧耳倾听，显然是听出了神，连连称道："好诗好诗，贤弟你的记忆力超群，我算是领教到了。"

磬，是一种打击乐器，最早用于先民的乐舞活动，后来专为帝王宫廷、达官贵族的殿堂宴享、宗庙祭祀、朝聘礼仪活动演奏，成为象征其身份地位的礼器。

华原磬，创制于天宝年间，由采自京兆华原磬玉山的磬玉精心制作。

白居易说："天宝中，因泗滨石下调之不能和，用华原石乃和，故而代之。"

柳公权说："是的，据说是太真贵妃最善于击磬，拊搏之音，泠泠然新声，虽太常梨园之能人，莫能如也。"

白居易说："所言极是，贵妃是天宝四年进宫受封的，故其所击之磬，当是华原磬。"

柳公权说："出产磬石的山，由此得名磬玉山。隋唐时孙思邈在此隐居，山有五台，名五台山，为区别于终南山之五台山，此为北五台，后为药王山。此山的南庵，太宗皇帝的姑姑昭阳公主曾在此出家，结草为庐，落发为尼，圆寂于此，称老姑庵。"

白居易曾在长安居住时，先后有乐游原宣平坊、新昌坊和长乐坊、昭国坊四处住宅。主人常在此与友人小饮，此处又与升平坊柳公绰宅不远，柳公权虽不善交际，但由于敬重白居易，他也许不是这里的常客，也总是有过一番交往。任知制诰时住在新昌坊，白居易诗云："但有双松当砌下。"又诗云:"地偏坊远巷乃斜,最近东头是白家。宿雨长齐邻舍柳,晴光照出夹城花。"

登罢齐云楼,颇有兴致的柳公权应该是作了一首诗的,不然不会有白居易的和诗。却憾于柳公权以书艺闻名于世,不轻易作诗,其诗才被人忽略了,也许所写齐云楼的诗作遗失,未载史籍。

白居易《和柳公权登齐云楼》曰:

> 楼外春晴百鸟鸣,楼中春酒美人倾。
> 路旁花日添衣色,云里天风散佩声。
> 向此高吟谁得意,偶来闲客独多情。
> 佳时莫起兴亡恨,游乐今逢四海清。

在苏州与白居易相处的这些暂短的日子,是柳公权终生难忘的记忆。他理解,白居易一生中最为得意的时候是为官苏州,无论是官场政绩还是民心所向,或者诗歌遣兴,花间风流,都让人倾慕。

也就在次年的宝历二年(826),白居易双眼模糊,疼痛难忍,任期未满就不得不北返东都洛阳。在苏州任上仅仅一年零五个月,白居易留下的却是姑苏的一处风雅景观即七里山塘。以至于他离开苏州北上时,老百姓纷纷悲啼,正如刘禹锡诗中描述:"苏州十万户,尽作婴儿啼。一时临水拜,十里随舟行。"

柳公权闻知白居易因病回到洛阳,虽思念心切,却没有机遇相见。

国情堪忧,柳公权的心情也变得郁郁寡欢了。他读到了年轻诗人杜牧曾在宝历元年(825)写下的一篇《阿房宫赋》,文中说道:"秦人不暇自哀,而后人哀之;后人哀之而不鉴之,亦使后人复哀后人也。"

在说起写这篇文章的起因时,杜牧说道:"宝历大起宫室,广声色,故作《阿房宫赋》。"

由此,柳公权也深切体悟到了爱国文人们对国家前途的忧虑。也就在这篇文章诞生之后,年轻的唐敬宗也正向着自己生命的终点愈行愈近。

柳公权看到这位皇上实在是太喜欢玩了，也实在是太会玩了。唐朝在这样的皇帝手上不亡国已是万幸，因为看不到敬宗在治国方面的才干，却随处可见他在玩乐方面的本领。

敬宗不仅自己喜欢打马球，还要禁军将士、三宫内人都要参加。宝历二年（826）六月，在宫中举行了一次体育盛会，马球、摔跤、散打、搏击、杂戏等，项目很多，参加者也很踊跃。最有创意的是敬宗命令左右神策军士卒，还有宫人、教坊、内园分成若干组，骑着驴打马球。因为敬宗兴致很高，一直折腾到夜里一二更方罢。

柳公权清楚，除了打马球之外，敬宗还喜欢看手博。手博属于自由格击之类，要动真格的，不能假打，因为皇上打假的方法是杀头。这对于那些御用手博力士来说无疑是一个苦差事，断胳膊断腿是常有的事，有些人甚至颈骨折断，脾脏破裂，性命不保。敬宗的另一个爱好是猎狐。大明宫西面和北面的广阔地域都是皇家的禁苑，是射猎的好地方。敬宗每次都是夜深沉沉时出动，人们称之为"打夜狐"。

敬宗即位的第二个年头，冬十二月，深夜猎狐归来的皇上，还宫之后依然兴致昂然，又与宦官刘克明、田务澄、许文端，以及击球军将苏佐明、王嘉宪、石定宽等二十八人饮酒。敬宗喝得有些多了，起身回到内室去换衣裳。

这时，不知何故，宫殿中的烛光突然熄灭。

一片漆黑之中，刘克明、苏佐明等常在一起玩耍的宦官同谋，将时年十八岁的唐敬宗李湛杀死。

昨天还近在咫尺的皇帝的起居郎柳公权，是在第二天黎明准备上朝时，发现皇宫警戒森严，一派萧杀的恐怖气氛。原来是昨晚深夜宫廷内出了天大的事。乍听到皇上驾崩的噩耗，柳公权心里一惊，甚至毛骨悚然。起居郎活动场所周围，一片乱糟糟的，有的宦官步履匆促，有的窃窃私语，一副副面孔皆是惊恐不安的神情。

这时候的柳公权，究竟作何感想？除了诧异、紧张、痛楚，还有深深的惋惜，甚至有莫名其妙的自责。

其实，皇上的命运，是他这个跟班跑龙套的区区小官无法左右的。遇到如此事变，前景未卜，诡秘莫测的宦官们正策划于密室，刀剑闪着凛冽的寒光，不知又有谁人头落地，或命悬一线。当然，也不会有人与柳公权密谋什么动作，他也只好静观事态，在惶恐的等待中期许朝廷转危为安。

按唐律，像敬宗十八岁这个年龄段的男子称为中男，还未成丁。杜甫有诗曰："中男绝短小，何以守王城。"这段时间，唐朝的皇帝换得有些勤，曾经写下"前度刘郎今又来"的刘禹锡，仕途上遭受打击，性格依旧豪爽，身体很好，活到了七十岁，自从被贬为朗州司马到病逝期间，竟然先后耗死了五位皇帝，着急什么呢？

敬宗李湛毕竟是太年轻的一位小皇帝，和父亲穆宗都是贪玩的主儿，最后也都或直接或间接地玩丢了性命。除了唐末亡国之君哀帝是在十七岁被害以外，终年十八岁的敬宗在位仅仅两年，是唐朝皇帝中享年最短的了。

柳公权想，与唐代许多帝王的即位相比，敬宗承继大统的道路可以说是非常平坦的。穆宗共有五个儿子，李湛是长子，由于穆宗没立皇后，也没有什么特别宠爱的妃子，所以这些儿子就没有嫡庶之分。按照中国古代无嫡立长的传统，李湛顺理成章地被立为太子。由于穆宗生前的兴趣一直集中在打球和游猎等吃喝玩乐的事情上，对儿子们的教育当然也就关心不够，常言道，有其父必有其子，唐敬宗后来的性格爱好，与父亲穆宗做出的"榜样"有很大关系。

历史上有许多荒唐的少年皇帝，比如在唐代之前的南北朝时期就有一大批。其中有心理变态、杀人如麻者，有不听劝谏、一意孤行者，也有滥用权力、胡作非为者，但敬宗并不是这样的人。和前面那些皇帝比起来，李湛甚至显得有些纯朴可爱。他并没有明显的权力欲，除了在球场和摔跤场上胡闹，经常折腾得力士和玩伴们头破血流之外，他并没有滥杀无辜的记录，甚至还经常表现出一些属于少年的恻隐之心。面对大臣们的各种上奏劝谏，他经常表现得无可奈何，对于大多数人坚持的意见，时间长了他就会被动接受，而对于确实有道理的不同看法，他思考之后也会有自己的判断。

柳公权回想起来，其实，唐敬宗并不是个完全不听劝告的人，但他毕竟年龄太小，很多大臣在劝谏时又过于慷慨陈辞，却忽视了使用能让少年皇帝接受意见的方式，自然也就收不到理想的效果。而且，处于青春期的敬宗逆反心理很强，对于有些劝谏的处理，看起来也很有些孩子气罢了。

太阳落了，第二天又重新升起，世事还在继续。

一位皇帝走了，自然有另一位新皇帝接替。击球将苏佐明等杀死敬宗，宦官刘克明等冒天下之大不韪，即公然去干普天下公认为罪大恶极的事，矫称敬宗旨意，命翰林学士路隋起草遗制，以宪宗子绛王李悟继承帝位。敬宗有五子，尚幼，但继承帝位的竟然是穆宗之弟、敬宗的叔父，柳公权也感到莫名其妙。

宦官刘克明等欲乘机撤换当政宦官，于是风云突变，枢密使王守澄一伙定策，征发左右神策兵、飞龙兵迎穆宗第二子、敬宗弟、江王李涵入宫继位。事态急转而下，拥立宪宗子、绛王李悟继位的宦官之首刘克明投井自尽，绛王亦为乱军所害。

时事起仓促，随即，敬宗弟李涵即位，更名李昂，是为唐文宗。

又一朝天子，登上了大唐帝国的历史舞台。柳公权怎么也没有料到，在敬宗死后的接班人问题上，事态竟然如此瞬息万变，不可捉摸。谢天谢地，总归平静了下来。而随着改朝换代的嬗变，起居郎自己的命运又会如何呢？

也是在宝历二年（826），柳公权胞兄柳公绰不仅在官阶上，而且在胞弟擅长的书法上，似乎抢了风头。胞弟时为从六品上之起居郎，胞兄乃襄州刺史，迁刑部尚书，位居正三品。柳公绰之书法造诣，似乎也不输柳公权，如果不是字以人传的话。先前，胞兄有成都武侯祠的所谓三绝碑，眼下，又在随州立柳公绰正书《紫阳先生碑铭》。

何况，此碑铭系大名鼎鼎的诗人李白撰文，碑阴撰文为李繁。

碑文出自诗人李白之手，写出了对紫阳真人的无限仰慕之情，充分流露了求仙思想。诗的意思是说，追求长生之道，自从神农就开始了。听别人说，紫阳真人是在仙人名录中挂了号的。呼吸真妙之气，吟诵步虚仙词。所行之道符合仙人规程，心灵与自然融合，人天合一。居住的高楼仿佛来自蓬莱仙岛，饲养的白鹤即将载你飞到天庭。清晨，窗外松雪明媚，玉阶下池塘水波潋滟。喜欢听歌赏琴，管他什么皇帝公卿。希望赐予我金丹妙药，一起飞往天庭。

李白去世十六年后，柳公权才来到这个世界上，柳公绰出生也比李白去世晚了一年。在华原柳氏兄弟心目中，李白是大诗人，真诗人。胞兄柳公绰有幸书写李白的撰文，连胞弟柳公权也感到无上荣耀，绝不会有丝毫妒意。

在胡紫阳众多弟子之中，有一位叫元丹丘的与诗仙李白义气相投，非常要好。《将进酒》一诗"岑夫子，丹邱生，将进酒，杯莫停。与君歌一曲，请君为我侧耳听"的诗句中，所提到的丹邱生就是此人。开元年间，经元丹丘推荐，李白拜访了胡紫阳，对于名气冲天的李白的到来，胡紫阳十分高兴，当晚在餐霞楼接风洗尘。那天晚上，大家都喝醉了，李白竟然忘记了是怎么上的床睡的觉，第二天清晨醒来，才发现自己身上盖的是太守的锦袍，枕的是太守的大腿。

当年，英俊潇洒的青年诗人李白，很想向已故宰相许圉师的孙女求婚，但苦于找不到有名望的人说媒。胡紫阳获悉李白的心思后，就与郡督马公一道前往湖北安陆白兆山许家撮合了这段姻缘。唐玄宗天宝初年，皇上请紫阳先生为西京太微宫使，后以有病为由回归故里，途中溘然而逝。

胡紫阳去世后，李白感念不已，受托撰写了《紫阳先生碑铭》，称："先生含弘光大，不修小节。书不尽妙，郁有崩云之势，文非凤工，时动雕龙之作。存也，宇宙而无光，殁也，浪化而蝉蜕。予与紫阳神交，饱餐素论，十得其九，为此篆石颂德，名扬八区。"

柳公绰在书写中，理解李白与道家人物的交往，是他社会活动中精彩的一章。兼济天下使他昂扬向上，而求道以结神仙交又使他傲视万物。仙风道骨，是李白重要的人格特征，因此后人称之为诗仙。柳公绰所书《紫阳先生碑铭》，也可以看作是对紫阳和李白的致敬之作，何尝不是柳公权的心仪之为呢？

柳公权在与兄长交谈的过程中，详尽地了解了紫阳先生与李白的一番传奇色彩的交往，领悟了其间的奥妙之处，也向兄长虚心地讨教了书写此碑的笔意、笔势、笔法之窍，心想，如果换成自己书写如此内容的碑文，又该如何去表现它，让碑文的气度通过书写的再造，升华到一个新的审美境界？

唐文宗大和元年（827）八月，柳公绰以刑部尚书充邠宁节度使。他祖父柳正礼曾经在那里当过士曹参军，距离他的家乡华原柳家原不远。

柳公绰也对胞弟的仕途不畅而忧虑，一时又想不出好的办法，只好说，来日方长，先把你的字写好，书法家的名气比做高官的声望要强得多，鱼与熊掌不可兼得。他是给这个过于持重内敛的胞弟宽慰。

而柳公权到了五十而知天命的一把年纪，尚在起居郎任上。家乡华原人所说的一把年纪，是一边说，一边会徐徐扬起一只手掌，将五个指头自然分开，并轻轻晃一晃，以示五十，即一把年纪，妙也。

在周围人看来，当初不可一世的状元郎柳公权，不过如此罢了，还能有何登天的本事呢？连他自己也常常发笑，难道一笔好写的吾辈，也就如此造就，终究不过是李白所小瞧的蓬蒿之人了不成？

天命，天命何在？

第八章

库部郎中

唐文宗即位，大和二年（828）三月十日，五十一岁的起居郎柳公权任司封员外郎，从六品上。

柳公权得到唐文宗的赏识，仕途渐顺，往日的清冷随着阳春的暖意一扫而光，他的心境一下子变得温润起来，终于又一次获得了施展书法才能的机遇。

迁职当天，阳光明媚，雨后的清新空气弥漫在深宫中，窗外传来一阵阵小鸟的啼唱。柳公权兴致使然，在书房里精心打理法帖。

柳公权找出王献之的《送梨帖》用心揣摩，其一笔一画，趣味无穷。此帖凝重秀健而有法度的草法，不像《中秋帖》《鹅群帖》那样字与字之间多有连笔，仅"殊不"二字连绵，其余字字独立，但又笔意贯通，从"今"字起笔一贯到底，折搭承接有序，形断意连。"今"字的收笔为出锋向左下，"送"字的起笔为搭锋顺入，以承上字。以下的"梨"与"三"，"能"与"佳"等字之间也用同法承接。笔画尽管收笔分明，但气势却如山泉出谷，奔腾倾泻不可遏止。

此帖笔法变化亦较多，"雪""不能佳"等字如金蛇飞舞，用的是大王的内捩法，而"百""晚""殊"等字又转用外拓法，显得肥厚饱满。整体字形体势纵长，首行的行轴线呈直线分布，但由于点画主笔的映带钩环盘纡，笔势变为曲线，与行轴线的"直"形成对比，静中见动。动与静的关系、点与线的关系在"梨"字都得以体现。"晚"字外紧内松，末笔呈章草笔意。从全幅布局看，字忽大忽小，字距忽宽忽窄，寥寥十一个字构成空灵的意境，颇耐人品味。

柳公权自幼在京兆华原的乡墅就开始临摹二王书帖，对他们的身世早已了如指掌，熟透于心。王献之自小跟随父亲练习书法，胸有大志，后期兼取张芝，别为一体。他以行书和草书闻名，但是楷书和隶书亦有深厚功底。由于唐太宗并不十分欣赏其作品，使得他的作品未像其父作品那样有大量留存，传世名作《洛神赋十三行》又称玉版十三行。王献之的用笔，从内拓转为外拓。其丹穴凤舞，清泉龙跃，精密渊巧，出于神智。其书法艺术主要是继承家法，但又不墨守成规，而是另有所突破。在他的传世书法作品中，不难看出他对家学的承传及自己另辟蹊径的踪迹。

如今，年过半百的柳公权，还清楚地记得幼年习字时，母亲崔氏就给他讲过的王献之十八口大缸的故事。

有一次，王羲之看献之正聚精会神地练习书法，便悄悄走到背后，突然伸手去抽献之手中的毛笔，献之握笔很牢，没被抽掉。父亲很高兴，夸赞道："此儿后当复有大名。"以至到了千年之后的现当代，在古都西安的少年书法训练班里，老师在课堂上教授学生习字，还常常用此偷袭的招数来检验学生的笔墨功力，可见"二王"书艺之方法流传之久远。把笔握牢，聚精会神，才谈得上习字的入门，已经成了喜爱书法的基本常识。

话说小献之听了父亲的夸奖后，心中不免沾沾自喜。有一次，王羲之的一位朋友让献之在扇子上写字，献之挥笔便写，突然不小心笔落扇上，把字污染了，献之灵机一动，一只小牛栩栩如生于扇面上。再加上众人对献之书法绘画赞不绝口，他便滋长了骄傲情绪。父母看此情景，摇摇头，若有所思。

一天，王献之问母亲郗氏："我只要再写上三年就行了吧？"母亲摇摇头。他又问："五年总行了吧？"母亲又摇摇头。王献之急了，冲着母亲说："那您说究竟要多长时间？"父亲站在他的背后，严厉地说："你要记住，写完院里这十八缸水，你的字才会有筋有骨，有血有肉，才会站得直，立得稳。"

王献之心中不服，什么都没说，一咬牙又练了五年。这天，他把一大堆写好的字给父亲看，希望听到几句表扬的话。谁知王羲之一张张掀过，一个劲地摇头。掀到一个"大"字，父亲现出了较满意的表情，随手在"大"字下填了一个点，然后把字稿全部退还给献之。王献之心中仍然不服，又将全部习字抱给母亲看，并说："我又练了五年，并且是完全按照父亲的字样练的，您仔细看看，我和父亲的字还有什么不同？"母亲果然认真地看了，最后指着王羲之在"大"字下加的那个点儿，叹了口气说："吾儿磨尽三缸水，惟有一点似羲之。"

王献之听后泄气了，有气无力地说："难啊！这样下去，啥时候才能有好结果呢？"母亲见他的骄气已经消尽了，就鼓励他说："孩子，只要功夫深，就没有过不去的河，翻不过的山。你只要像这几年一样坚持不懈地练下去，就一定会达到目的的！"王献之听完后深受感动，又锲而不舍地练下去。功夫不负有心人，献之练字用尽了十八大缸水，在书法上突飞猛进。后来，王献之的字也到了力透纸背、炉火纯青的程度，赢得了与王羲之并列的艺术地位和声望。

之后，柳公权长到弱冠之年，或娶妻生子，步入仕途之后，才对早先母亲所讲的故事和读到的王献之身世有了深切的体悟。

王献之的草书自汉张芝而下，妙入神品者，仅此一人而已。他的传世草书墨宝《鸭头丸帖》书法雅正，雄秀惊人，得天然妙趣。其《中秋帖》神采如新，片羽吉光，世所罕见。他还创造了"一笔书"，变其父上下不相连之草为相连之草，往往一笔连贯数字，气势宏伟，故为世人所重。由晋末至梁代的一个半世纪，他的影响甚至超过了其父王羲之，张旭、怀素一派之狂草，便是由王献之草书发展而成的。

　　一阵凝思之后，柳公权即提起笔管，调试好水墨，题写《晋王献之送梨帖跋》："因太宗书卷首，见此两行十字，遂连此卷，若珠还合浦，剑入延平，大和二年三月十日司封员外郎柳公权记。"

　　此跋为纸本，行楷书，四行，四十三字。帖心高二十七厘米，横十三点五厘米。没有碑版中字的拘谨而自然映带，没有怒张之筋骨而笔致含蓄，没有平正均匀之苛求而自有真趣。后世人誉为"神品"。

　　帖中"晚雪"字旁"军假司马"一印，为唐怀素所钤。帖后又有柳公权、文同、王世贞、王世懋、王穉登、文嘉、莫云卿、詹景凤、周天球等人跋记，是王献之存世代表作之一。

　　王献之《送梨帖》，尺牍大意是：王献之将三百只梨送与收信友人，并谈及冬天雪来得迟，天气状况却很不佳。首句"今送梨三百"刻帖为"今梨三百"，按字距实缺一字。根据宋代米芾《书史》记载"王献之《送梨帖》云：'今送梨三百颗。晚雪，殊不能佳'"所缺字为"送"字。"晚雪，殊不能佳"句的"晚"，为"迟"意。"殊不"，甚不、却不。唐代孙过庭《书谱》载谢安与王献之语"物论殊不尔"。

　　在柳公权看来，王羲之《快雪时晴帖》中"快雪时晴佳"与《送梨帖》"晚雪，殊不能佳"虽句意相左，但可互证互读。

　　柳公权墨迹作品，只有此四行跋书是确有来历的。除此之外，相传为柳书墨迹作品者，便没有一件真迹或可信的古摹本了。王献之《送梨帖》，有黎氏印，附柳公权跋。王右军《言叙帖》两行有贞观半印，徐僧权字。"右在左藏库副使刘季孙处，据柳公权跋，于唐太宗书前杂出献之书，乃将其父书却粘于献之帖后云。又一帖，柳误以父为子矣，况不知书者乎。"

　　由此可知，例外仍是很多的。是王献之的字，而《宣和书谱》却收在王羲之名下，见墨迹卷中并无政、宣玺印。宣和藏品，在靖康之乱以后流散出来，多被割去玺印，以泯灭官府旧物的证据，这在前代人记载中提到的非常之多。

《送梨帖》的书风，与《鸭头丸帖》的侧锋纷批和《鹅群帖》的潇洒跳宕不同，却与怀素所书《苦笋帖》相似，均开合有度，闲雅淡逸。师承其父，草势平和清逸，也有模拟意味，不见潇洒豪迈的气概。这对于柳公权来说，无疑受到了很大启迪。

在唐代时，《送梨帖》曾经被误为唐太宗书，后经柳公权鉴别为王献之书。

传之后世的柳公权帖，除了题王献之《送梨帖跋》，另有《尝瓜帖》："瓜一颗，时新，第一割而尝之，味又甘好，以表汝之孝也。明后至，彼不悉耶？告世四娘省。"

真可谓各有千秋，流光溢彩。至于真伪，书评家也各有一说，滔滔不绝。不赘。

除此之外，并有世传柳公权墨迹《兰亭诗》。

东晋穆帝永和九年（353）三月三日，王羲之、孙绰、谢安与孙统等四十一人，在会稽境内的兰亭举行了一次集会，按古人上巳修禊的习俗，要在这天临水洗濯，去除不祥，诗人们在山水旁，将盛着酒的杯子从曲水上游放出，让它顺着流水漂下，流到谁的面前，谁就畅饮此杯，临流赋诗。本为四言、五言各一首，后人析五言诗为五首，故总称曰《兰亭诗》六首。

《兰亭诗》中更具代表性的是玄言、山水对半的作品。其中既有对山水的具体描摹，又有诗人体道后愉快心情的表露，真正达到了"散怀山水，萧然忘羁"的境界。

世传柳公权墨迹《兰亭诗》，无款印，绢本，行书。现藏北京故宫博物院。卷前引首清乾隆皇帝行书题"笔谏遗型"，题签"兰亭八柱第四"，题记一段。又有瘦金体题签"唐柳公权书群贤诗"。

卷后有宋代邢天宠、杨希甫、习之、蔡襄、李处益、孙大年、王易、黄伯思、宋适，金代王万庆，明代王世贞、莫是龙、文嘉、张凤翼，清代王鸿绪等题跋和观款。卷鉴藏印有宋"御书"、"双龙"、"宣和"、"政和"、"内府图书"、"奉华宝藏"、"内府书印"、"睿思东阁"，以及宋"绍兴",元"乔篑成氏"、"柯九思",明王世贞,清高士奇、王鸿绪、乾隆内府诸印。

依考据者一说,诗后的题跋有的是真迹,有的是伪作。明以后的题跋都是原有的,明以前的题跋除蔡襄、黄伯思外都是真迹,但全是后配,与本卷无关。本卷笔法僵硬粗糙,且多枯锋,但较自然率易。

卷后之宋代黄伯思尾题(伪)中云"传柳书",细观之,个别字的用笔明显不是出自柳书,如:孙统四言诗中的"希"字、庾友四言诗中的"则"字、王涣之四言诗中的"足"字等末笔写得非常丑怪,字的结体亦多不沉稳,较浮躁,与柳氏所书王献之《送梨帖》后之题跋墨迹对比不但笔法不类,连结体也无丝毫相同之处。说明书写者是一位文墨不够精通之人,无论从艺术特征还是艺术水平来分析,该卷非柳公权之笔。

无论如何,世传《兰亭诗》墨迹,早已与柳公权有了脱不开的干系,从而发生的千丝万缕的轶闻趣事,足以让后世书道中有为之倾慕。甚至于徘徊其间,不可自拔,其乐无穷也。

大和二年(828)五月二十一日,柳公权奉诏二入翰林院,充侍书学士。

出了又入,可见翰林院与柳公权有缘分。也许是新皇上唐文宗动了恻隐之心,柳公权又返回当初离开的地方,重操旧业。

仅仅隔了两天,五月二十三日,唐文宗赐紫于柳公权,皇恩浩荡。

赐紫,乃唐制,三品以上官公服紫色,五品以上大红绯色,有时官品不及而皇帝推恩特赐,准许服紫服或服绯,以示尊宠,称赐紫或赐绯。赐紫同时赐金鱼袋,故亦称赐金紫。僧人亦有时受紫袈裟。

七月,柳公权应承书《涅槃和尚碑》,武翊黄撰文,立于洪州。

撰文者武翊黄,为先朝宰相武元衡之子。其才学惊人,曾三试独占鳌头,连中三元,在一千多年的科举史上也只有十四人如此辉煌过。入仕后,于大和年间官至大理卿。且善书法,尤工楷书,长庆元年(821)

白居易所撰唐张诚碑，为其所书。

众人乐于闲谈的是，武翊黄中了状元后，和他妻子的随嫁婢女薛荔谈起了恋爱。这薛荔姿容俏丽，把武翊黄迷得颠三倒四，越看结发妻越不顺眼，于是长期虐待妻子，受到舆论强烈谴责，朝廷为此要贬他的官。当时的宰相李绅，与武翊黄有同窗之谊，出来为他说情，终是无济于事，最后武翊黄只好流寓他乡至终。

如前所述，华原柳氏兄弟与武氏父子，称得上是有缘分的。柳公权能与武翊黄相遇于同一块碑石上，奇也不奇。让柳公权为之怜惜的是，这么一位旷世才子，竟然不守规矩，不安分守己过日子，在男女之事上栽了大跟头，落了个浪迹异乡、无为而终的下场。父亲武元衡因政见被人暗杀，儿子有才，却与建功立业无涉，陷入温柔之乡而丢了功名。庆幸的是，他毕竟留下了这篇精彩的碑文。

碑主希运禅师，福州人，幼年在黄檗山出家，后到江西去参马祖道一，不料道一已圆寂，于是往见百丈怀海，后在洪州高安即今宜丰县鹫峰山建寺弘法，并改其山名为黄檗山，往来的学众很多。《涅槃和尚碑》写道："师讳法正，以其善讲涅槃经，故以涅槃为称。"

这年十一月二十一日，柳公绰改任户部郎中，从五品上。此间，柳公权的职务也有变动，改任库部郎中。

库部为尚书的一曹，掌军械器用、卤簿仪仗等事，主管武库。乍一听，让一个曾任皇帝书法老师的柳公权，去掌管什么武器仓库，看来并不是一桩好事，实际上只是挂一个虚名罢了。这也并不妨碍他随时应邀书写碑文，说是一种特权也罢，说是利用公务时间之外自己可以支配的空间也罢。

大和三年（829）四月六日，库部郎中柳公权书《李晟碑》并篆额，即《唐故太尉兼中书令郡王赠太师李公神道碑铭》。

被后世视为柳公权书法代表作的《李晟碑》，连额高一丈四尺二寸，宽五尺八寸二分，三十四行，六十一字。裴度撰文。碑主李晟，为唐德宗时期大将，率兵平息朱泚叛乱，在关中东渭桥畔与敌激战获胜，收复了京城。碑石原位于长安城东北高陵县榆楚乡马北村东渭桥北，李晟墓西北二百米处。自唐迄今，渭水北移四千米，为防止碑没入渭水，迁碑至今高陵县文化馆，又移至高陵县第一中学校园内。

柳公权想，碑主曾经在此地立马挥刀，战功赫赫，死了也守望着这片渭水边的土地，的确是一个不错的选择。碑石北立于墓地之侧，也算是在随时唤醒这片土地的记忆。在书写李晟碑文时，柳公权自然会想到李晟的生平和饶有趣味的轶事。

李晟年轻的时候，在皇家卫队中当差，很长时间得不到提升，人不走运的时候就想去算一算命运如何。一天清晨，李晟早早出门去找桑道茂咨询，带着一匹绸缎作为咨询费。到了门口才发现自己来晚了，前面已经有不少人在等候接待，让人通报了自己的姓名后就自觉地排在队伍的末尾。桑道茂闻听有一个叫李晟的人来了，立即打破常规亲自出门迎接，还吩咐摆下酒宴盛情款待。大师告诉李晟，你将来会建立伟业，富贵的程度除了圣上之外没有人能够比拟。不仅退还了李晟预交的咨询费，还提出一个要求，索要李晟身上穿的汗衫，并且执意要李晟在汗衫上签名留念。如同当代的"粉丝"一族，见到明星类人物便要索取笔迹，虚荣一番。但唐朝时落榜的学子，在回家复读前，会向考中的进士索要衣裳，为的是给自己带来福气，这叫乞旧衣。桑道茂说自己只是想要一件信物，据他推算李晟发达的时候将会握有生杀大权，到时候拿出这件汗衫的人可以免于一死。

桑道茂的忽悠，让李晟陷入茫然之中，对方描绘的前景和自己所面临的现实相差太远，他甚至怀疑桑道茂是不是在蒙人。不出所料，若干年之后，唐长安发生兵变，前往淮西作战的泾原兵士路过时，被安排在城外东郊的灞桥休整。因为原先讲好的奖赏没有落实，再加上京兆府供应的饭菜质量太差，肉都变质了，兵士们哗然而起冲进了长安城。于是，唐德宗逃往奉天，朱泚自立为天下反唐盟主，史称泾原兵乱。李晟率领军队收复了京师长安，而桑道茂则上了贼船。长安光复之后，李晟奉命处决投敌人员，桑道茂就把那件有李晟亲笔签名的汗衫拿了出来，因而得到赦免，真是应验了之前的推算。

李晟的父辈都是陇右的裨将，他十八岁从军于河西节度使王忠嗣麾下，勇敢超群，一次随军攻打吐蕃，一发将蕃将射死，三军为之欢呼。后随凤翔节度使高升攻打反叛的羌人取胜，提升为左羽林大将军。大历四年（769）吐蕃进犯灵州，任命李晟为右军都将，率领一千士兵直奔临洮，扫平定秦堡，解除了对灵州的包围。之后平定朱泚之乱，收复长安。德宗感动地说："天生李晟，为社稷万人，不为朕也。"李晟被任为司徒、兼中书令，实封二千户。为表彰李晟功勋，德宗下令立纪功碑于东渭桥。

《李晟碑》撰文者裴度，在敬宗、文宗二朝历任淮南等四道节度使，其间虽曾短期入相，亦遭到李逢吉等排挤，不能久任。裴度与李晟交谊甚好，老友凋零，难免伤心。

柳公权深谙裴度碑文的内蕴，在书写《李晟碑》时，用笔的最大特点就在于能够熟练地驾驭各家笔法，随心所欲地为己所用。起笔多方，收笔多圆，方圆结合，自然随意。长笔瘦，短笔肥，竖笔挺，折笔劲，故显得轻重有致，变化多端，既筋骨强健，又血肉充实。其笔法灵活多变，点画的形态也丰富多样。即使是同一笔画，在不同的字中，在不同的部位上，其形态也不相同，可以说是随体赋形，不拘一格，极具装饰变化之美。其整体面貌，在精严的法度和结字中，都体现出了书法美的意境。

此碑书挺拔不群，尚可扪而得之。与书《金刚经》相比，《李晟碑》增强了斩钉截铁、棱角分明、点画爽利森挺之概。但是有些地方，结字显得拘谨局促。整体上师古而不泥于古，显示出独特的柳体风格。实际上，柳书出自颜体，但避开了颜字的肥壮而变为瘦硬，多方笔而中宫收紧，四维开放，使人感到既紧峭又舒和。

唐代楷书，特别是颜体和柳体，是王羲之书体的一种突破，它的最大特点是其中充盈的力量感，明显比外在形式表现得刚劲果断。这些与书圣王羲之的美学趣味迥然不同，唐楷当之无愧地树立了一种楷书的范式和法度。由此，在柳公权之前，自然率意的魏晋楷书及法度谨严的初唐、中唐楷书都出现了标领百代的宗师，产生了多种风貌鲜明的体态样式。而在柳公权之后，再也不曾出现过能与这些书法宗师相媲美的楷书大师。楷书自唐代以下皆不可观，江河日下。

柳公权的书法对后世书法，特别是楷书的发展所产生的影响，不仅仅表现在书法本身的特质方面，如对后人楷书用笔、结构及章法的影响，而且还表现在艺术创造精神和个性的感染及影响方面。古人学书须先学楷法，作字必先大字。大字以颜为法，中楷以欧为法，中楷既熟，然后敛为小楷，以钟、王为法。楷书笔法自魏晋的钟、王至初唐及盛唐的欧、虞、褚和颜，有了很大的发展，方圆兼用，中侧互变，笔法丰富且个性鲜明，到了晚唐的柳公权，楷书笔法均已完备。

自《李晟碑》始，柳公权在书法的承继中又开了新体。

大和四年（830）四月，柳公权书《王播碑》，立于耀州，李宗闵撰文。《王播志》墓志为牛僧孺撰文。

世事多变，人际之间的交集，有时候显得蹊跷。碑主王播，不是另一个王播，正是柳公权任起居郎之初，偕谏议大夫独孤朗等人抗疏的王播。当初抗疏过的对象，按说属于对立派，政见不和，过了若干年，这个王播下世了，柳公权却不计前嫌，人毕竟去世了，还有什么可以计较的呢？为其书写碑文，可见柳公权不是一个固执的人。

王播出身贫寒，中擢进士，举贤良方正，步入仕途后清正廉洁，官声颇好，却在官场斗争中失利时坠入贪官污吏之流。虽遭遇过柳公权等人的弹劾，但有皇上庇护，官当得还很滋润，以至官至宰相。大和初拜左仆射，封太原郡公。大和四年卒，享年七十有一。

碑文撰写者李宗闵，系唐王朝远支宗室，唐高祖第十三子郑王李元懿之后。为王播碑志撰文时，李宗闵尚在相位上，理所当然。当初李宗闵和李德裕关系很好，在中央和地方扩张自己的势力，等地位高了，便开始互相倾轧。风水轮流转，李宗闵与牛僧孺友善，引之入相，与李德裕交恶，凡其党皆逐之。后来李德裕拜相，李宗闵贬潮州司户，移杭州司马，复贬漳州长史，徙郴州司马，未行卒。

对李宗闵的仕途命运，柳公权深感怜惜。而对墓志撰文者牛僧孺的身世和性情，柳公权也是一清二楚的。元和初，参加贤良方正科目的策试，与李宗闵等人俱列第一。入仕后，指责朝政过失，言辞毫不避讳，宰相大怒，被调任伊阙尉，后升集贤殿学士。

柳公权之所以给王播书写碑文墓志，一则是公务所致，一则恐怕是书写者动了恻隐之心，不与已故之人计较什么。因为书写此碑期间，与朝廷一时的风云人物、撰文者李宗闵、牛僧孺有了一番笔墨交往与合作，也算是绕不过去的因缘。此前此后，碑主及撰文者的沉浮荣辱，形态各异的品性与结局，也为柳公权提供了难得的人生经验，或者教训与启示。

大和五年（831）二月，柳公权书《将作监韦文恪墓志》，庾敬休撰文，入京兆穴。

将作监，乃墓主韦文恪的供职部门，系掌管宫室建筑的官署，主事金玉珠翠犀象宝贝器皿的制作和纱罗缎匹的刺绣，以及各种异样器用的打造。墓主韦文恪，曾任睦州即今杭州淳安刺史，也做过刑部司门郎中，掌门关出入之籍及没收违禁与无主之物。

《将作监韦文恪墓志》，撰文者庾敬休，安禄山曾迫以伪官，潜伏奔窜，后为大理少卿。柳公权知道，庾敬休是很有个性的君子，姿容温雅，襟抱夷旷，不饮酒茹荤，不迩声色。撰写此墓志时，当为尚书左丞，正受皇上得宠。

而此时的柳公权，踟蹰于库部郎中的岗位上，窥见了一丝柳暗花明的转机。

第九章

弘文馆

从大和二年（828）任司封员外郎的从六品上，到库部郎中的从五品上，三年过去了，柳公权忠于职守，并书写了几通颇有影响的碑文。但他在官阶上的境况不容乐观，说是翰林院皇上的侍书，却一直是没有相应品位的侍书，至于起草文书的资格他是没有的。

在他看来，单凭恪尽职守，老老实实做事，积累功绩，从而得到擢升的愿望是要落空的。在别人眼里，柳公权有那么地位显赫的哥哥，那么广泛的人脉，怎么不用呢？

当初，离开待了十三年的校书郎位置，北上夏州边城做判官，挣脱了深宫大院的桎梏，还是直接或间接地利用了柳公绰与部下李听的交谊，才改变了当初的困境。之后知遇喜好书法的唐穆宗，当上了皇帝的书法老师，这才有了施展抱负和才能的天地。虽受到穆宗赏识，却并未重用，只是在长庆二年（822）由右拾遗改为右补阙，官位由八品上改为七品上，仍然是一名侍书。

敬宗时，柳公权出了翰林院，迁为起居郎，官位升至六品上。按常制，学士入院一岁则迁知制诰，未知制诰者不做文书。柳公权入翰林院四年，始终是一个侍书学士，知制诰一职与他无缘。到了文宗朝，奉诏二进翰林院，不幸的是三年过去，仍是一个没有品位的侍书，就这么按部就班地混日子。

柳公权实在不屑于在库部郎中的位置上待下去了，思考良久，是君子也难免再世俗一回，便向身处太原的哥哥柳公绰致书，诉说了一番自己的苦闷心思。按说，曾经得到皇帝的宠幸，获得优裕的生活，是许多官员梦寐以求的事情，但并不能给柳公权带来精神上的自由与欢乐。在他内心，却有无法排遣的郁闷与隐隐的羞愧。

是的，他酷爱书法艺术，但在功名利禄至上的世俗社会，他也不可能以此作为自己全部的生活方式。建功立业的进取雄心，时时跃动在他的胸间，而之前随从皇帝的侍书，其地位仅与"工祝"一类相等，显得很没有出息，活得很窝囊。

哥哥柳公绰时为检校左仆射、北都留守、河东节度观察使、太原尹，是权倾一方的人物。在日理万机的公务间隙，接到弟弟柳公权的书信，深知弟弟的郁闷心境，不到万不得已是不会求迫他这个哥哥的。想到盘根错节的官场，如何既不失节操与情面又可以为弟弟分忧，让他从目前的困境中摆脱出来，不禁怅惘。

作为一母所生的兄长，深知胞弟的窘境和难言之苦，犹豫再三，还是应承下来，把与自己以往有一番交集且相互信赖的友人扳指头数了一遍，便提起笔，写信向宰相李宗闵求情。好在柳公绰与李宗闵交谊甚深，不必绕什么弯子，有话可以直说。对于柳公权的经历和才干，想必李宗闵也了解，尤其欣赏其为官的秉性和书法造诣。

柳公绰在给宰相李宗闵的信中写道："家弟苦心辞艺，先朝以侍书见用，颇偕工祝，心实耻之，乞换一散秩。"意思是说，我的弟弟苦心钻研文章书法，先朝只任他为侍书，这种职务，和占卜小吏没有什么区别，我也以此为耻，请给他调换一个闲散职位。

工祝，古时在祭祀时专司祝告的人。散秩，闲散而无一定职守的官位。白居易《昨日复今辰》诗："散秩优游老，闲居净洁贫。"

兄长柳公绰出于无奈，才向掌握人事实权的老友李宗闵求助，为弟鸣不平的。志于儒学和书道，而长期当侍书，在某种程度上，柳公权以此为耻。

显然，柳公权因长期不被重用，官职没有变化，便一心沉溺于书法之中。从另一方面来看，仕途上的不如意，却也迫使他将公务之余的主要精力放在书法创作上，从而奠定了日后虽高官厚禄却不过多参与朝政的基础。

兄长为家弟鸣不平，果然见效。此事于宰相李宗闵，乃小事一桩，举手之劳。既谈不上徇私枉法，也不会从中收受贿赂，说不定还真是人尽其才，做了一件功德无量的大好事。

由于宰相李宗闵从中运作，唐文宗大和五年（831）七月十五日，五十四岁的柳公权又一次出了翰林院，升迁为右司郎中，又转为司封郎中、兵部郎中、弘文馆学士。

所请调之闲职，只是个客套的说辞，此闲职其实不闲也。右司郎中，分掌副尚书右丞处理都省各司事务，其职位仅次于尚书、侍郎、丞相的高级官员。郎中本是官名，即帝王侍从官的通称。其职责原为护卫、陪从，随时建议，备顾问及差遣。司封郎中，从五品上，掌封命、朝会、赐予之级。兵部，相当于今日的国防部，其长官为兵部尚书，郎中为高级官员。

所谓弘文馆，来历不凡。在唐朝的开拓阶段，戎马倥偬之际，太宗于长安宫城之西设置文学馆，召集天下名士，号称"十八学士"，有杜如晦、房玄龄、于志宁、陆德明、孔颖达、虞世南等名流。李世民和他们"引礼度而成典则，畅文辞而咏风雅"。即位第二个月，李世民便下令在弘文殿聚书二十万卷，设立弘文馆。既为国家藏书之所，亦为皇帝招纳文学之士之地，集聚了褚亮、姚思廉、蔡允恭、萧德言等英才，"听朝之际，引入殿内，讲论文义"，"或至夜分而罢"。

弘文馆置学士，掌校正图籍，教授生徒。遇朝有制度沿革，礼仪轻重时得与参议。学生数十名，皆选皇族贵戚及高级京官子弟，师事学士受经史书法。唐中宗避太子李弘名，改曰昭文馆。玄宗仍改弘文馆，因学生出身贵族，不专经业，令依国子监生例考试，唯帖经减半。

聚集于弘文馆的学士，可以说是朝廷的智囊团，也是唐代文化的熔炉。名至实归，柳公权身居其中，无疑如鱼得水，拥有了施展非凡才学的平台。

这年十二月，柳公权书《太清宫钟铭》。冯宿撰文，立于京兆。

东汉延熹八年（165），汉桓帝刘志派中常侍管霸前往河南鹿邑，创建太清宫，始名老子庙。唐高祖武德三年（620），李渊为了便于对天下的统治，抬高家族地位，就听从吉善行的建议，认老子为祖宗，派人在汉老子庙的基础上予以扩建，规模如京城王宫，作为皇室家庙。

唐高宗乾封元年（666），李治亲临鹿邑谒祖拜庭，幸老君庙，追号曰"太上玄元皇帝"。并创造祠堂，其庙置令丞各一员，改谷阳县为真源县。高宗这次离开长安东来拜祖，是武皇后提议的，而且是在游历泰山后顺道来的太清宫。百官仪卫，延长数百里，可见祭拜之隆重和规模之宏大。到武则天光宅元年（684），又册封老子母为"先天太后"，在汉李母庙的基础上扩建成洞霄宫。

到了唐开元年间，玄宗皇帝亲朝太清宫，为老子上尊号曰"大圣祖高上金阙天皇大帝"，改庙名为太清宫，御笔全文镌立《道德经注》碑一通。太清宫又有增建，规模达到鼎盛，宫内建筑排列有序，精致华丽，金碧辉煌。太清宫称前宫，洞霄宫称后宫。前宫祀老子，后宫祀李母。两宫中隔一河，河上有桥，河名清静河，桥称会仙。皇室常驻五百军士镇守太清宫，前宫住道士，后宫住道姑，两宫相商事宜则以云牌传示，不允许私自来往，其规矩之严犹如皇宫。

玄宗继太宗李世民、武则天之后，把唐朝带到了极盛，即开元盛世，这主要是因他遵循老子无为而治的道家思想。他一生都在关注、研究、推广、宣传老子，分别在五十岁和七十岁时，两次对《道德经》进行注释。也就在他第二次写下《道德真经疏》一书之年，安史之乱爆发，开元盛世结束了，唐朝开始走下坡路。

安史之乱使得国遭大难，万年雪崩，贵胄重臣，闻风鼠窜，却有真源县令张巡，一介文弱书生，七品微官，竟然率千余猝合之众扼敌要道，尽忠竭智，苦斗至死。正是由于张巡艰苦卓绝的孤军抵抗，阻止了安禄山军队南进的步伐，削弱了叛军的力量，也保住了唐王朝江淮以南一带，使朝廷财源不竭，为唐王朝重组力量提供了钱粮准备和时间准备。所以到唐宣宗李忱时，下令给功臣画像，张巡被供于朝廷众多重臣名将之间。

就在这一年，诗人杜甫来到鹿邑太清宫朝拜，并写下了一千二百字的《朝献太清宫赋》，且篆刻立碑于太清宫。太清宫太极殿前，有两棵丹桂古柏，为老子所植。两棵古柏西瘦东粗，一棵为阴，一棵为阳，旋转方向是八卦图中阴阳两鱼旋转的方向。西面这棵为阴，窈窕淑女，杨柳细腰，袅娜多姿，正低着头害羞。东面那棵膀大腰圆的为阳，虎背雄腰，孔武有力。两棵树是一对夫妻，互相吸引，你中有我，我中有你，同年同月同日生，当然愿意相偕到老了。据说唐朝建立之后，第二代皇帝李世民派大将军尉迟敬德来太清宫朝拜，下马后去太极殿内烧香朝拜。他的卫兵把马拴到了这棵柏树上，马把树皮都啃掉了，但这棵古柏却没有死，依然顽强地生长着。

柳公权熟读老子，对其学说极为崇尚。老子李耳，自幼聪明睿智，各种学问一触即通。饱学之后，即游历名山大川，修仙学道，很快便悟彻妙理，道法贯通，可预天地之造化，能知日月之玄机。

立于京兆的柳公权书《太清宫钟铭》，是弘扬老子道家常说的佐证。

撰文者冯宿，贞元中进士，长庆中累转太常少卿。敬宗朝改左散骑常侍兼集贤殿学士，大和中历工、刑、兵三部侍郎，拜东川节度使，封长乐公。开成元年（836）卒，年七十，赠吏部尚书。

由时任集贤殿学士冯宿撰写《太清宫钟铭》，新任弘文馆学士柳公权书，可见唐文宗皇帝知人善用，用心之良苦。

柳公权处境转机，一则靠胞兄柳公绰从中沟通，二则得感谢宰相李宗闵的提携。而重要的是，站在背后的唐文宗皇帝，是十分欣赏柳公权的为人与才情的。

谁能料到,作为胞兄的柳公绰,在改变胞弟柳公权官场处境这一点上,舍老脸向老友李宗闵求情,竟然成了他作为同胞之情的最后一次关照。

柳公绰时任河东节度使,碰到了荒年,他节约开支,停止宴请,吃穿与士兵一样。北方的部族派梅禄将军李畅,赶一万匹马来做生意,所经过的地方,柳公绰指示给予热情招待,又命令部队防止袭夺马匹。李畅到达太原,柳公绰只派牙将一人一骑去慰劳,用友好的态度接待来客。李畅命令翻译官引导去参见柳公绰,招待宴席不超过常规,李畅感激其恩德,竟然流下眼泪。于是,南下的马群在路上慢慢行进,不随便奔驰打猎。

陉北有沙陀部族,勇武喜好争斗,九姓、六州等部族都怕他们。柳公绰召来沙陀酋长宁邪执宜,修理废弃的十一处塞栅,招募三千兵留驻。沙陀酋长的妻子和母亲到太原访问,柳公绰让夫人慰问和盛情招待并赠送礼品,沙陀部族感谢其恩德,所以全力保护边塞安宁。

当年,柳公绰主荆州,韩愈与书云:"独阁下能出入行间与士卒均辛苦,用儒雅文字章句之业,先天下武夫,关其口而夺其气。"(《韩愈书集》卷十四)

大和六年(832)初,柳公绰因公务过于劳累,突然身患疾病,便请求朝廷派人代替他,自河东征还长安。这时,柳公绰的住宅在乐游原的升平坊。

柳公权急忙赶回去探望,兄弟于此境况下相见,不免忧伤不已。兄长知道弟弟柳公权入了弘文馆,心情不错,也就放心了。

弟弟也明白,胞兄这次所患病症,不是一般常见的受风感冒或跌打损伤,一定是由于多年出入宫廷内外,征战沙场,劳心劳力,殚精竭虑于大唐的安宁才积劳成疾的。比起兄长所受的苦,柳公权有点愧疚,自己毕竟是常年居于京城长安,生活环境要舒适得多,还有什么委屈烦劳哥哥操心呢?

这年三月，朝廷知晓功德卓著的柳公绰突然身患重病，甚至是绝症，多是皇上安抚之意，仍授其为兵部尚书，但可以不上朝班行参见礼。

一天，弥留于家中病榻上的柳公绰，忽然命亲随人召来老部下韦长，说有要事相商。

守候在身边的胞弟柳公权以为，兄长临终之前，莫不是要把家事托付给这个人？家事琐碎，有些事没什么道理可讲，往往是"手心手背都是肉"的亲情胜过了"公说公有理婆说婆有理"的理数，所谓清官难断家务事。外人往往作为旁观者，易于论断。

等到韦长来了，柳公绰却一句不言自己的病体和身后之事，竟一板一眼地对韦长说："替我报告宰相，徐州那个地方，现在专门杀害李听的亲信部下，除非任用高瑀镇守徐州，否则不能安宁。"

韦长点点头："我一定转达你的建言。"

柳公绰也点点头，接着闭上眼睛，静静地呼吸，不再说话。他临终最后一句话，不是托付家事，却仍然是把追随自己征战疆场的老部下的命运和大唐王朝的事放在心上。

柳公绰惦记的事，是有关老部下李听的，也就是柳公权在夏州当判官时的顶头上司李听。李听在以前担任武宁节度使时，提拔了自己的一个家奴为牙将，在接到任命后，先是派了自己的一个亲信官吏到徐州去慰劳将士，那个家奴竟然背信弃义，不愿让李听再到武宁来担任节度使，于是游说军士杀死了李听的亲信官吏，接着残酷地把尸体切成碎块吃掉了。李听得知后大为恐惧，毕竟上了年纪，少了英武之气，便借口自己身体有病，向朝廷再三请求辞去武宁节度使的职务。

三月二十八日，面对徐州的乱局，唐文宗采纳了病中的兵部尚书柳公绰建言，任命前忠武节度使高瑀为武宁节度使，事态得以平息。

过了几天，大和六年（832）四月三日，柳公绰卒于长安升平坊家中。赠太子太保，谥曰成。胞兄柳公绰比胞弟长十三岁，享年六十有八。

按说，柳公绰还不到七十致仕以告老还乡的年纪，实在有些惋惜。

胞兄的突然病故，出乎柳公权之所料，无疑是对他精神上的一次沉重的打击。仕途曲折，官场险恶，胞兄是他心灵上的一道屏障。这道屏障轰然坍塌了，这对于性情内敛又不善交际的书生来说，感到了前景的茫然。华原柳氏族人中没有了顶梁柱，柳公权自然也就成了顶梁柱。

这么一想，于伤悲中倒也抖擞了一下精神。

回想起来，兄长柳公绰一生两任京兆尹，五次节度方镇，三任御史大夫，三任尚书，治境安边均有佳绩，被认为是有望成为宰相的大臣。但阴差阳错，临终他的官阶离宰相之位只差一步之遥。

柳公绰是胜任一人之下、万人之上的料，他文武双全，堪称有唐一代的儒将。且擅长楷法，得于欧、褚，中楷《紫阳观碑》《南海庙碑》《诸葛武侯祠堂碑》，名传后世。有论者评价其书艺造就胜过柳公权，则过誉也。

自然，柳公绰魂归故里，永远安息在他的出生地，长安城以北百十里外的京兆华原柳家原。那里沟壑纵横，山原连绵，开阔而且清静，当初由这里远行谋取功名，风风雨雨，屡建功勋，之后又回到了出发的地方，这便是人的宿命。

柳权绰墓地，选在柳家原隔沟相望的让牛村原畔上。这个小村子，原来一直养牛，叫养牛村。也许早先曾经丢过一头小牛犊，误入别家的牛圈，二者不是你争我抢，而是你推我让，后世称其为让牛村，或因崇尚义气又称让义村。其田产也是柳家的，墓地是"金线吊葫芦"的好风水。

让义村，之后一度被叫成让弟村，是因为还有一层意思，柳氏二兄弟曾为墓之位左位右，流传一段佳话。

胞兄去世前，在病榻上谦让地对胞弟说："愚兄官阶虽比贤弟高，但论当朝的名气，贤弟已经超过愚兄了。愚兄死后，当在墓地之左，待贤弟百年之后位右，咱兄弟永远不分开。"

柳公权没有言语，掩面而泣。作弄苦短，兄弟一场，兄长的话说到这个份上，还要让胞弟如何应对呢？

柳公权心中有数，丝毫不含糊，等到为胞兄送葬时，胞兄当位于墓地右侧，左位则留给了日后的自己。哥东弟西，是古来当地风俗，岂能乱了规矩。右为上，是祖上传下来的规矩，长者为上，官阶不官阶或名气不名气，就不那么重要了。之后，是说柳公权为二品，柳公绰的兵部尚书为正三品。东墓以石砌壁，石门石椁，雕刻彩绘。西墓灰砖砌墙，石叠墓门，木棺木椁。

值得安慰的是柳公绰后继有人，他的儿子柳仲郢后来在御史台任侍御史。其母韩氏即韩皋之女，柳公绰的老岳父即柳仲郢的外爷韩皋乃韩滉之子，夙负令名，而器质重厚，有大臣之度。韩滉曾任京兆同官主簿，乃县令的助手，从八品。

也就在为柳公绰送葬之后，柳公权与守丧的柳仲郢一起，在老家柳家原住了一些日子。黄土田野上的耕牛图，让叔父柳公权想起了一幅《五牛图》，也正是侄子柳仲郢的老外爷韩滉所作。柳仲郢从小也看到过这幅画，对这位先贤的生平和功名略知一二，却不如叔父柳公权熟稔。

柳公权说，这位老先生是在我九岁时去世的，享年和你父亲一样，也是六十七八岁。

韩滉，长安人，太子少师韩休之子，以荫补骑曹参军。唐至德年任吏部员外郎，性强直，明吏事，以户部侍郎判度支数年，德宗时为镇海军节度使，遣将破走李希烈，调发粮帛以济朝廷。贞元初加检校左仆射及江淮转运使，封晋国公。性节俭，衣裘茵衽，十年一易，居处仅避风雨，不为家人资产。幼有美名，天资聪明，善《易》与《春秋》，好鼓琴，能书善画，长于隶书。章草学梁侍中，草书得张旭笔法，亦工篆草。擅画农村风俗景物，写牛、羊、驴等走兽神态生动，尤以画牛曲尽其妙。

柳仲郢说，母亲曾讲过她的爷爷，每见村童牧牛于风林烟草之间，便觉身在图画，起辞官归里之望。

柳公权说，这位老先生与韩幹齐名，画作有《李德裕见客图》《尧民击壤图》《田家风俗图》等传世。其代表作《五牛图》卷，纸本，设色笔墨稳健，姿态各异，生动有神。画五头肥壮的黄牛，分别作昂首、独立、嘶鸣、回首、擦痒之状，表现出牛漫步、疾驰、鸣叫、顾视等各种情态以及村童牧放的生活情趣。

韩滉历经玄宗至德宗四代，从地方官到藩镇、宰相，拥护统一，反对分裂割据。在公退之暇，常常在家中鼓琴，书法绘画具有一种浑厚朴实风格。

柳公权说，画牛名手戴嵩是他的弟子。接着，柳公权给贤侄讲了一个离奇的故事。

韩滉在中书府，叫一名官员来见他。这人没有按时赶到，韩滉生气命人用鞭子打他。这个人说："我还有归属，不能应时而来，请求宽恕。"韩滉说："你是宰相手下的人，还能归谁管？"这个人说："我不得已还归阴间管。"韩滉认为他的话不诚实，就对他说："既然归阴间管，你有什么职责？"这个人说："我负责管理三品以上官员的饮食。"韩滉说："既然如此，我明天应该吃什么？"这个人说："这可不是小事，不能随便说出来，请让我写在纸上，过后再验证。"于是韩没有鞭打他，而是将他关了起来。

第二天，突然皇帝召见韩滉。见到皇帝后，正遇见太官给皇帝送饮食。其中有一盘糕点，皇帝将一半赏给韩滉吃，味道很美，随后又将另一半也赏给他吃了，韩滉退下去后感到腹胀，回到家里后找医生来看病。医生说："是食物堵塞，可以喝少量的橘子皮汤。"当晚，便可以喝粥了，天亮后病就好了，韩滉想起前天那个人说的话，便将他召来，要过他写的纸一看，吃的东西全都跟他写的一样。便又问那人道："人间的饮食，都有人预先安排吗？"回答说："三品以上的官员，其饮食每天一安排，五品以上有权位的官员一旬一安排，六品至九品的官员每季安排一次，如果是不领俸禄的老百姓则是每年安排一次。"

二人说完这个故事，禁不住哑然失笑。柳公权又说到柳仲郢外爷韩皋的趣话。

韩皋为御史中丞时，常向皇帝奏事，每朝见皇帝都在紫宸殿，面对百官，未曾到便殿去上奏。皇上有时对韩皋说："我和你说话，在这儿说不完，可以到延英殿去说，我和你可以慢慢讲，或许不能遗漏。"

韩皋的亲友有的对韩皋说，自乾元以来，群臣启事都到延英殿去奏才能详尽，你为什么独于外廷面对百官向皇帝陈述呢，不怕泄秘吗？韩皋说："御史这个官职应该本着公平正直的态度去处理事情，不畏强暴，大家公认合乎情理，所说的事情最好让大家都知道，为什么去便殿躲避百官私语，以国家法律为自己谋私利？况且设置延英殿本意是肃宗皇帝因为苗晋卿年老步艰，所以才建这座殿，后来臣僚到便殿，多数是假公济私，希望得到皇上的恩宠，从中自己得到好处，为什么以此为荣耀呢？"

韩皋入为吏部尚书，兼太子少傅，判太常卿事，充大明宫使、宪宗山陵礼仪使，拜尚书左仆射。以本官东都留守，行及戏源驿暴卒，年七十九，赠太子太保。

柳公绰的夫人韩氏善训子，柳仲郢幼年好学，常吃熊胆丸，夜里看书能看更久。好手抄六经，又抄司马迁、班固、范晔的史书，家藏书万卷，擅长写文章，撰著有《尚书二十四司箴》，受到韩愈的赞扬。

元和末年，柳仲郢考中进士科，任校书郎。牛僧孺征用他到武昌幕府任职，因其有父亲的风范，所以牛僧孺感慨地说："不是长期学习名教的人，怎能达到这样的程度呢？"后召入朝廷任监察御史，升任侍御史。有禁军士卒诬告乡里有人砍掉了他父亲坟墓上的柏树，用箭射死了那个人，执法官吏以擅自杀人论处那个禁军士卒，而禁军中尉出面要求减免禁军士卒的死罪，右补阙蒋系上奏争论，皇上没有醒悟。柳仲郢担任监罚之职，坚持上奏说："不处死这样的罪犯，就是扰乱法令和刑罚。"

皇帝下诏让御史萧杰监罚此事，萧杰也上奏争论。于是皇帝特意下诏让京兆府官员拷打那个禁军士卒，不用监罚。朝廷称赞，柳仲郢守法，跟他父亲柳公绰一个样。

有这样一个秉承家风的好儿子，父亲柳公绰如九泉之下有知，当可以瞑目了。

柳公绰曾经说过："我当官不曾因为私事把喜怒强加于人，我的子孙会昌盛吧？"

应该会的。历史本是公正无私的。柳公权每想到这一点，心里就坦然了许多。

唐文宗大和七年（833），五十六岁的柳公权在右司郎中任上，迁兵部郎中，从五品上，弘文馆学士。

这一年，柳公权书《唐升玄刘先生碑》。冯宿撰文，唐玄度篆额，柳署衔右司郎中。四月立石，同时立二碑，一在东都，一在京兆。

刘先生，即刘清都，亦即道士刘从政，号升玄先生。初栖王屋山，其后迁居都下。

大唐升玄刘先生碑铭曰："先生姓刘氏，讳从政，生于河南缑氏。家世奉道，彰于前朝。而先生超然趬如，角立秀出。志学之岁，辞亲就师，视冠冕如桎梏，顾声名犹涕唾。夫其洞达元解，知来藏往，体于虚而观其妙，守其朴而反于机，由是采气于三清，吸精于两曜，和光于万有，委蜕于重元。……先生栖于王屋，不啻一纪，其后受请迁居都下，又承诏至于京师。化随躬行，名出心隐。故传法紫宸之后，竟遂东还……其春秋七十有八焉。呜呼！兰薰膏明以自迫，鹤驾霓旌而难驻。贞灌与东夏弟子若干人，及关中弟子叶守中等若干人，以为吾师之不可攀援者，真气粹容。至如章施纪述，追琢翠琬，使将来瞻之仰之而不怠，宜在乎文。凭文以导心，因心以成志。谓宿尝奉几杖，熟游墙藩，俾为铭而揭焉，且慰夫餐霞遁俗者之怀。煌煌二都，各树其一。"

书写者柳公权知道，碑主刘清都先生，一向与李商隐关系不浅，说来是一桩趣闻，亦是优美的诗话。

李商隐所爱之女子，乃道士宋华阳，有《赠宋华阳真人兼寄清都刘先生》诗云："沧谪千年别帝宸，至今犹识蕊珠人。但惊茅许同仙籍，不记刘卢是世亲。玉检赐书迷凤篆，金华归驾冷龙鳞。不因杖履逢周史，徐甲何曾有此身？"

帝宸，本指天上及仙人所居之所，此诗中则为帝王居处之代名词。

可见宋华阳乃是由宫女出身，与刘清都系亲眷，同在道门。

李商隐那时二十三岁，大和九年（835）便上玉阳山东峰学道，在西峰的灵都观里邂逅了侍奉公主的宫女，后随公主入道的叫宋华阳的女道士。宋华阳年轻美丽，聪慧多情，两人很快坠入情网。还有一说，李商隐曾经和宋华阳姐妹二人同时恋爱，够浪漫偶傥了。两个多月的偷欢被发现了，李商隐被逐下山，宋华阳怀孕被遣返回宫。

李商隐《无题》诗云："昨夜星辰昨夜风，画楼西畔桂堂东。身无彩凤双飞翼，心有灵犀一点通……"这是李商隐在追忆他和宋华阳的恋情，仿佛就在昨天，像星辰璀璨美丽，像炎夏中的凉风拂面。另一首《月夜重寄宋华阳姊妹》："偷桃窃药事难兼，十二城中锁彩蟾。应共三英同夜赏，玉楼仍是水精帘。"由此可以看出，李商隐对这段恋情是多么怀念。

李商隐的《无题》诗，据说大都是写给女道士的爱情诗。如："相见时难别亦难，东风无力百花残。春蚕到死丝方尽，蜡炬成灰泪始干……"这首诗，写的便是诗人与女道士相恋，而又不能相见的相思之苦。而另一首更以追溯梦境，来写初访圣女祠时的往事。适逢雷雨，逢女道士汲井归来。并暗示当夜留宿祠中，两人发生了关系。最后是伤感的回忆："春心莫共花争发，一寸相思一寸灰。"

唐朝道教最为发达，自从高宗尊老聃为玄元皇帝以来，历代帝王群相亦尊崇，以道教开科取士。武则天在得宠之前，也曾出家为尼，并在寺庙里遇到了唐高宗，而开始了她的女皇之梦。杨贵妃在改嫁唐玄宗之前，也在道观里当过女道士。唐代的许多女子，包括皇帝的掌上明珠，公主们也都争先出家为尼，或者成为女道士。太平公主在八岁的时候，便曾以为外祖母杨氏积福的名义，入道观而为道士。

至于后来的玄宗、代宗、德宗、顺宗及宪宗等朝代，几乎每一位帝王，都有公主成为女道士或尼姑的。唐公主每每修道不嫁，宫人亦有自请出家的。有点半娼意味的女道士，替人做法事，也供人狎玩。在清静幽雅的道观掩饰之下，她们可以享受到自由的生活，包括纵情作乐，也不必担心受到道德的指责。

上有好者，下必甚焉。帝王对于道家学说，这样奖励提倡，社会上自然相习而成风气。当时名人无不带有道家的色彩，如李白诗歌常说到神仙出世的话，贺知章着黄冠即草服告老归还故乡，李泌入衡山学道，白居易老来烧丹。唐诗人与道流往还之诗不可胜数，不但帝王卿相，学者文人迷信神仙，一时风会所趋，连女子也被道家思潮所鼓动。李白曾经为女道士李腾空作诗，这位女道士就是当时宰相李林甫的女儿。而最著名的，还是要数李商隐，同时爱着宋华阳姊妹两位女道士，写给女道士的诗很美，以至流传后世。

在书写者柳公权看来，唐朝女道士身上有对真实生命热忱的追求，或许这才是最好的修炼。好的宗教，应该激发生命的本源，让生命处于更加和谐自由的状态，像常青之树，而不应该是禁闭，是枷锁，让生命变成枯槁的朽木。

李商隐是唐代皇族的远房宗室，这种血缘关系已经相当遥远了。十岁前后，李商隐的父亲在浙江幕府去世，他和母亲及弟妹们千里迢迢，带着父亲的灵柩回到了河南老家，生活贫困，要靠亲戚接济。他身为长子，佣书贩舂，即为别人抄书挣钱，贴补家用，背负撑持门户的责任。一位同族叔父曾上过太学，但没有做过官，终身隐居，教授他读书。十六岁时，写出了《才论》《圣论》两篇古文，知名于文士之间，先得文坛名流白居易赏识，又获得朝中元老、天平军节度使令狐楚赞赏，引为幕府巡官，并纳为弟子，多寄宿于家中，并令其子令狐绹以兄长事之，一块儿读书、交游。

作为京兆华原乡党，柳公权对令狐楚的识才见用是感佩的。令狐楚是唐初史学家令狐德棻的六世孙，贞元七年（791）获进士第，元和十二年（817）入翰林，五年后任宰相。李商隐的才学虽然出众，但不善于讲究对偶的骈体文，而令狐楚是有名的骈体文高手，就把自己的所长传授给了弟子。李商隐很快就掌握了骈体章奏文的写法，成为当时首屈一指的四六文专家。令狐楚不仅在诗文、生活、工作上给李商隐以帮助，而且曾两次资助李商隐赴京师参加进士考试，又令其子向主考官高锴竭力推荐。

二十五岁中进士后，李商隐对令狐家的帮助非常感激，在京城报信说"幸忝科名，皆出奖饰"。因此，李商隐把令狐楚当作传袈裟的恩师，曾在《谢书》中写下"自蒙半夜传衣后，不羡王祥得佩刀"的诗句，还说"碎骨糜躯，莫知其报效"，感恩之情，可以想见。令狐楚在临终时，把李商隐召在面前说："吾气魄已殚，情思俱尽，然所怀未已，强欲自写闻天，恐词语乖舛，子当助我成之。"李商隐遵命立即赶写了《彭阳公志毕有感》，请令狐楚过目。令狐楚死后，李商隐专程赴兴元，即今汉中守灵，协助令狐绪、令狐绹料理了丧事，一同扶灵回到长安。

其间，李商隐怎么又上了玉阳山学道，与女道士相恋，被逐出山门，留下了一段风流佳话。令狐楚死后，李商隐受聘于泾源节度使王茂元幕府，辟为书记，王茂元因爱其才而招为婿，因此遭到牛党的排斥。他并没有后悔娶了王茂元的女儿王氏，他们婚后的感情很好。王氏是一位秀丽温和体贴的妻子。再次通过授官考试，他得到了秘书省校书郎的职位。后被调任弘农县尉，因为替死囚减刑，而受到上司陕虢观察使孙简的责难，使他感到非常屈辱，最终以请长假的方式辞职。

柳公权知道，李商隐又设法回到秘书省任职，然而遇到母亲去世，他必须遵循惯例离职回家守孝三年。武宗去世，李德裕骤然失势，岳父病故，回到秘书省任正字的他，处境更加困难。在作为贬官郑亚的幕僚前往桂林期间，随之失去了工作，又回到京城长安。

令狐楚于李商隐有知遇之恩，无奈之下，他写信给进入权力核心的故友，令狐楚之子令狐绹请求帮助，遭到冷遇，甚至排斥。因王茂元是李党亲信，在牛党世家令狐绹看来，李商隐投靠李党是一种"背家恩"的变节行为。李商隐感慨之余，就题了一首诗在令狐绹家的厅里，委婉地讽刺令狐绹忘记旧日的友情：

> 曾共山翁把酒时，霜天白菊绕阶墀。十年泉下无消息，九日樽前有所思。不学汉臣栽苜蓿，空教楚客咏江蓠。郎君官贵

施行马，东阁无因再得窥。

令狐绹回来看到这首诗，既惭愧又惆怅，于是令人将这间厅房锁起来，终生不开。由于这首诗里出现了他父亲的名字"楚"，按照当时的习俗，他无法毁掉诗作，就只好锁上门不看，也因此更加嫉恨李商隐。李商隐只能通过自己考试，得到一个盩厔县尉的小职位。

诗人温庭筠，也与令狐绹有来往。温庭筠乃没落贵族子弟，放荡不羁，却才气过人，对令狐绹的才学不服气，好讥讽权贵，多犯忌讳，也得罪了令狐绹，被长期摈抑，未能插足仕途，终身不得志。官至相位的令狐绹心底狭窄，嫉贤妒能，可见一斑。而令狐绹其子令狐滈，"颇招受贿"，给令狐家族丢脸。

大中三年（849），李商隐得到武宁军节度使卢弘止的邀请，前往徐州任职。一年多后，卢弘止病故，他不得不再一次另谋生路。此时，他的妻子王氏病逝。穷困潦倒时，被任命为西川节度使的柳公权侄子柳仲郢，向李商隐发出邀请，邀他前去当参军。他在梓州幕府生活了四年，大部分时间郁郁寡欢，一度甚至想过出家为僧。府主柳仲郢同情他鳏居清苦，要把才貌双佳的年轻乐伎张懿仙赐配给他。当时他正值中年，丧妻逾岁，续弦亦在情理之中，但却因思念亡妻而婉言谢绝，独居至终。妻亡之后尚能如此钟情自守，妻在之时更无可能轻佻放浪。

柳公权的侄子柳仲郢，于大中九年（855）应诏回朝，任兵部侍郎充盐铁转运使，便趁奏请李商隐充任了盐铁推官。两年之后，柳仲郢被罢官，李商隐也辞官归田，回到了老家荥阳。不久，即病逝了。李商隐是一个至情至性，重情重义，很有骨气的正人君子，绝非是势利轻浮不讲信义的轻薄小人。他数次在诗歌和文章中申明自己的皇族宗室身份，但这并没有给他带来任何实际的利益。虽然遭逢种种不幸，但他从未向命运低头，一直在拼命抗争，其精美绝伦的诗文便是抗争与控诉的记录。

命运多舛的李商隐，"一生襟抱未曾开"，却将唐诗推向了又一个高峰，是晚唐著名的诗人，与杜牧齐名，并称"小李杜"，又与李贺、李白合称"三李"，与温庭筠合称为"温李"。其诗构思新奇，风格秾丽，尤其是一些爱情诗与无题诗写得缠绵悱恻，为人传诵。

唐朝皇帝的开明，道士刘从政者，仍以检校光禄少卿，赐紫。死后立碑志念。由此，涉及到女道士及李商隐的风流史，倒也耐人寻味。更让人伤感的是，李商隐仕途的坎坷与蹉跎。父亲令狐楚提携，儿子令狐绹排挤，这便是令狐父子与李商隐的轶事。而同时，李商隐又与柳公权及侄子柳仲郢有过一番交集，煞是有趣。

当然，在柳公权书写唐玄元刘先生碑时，只隐约了解李商隐的青春逸事，还不可能意料到这位怀才不遇的诗人，在日后与自己侄子柳仲郢交际甚密的前景，想象不到他悲惨的结局。

第十章 中书舍人

唐文宗大和八年（834），柳公权自兵部郎中、弘文馆学士充翰林侍书学士。

看来，书艺超群的柳公权运气不错，又遇上了另一位颇爱书法的新皇帝唐文宗，复召他为侍书，迁谏议大夫，后改中书舍人，充翰林书诏学士。这是柳公权第三次入翰林院充侍书学士，是他一生中最大的转折。

文宗对柳公权恩宠有加，柳公权自然感恩戴德，不离左右。

这年夏日的一天，文宗处理完朝政，一时兴起，想风雅一番，便与擅于诗书的柳公权及一群学士们在殿内联句作诗。

窗外骄阳似火，好在大明宫有碧水流泉，绿树成荫，蒸腾的水气笼罩在一派烟树中，薰风送爽，如仙境一般。殿内自然也有冰块降温，一阵阵沁凉的空气充溢于每一处角落。

文宗提议，联诗的内容当就此情此景，有感而发。

时值一年四季中最丰盈茂盛的夏季，国泰民安，君臣一同联句作诗，何等风雅。

众学士响应，都说这样好。

当然，柳公权还是恭敬地请皇上先开言赐诗。

文宗敬贤礼士，对柳公权等老学究们谦让了一番，推辞不去，便思忖了一会儿，吟诵出首联：

> 人皆苦炎热，我爱夏日长。

众学士连连称妙，圣上不仅治国有方，且诗书的造诣也堪称高蹈。接下来，众学士都把期待的目光投向柳公权，看他如何接续皇上的诗联。

柳公权熟读诗书，想到先朝唐太宗《初夏》中的"一朝春夏改，隔夜鸟花迁"诗句，感慨于天子血脉中诗的元素依然，不禁对文宗的遣词用字的简洁流畅所称道。

他想到，白居易《观刈麦》有"力尽不知热，但惜夏日长"的名句，圣上显然是借鉴于此诗名，韵脚也完全照搬，只是巧妙地挪用过来，也不失为好句子。

当然，他心知肚明，却不可以说出来，扫了圣上的面子。类似的诗句如韦应物的《夏日》："已谓心苦伤，如何日方永。无人不昼寝，独坐山中静。"还有杜甫《夏夜叹》中的"仲夏苦夜短，开轩纳微凉"，也是佳句。

面对此情此景，柳公权丝毫也不作难，信手拈来杜甫的"微凉"二字，接续文宗的首联，缓缓吟道：

> 薰风自南来，殿阁生微凉。

联诗的意思是说，一般人都很讨厌炎炎夏日，但是我却很喜欢一年中最长的夏季。虽说很热，但穿过树丛微微吹来的凉风，使宽阔的宫殿也一下子变得清凉，这种惬意和清爽只有在夏天才能体会得到。

盖风之来，唯殿阁穆清高爽之地始知其凉，而征夫耕叟方奔驰作劳，低垂喘汗于黄尘赤日之中，虽有此风，安知所谓凉哉！此与宋玉对楚王曰"此独大王之风耳，庶人安得而共之"者同一寓意。

文宗顿时眉飞色舞，连连说好，可谓珠联璧合。柳公权倒是不好意思，喃喃道："哪里哪里，岂敢岂敢。"

轮到其他学士们了，谁也不便推诿，丁、袁等五学士都相继联句，展露各自的诗才，各得其美。文宗只是反复吟诵柳公权的两句诗，发自内心地论道："柳公词句清丽，诗意表达充分，不可多得啊！"

文宗必定知晓先朝皇帝慧眼识珠的旧闻，当年的夏州判官柳公权，正是缘于一幅题写于寺庙墙壁上的诗作而崭露头角，当上皇上书法老师的。于是，文宗命柳公权将方才的诗联题写在宫殿的墙壁上。

尽管造纸和活字印刷术早已出现，墙壁题诗依然是唐人传播诗作的一个重要媒介，便于切磋交流诗艺。李白游黄鹤楼时，兴致勃勃地准备在留诗壁上题诗，当看到崔颢早已题于其上的《黄鹤楼》，自愧不如，便无可奈何地留下"眼前有景道不得，崔颢题诗在上边"两句后郁闷而去，创作发表欲也受挫了。墙壁题诗，描绘出的是一个自由、宽容、开放的思想天空，也可谓唐朝文化之所以繁荣昌盛的一个客观环境。

众学士为文宗的提议称道，柳公权便欣然应命，以每字方圆五寸的尺幅，在宫殿墙壁上挥洒笔墨，一气呵成。

文宗喜出望外，点头琢磨着其中的诗意与书艺，赞叹说："钟繇、王羲之再生，也超不过啊！"（《旧唐书·柳公权传》）

柳公权惊异于皇上的过誉，谦逊地说："圣上过奖，让老夫承受不起，与前贤大师较而言之，老夫倍感羞惭。"

文宗与柳公权等众学士在壁前流连忘返，谈笑甚欢，好一阵子后方才散去。

擅长于书法的柳公权，精通经典，懂音律，善诗赋文章，才思过人，在诗艺上竟然如此熟稔，让唐文宗极为赞赏。

当然，后人也许苛刻地以为，很遗憾这首诗表明为政者对老百姓没有怜悯之心，也就是忘记了平民百姓住在狭窄不通风的屋子里，烈日炎炎之下还要去耕田、做生意，是皇帝自以为是，忘记百姓疾苦，只待在宫中度过消遣漫漫夏日的诗。皇帝生来住在宽敞的宫中，所以不关心天下百姓为炎热所苦，恳请皇上关注天下万民，只有让他们都能享受舒适和安逸，才是皇帝当为之事。

大和九年（835）七月初，皇帝召柳公权"入对于禁中，处置入事"。禁中乃禁令所及范围之内，指帝王所居宫内，也作禁内，不许人随便进出。入对，臣下进入皇宫回答皇帝提出的问题或质问。处置入事，意为分别事理，使各得其所，妥善地处置了各种复杂情况。具体事宜，未见史书记载，不便猜测。

一次，文宗自延英殿退下来后，"独召侍书柳公权入对。"（宋钱易《南部新书》）

文宗因事有些不悦，曰："今日一场大奇也。"

柳公权请示道："何事令圣上以为大奇？"

文宗曰："嗣复李珏道张讽是奇才，请与近密官，郑覃夷行即云是奸邪，须斥之于岭外。政见相左，教朕如何即是？"

柳公权静下心来，思忖一番，奏曰："允执厥中。"

文宗有点不解，曰："如何是允执厥中？"

柳公权解释道："允执厥中，意指言行不偏不倚，符合中正之道，或指真诚执行自己的目标，不偏离方向。此语出自于《尚书》：'人心惟危，道心惟微，惟精惟一，允执厥中。'"

文宗曰："愿听其详。"

柳公权又奏："嗣复李珏既言是奇才，即不合斥于岭外，郑覃夷行既云是奸邪，亦不合致于近密。若且与荆襄间一郡守，此近于允执厥中。"

文宗叹一口气，曰："容朕再三思而后行。"

旬日，又召柳公权入对，文宗曰："允执厥中，问道也是，按爱卿的意思拟诏便是。"

柳公权奏曰："遵旨，圣上明见。"

文宗长长出了一口气，曰："爱卿经多见广，不望多多助朕，以免失察误国。"

柳公权登朝以来，年齿渐长，阅事渐多。唐代文士官员数以千计，但有资格作为翰林学士、中书舍人，成为皇帝身边近臣并参掌决策者却为数甚少。与此相关，有机会创制诏、诰的学士更是寥寥无几。翰林学士和中书舍人，乃朝中显要人物，他们不仅有资格接近皇帝，而且直接以服务皇帝为终极目标，不仅有权知晓朝廷人事变动、政策走向，而且有权参与机要大事的决策制定。

在这一点上，柳公权是称职的，胜任的。翰林学士与中书舍人，分别隶属两个不同的权力中心。他们各自有着独特的专职事务，两者互不包容，互不交叉，但却潜存着一定的权力操控的矛盾。

柳公权此时身为中书舍人，官阶正五品，在中书省负责诏书起草事宜。定额为六员的舍人中，通常负责草诏进画的只有一人，即知制诰，享有给食于政事堂的礼遇，有列席宰相会议的特权。起草的诏书，一种是承君相之命直接向外发布的，一种是对百司臣属的奏抄表章草拟批答。有时被召入禁中起草诏书，便更多是由皇帝派宦官将要草书的诏书宣付中书，凭此起草。

有时，宰相把诏书要点即所谓词头，交与中书舍人，据此草拟制诏，也有权封还来自圣谕的词头，角色很特殊。在起草诏书之外，还有一个职责，就是参议表章，佐宰相判案。或将不同意见集中起来，交于宰相权衡评校，连同原状及商量状一并进奏于皇帝，听候圣裁。

至此，柳公权已经完成了他一生中的最大转折，也就是在文宗大和八年（834）九月十二日，他第三次入翰林院充侍书学士。从备受朝廷冷落到受到新皇上青睐，即迁知制诰，充学士兼侍书，又迁中书舍人，从六品下迁为正四品下。虽然仍兼侍书，但其地位较类似"工、祝"之微官，已是天壤云泥之别了。

唐初草拟诏敕，本由中书舍人专任，但也或以他官为学士撰作诏敕。如唐太宗时期的温大雅、魏徵，唐高宗时期的许敬宗、上官仪，武后时期的刘祎之、元万顷等。至唐玄宗开元时期，以他官掌诏、敕、策、命者称为兼知制诰，知制诰遂成为差遣职名，凡加此号者，即有撰作诏敕之责。于是中书舍人的诏令起草权，逐渐为他官知制诰者所夺。玄宗时以翰林学士专掌内制，即由皇帝直接授意，下达如任免宰相、号令征伐以及其他重要诏令，因用白麻纸书写，亦称白麻，或称内命、内旨。此外，还经常委派其他官员去知制诰，代替中书舍人草拟一般官员的任免及其他制诏，是为外制，因制诏用黄麻纸书写，亦称黄麻。这种情况在唐代后期尤为盛行。

身为中书舍人的柳公权，主要职掌起草和进画制敕，须在"王言之制"的文书上签署"中书舍人行"。也并非亲笔书写，有时只是口述或起草底稿，而由中书主书等小吏书写。因众务繁凑，往往命书童六七人随口并写，须臾悉成。

中书舍人如果不能起草制敕，则是不称职。曾经有一位名叫陆余庆的，少与知名之士陈子昂、宋之问，还有那个以"终南捷径"出名的卢藏用、道士司马承祯等交游，虽才学不逮，而风流强辩过之，累迁中书舍人。武则天引入草诏，陆余庆惶惑，至晚竟不能措一辞，责授左司郎中。

而按典故起草文书时，需要参考并遵循经典，参照存档的旧本。曾经有一位中书舍人阳滔，着急书写文书，持库钥匙的人不在，无法检寻旧本，只好斫窗取得，时人号为"斫窗舍人"。

在朝堂册命大臣时，须二位中书舍人一人持节，一人持案，宣读册命。如临轩册命，则由中书令读册。还有一个职责，则是劳问将帅宾客，中书舍人出使劳问，当是携带玺书，算是很高的礼节。同时，包括对受灾民众的巡省慰问。天下冤滞的受理，由中书舍人与给事中和御史组成三司，是一个受理上诉的非实体机构，称为"三司受事"。还有，预裁百司奏议。即由中书舍人直接向皇帝进呈奏议之事，对裁决提出初步处理意见并签署姓名，门下省只在皇帝裁决后进行执奏。还有文武考课的预裁，中书舍人参与对百官考课的监督。

除了上述职责，柳公权首先得随时听命于皇帝召唤。

文宗与柳公权在处理朝政之余，经常在一起谈诗论书。这时，皇帝与近臣的关系已经少了公事公办的规矩，文宗与柳公权敞开心扉，天地万物，草木虫鱼，天文地理，轶闻趣事，可以说无所不谈，好像一对知己朋友，无拘无束。谈到兴致处，蜡烛燃尽了，顾不得唤侍从更换新的点燃，而是以蜡屑揉纸继续照亮，以不至于中断欲罢不能的谈兴。

可惜，这样的时光不会太久了。

而另一位翰林侍讲学士许康佐，做派则与柳公权判若两人，命运也大不相同。

有一次，文宗正在读《春秋》，读到"阍弑吴子余祭"一段时，便随口问身边翰林侍讲学士许康佐："阍何人耶？"

阍，门者也，寺人也。不称名姓，阍不得齐于人。不称其君，阍不得君其君也。礼，君不使无耻，不近刑人，不狎敌，不迩怨。贱人非所贵也，贵人非所刑也，刑人非所近也。举至贱而加之吴，吴子近刑人也。阍弑吴子余祭，仇人也。

是皇上不解词义，还是皇上别有用心，一向惧怕宦官权势的许康佐，唯唯诺诺了一阵子，终是不敢回答。后来，他得知文宗欲谋除宦官的意图后，生怕惹祸上身，于是假称有病，罢为兵部侍郎。

柳公权明白，当时的朝臣中绝大多数都像许康佐一样，畏惧宦官，只求保身，不敢参与文宗的整肃朝政的计划。在位之臣"持禄取安，无伏节死难者"。

身为大唐帝国的皇帝，竟然找不到一个有勇气的人，文宗心中的苦闷可想而知。

柳公权明白，李训就是在这个时候走进了文宗的视线。

肃宗时宰相李揆的族孙李训，长得仪表堂堂，有士族风范，仪状秀伟，倜傥尚气，还颇工文辞，有口辩，多权数。进士及第后，当了一阵子太学助教，后来又任河阳节度府幕僚，但不久就出了武昭一案。

是说敬宗宝历元年（825），李训的从父李逢吉为宰相，与另一宰相李程不和。刚好石州刺史武昭被贬官，李程为了陷害李逢吉，就派人告诉武昭，说李程本来想给他官做，却被李逢吉阻止了。武昭信以为真，迁怒李逢吉。有一天，武昭越想越生气，告诉左金吾兵曹茅汇，说他打算刺杀李逢吉。结果，这句气急败坏的话被人告发，武昭被逮捕入狱。本来事情到这里就结束了，就算武昭还恨李逢吉入骨，也掀不起大浪了。李训却在这个时候冒了出来，他觉得有机可乘，要帮助从父李逢吉打击一下李程。李训去见曹茅汇，要他指证武昭是与宰相李程合谋，但李训的计划没有得逞，武昭被杖杀，李训也被流放于象州。

文宗即位后大赦天下，李训遇赦北归。当他得知朝政尽在宦官王守澄之手、而王守澄宠遇郑注时，不禁叹息了一通，说："当世操权力者皆龊龊，吾闻郑注好士，可与共事。"于是准备了厚礼去拜见郑注，其实就是投奔其门下的意思。二人都是善于辩论之人，一见如故，郑注不但将李训引荐给王守澄，还推荐给文宗。

文宗见李训相貌堂堂，口若悬河，又多权数，十分高兴，以为奇士，待遇日隆。当时的宰相李德裕却认为李训是个小人，不应该得到重用。文宗却说："人谁无过，俟其悛改。"便不顾宰相的反对，拜李训为翰林侍讲学士、礼部侍郎同平章事，亦即宰相，郑注任翰林大学士、工部尚书。文宗将想诛灭宦官的心事密告李训、郑注，李、郑都表示愿意为文宗效力，积极出谋划策。

可想而知，这对文宗是何等大的鼓舞。因为李训、郑注二人都是王守澄所引荐，尤其郑注还是王守澄的亲信，所以没有引起任何人的怀疑。但郑注一直是以王守澄心腹的形象出现的，尤其在此前宋申锡一事中，正是他向王守澄揭发了宋申锡的计谋，从而导致文宗苦心策划的计划流产。那么为什么这个时候，他突然又开始支持文宗呢？此刻，他已经是位极人臣，为什么要突然倒向权力处于弱势的文宗呢？

身为中书舍人的柳公权看得很清楚，只是不便将自己的想法上奏皇上，知晓朝廷权谋的水有多深，暗流涌动，瞬息万变，依他自己安分守己的性情，不宜贸然涉入其中的巨大风险，那是要拿脑袋做赌注的。在他看来，郑注突然倒向文宗，这只能说明此人也是想得到更大的利益。李训和郑注都曾经为常人所不为，所以，在看到帮助皇帝取得成功后的巨大利益后，二人都甘心为之效命。

李训任宰相后，紧锣密鼓地开始了一系列对策，首先开始整顿吏治，消除朝中的朋党之争。水火不容的两派首要李宗闵、李德裕等都被贬出朝廷，又大力提拔新进孤立无党之士。在对待宦官的策略上，李训则利用宦官之间的矛盾分化瓦解，先擢升被王守澄一直抑制的宦官仇士良为中尉，分去其权势，随后将王守澄不喜欢的宦官全部贬到外地为官。其实，作为同一类人，王守澄生怕同类分自己的权力，因而少有喜欢的宦官，而与王守澄有仇的实力派大宦官都被处死，由此还博得了王守澄的欢心。

一时间，天下流言纷纷，都说宪宗为宦官陈弘志所害，文宗因此恨陈弘志入骨。当时陈弘志任山南东道监军，李训以文宗的名义将他召至青泥驿封杖杀之，从而泄了文宗心头大恨，文宗也因此更加信任李训。经过一系列有预谋的计划后，王守澄被彻底孤立起来了。李训见时机成熟，便让文宗逼王守澄喝毒酒自杀，曾经不可一世、人见人怕的大宦官王守澄就这样轻而易举地被除掉了。李训也因此而威望大增，"每进见，他宰相备位，天子倾意，宦官卫兵皆慑惮迎拜"，宦官们威风扫地，气焰大为收敛。

李训与郑注又密谋，打算彻底诛灭宦官。因为宦官手中握有军权，必须要掌握一定的军事力量，才有可能取得成功。于是，李训先让郑注出任凤翔节度使执掌军队，以为外援。二人约定，在王守澄下葬时，命宦官中尉以下者全集中于浐水送葬，然后由郑注率亲兵将宦官全部砍杀，一个不留。如此，大事必成。

本来按照这个计划，成功的可能性相当大。但李训在紧要关头，他的投机心理开始作祟了，认为这是不世之功，他要独占其功。于是，在没有通知郑注的情况下，李训临时改变了计划，和宰相舒元舆、金吾将军韩约等人想出一计。

大和九年（835）十一月，礼部侍郎李训与其同党策划甘露事变，以诛除宦官。

二十一日，身为中书舍人、知制诰的柳公权，随文宗御临紫宸殿，百官班列已定。但左金吾大将军韩约不报平定，奏称左金吾厅事后石榴树夜有甘露，是为祥瑞，昨夜已遣人隔门上奏云云，宰相与百官皆称贺。

柳公权也许猜疑其中的奥妙，警觉之后，却不便在这风云诡秘的关口提醒皇上，显得多事，弄不好还会白白送了性命，只得三缄其口。李训、舒元舆劝文宗亲往观看，以承天赐，文宗许之。于是，百官皆列班于含元殿，文宗命宰相及中书、门下两省官先往察看，李训奏称已与众官察验，似非真甘露，未可急于宣布天下。文宗不信，又遣左右神策中尉仇士良率众宦官前往验证。

宦官既去，李训急召新任邠宁节度使郭行余、河东节度使王璠接旨诛杀宦官。

王璠胆怯不敢入内，独有郭行余拜倒受旨。这时，两镇士卒皆执兵器在丹凤门外，李训遣人召入，唯河东兵入内，邠宁兵竟未至。仇士良等至左金吾仗下察验甘露，韩约变色流汗，仇士良疑惑。霎时风吹幕起，仇士良发现手执兵器士卒，又听见兵器碰撞声音，大惊出走。守门人急于关门，仇士良怒叱，未及关上。

仇士良欲向文宗告变，李训急呼金吾兵上殿护卫，每人赏钱一百缗。宦官见事态紧急，慌忙扶文宗上软轿，裂断殿后门窗格子而出，快步飞奔北门。李训拉文宗软轿不放，称奏事未毕，不可回宫。时金吾兵已登含元殿，京兆少尹罗立言率逻卒三百余人自东而来，御史中丞李孝本率御史台部从二百余人自西而来，登殿纵击宦官，死伤十余人。

而文宗软轿已入宣政门，李训仍不放手，呼叫益急，被宦官郗志荣打倒在地。宦官遂关宣政门连呼万岁，百官警愕散走。李训知事败，穿从吏绿衫乘马而逃。宰相王涯、贾𫗧、舒元舆还归中书省，等待文宗开延英殿召集议政。中书、门下两省官皆不知发生何事，问王涯等三人，王涯等称不知，请诸公自便。当仇士良等知道文宗参与事变，怨愤不止，出言不逊，身为当朝皇帝的文宗却只能惭惧不言。

起先随同文宗皇帝的柳公权，惊得出了一身冷汗。他对突如其来的变故顿生狐疑，虽然略知事变的主谋者之隐情，没想到事情逆转得这么快。

在这事态突变、血光之灾中，乃一介书生的柳公权当是惊恐万状，随后在纷乱中又与文宗皇帝失散，一路跌跌撞撞，在刀兵相搏的人群中躲避不及，顺势寻找藏身之处，以为老命不保矣。

此时的文宗，被左神策中尉仇士良劫夺至宣政殿，遂命关闭宫内诸门，由左右军副使率神策兵五百人诛除李训及其同党。神策兵逢人即杀，中书、门下两省官及吏卒六百余人，南衙诸司吏卒及百姓贩卖送货者千余人未及逃走皆被杀，血流遍地，诸司印及图籍、帷幕、器皿亦皆捣碎焚掠。

仇士良又遣左右神策军各千余骑兵出城，追捕逃亡者，遣兵大索京城，宰相舒元舆、王涯、河东节度使王璠、京兆少尹罗立言皆被捕。王涯时年七十岁，被桎梏掠拉，亲口承认与李训谋反，欲立郑注为帝。神策兵以搜捕为名，掠夺富豪宅舍，京城恶少年亦乘乱杀人报仇，剽掠百姓，尘埃蔽天。

此时，郑注率亲兵五百人由凤翔出发至扶风，闻知李训已先行动而败北的消息，遂返凤翔。左神策中尉仇士良等，派人携带密诏授凤翔监军张仲清，令其擒拿郑注。张仲清惶惑无措，押牙李叔和献诛郑注良策，张仲清信从，遂伏兵以待郑注回防。郑注恃其亲兵长驱直入凤翔城内，李叔和引其亲兵宴于外室，独郑注与数人入监军府内喝茶。李叔和抽刀斩郑注，遂闭外门尽诛其亲兵，出密诏宣示将士，杀郑注全家，并杀郑注副使等千余人。

二十二日，宫廷政变的事态稍稍平息，在惊恐中于街巷里弄躲过一天一夜的柳公权，来不及收拾蓬头垢面，即随百官入朝。至日出时，始开福建门，禁兵露刃夹道，至宣政门尚未开。时百官无宰相、御史领班，班列混乱。

文宗御临紫宸殿，问宰相王涯何故不来。左神策中尉仇士良答称，王涯等因谋反押于狱中。文宗召左仆射令狐楚、右仆射郑覃入殿，命二人留宿中书门下，参决机务。

惊魂未定的柳公权，回到职守位置上，听候从事。

时令狐楚起草制令宣告中外，制令叙述王涯、贾𫗧谋反之事含糊其辞，仇士良不悦，由是令狐楚不得为相。京城坊市剽掠仍未停，仇士良命左右神策将各率五百人分屯大街要道，击鼓以警，斩十余人，然后方定。宰相贾𫗧换衣潜藏民间，自知难逃，乘驴至兴安门被押送右神策军。李孝本乘骑逃往凤翔，至咸阳西被追兵擒获。李训逃奔终南山，依好友僧宗密欲剃其发而匿之，其徒以为不可，李训只好出山，将往凤翔，被盩厔镇遏使所擒，斩其首送京城。

二十三日，诏以郑覃同平章事。二十四日，以户部侍郎李石同平章事，以令狐楚为盐铁转运使，左散骑常侍张仲方代理京兆尹。数日之间，杀生除授，皆决于神策两中尉。王涯、王璠、罗立言、郭行余、贾𫗧、舒元舆皆被斩，亲戚不管亲疏皆死，孩童无遗，妻女不死者没为官奴婢。经过这次宦官的大屠杀，朝列几乎为之一空。

跟随在文宗皇帝身边的柳公权，亲眼目睹了甘露之变的始末，深为皇帝的安危和朝政的安宁担忧。屠城之后，也总算事情有了一个了结。

在柳公权看来，唐朝到了这个时候，宦官掌握禁军，干扰政事，进退大臣，乃至拥立或弑杀皇帝。唐宪宗李纯被宦官陈弘志等所杀，敬宗李湛被宦官刘克明等所杀，穆宗李恒、文宗李昂等，皆立于宦官之手。宦官擅权专政达到了极点，成为朝政的一大弊端。文宗即位后，即企图惩治宦官，夺回皇帝丧失的权力，却以失败告终，实在可悲可叹。

之前的大和四年（830），文宗任命宋申锡为宰相，令他谋划诛除宦官，但事机不密，宦官先发制人，诬陷宋申锡结连文宗弟漳王谋反。次年，宋申锡被贬，终身禁止返回长安，在开州任上去世，文宗允许把他的尸体运回长安安葬。甘露之变后，宋申锡得以平反，赠兵部尚书，谥号文懿。他的儿子宋慎微，被任命为城固县尉。

甘露事变以后，文宗就被宦官软禁，国家政事由宦官集团专权，朝中宰相只是行文书之职而已。宦官气势凌人，欺凌朝臣有如草芥。文宗对此一筹莫展，只是饮酒求醉，自叹受制于家奴，还不如周赧王、汉献帝两个亡国君。从此宦官更加专横，凌逼皇帝，蔑视朝官，文宗因此郁郁寡欢。

在生死难料的血光之灾中逃过一劫的柳公权，仍为中书舍人、知制诰，看到皇帝失魂落魄的样子，随时听从召唤以诗书遣愁，尽管借机竭力劝慰却爱莫能助，为无力扶大唐王朝之危厦于将倾，内心深感愧疚。

也就在朝廷飘摇不定的萧索时期，消沉的唐文宗却又读起了《易经》，而且读得入了迷，也许是想从先哲那里寻找解析世事变化的奥秘。每有疑义，即召柳公权及侍讲学士王起、许康佐入便殿顾问讨论。以此率以为常，时谓"三侍学士"。

王起，乃王播之弟。性孝友，嗜学，读书过目不忘。初为校书郎，补蓝田尉，李吉甫辟掌淮南书记，大和末累迁中书舍人。

许康佐，曾登进士第，又登宏词科，以家贫母老，求为知院官。人或怪之，笑而不答。及母亡，服除，不就侯府之辟，君子始知其不择禄养亲之志也，故名益重。迁侍御史，转职方员外郎，累迁至驾部郎中，充翰林侍讲学士，仍赐金紫。

柳公权与王起、许康佐伴随唐文宗左右，是皇帝称职的三侍学士。唐文宗早年在藩邸时，喜好读书，如今手头的这部《易经》，是早年由宫中内官得到后密献于他。即位后，文宗捧以随辇，手不释卷。及朝廷无事，文宗浏览书目，间取书便殿诵读。乃诏兵部尚书王起、礼部尚书许康佐为侍讲学士，中书舍人柳公权为侍书学士。

可见文宗皇帝对三侍学士之恩宠。柳公权侍读，则与二位侍讲身份待遇有异。而《易经》一书，柳公权在进士及第前已仔细诵读，之后又重新读过。此书乃儒家、道家共同经典，分《经》《传》两部分。《经》据传为周文王所作，由卦、爻两种符号重叠演成六十四卦、三百八十四爻，依据卦象推测吉凶。通过释经表达哲学观点，包含世界观、伦理学说和丰富的朴素辩证法，是古代圣哲修身明德、体道悟道、天人合一后的智慧结晶。

因甘露事变而萎靡不振的唐文宗，是想从《易经》中寻找冥冥之中大唐帝国的走向和自己的出路。柳公权，恰好做了他在暗夜里探索方向而踽踽独行的一盏明灯。

这盏明灯很小，也不大费油，不用去拨结痂的灯花，却一直炽白透亮，如同李商隐诗中所谓的"蜡炬成灰泪始干"。

唐文宗大和九年（835）翌年，公元八三六年，唐王朝改年号为开成元年，文宗仍在皇位。

兵部郎中、翰林院学士任上的柳公权，于此年四月二十日，书《回元观钟楼铭》，继续跋涉他的书法之路。

一千多年之后，二十世纪八十年代中期的一个冬天，《回元观钟楼铭》碑出土于西安市和平门外太乙路。

按唐长安城遗址资料，碑的出土地点应是长安城东市的位置，而史载回元观所在的亲仁坊，应在距此约一千米以外的西南方。从同时出土的物品看，石碑是为道观所立，而经幢却是佛寺物品。唐大历六年（771），曾在这里修建僧房佛舍，可知此亦为资圣寺遗址。至于什么时候，又是什么原因，使原在回元观的石碑，搬到了东市的资圣寺，则是一个难解之谜。

碑题为大唐回元观钟楼铭并序，令狐楚撰文，柳公权中楷正书。铭文共四十一行，满行二十字，共七百六十一字，唐开成元年四月二十日立于万年县即今西安，邵建和刻字。

与碑相距不远，发掘出了一截残断的无字棱形经幢，以及直径一米的八角形经幢顶盖。由于长期埋藏地下，碑面和个别字稍有残损，但文可通读。

碑文前半部分记叙了唐代回元观的历史沿革，其中提到回元观旧址原是唐玄宗赏赐给安禄山的宅第，以及安史之乱历史事件。碑文中的"燕戎"当指安禄山及其部将。而"贪狼"、"獯豕"，则是对安禄山的蔑称。"回元"二字有恢复元气和回归正元的意思。

碑文的后半部分，讲述了唐文宗给回元观赏赐铜钟的经过，并赞扬钟声的美妙："闻其声者，寝时兴，行斯归，贪淫由是衰息，昏醉以之醒悟，虽三涂六趣之中，亦当汤火沦寒，拳梏解脱。"

此碑为柳公权五十八岁时所书，也是存世柳碑中最完整的遗物。

其碑书风神烁烁，一笔不苟，用笔重骨力，以方笔为主，辅以圆笔，劲利清健。其结构往往错位中求变化，比如左右结构的字"蹲"、"钟"、"楼"等，将左边偏旁往上挪，形成左短右长的结字法，在不平衡中求韵趣。

《回元观钟楼碑》撰文者令狐楚，柳公权的京兆华原同乡，初唐名臣令狐德棻后代。唐德宗贞元七年（791）登进士第，其才思俊丽，德宗好文，每太原奏至，能辨楚之所为，颇称之。元和十三年（818），令狐楚出为华州刺史，后为皇甫镈推荐，被任命为翰林学士，入为中书侍郎。任山陵使时，因亲吏韦正牧等同隐官钱，不给工徒价钱，移为羡余十五万贯上献，韦正牧等下狱伏罪，皆诛。再贬衡州刺史，又为户部尚书，累升至检校尚书右仆射。

同是京兆华原人，同朝为官，令狐楚撰文、柳公权书丹《回元观钟楼碑》，真可谓千年修得同船渡，也算一种缘分。碑石记载安史之乱，透露出唐帝国由盛转衰的原由，意为恢复元气，回归正元，遗憾的是盛唐王朝一去不复返，国势顺流而下，再也没有达到往日的巅峰状态。

开成元年（836）九月二十八日，唐文宗复召柳公权为侍书，迁中书舍人，充翰林书诏学士。

十一月，柳公权书《王智兴碑》。裴度撰文，丁居晦篆额，立于洛阳。

碑主王智兴卑微的时候，曾经是一位徐州管门的人，有个道士就住在大门旁边的房子里。他每天早晨起来都拿着扫帚清扫，除去道上的脏东西，而每次又一定要把道士的门前扫干净。天长日久，道士非常感谢他。后来王智兴的母亲死了，他就把这件事告诉道士，道士对王智兴说："我会看墓地，如果商议埋葬的事，我给你卜算找个风水宝地。"一天，王智兴就领着道士去看墓地。道士用王智兴拿着的竹竿在一处做了标记。道士说："一定要把你的母亲落葬在这个地方，这样你可以长寿，而且两代都可以做高官。"王智兴第二天去挖墓穴时，那竹竿上长满了竹叶，他心里感到特别奇怪，就把母亲埋葬了。

少年时，王智兴在徐州刺史李洧属下当衙卒。淄青节度使李纳谋叛，李洧不从，以徐州归顺朝廷。李纳大怒，派兵攻击徐州。李洧便派王智兴到长安求援，没用五日就赶到了长安，唐德宗派朔方大军万余人赴援，很快解了徐州之围。自此，王智兴成为徐州大将。

元和年间，官军讨伐平定了淮西节度使吴元济的叛乱，平卢节度使李师道图谋割据，出军袭扰官军，侵犯徐州，刺史李愿命王智兴抗击，将其击败。李师道又命大将王朝晏、姚海等人率精兵二万来犯，王智兴又将其击败，因功升任侍御史、本军都押衙。后来，官军会剿李师道，王智兴率徐州士兵八千人进击，大破敌军于金乡，攻克鱼台，俘斩以万计，以功迁御史中丞，授沂州刺史。

王智兴文韬武略，颇负盛名，在幕府初建时，他招纳了很多知名人士。一天，幕府中的从事们在使院中宴饮，和宾朋们赋诗。一会儿，王智兴知道了，便和护军一起来到宴会上。从事们见他来了，便撤去了笔墨，又摆上了酒菜迎接。待了一会儿，他才问道："方才听说判官和你们作诗，怎么看我来了就停止了？"马上又叫人取来了笔砚，把一些彩笺放在桌上。众宾客正在疑惑，他和大家一起举杯喝酒，并说，"我本来是想看你们作诗的，并不是为了喝酒。"小吏也把彩笺放到他面前，从事都让他作一首诗。王智兴说："我是靠用兵打仗起家的，对诗词文章很少留心，今天和各位名士在一起，我就不怕献丑了。"于是展纸提笔，一会儿就写完一首诗："三十年来老健儿，刚被郎官遣作诗。江南花柳从君咏，塞北烟尘我独知。"

四座宾客看到后，都很惊讶，赞叹不已。当时文人张祜也在座，监军对张祜说："你看到了这种场面，能没有话说么？"张祜便即席献诗："十年受命镇方隅，孝节忠规两有余。谁信将坛嘉政外，李陵章句右军书。"

王智兴看完笑着说："你对我褒奖得有点过头了。"他左右有人说："这些读书人，就会谄媚。"王智兴训斥了那些人说："有人若是说我坏，你们又能怎么说？张秀才是当朝知名人士，叫人听说了这事，还以为我王智兴只愿听好话似的。"他把张祜留住了好些日子，临走时，还赠送他一千匹绢。

长庆初年，王智兴率大军回师徐州，活捉崔群，被授检校工部尚书、徐州刺史。自此，王智兴务积财贿，以赂权势，有了割据的野心。大和初年，李同捷据沧、德二州叛，王智兴上奏章，请率大军讨伐得到批准。于是，王智兴率大军三万自备粮饷，进军攻克棣州，贼平入朝，进位侍中，改任汴州刺史。开成元年（836）七月，王智兴死于任上，时年七十九岁。

篆额者丁居晦，生平不详，著有《重修承旨学士壁记》，并有诗作《琢玉》传世。

唐文宗开成（837）二年，柳公权六十岁。时在中书舍人、充翰林院学士兼侍书任上。

第十一章 花甲之年

已进入花甲之年的柳公权，作为皇帝的侍书，伴其左右，甚至形影不离。

他的一项重要的营生是揣摩圣上的心思，尤其是附和圣上不时勃发的风雅之趣，奇文共欣赏，疑义相与析，联句赋诗，从庄严的朝政事务中超脱出来，进入精神愉悦的境界。说来这也并不难为德高望重的老臣，柳公权以书艺著称，赋诗作曲亦是擅长，只不过属于偶尔露峥嵘罢了。

侍从酬唱，供奉文词，是侍书学士的一项职能。皇帝高高在上，本来就高处不胜寒，十分孤独寂寞，常常需要一些才艺风雅的文士供奉随侍，陪宴唱和，追欢逐乐，粉饰太平，获得一时的轻松与愉悦。统治者除了需要文人学士代草王言外，更需要文人陪游侍宴，制作诗赋。一是精神需要，二是增添了京城官居禁欢乐祥和的气氛。律体诗歌的定型，皆来自于适合咏唱和应制，频繁的游宴文会，熏陶出了一批在诗歌音韵、格律、词采、对仗、用典诸方面揣摹圆熟的学士。

唐初，融合着胡汉血统的新兴帝国顺水推舟，沿袭了隋代的科举制度，使得许多出身贫寒的读书人也有跻身政治活动的机会，实现儒家传统"学而优则仕"的入世思想。唐室杂有胡人血统，实行科举取士，能够拉拢寒士阶层，打击旧贵族势力，以巩固新得的权位。而诗赋，就是当时考试的主要科目之一。天下才俊受到功名的引诱，也多以此作为晋身的途径。加上帝王们的爱好与提倡，使诗歌具有了高度的活力，从而产生了泱泱大唐上千名诗人、上万首诗作。宫廷诗，当是受人注目的，谁人都知晓玄宗曾召李白入宫，写下《清平乐》的轶事。

唐朝没有报刊，活字印刷术不曾出现，韵律的产生方式，则方便于口口相传的传播方式。如此一来，"长安捣衣妇，皆可为诗文"。皇家喜好诗，便从宫廷到乡野，吟诗就像唱歌，张口就来，人人都会那么几首。大明宫诗风荡漾，吹进长安城每一处里坊，成为社会文化和精神生活的重要部分。

到了当下的文宗朝，虽然文馆式微，但在嬉游之隙学为诗歌，尤为翰林学士崇重，皇帝也常常备宴赋诗。

在这一雅事方面，柳公权当然也属于皇帝文学侍从中的首席大员。

这年二月，冬去春来，万物复苏，皇宫里柳枝吐翠，归燕旋飞。在一派明媚的阳光下，柳公权又一回从幸大明宫，应制作诗（《旧唐书·柳公权传》）。

应制，本义为应皇帝之命，汉魏以来称应帝王之命而作的诗文为应制。柳公权知道，早在唐高宗时，秘书少监上官仪就有诗作《奉和秋日即目应制》和《早春桂林殿应诏》及《咏雪应诏》。

柳公权特别喜欢上官婉儿的一首应制诗，顺口可以背诵出来：

　　密叶因裁吐，新花遂翦舒。

　　攀条虽不谬，摘蕊讵知虚。

　　春至由来发，秋还未肯疏。

　　借问桃将李，相乱欲何如。

之后，在大明宫中，许敬宗、杜审言、陈子昂、李适、王维等诗人，都留下了不少应制之作，也时常让柳公权陶醉不已。

这天，柳公权随从文宗去大明宫花园中游玩，欣赏着春色盎然的迷人景致，圣上平日的悒郁心情被大自然生气勃勃的风物所驱散，眉宇间舒展着尽情的欢悦。

忽然，文宗停下车子，对柳公权说："有一件使我高兴的事，得告诉爱卿。"

柳公权微微躬身，问道："何事让圣上高兴？"

文宗曰："过去赐给边兵的服装，常常不能及时下发，现在二月里就把春衣发放完毕了，朕能不为之高兴吗？"

柳公权一听，这果然是一件大好之事，按照时令尽早发放春衣，对于边防官兵和边境地区的安宁将会起到一定的人心安抚作用。作为时时关心国家大事的皇上，对此自然很高兴，于是连忙向皇帝道喜称贺。

而爱好文学的文宗则一脸嘻笑，曰："只是祝贺一下，还不能把你的心意表达清楚，朕也不尽兴，爱卿这次应当赋诗一首才是。"

诗文之事，对于饱学之士柳侍书来说如囊中取物，方便得很，只是不轻易显露罢了。皇上既然命其赋诗，他是不便推辞的，即调整思维，酝酿腹稿。

随行的所有漂亮宫女大多也是诗歌爱好者，附庸风雅，听到皇上的这番提议，也禁不住在一旁起哄，尖声细语地叽叽喳喳："柳学士，您才高八斗，满脑子都是诗，就是不舍得往外拿，这当儿是该赋诗祝贺皇上这大喜事儿的呀！"

柳公权伫立一旁，望望远处，然后低下头稍加思忖，畅快地说："有了，有了。"

随行宫人催促他："静一静，请柳学士亲口念给圣上听。"

柳公权和蔼地报以微笑，当即口占一首五言绝句，慢条斯理地吟道：

去岁虽无战，今年未得归。皇恩何以报，春日得春衣。

妙妙妙！文宗倾听着柳公权的诗句，首先击掌称道。众宫女复诵诗句，咀嚼再三，不由得欢呼雀跃起来。

文宗为柳公权的赞美诗所触动，有点得意忘形，一个劲地称道："好诗，好诗！即时给边防官兵发放春衣，是朕应该做的事，让柳学士这么一吟唱，倒显得是皇恩浩荡了。"

但皇上似乎还不尽兴，诏令柳公权再赋，说："既然柳学士此时来了诗兴，那就不妨再接着吟唱，好不好？"

这又引得随行宫人一阵叫好，尤其是春情荡漾的宫女们又趁机叽叽喳喳、嘻笑个没完。

柳公权复无停思，接着上文的诗意，一板一眼地吟道：

挟纩非真纩，分衣是假衣。从今貔武士，不惮戍金微。

比起前一首诗的通俗明快，这首诗的字词有点生僻绕口，让文宗一下子没有明白其中的词义，不由皱了皱眉头。宫女中的诗歌爱好者们也面面相觑，尚未听懂诗的意思。

柳公权看出听众的情绪，诗的字词是晦涩了一些，连忙做了详细解释。纩，指新丝绵絮。貔，猛兽名，似虎，貔武即貔虎。唐高祖李渊之祖名虎，唐代因避讳改"虎"为"武"，比喻勇猛的将士。惮，畏难，畏惧。金微，古山名（即今阿尔泰山）。唐贞观年间，以铁勒卜骨部地置金微都督府，乃以此山命名。

文宗听明白了，赞叹柳公权的诗句文婉切而丽，用典精到，寓意深邃，想不到堂堂的书法家，居然还是位诗坛大才！

皇帝刚把一批御寒棉衣送给边关将士，因为是一则政绩，便要柳公权诗以颂之。柳公权三步之内竟口占一首五言律诗，全诗条理清晰，音韵醇浓。文宗听罢，大为惊讶之余，心里乐滋滋的。

宫女们见柳公权在赋成此诗时，丝毫不见有什么困难，听明白诗意的解释后又一再惊叹地尖叫着："柳学士您懂得真多，真是太厉害了呀！"

见此场景，文宗对柳学士点头称道，也对着宫女们笑了笑。同时，他又略微低着头，对柳公权刚刚赋写的诗句细细品味了一番，然后便深深地感叹道："子建七步，尔乃三焉。"（《旧唐书》卷一百六十五）

意思是，想当年曹植七步成诗，被世人称为奇事一桩，而爱卿却能在三步之内成诗，你这不就比那个曹子建还要高明得多吗？

面对皇帝的极度赏识，柳公权急忙俯身下拜，口称："谢主龙恩！但微臣不才，岂敢跟前贤比试？"

子建即曹植，是曹操的第三个儿子，魏文帝曹丕的同母弟弟。他从小受到良好的文学熏陶，有非凡的文学才华。就在那一年，曹丕废献帝自立为帝，即魏文帝。曹丕称帝后，借口曹植在父丧期间礼仪不当，把他拿下问罪。这罪犯得很重，当时要被处死。在审问的时候，曹丕指责他仗着自己有才学，故意蔑视礼法，接着说："父亲在世时，常夸你的诗文，我一直怀疑有人为你代笔，今天限你七步成诗一首，如若不成，休怪我问你死罪！"曹植点点头，说："请皇上赐题。"曹丕说："就以兄弟为题，但不许出现兄弟二字。"曹植略一思忖，便迈开脚步，走一步吟一句："煮豆持作羹，漉菽以为汁。萁在釜下燃，豆在釜中泣。本自同根生，相煎何太急！"

这几句诗的意思是：要煮豆子做豆豉，抱来豆梗当柴烧。豆梗在锅下呼呼燃烧，豆子在锅里被煮得又哭又叫。咱俩都是一条根上长出来的，为什么这样狠心地煮我不轻饶？曹植吟完，正好走了七步。曹丕听了，羞愧难当，免去了他的死罪，将他贬为安乡侯。曹植七步成诗的事很快传开，人们也因此而称赞他有七步之才。

而此时此刻，颇让唐文宗惊异的是，侍书柳公权仅三步成诗，实乃旷世之才。

皇帝每年春上给边兵赐春衣，宫人也同样每岁一给春衣。唐律规定，官奴婢甄为三等之差，以给其衣粮。四岁以上为小，十一岁以上为中，二十以上为丁，春衣每岁一给，冬衣二岁一给，其粮则季一给。所谓衣食父母，当报恩才是，春衣而引发柳公权的诗情，不仅仅局限于边兵得春衣的一事一议，显然也观照到了诸如宫女们的生计，而得以称誉。

以书法名世的柳公权，也堪称比诗才极为敏捷的曹植还要敏捷的诗人，擅长撰写诗文，而且竟能在极短的时间内，构思并创作出颇为可观的作品来。而翰林学士最为重要的职能是草制，由此而来的，是草拟决策时的论议角色。在这方面，柳公权当然也是出类拔萃的。

在柳公权看来，中唐储君承继的诏书，成为新立帝王的法理依据。两次政变的共通点都是旧主驾崩之初，所召继位人选不为宦者接纳，结果由宦官军政诸司掩护新储出起居之处，勒兵殿院之下而推翻前议。在另起炉灶过程中，宦官仍得同样以翰林学士草诏析法，说明翰林学士院由于北出少阳院之便，草诏工作渐受内廷宦官操纵役使。就平日草拟公文而言，内容轻重不一，翰林学士的权限发展仍须视乎帝王信用的程度，翰林学士的草拟实权，已由单纯的文书起草发展至广泛参决的层面。

翰林学士能加入议政行列，与君主兴起固定的议事渠道有关。例如，浴堂殿乃德宗长年视事之所，地近绫绮殿，大明宫较东侧之处，此后帝王每于此召问学士意见。"唐学士多对浴堂殿，李绛之极论中官，柳公权之濡纸继烛，皆其地也"（《资治通鉴》卷第二百三十七），即道出翰林学士应召于此的传统，由此可知，浴堂议事制度沿袭已久，翰林学士论政决事风气已然建立。

柳公权记得很清楚，宪宗元和五年（810）六月，白居易尝因论事，直言道："陛下错。"皇上脸色庄严，甩手而罢。接着，皇上密召承旨李绛谓："白居易小臣不逊，须令出院。"李绛曰："陛下容纳直言，故群臣敢竭诚无隐。居易言虽少思，志在纳忠，陛下今日罪之，臣恐天下各思钳口，非所以广聪明，昭圣德也。"皇上采纳了李绛的建议，甚悦，待白居易如初。

担当翰林学士的柳公权，工作比较辛苦，如需定期"宿值"，管理极为严格，有"锁院草诏"以及禁止与朝官密交的规定。值宿生活清寂，却也抵消不了头上的辉光，如白居易诗中所言："窗白星汉曙，窗暖灯火余。坐卷朱里幕，看封紫泥书。"却也有"风幡朱里幕，雨冷通中枕。耿耿背斜灯，秋床一人寝"。由草拟制诏发展至密议决策，翰林学士之职已非单纯的秘书顾问角色，其执行部分相权，足以改变宰相与宦官权力周旋中的政治形势，此为宰相与学士关系又得和谐共事之处。

白居易曾任中书舍人及翰林学士，其所撰中书制诏和翰林制诏，便显出了内外二制轻重之别。白居易能留于翰林学士院，皆因承旨李绛于密议中对其持正面态度，可见帝王在承旨之设及密议制度的双重保障下，重新以翰林学士院为帝王私人腹心。由于南衙北司长期对立，帝王用人管道已尽量超越外朝宰相或内廷宦官，避免直接卷进各种人事纠纷，相反多以重用的翰林学士承旨入相，更能确保政治风险。故此，学士承旨之职已有提前培育帝王亲信的意图，方便日后进入中枢的决策层。

到柳公权任翰林学士阶段，其职责繁多，草诏密议之余，于宰相施行任免权力中越形占优。从前黄白二麻的诏降悉属中书，渐次由翰林学士院独掌系乎军国重事的白麻，且直接关系宦官用人权限。"唐中书，用黄、白二麻为纶命，其后翰林专掌白麻，中书独用黄麻。"纶命，就是天子的诏命，分别书写在黄、白两种麻纸之上。将宰相权力移于翰林，未必不是出于帝王的本意，如是藉第三者可以重新规管重要官职。从各种迹象显示，翰林学士透过白麻之制，发挥封驳政策的权能。翰林学士专掌草诏白麻，即根本代表帝王与宰相发号命令，宦官不得私夺的最高精神。宦官既不能像翰林学士草诏，唯有假以其他途径夺权，例如变更议定决策的原貌，加入修订程序，或者垄断宣令的最终过程，得以上下其手。凡此，解释了越到唐代后期，内诸司的机密、宣徽之职越具代表性。

君主援引学士论议宦官，为了防避阉宦视线，召对往往彻晚进行。文宗与柳公权，"每浴堂召对，继烛见跋，语犹未尽，不欲取烛，宫人以蜡泪揉纸继之"(《旧唐书·柳公绰传》)。足以证明，柳公权与文宗皇帝的君臣关系之密切。这恐怕是柳公权一生仕途中的黄金时代，之前与此后的处境，大不如此时让柳公权这么称心如意，心情舒畅。

柳公权起先为翰林学士，一般由校书郎至六部尚书的官员充任，无品秩，也没有独立的官署。但却是除宦官之外唯一得出入禁宫，在内廷办事的官员。是直接隶属于皇帝、听命于皇帝的身份特殊的官员。制诏出令，中央决策的最主要环节，掌握了草诏权就意味着进入到了决策中心，参与中枢权力机构的运作活动。翰林学士所撰诏书为内制，无须经过门下省审议复核而直接从禁中发出。中书舍人或知制诰所撰为外制，所拟为一般诏书，须经门下审复通过，并由符宝郎加盖天子六宝，方为制敕。唐宪宗时，由中书舍人掌控的职能有相当大的部分，被翰林学士取而代之。唐宪宗即位后，翰林学士开始定型化，实施了从诸位翰林学士中选拔一位德高资深者为承旨学士，以参谋密禁承揽重任的制度。

唐文宗开成三年（838），柳公权转工部侍郎，累迁学士承旨。

翰林学士承旨一职，起先在玄宗朝时只是设翰林院学士六员，肃宗至德宗年间，从中择年深德重者一人为承旨，独承密命。唐宪宗正式常设翰林学士承旨，为翰林学士之长，职权尤重，多至宰相，然犹为职衔，例由他官兼任。翰林学士承旨作为翰林学士的首领，不是单纯起草诏令，而是在禁中职掌机密，是唐朝实际上的宰相，被称为内相。

自从当上了声名赫然的承旨学士，柳公权则具有首席学士的身份，再也不是起草制诏的了，而是直接出谋划策于内廷，扮演着分割外朝宰相议政权的名副其实的内相角色。一旦被提拔为承旨学士，其拜为宰相的可能性就大为增加。虽然翰林学士多从下级朝官中选拔，但由于其参掌禁密，政治地位高，升迁机会大致具备执政者宠信的私臣，而最为文士所艳羡。

翰林学士制诏与中书舍人制诏，是一种程式很高的官方应用文体。因为其在升迁贬黜、德音请表、征战讨伐、民族交往等非善非恶的事务有较高的发生频率，故而往往出现一些褒扬与贬斥走向两极化的倾向，即好的更好，坏的更坏。但作为以皇帝名义发出的诏诰，君无戏言，其真实性和严肃性是最起码的要求。赋予制诏权力的是皇帝，制诏的人是其臣子，诏书的旨意由皇帝定夺，领旨体意则是臣子的工作。翰林学士或中书舍人，剩余的工作则是怎样剪裁、取舍、提炼、润色，以便使主旨突出、倾向鲜明等等。

在柳公权所负责的诏诰文中，实际上公然而巧妙地消融和渗透着其政治观、文化观、价值观和审美观的影子。对一般士人而言，正心、诚意、修身、齐家、平天下，乃是儒家为每一个人实现人生目标和价值所设定的理想运行轨迹。忠恳恭顺，清廉端直，恬淡自守，是必须具备的。

夏季到了，四月十一日，文宗在一座别殿召见中书舍人、翰林学士兼侍书柳公权（《资治通鉴》第二百四十五卷）。

当君臣说到汉文帝很注意俭朴的时候，文宗举起自己的衣袖让大家看，并有意自夸地说："这件衣裳已经洗过三次了，它现在还穿在我的身上。"

意思是显摆一下自己身为天子，物质生活如此俭朴，真是一个清廉的好皇上。

在座的一个大臣听了，马上奉承说："陛下，您的俭朴已经胜过了英名一世的汉文帝呀！"

其他几位大臣也跟着随声附和起来："是啊是啊，圣上英明，我等当效仿陛下，倡导节俭廉洁之风尚。"

在一片恭维之声中，唯独承旨学士柳公权沉默于一旁，容情镇静，一句话不说。

文宗看见柳公权默默不语，不搭理他的显摆，心里有些不高兴，就径直质问柳公权："你怎么一句话也不说，什么意思呢？"

柳公权当即露出微笑，看着文宗，却神情严肃地说："陛下，您作为天子，衣裳已经洗过三次还穿在身上，这固然是值得称道的美德，但圣上如今最重要的事，是要选用那些有才德的人，罢免那些没有才德的人，让应该得到奖赏的人得到奖赏，使那些应当受到惩罚的人受到刑罚，这才是天子最宝贵的美德呀！以身作则，穿件洗过的衣服的确很好，可这不过是细微的小事啊！"

文宗听了柳公权的这一番话，开始有点诧异，仔细想了想，觉得很有道理，便高兴地对柳公权说："现在文官中最高贵、最荣耀的官职就是中书舍人、承旨学士此等负责起草朝廷文告的官了，您已经担任了这个官职，按理说我不应该再让您去当谏议大夫这样的小官了。可是因为您正直敢言，有诤臣的风骨，所以我要委屈您再兼任谏议大夫官职，好让您能够常常提醒我。"

柳公权也没想到，自己只是心里怎么想就怎么说，直截了当地道出了对此事的真实看法，皇上非但不斥责反而称赞了他的态度，还得到一个复加的谏议大夫的名号。

他连连回敬道："谢主隆恩！谏议大夫的官职大小倒无所谓，圣上信任老臣，以后老臣有话也就端直说了，复加的谏议大夫名号就免了吧！"

文宗却道："柳学士不必客气了，依朕说的办就是了。"

第二天，文宗果然发布了任命，让柳公权兼任了谏议大夫、知制诰，承旨学士一衔仍旧，调转为工部侍郎，只不过是备员而已。

又一天，文宗召柳公权问事（《新唐书》列传第一百七）。对他说："近来外边有什么议论？"

柳公权想了想，也毫不隐瞒，郑重地回答说："自从郭旼被任为邠宁节度使，人们议论纷纷，有的说好，有的说不好。"

文宗听了，反而理直气壮，厉言道："郭旼是尚父郭子仪的侄子，太皇太后的叔父，在职也没有过错，从金吾大将升任小小的邠宁节度使，还有什么可议论纷纷的呢？"

柳公权有点诧异，心想，说是想听听近来的风言风语，自己照实说了，却惹得皇上不大高兴。如果在此前不兼谏议大夫的名号，该说的话也要说，如今既然兼任了此职，更是责无旁贷，即使皇上不高兴，老臣我也是一片忠心不是？

柳公权没有退让，据理辩解道："凭郭旼的功绩和品德，任命为节度使是合适的。陛下尚且不知情，人们议论的原因并不在此。"

文宗诧异，问道："那是何故？"

见文宗想弄清事情的真相，柳公权反问道："说是郭旼把两个女儿献入宫中，孝敬圣上，因此才升了官，这是真的吗？"

文宗皱了一下眉头，略有所思，原来是这样，便道出了事情的原委："真是冤枉，郭旼的两个女儿进宫，说是来看望太后的，并不是他进献女儿给朕的啊。"

柳公权静了静神，耐心地说："常言道，瓜田不拾履，李下不整冠，如没有嫌疑，为什么这事儿会嚷得家喻户晓、满城风雨呢？"

文宗听懂柳公权的话，其引用的自三国曹植诗作《君子行》：

> 君子防未然，不处嫌疑间。瓜田不纳履，李下不正冠。嫂叔不亲授，长幼不比肩。劳谦得其柄，和光甚独难。周公下白屋，吐哺不及餐。一沐三握发，后世称圣贤。

瓜田不纳履，李下不正冠，指经过瓜田不可弯腰提鞋，经过李树下不要举起手来整理帽子，免得别人怀疑你偷瓜摘李子，比喻避免招惹无端的怀疑。

此刻，柳公权借以说明并劝告皇上，做任何事情都要注意避开容易让别人产生嫌疑的地方。曹植此诗作中的"白屋"，即贫家的住所，指房顶用白茅覆盖，或木材不加油漆叫白屋。一沐三握发，或一沐三捉发，握发吐哺，就是从一沐三握发，一饭三吐哺而来。意思是，洗一次头，要三次握住头发，中止洗头来接待士人。吃一顿饭，要三次把食物吐出来，来回答士人的问题。

文宗联想到了这首诗，吟咏一番，重新领悟诗作，其中说明两个问题：一是周公勤于政事，寝食不安；二是周公礼贤下士，接待贤士特多。后世常以此形容求才殷切，礼贤下士，争取人才。三国曹操也有"周公吐哺，天下归心"的诗句。

柳公权见文宗听进去了自己的劝谏，随机又举出一则先朝的案例，即王珪劝太宗送庐江王妃出宫的事件，来说明此类事由的曲直利害。

王珪，字叔玠，少孤，因叔父王頍参与汉王杨谅谋反被诛杀而受到牵连，隐居于终南山，直到隋朝灭亡。李纲以其"贞谅有器识"，荐为世子府咨议参军，为太子舍人，成为李建成的心腹。玄武门之变后召拜谏议大夫，迁黄门侍郎、兼太子右庶子。贞观二年（628）任侍中，与房玄龄、魏徵、杜如晦等齐名，人称唐初四大名相。王珪"性雅淡，少嗜欲，志量沉深，能安于贫贱，体道履正，交不苟合"。意为性情沉静恬淡，为人正直，安于所遇，与人交往不苟且附和。

任命王珪为谏议大夫时，太宗曾经说："君臣同心同德，那么国家就会安定。我虽不是贤明之君，但幸而有各大臣常加规劝，及时纠正我的过失，但愿这样可以使天下太平吧！"王珪进言说："古时天子有谏诤之臣七人，都因谏言不被采用，而相继死亡。现在陛下发扬美德，采纳像我们这样的草野之人的意见，我愿竭尽愚钝之力，效力辅佐陛下。"王珪推诚尽忠，进荐善言，并常常思念规劝，太宗更加信任他。

一天，王珪进见，看见有一美人在皇上身边侍候。太宗指着她说："庐江王不行道义，杀了她的丈夫而纳她为妾，怎么会不灭亡呢？"王珪离开座位回答说："陛下认为庐江王做得对还是不对呢？"皇上说："杀了人却纳那人之妻，竟然还问我是对还是错，为什么呢？"王珪回答说："我听说齐桓公到郭国，问老百姓，郭公为什么死了？老百姓回答说，因为他能分清什么是善什么是恶。齐桓公说，如像你们这么说，他就是一个明君了，可为什么会到了灭亡的地步？老百姓说，不是这样的，郭君知道是好的意见却不采纳，知道是错的事情却不停止做，所以灭亡。如今陛下知道庐江王灭亡的原因，他的美姬还在你的身边，我看陛下认为这样做是对的，知道那是错的事情但还要继续做，这就是所谓知道不对的却不停止去做啊！"太宗十分欣赏王珪说的话，立即改过，送庐江王妃出宫。

文宗听柳公权这么一说，觉得很有道理，自己当仿照先皇的做法，当即派内使把二女送还郭旼家中。

柳公权忠正直言，匡求失误，大都和这件事一样。所以在文宗朝屡次升迁，荣为学士承旨一职。作为翰林学士的首领，不是单纯起草诏令，而是在禁中职掌机密，是实际上的宰相，被称为内相。然而，对于痴心于书艺的他来说，只是所谓恪尽职守，谨慎恭敬，认真细心、耐心地守住职位，而绝无非分之想。

在这一年的五月，柳公权见爵河东县开国男。

唐朝分亲王、嗣王，承袭亲王的为嗣王，及郡王、国公、郡公、县公、郡侯、县侯、县男、县子。国公以下，均加开国字样。封爵有食邑，但往往为虚封，唯加实封者可以享有所封地的租税收入，后改为领取俸禄。爵之寓意，是君主国家贵族封号，爵位、爵号，是古代皇帝对贵戚功臣的封赐。河东县，隋开皇十六年（596）于蒲坂故城所置，亦为柳氏祖籍所在地。

此年十一月十日，文宗召柳公权麟德殿入对，商议宫廷要事。不得其详。

回望来路，柳公权是在唐文宗开成二年（837）由中书舍人、翰林院学士兼侍书学士任上踏入花甲之年的。六十岁以前政治上不得意，六十岁后"恩宠日增"，所谓"人缘书贵"与"书因人重"是相辅相成的。字好，赢得赞赏，而一路升迁至高位，则书也值钱了。

多年之后，唐后主李煜以书圣王羲之为准绳，评述善书者，各得右军一体。若虞世南得其美约而失其俊，欧阳询得其力而失其温秀，褚遂良得其意而失之变化，薛稷得其清而失于拘窘，颜真卿得其筋而失于粗鲁，柳公权得其骨而失于生犷，徐浩得其肉而失于俗，李邕得其气而失于体格，张旭得其法而失于狂，献之俱得之而失于惊急。

回顾初唐书法，受二王和隋碑影响，大抵以硬瘦为主，在继承的同时又有所拓展。颜真卿失于"粗鲁"，柳公权失于"生犷"，"失"也正是变的结果，拓新的一面。变则通，不变则死，一部书法史就是一部不断创新的历史。颜体一出，一反初唐书风，行以篆籀之笔，化瘦硬为丰腴雄浑，结体宽博而气势恢宏，骨力遒劲而气概凛然，这种风格也体现了大唐帝国繁盛的风度，并与他高尚的人格契合，是书法美与人格美完美结合的典例。但正因为如此，也就限制和影响了其他书法风格的发展。学习颜体如果不当的话，很容易流于肥俗恶浊。

在这种情势之下，柳公权站了出来，用硬瘦来矫正肥厚之失，研究出新的书法风格。

此间，他先后于五月书《冯宿碑》，七月书《阴符经序》，十一月书《罗公碑》《柳尊师志》。此间的柳公权，真是忙得不亦乐乎。

前一年，老友冯宿病卒。次年仲夏，柳公权为他的神道碑铭撰文并书丹。这亦是他们阴与阳的合作。二人早有过合作，曾于大和五年（831）共同完成了《太清宫钟铭》，大和七年（833）又一起创作了《升玄刘先生碑》。来不及再一次合作，阴阳相隔以后，双方唯以各自擅长的方式，融入大唐历史文化的长卷。

《冯宿碑》，全称很长，为《大唐故银青光禄大夫检校礼部尚书使持节梓州诸军事兼梓州刺史御史大夫充剑南东川节度副大使知节度事管内观察处置静戎军等使上柱国长乐县开国公食邑一千五百户赠礼部尚书冯宿神道碑铭》。王起撰文，柳公权正书并篆额。唐开成二年（837）五月立于万年县即今西安。碑文楷书，共三十四行，行六十一字。石存西安碑林。其书爽利快健，神采飞扬，似乎在预示一种更为精炼的柳体即将孕育而出。

冯宿，贞元中与弟定及从弟审、宽并登进士第，后擢东川节度使。因不愿协佐张愔，被贬为泉州司户参军。元和十二年（817）从裴度东征，任彰义军节度判官，淮西平定后，累官至左散骑常侍兼集贤殿学士。后任剑南东川节度使，修建城郭，增备兵械，兴修水利，颇多建树。唐文宗在位时，冯宿为官的政绩在朝内朝外很有声誉，又能奉承北司的豪门贵族，深得其欢心，有好多次差点当上宰相。

柳公权书写碑文时，想到了传闻中当初冯宿欲当宰相的笑话，禁不住偷偷乐了起来。

是说一天傍晚，中尉给冯宿送来一只封闭的盒子，打开后，看到里面有两顶乌纱帽，以及甲香防冻膏之类的东西。当时朝中官员结交显贵侍从宦官的人，如果将升大职，一定先用这些东西通消息。冯宿欣喜万分，就把这些呈送给经常辅佐的宰相杨嗣复。冯宿喜欢衣着华丽干净整洁，从晚到早要换几套华贵的衣服，挑选几匹骏马，鞍鞯光亮照地，无与伦比。冯宿自认为有了可靠的消息，就不适合依序上班，要尽情享受称心如意的快乐，就修整容貌换好衣服前往相府。到了幕府附近时，小吏通报说已有诏书，冯宿假装不知。等到了幕府，果然已有诏书，通接宾客的近侍捧着诏书，看来一定是宰相的职位。将要公布时，那近侍面向大殿，躬身拿着诏书，大声叫着所授大官的姓名，接下去大声叫道：萧仿！

冯宿竟然惊诧得扑倒在地，别人搀扶他回到家，就得病死了。原来那晚准备拟定委任状送到学士院时，文宗对亲近大臣说："冯宿的为人，好像不够沉稳，萧仿兼任盐铁官时，我观察他很有大臣的风度。"皇上一句话，于是用萧仿代替了冯宿。冯宿生平与韩愈友善，亦以古文名于时。病重时，有囚犯将处重刑，家人请他恕以积德延寿，冯宿说："命修短，天也，挠法以求佑，吾不敢。"遂卒，赠吏部尚书，谥懿。遗命薄葬，悉以平生书纳墓中。

想到这里，柳公权转而对这位碑主有了几分怜惜与钦佩。

这年七月，柳公权书《阴符经序》。郑瀚撰文，孙文杲镌刻，立于洛阳。此书与欧阳询《化度寺碑》、虞世南《孔子庙堂记》相提并论，三碑又为最精者。

旧题黄帝撰《阴符经》，又称《黄帝阴符经》或《轩辕黄帝阴符经》，亦称《黄帝天机经》。学者都认为是后人伪托，有人说是战国时的苏秦，有人说是北魏的寇谦之，也有人说是唐朝的李筌，成书年代也莫衷一是。但多认为系道教修养之术，论涉养生要旨、气功、食疗、精神调养、房中术等诸多方面。

少宝山达观子李筌，好神仙之道，常历名山，博采方术。有一日至嵩山虎口岩石壁中，幸得《阴符》本绢素书，朱漆轴，以绛缯缄之。封云："魏真君二年七月七日，上清道士寇谦之藏诸名山，用传同好。"然其本糜烂，应手灰灭。李筌《黄帝阴符经疏序》所引骊山老母之言，"火生于木，祸发必克者，五行生，克之道也。如八卦甲子，神机鬼藏，彼有留门之说，是有洛书井之彼端即克端得朋见门。铁冠之前，有火发者以入水克之，是入其门。"历代经注者，有太公、范蠡、鬼谷子、张良、诸葛亮、李筌，及之后的宋儒朱熹。

《阴符经序》撰文者郑瀚，考功员外郎。唐时"颂官长德政之碑必上考功，奉旨乃得立。刺史有驱迫人吏上言政绩，请刊石纪德者，郑瀚探得其情，条责廉使，巧迹遂露，人服其敏识"。

《阴符经序》云："所谓命者，性也。性能命通，故圣人尊之以天命。愚其人，智其圣，故曰：天机张而不死，地机弛而不生。观乎《阴符》，造化在乎手，生死在乎人。故圣人藏之于心，所以陶甄天地，聚散天地而不见其迹者，天机也，故黄帝得之以登云天，汤武得之以王天下，五霸得之以统诸侯。夫臣易而主难，不可以轻用。太公九十非不遇，盖审其主焉。若使哲士执而用之，立石为主，刻木为君，亦可以享天下。夫臣尽其心而主反怖，有之，不亦难乎？呜呼！无贤君，义士至死而不仕。莫若散志严石，以养其命，待生于泰阶。世人以夫子为不遇，以秦仪为得时。不然！志，在立宇宙，安能驰心下走哉？丈夫所耻！呜呼！后世英哲，审而用之。范蠡重而长，文种轻而亡，岂不为泄天机？天机泄者沉三劫。宜然，故圣人藏诸名山，传之同好，隐之金匮，恐小人窃而弄之。"

大致意思是说，我们所说的命运，取决于人自身的能力，能力高则命运强，所以圣人的命运就被尊为天命。人和圣之间的差别就在于智慧的高低，所以说：天广阔却有灵性，地博大却不知变通。读《阴符经》可以知道，造化掌握在自己手里，生死是由自己决定的。成为人或圣的关键在于对事物的看法和判断，对社会发展有贡献，对天下兴亡有功劳的人却没有留下姓名，是因为天意。所以黄帝能够升天成仙，商汤可以称王，春秋五霸割据一方成为诸侯。寻找臣子易选择君主难，不能轻易做决定。姜太公等到九十岁并不是没有机遇，是因为在等待贤明的君主。如果能得到有智谋的人尽心辅佐，就算拥立块石头为主人，刻根木头当君王，也可得到天下。做臣子的忠心为主，君主却因此猜忌惧怕，若是这样，岂不是在自取灾祸吗？没有贤明的君主，道德高尚有原则的人一直到死都不会去做官。还不如打消志向，严守本分，保全自己的性命，等候时局的变化。世上的人认为孔夫子有才能却不得志，苏秦张仪生而逢其时。是错的！志向在于安邦定国，怎么能够成为让人随意指使的走卒？这是知书能文者的耻辱！今后有才干的杰出人士要小心使用才能。范蠡谨慎所以长寿，文种轻率而丧命，不正是因为随意使用能力泄露了天机吗？泄露天机的人会堕入三劫，应该这样做，圣人将著作藏在名山，只传给志趣相投的人，隐匿于柜中，以免被小人窃得后用来做坏事。

在书写者柳公权看来，《阴符经》实乃古今修道第一真经，共有三四百字，字字珠玑，蕴含华夏民族政道、治道、兵道、仙道的智慧思想源流，可谓博大精深。其文字简练，词语奇特，气魄宏大，胆略奇伟，言必有据，哲理深邃，理必辩证。通观全文，又连贯一气，书中多隐喻，论述养生、政道、兵略思想时，融合易、老、阴阳、法、兵等诸家思想，不愧是一部独步古今的经典之作。

柳公权书至文末，长出了一口气，搁下了手中的笔，陷入茫然而洞见光亮的沉思之中。此经序所言，对于为人、为官、为文，岂不是至理名言，令人振聋发聩之方吗？

唐文宗开成二年（837）十一月，柳公权书《罗公碑》，又称《检校金部郎中赠太尉罗公碑》。李绛撰文，立于洛阳。

碑主罗某生前的职位为检校名，即负责审查核实的官员。南北朝以官派办某事，加"检校"，如检校秘书等，非正式官衔。安史之乱后，"检校"官职盛行，使用范围扩大，连节度使的幕府参谋都采用"检校"

官职。所谓金部郎中，掌天下库藏出纳、权衡度量之数，管理两京市、宫市等交易，并百官、军镇、蕃客之赐，及供给宫人、王妃、官员奴婢衣服。

罗公其人，生平不详。

柳公权熟识撰文者李绛，赞皇（即今河北赞皇）人，出身于一般官宦之家，擢进士，补渭南尉，拜监察御史。元和二年（807）授翰林学士，后入阁拜相为中书侍郎，同中书门下平章事。后因与权贵有隙，以足疾求免，罢为礼部尚书，后入为兵部尚书。文宗时，召为太常卿，以检校司空为山南西道节度使。

李绛喜实厌虚，在朝勇于犯颜直谏，这是让柳公权所钦佩的。李绛曾说："身居国家重要职位，只图惜身不敢直谏，是臣辜负于君王。若臣子为国为民不看圣上脸色说话，敢于做出不顺从圣上的事，而被治罪，是圣上负于臣子。"宪宗听罢很受感动，说道："卿告朕以人所难言者，疾风知劲草，卿当之矣。"李绛还反对大臣无原则奉迎上意，粉饰太平。为此，常与人争辩殿上。一次，同乡宰相李吉甫盛赞皇帝威德，李绛当场给予尖刻批评，宪宗赞李绛："绛言骨鲠，真宰相也。"

唐文宗开成二年（837）十一月，柳公权撰文并书《柳尊师志》，当年立于京兆华原，柳氏的家乡。

之前，柳公权书碑甚多，却极少有为碑主亲自撰文并书写的先例。也许，此柳尊师不是别人，为河东虞乡同族人氏，字希音，是一位女道士。按班辈应为柳公权之从侄女，与柳宗元同辈。其父柳中庸，早年随冀州武邑主簿的祖父柳喜，避燕寇于江南，自绝禄仕。

柳公权在《柳尊师志》写道："其父柳中庸，名淡，曾在湖州诏授洪州户曹掾，不就，高论于贤侯之座以终世。"

皎然有《送柳淡扶侍赴洪州》诗，题下自注：此子素少宦情，共予有西山之好。诗云：

中林许师友，忽阻夙心期。自顾青缣好，来将黄鹤辞。少年轻远涉，世道得无欺。烟雨孤舟上，晨昏千里时。离魂渺天末，相望在江湄。无限江南柳，春风卷乱丝。

据皎然诗，柳中庸离开湖州到洪州上任去了。

而柳公权所撰《柳尊师志》，对其父或是誉美之辞，或是柳中庸到洪州后，不久便离开了官场，也情有可原。其父柳中庸，大历年间进士，曾授官，不就，早亡，卒于洪州。其母为萧颖士之女。父亲死时，女儿柳尊师仅三岁，"而失怙恃，见育于祖母。"之后，柳尊师便成了王屋山上清大洞三景女道士。开成五年（840）卒，年六十八。

柳中庸幼善属文，学通百氏，与兄柳并、弟柳中行皆有文名。与卢纶、李端、张芬为诗友，有《征人怨》一诗流传甚广，诗云："岁岁金河复玉关，朝朝马策与刀环。三春白雪归青冢，万里黄河绕黑山。"诗题为"征人怨"，前二句言情，后二句写景，而皆含怨意，嵌青、白、黄、黑四字，句法浑成。其诗亦体源于乐府，微嫌笔头太重，以写边塞征怨为主，然意气消沉，无复盛唐气象。

柳中庸又有《听筝》一诗，云："抽弦促柱听秦筝，无限秦人悲怨声……"筝是一种拨弦乐器，相传为秦人蒙恬所制，故又名"秦筝"。它发音凄苦，令人感悲音而增叹，怆憔悴而怀愁。抒写诗人听筝时的音乐感受，其格局和表现技巧，别具一格，别有情韵。末两句是说，筝声本来就苦，更何况又掺入了我的重重离别之恨，岂不格外引起对远方亲人的怀念！南北远离，两地相思，诗人的族侄柳宗元因参与王叔文集团的政治改革，失败后被贬南陲海涯，当是诗人有感而发。

血浓于水，亲情难却，柳公权撰文并书《柳尊师志》，不禁动心伤怀。族人柳中庸，一生虽然概无宦情，在仕途上无所建树，也不屑于游戏官场，早早离开了人世，却留下了不朽的诗名。只是怜惜于他的女儿，三岁离父，日后遁入空门，上了王屋山做了道士而终，岂不悲乎。

唐文宗开成三年（838），柳公权书《崔稹碑》，又称《检校金部郎中崔稹碑》《赠太尉崔稹碑》。李绛撰文，当年立于洛阳。

崔稹，清河（即今河北清河）人。早年在包佶幕，娶华阳公主，官至检校金部郎中。清河崔氏，乃春秋时齐国公卿之一，唐代崔氏仍然显赫，有二十三人做过宰相。唐初官员修订《氏族志》，把崔氏列为第一，唐太宗知后大怒曰："崔氏早已衰微，既无显官，又无人才，凭什么列为第一？难道我李氏贵为天子，还比不上崔氏吗？"下令改以皇室李氏第一，皇后氏族长孙氏第二，崔氏与其他山东士族列第三。虽然如此，崔氏仍为士族高门。门阀制度虽然在隋唐后遭到抑制，而清河崔氏依然能够保持文化相传数代，主要原因应该是其生存环境的相对稳定。唐朝科举取士的发达，促使清河崔氏家族主体学术传统由经学向文学的转化，可以视作当时北方世家大族的一个典范。

对清河崔氏的族史，柳公权尽知其详，而让他感到更有意味的是另一位与崔氏家族结缘的元稹。其母郑氏，所出荥阳郑氏平简公房，元稹在其《莺莺传》中所谓"异派之从母"，是指他母亲的同父异母之姊，其姊的婚姻对象则应出于唐代第一高门崔氏清河小房。小说《莺莺传》的本事正是发生在这种家族背景之下，郑氏之有崔氏姻亲，绝非伪托杜撰。双方家族的门第差别以及女方之母的反对，才是造成小说中崔、张睽离结局的真正原因。

在那一年的春天，一直很自负的元稹，在一座小寺院里，遇见了一个名为崔莺莺的女子。一个貌比王嫱、才堪文君的女子。在小寺庙里多次偶遇之后，他已经不满足一笑一回眸，于是给她写诗："春来频行宋家东，垂袖开怀待晚风。莺藏柳暗无人语，惟有墙花满树红。深院无人草树光，娇莺不语趁阴藏。等闲弄水浮花片，流出门前惹阮郎。"元稹将诗扔在她脚下，她将汗巾抛到地上，然后一并收回袖管。这是她对他仅有的暧昧，而令他挂怀。她的傲慢令他气愤，心生怨恚，可是他从不去想自己的懦弱。于是他写了一本书，幻想出一个张生，一个误了莺莺终身的薄幸男人，满足了自己被忽视的感情。这本书的原名好像是《会真记》，流传多年后，又被人改作《西厢记》。

柳公权在《崔稹碑》的书写过程中，不是照猫画虎，而是由此联想到了碑主的家世和轶事。一个姓崔，加一个姓元，同名一个积字，算是巧遇，然而却从中窥视出社会变迁中的人的命运，人的情感历程，不由唏嘘不已。

碑主崔积的生平事迹，见诸于史籍的文字寥寥无几。其子崔群，生于代宗大历七年（772），中进士时年仅十九岁，与韩愈是朋友，初为秘书省校书郎，历官中书舍人，同中书门下平章事。大和六年（832）卒，赠司空。白居易有《花前有感兼呈崔相公刘郎中》云："何事同生壬子岁，老于崔相及刘郎。"白居易自注："与崔群、刘禹锡年同，独早衰白。"

开成三年（838）七月，柳公权书《韦元素碑》，又名《淮南监军韦元素碑》。丁居晦撰文，立于万年县。

韦元素何许人也？甘露事变之前不能不提及的一个重要人物。

早年与柳公权一起抗疏的同僚宋申锡被贬为开州司马后，左神策中尉韦元素等人，见郑注依倚王守澄，如不早除，必生祸端。便联合御史台官员上书文宗，弹劾郑注，说他内通敦使，外连朝士，往来于南衙北司之间，收受朝赂，干权乱政，请付法司治罪。这道上书一出，其他官员弹劾郑注的上书也接踵而来。这些上书都被王守澄扣压于神策军中，拒不上奏文宗。左将军李弘楚见王守澄专横跋扈，一手遮天，劝韦元素称病，派人将郑注召来，擒而杀之，然后再奏明皇上。韦元素答应后，便派人召郑注来。当郑注来到韦元素府第时，见韦元素并无疾病，已知事情有些蹊跷，便随机应变，采取以屈求伸的伎俩，用花言巧语掩盖其罪恶，对韦元素大加吹捧。

韦元素不自觉地握住郑注的手，并互通款曲，认真地听着他的献媚之辞，竟然忘记了疲倦。李弘楚站在一旁，再三举目暗示，让人把郑注拿下。韦元素连看也不看，并送给郑注一些礼物，让他回府去了。李弘楚怒气冲冲地对韦元素说："中尉今日优柔寡断，他日必不免其祸！"说罢辞宫解职而去。韦元素放过郑注，而郑注却不放过韦元素。大和九年（835）三月，郑注反守为攻，勾结王守澄、李训，以韦元素等人居中用事，与王守澄不和的罪名，将韦元素贬至淮南做监军，不久又流放到象州。当他上路时，王守澄又派遣宦官刘忠谅，将韦元素追杀于武昌。

柳公权对其中的变故知之甚详，对碑主韦元素的仕途命运深为同情，同时也哀其不争，是糊涂还是聪明，反被自以为是的聪明，害了卿卿性命。

唐文宗开成四年（839）九月二十八日，柳公权迁工部侍郎，正四品下，知制诰，翰林学士承旨。

工部为掌管营造工程事项的机关，六部之一，长官为工部尚书，侍郎为副长官，掌山泽、屯田、工匠、诸司公廨纸墨之事。

此年七月，柳公权书《元锡碑》，又称《淄王傅元锡碑》《淄王傅元公碑》。李宗闵撰文，当年立于咸阳。

元锡，元和九年（814）苏州从事，历淄王傅，终衢州刺史。工书，元和十年（815）官福州史时，尝书韩愈所撰《衢州徐偃王庙碑》。作品另有《苏州刺史谢上表》《福州刺史谢上表》《衢州刺史谢上表》《宣州刺史谢上表》传世。

柳公权接受邀请时发现撰文者为李宗闵，又让他想起当年胞兄柳公绰写信给时任宰相李宗闵，替自己乞换一散秩之事，不由感佩。

柳公权之后知道，先前，宰相杨嗣复打算向朝廷推荐提拔李宗闵，但恐怕被郑覃阻拦，于是，先让宦官在宫中私下向文宗建议。文宗上朝时对宰相说："李宗闵被贬到外地多年，应当授予一个职位。"郑覃说："陛下如果怜悯李宗闵贬逐的地方太远，只可把他向京城方向迁移几百里，而不宜再召回朝廷任职。如果把他召回朝廷任职，我请求先辞职。"陈夷行说："李宗闵过去在朝廷朋比为党，扰乱朝政，陛下为什么喜爱这种卑鄙小人！"杨嗣复说："处理问题贵在用心公道，不可只凭自己的爱憎。"文宗说："可以让他担任一个州刺史。"郑覃说："授予州刺史恐怕对他太优待，最多让他担任洪州司马。"

于是，郑覃、陈夷行和杨嗣复相互争论攻击，指斥对方为朋党。文宗说："授予李宗闵一个州刺史问题不大。"郑覃等人于是退下。文宗对起居郎、起居舍人说："宰相之间如此争论喧哗，难道能够允许吗？"二人回答说："这样下去确实不行，不过，郑覃等人是由于对陛下尽忠，因而不自觉地对杨嗣复态度激愤。"于是，唐文宗任命衡州司马李宗闵为杭州刺史。

接下来，柳公权书《李有裕碑》，又称《卫尉卿李有裕碑》《赠兵部尚书李有裕碑》。李景让撰文，柳公权署工部侍郎知制诰，立于万年县。

碑主李有裕，曾出任永州刺史，迁卫尉卿，赠兵部尚书。生平不详。

撰文者李景让，曾与时任起居郎的柳公权一起，弹劾节度使王播以钱十万市朝廷欢，求领盐铁，诣延英殿巫论不可，遂知名。历进御史大夫，出拜西川节度使。此人也与柳公权同道，工书法，尝称前人墨帖，类非以书得名，然世之宝藏者，特以其人耳。德望议论，一世所宗，行书又足以追配古人，宜其翰墨有传也。

这一年，柳公权陆续又书《庄淑公主碑》《宪穆公主碑》。

《庄淑公主碑》，又称《宪宗女庄淑大长公主碑》。杜牧撰文，当年立于万年县。

岐阳庄淑公主，是唐朝第十一代皇帝唐宪宗李纯嫡长女，她的生母是懿安皇后郭氏。按照旧例，唐驸马多出自贵戚和功臣之家。然而当时宰相权德舆选翰林学士独孤郁为婿，此人出身名家，文质彬彬，宪宗一看，叹息道："权德舆选了个好女婿啊。"于是，命令宰相李吉甫在世族中给岐阳选个驸马。但世家子弟多不愿做驸马，纷纷说自己身体不行，推辞了。只有宰相杜佑的孙子杜悰表示愿意。宪宗很是高兴，亲自在麟德殿召见他，许下了这门婚事，并拜杜悰为银青光禄大夫、殿中少监、驸马都尉。

元和八年（813）八月，岐阳出嫁，宪宗为她升正殿送嫁，礼毕，由西朝堂出，宪宗又赶到延喜门，止住岐阳的车，大赐其宾从金钱，并派左右神策兵三百到光范门为岐阳清道。宪宗赐给岐阳一所在昌化里的宅子，引龙首池水为池塘，后来又把岐阳外曾祖父郭子仪家的大通里亭赐给岐阳为别馆，岐阳家贵震当世。然而岐阳并不骄横，侍奉公婆以守礼闻名。出嫁时宪宗赐给她一些奴婢，岐阳认为这些人是不可能跟她过穷日子的，于是还给宪宗，自己去买了几个出身贫寒的仆人。

岐阳治家俭朴有方，不久，大家都说杜悰娶了个贤妻。后来杜悰为澧州刺史，岐阳和他一起去赴任。郡县长官听说公主要来，纷纷杀牛羊，找数百人来准备宴席。结果岐阳来的时候，奴婢不过二十，路上骑驴，不吃肉，州县的供应，一概不受。杜悰在澧州三年，岐阳从不参与政事，连杜悰大厅里的屏风什么样都不知道。婆婆病重期间，岐阳衣不解带地侍奉，药饭不尝不进。杜悰后为忠武军节度使，节度府年久失修，连正堂都没法用，岐阳在这里住了六年，始终没有怨言。杜悰很感激她，皇帝也很尊敬她，但岐阳谦逊自守，不以富贵骄人。杜悰从忠武军节度使任上奉调入京，当时岐阳正在生病，但她不肯留下，说："我想去朝见兴庆宫，就算死在路上，也不后悔。"

开成二年（837）十一月，岐阳死在进京路上，时年三十九岁。葬于万年县洪原乡少陵原尚书先茔。生男二人。长曰辅九，年十岁。次曰杨十，始二岁。

十二月，杜悰进京，按规矩得去向皇帝谢恩，但杜悰迟迟未去。当时的皇帝文宗很奇怪，问左右是怎么回事。户部侍郎李珏说："近来公主死了，驸马要为公主服斩衰三年，士族所以不愿娶公主，多半是因为这个。杜悰在为公主服丧，所以没来谢恩。"文宗大惊，说："我真不知道有这事。"当天就下令废除了这个规定。追谥岐阳为庄淑大长公主，杜悰后来做到左仆射。

柳公权对碑主的故事略知一二，是读了杜牧所撰碑文，才算知之甚详。而对《庄淑公主碑》撰文者杜牧，柳公权早已听得大名，说是当世不可多得的才子，并没有多少交集。这回书写《庄淑公主碑》，才有机缘与杜牧切磋诗文，相谈甚欢。有如"清明时节雨纷纷""商女不知亡国恨""一骑红尘妃子笑"等等，杜牧的这些经典诗句，在宫廷内外流传甚广，过目不忘的柳公权是能背诵下来的，这让杜牧感佩不止。

　　依柳公权内敛持重的脾性，本来与风流倜傥的杜牧不是一路人，但并不妨碍二人的相互欣赏，性情的差异往往又使彼此的性情得以补缺。

　　杜牧在宣州幕下任书记时，听说湖州美女如云，便到湖州游玩。湖州刺史崔君素知杜牧诗名，盛情款待。他把本州所有名妓唤来，供杜挑选。可杜牧看了又看，有些遗憾地说："美是很美啊！但还不够尽善尽美。我希望能在江边举行一次竞渡的娱乐活动，让全湖州的人都来观看。到时候我就在人群中慢慢地走着，细细地寻找，希望或许能找到我看中的人。"湖州刺史按照杜牧的意愿，举行了这样一次竞渡活动。那天，两岸围观的人密密麻麻，可杜牧挑了一天，直至傍晚，竟没有找到一个合意的。眼看就要收船靠岸，在人群中，有一位乡村老妇人，带领一个女孩子，大约十几岁。

　　杜牧看了好一会儿，激动地说："这个女孩子真是天姿国色，先前的那些真等于虚有其人啊！"就将这母女俩接到船上来谈话。这母女俩都很害怕。杜牧说："不是马上就娶她，只是要订下迎娶的日期。"老妇人说："将来若是违约失信，又应当怎么办呢？"杜牧说："不到十年，我必然来这里做郡守。如果十年不来，就按照你们的意思嫁给别人吧。"女孩的母亲同意，杜牧便给了贵重的聘礼。

　　分别后，杜牧一直想念着湖州，想念着这位女孩子。可他官职较低，不能提出调任湖州的请求。后来他出任黄州、池州和睦州刺史，都不是他的本意。等到他的好朋友周墀出任宰相，杜牧便接连写了三封信，请求出任湖州刺史。大中三年（849），杜牧四十一岁，获得湖州刺史的职位。此时距离与当年那母女俩约定的时间，已经过去了十四年。那位女孩子已经出嫁三年，生了三个孩子。杜牧将女孩的母亲叫来，这老妇人带了外孙来见杜牧。

　　杜牧责问说："从前你已经答应将女儿许配给我，为什么要违背诺言呢？"老妇人说："原来的约定是十年，可你十年过了，没有来，这才出嫁的。"杜牧取出盟约看了看，想了想，说："你讲得很有道理。若是强迫她，是会闹出祸事来的。"便送给老妇人很多礼物，让她走了。

为这件伤心事，杜牧写下这样一首诗："自是寻春去较迟，往年曾见未开时。如今风摆花狼藉，绿叶成阴子满枝。"

如此痴情，让柳公权为之感动。在书写《庄淑公主碑》时，柳公权一边赞赏碑主的品德，一边为撰文者杜牧的爱情命运而叹息。或许，在外人看来，杜牧一生俊朗豪健，风流不羁，而诗人在强作笑颜把酒尽兴的背后，却是不欲示人的无限悲凉。

柳公权清楚，杜牧为此碑主撰文时，正值辗转于江西观察使沈传师、宣歙观察使崔郸及淮南节度使牛僧孺幕府，刚刚回到长安，做了左补阙之时。撰文者杜牧为杜悰的堂弟，碑主庄淑公主为其堂嫂。

接着，柳公权书《宪穆公主碑》，又称《德宗女宪穆公主碑》。撰文者不详，立于万年县。

燕国襄穆公主，始封咸安，唐德宗李适第八女，母不详，是一位和亲公主。

贞元四年（788），因回纥帮助唐政府平定安史之乱有功，回纥武义成功可汗派将军合阙献方物，请和亲。因为回纥以前得罪过德宗，所以德宗一开始不想答应。经过宰相李泌的劝说，德宗终于答应以咸安和亲，让使者合阙在麟德殿见咸安，派太监把咸安的画像赐给可汗。回纥派宰相、公主率大批人马来纳聘迎亲，德宗于延喜门接见使者。

当时，可汗的上书语气十分恭敬，说："以前我们是兄弟，现在成了女婿，就是半子。陛下如果担心西戎，子请以兵除之。"并请改族名为回鹘，德宗依允。下令按亲王的标准置咸安公主府，册命可汗为汨咄禄长寿天亲毗伽可汗，公主为智惠端正长寿孝顺可敦。德宗任命李湛然为婚礼使，关播、赵憬持节护送咸安归蕃，德宗亲自作诗相送。

咸安和亲后不久，天亲可汗死，其子忠贞可汗立。忠贞可汗死，其子奉诚可汗立。奉诚可汗死，回鹘人立宰相为怀相可汗。这四个可汗都按照回鹘的传统娶了咸安。咸安死后，回鹘派人到长安告知咸安去世的消息，当时在位的皇帝宪宗废朝三日，追封其为燕国大长公主，谥襄穆。她是唐朝和亲的公主中唯一一个没有回到故乡的。

柳公权联想到此先后公主们的落脚，多有不幸。

如临真公主，下嫁秘书少监薛钊，薨元和时。永阳公主，下嫁殿中少监崔谭。普宁公主，蚤薨，即早亡。文安公主，丐为道士，大和时薨。义川公主，蚤薨。宜都公主，下嫁殿中少监柳昱，贞元时薨。晋平公主，蚤薨。

柳公权又想起韩国贞穆公主，始封唐安公主，唐德宗爱女，母昭德皇后王氏，下嫁秘书少监韦宥。朱泚之乱，唐安公主随父亲逃难，于城固去世，时年二十三岁。德宗悲痛，下令造塔厚葬。宰相姜公辅上奏将来叛乱平息后，公主肯定要归葬长安的。在逃难中，丧事应该节俭，以慰军心。

唐德宗大怒，对翰林学士陆贽说："唐安夭亡，我又不是要在这里修个大坟，不过想修个砖塔安置而已，花得了几个钱？这根本不关宰相的事，他靠指责我来求名也太过分了！"陆贽给姜公辅求情也没用，姜公辅因此被贬。后来，唐德宗追册唐安公主为韩国贞穆公主，后诏令有关部门择地为其建庙，贞穆公主庙在靖安坊，朝廷赏赐给礼物祭祀。

柳公权书写到宪穆公主这里，笔管颤抖，不可控制。又一个生于皇室而命运不佳的公主，就这样魂断异乡，岂不让老夫悲哉。

唐文宗开成四年（839），秋日，柳公权书《山南西道驿路记》，又称《山南西道新修驿路记》。刘禹锡撰文，立于兴元即今汉中。

山南西道即穿越秦岭的西道，自散关至剑阁一千一百里的驿路。散关道得名于散关，位于秦岭北侧大散岭，因嘉陵江的上源东支流故道水源出散关之南，故道水源头附近，秦代设故道县。散关道经过故道县并沿故道水而行，因而亦名"故道"。散关道亦称"陈仓道"，是因路北端出入山口处，为秦汉的陈仓县。另外，陈仓道与故道在散关衔接为一条路线，于是又连称其为"陈仓故道"。

"关中山川之会，扼南北之交。北不得此，无以启梁益；南不得此，无以图关中。"散关为关中四塞之一，通过散关达于汉中、巴蜀的散关道，亦是古代秦蜀间早期开辟的交通干道。

在先秦时期，秦蜀交往主要是利用褒斜谷道的平夷捷近，也可溯故道水即潜水、嘉陵江侧畔而上，越秦岭至关中。西汉元年（前206），汉王刘邦北伐三秦，由于褒斜道被张良烧绝，汉军便由故道北入关中。东汉灵帝五年（172），武都太守李翕，在今略阳县西北的嘉陵江岸修"栈阁栈道"，使故道更为通畅。东汉献帝建安二十年（215），曹操亲率大军，由故道去汉中征伐张鲁。诸葛亮屯兵汉中沔阳即今勉县，率军由故道北上，围攻陈仓。

唐代中前期，长安、汉中间的故道驿路，一千二百二十三里。取骆谷路六百五十二里，斜谷路九百三十三里。唐中叶以后，将褒斜道北段路线移于散关、凤州、武关驿间，称"散关褒斜道"。后世改称"连云栈道之北栈道"。唐文宗开成四年（839）以后，长安、汉中府间的驿路，改行散关、凤州、武关驿、褒城一线。

开成四年，唐朝政府鉴于褒斜道屡修屡毁，乃令山南西道节度使归融在凤州、褒城间另开新路。此次修路北起散关，南至剑阁，散关褒城间共设十五个馆驿，由褒城经利州即今四川广元至剑门段，共设十七个馆驿。到了唐代后期，褒斜道路线改于散关、凤州、褒城间，自凤州起，离开故道，越凤岭，经三岔、回车、白涧，出斜谷关，入褒谷，沿汉魏褒斜道南段至褒城。唐斜谷关，在今留坝县姜窝子西侧。散关道能多次为北方政权发挥作用的原因，主要是汉中、巴蜀虽然土地肥沃，物产丰饶，人口密集，但以一个局部地区的人力和物力，实不足以与控制关中和中原地区的政权相抗衡。

刘禹锡所撰《山南西道新修驿路记》，记修筑自散关至剑阁一千一百里的驿路，蜀道难行，旅人视为畏途，历来多有修凿，得有文字记载其修筑经过，也可以补史籍的阙文。

柳公权与刘禹锡之前交往不多，但对此人的身世和人品及诗文一点也不陌生，甚至心仪久矣。因书写此碑，与其有了又一次印象颇深的会晤。刘禹锡，贞元九年（793）进士，初在淮南节度使杜佑幕府中任记室，后入朝为监察御史，与柳宗元、陈谏、韩晔等结交于王叔文，形成了一个以王叔文为首的政治集团。叔文败，坐贬朗州刺史。

在贬官期间，于扬州碰到了白居易，二人他乡遇故知，诗兴大作。白居易写了《醉赠刘二十八使君》，刘禹锡作《酬乐天扬州初逢席上见赠》答谢，惹得朝廷宦官不爱，再遭贬朗州司马。刘禹锡被贬后没有自甘沉沦，落魄不自聊，吐词多讽托幽远。蛮俗好巫，禹锡尝依骚人之旨，创作了《秋词》等仿民歌体诗歌。刘禹锡被贬到安徽和州后，情况很糟糕，诗人又被当地县令屡屡刁难，甚至居无定所，半年搬了三次家，生活状况越来越差。那篇流传千古的《陋室铭》，就是这时候有感而发的。

刘禹锡欣赏的当朝书法大家，非柳公权莫属。便鸿雁传书，曾请身在京城长安的柳公权将此文书写后，树碑勒石，立于陋室门前以示纪念，此举一时轰动朝野，此文也不胫而走，妇孺皆知。

《陋室铭》云：

> 山不在高，有仙则名。水不在深，有龙则灵。斯是陋室，惟吾德馨。苔痕上阶绿，草色入帘青。谈笑有鸿儒，往来无白丁。可以调素琴，阅金经。无丝竹之乱耳，无案牍之劳形。南阳诸葛庐，西蜀子云亭。孔子云：何陋之有？

柳公权《陋室铭》笔迹无考。

刘禹锡遭贬十年后，被朝廷"以恩召还"。回到长安那年春天，作《玄都观桃花》："紫陌红尘扑面来，无人不道看花回。玄都观里桃千树，尽是刘郎去后栽。"诗歌以桃花隐喻暂时得势的奸佞小人，触怒新贵，执政不悦，这样他又因"语涉讥刺"而再度遭贬，复出刺播州，这一贬又是十二年。裴度以母老为言，他才被改连州刺史、江州刺史，在那里创作了大量的《竹枝词》广为传诵。

柳公权与刘禹锡的缘分，还在于刘禹锡写过的一首《酬柳州家鸡之

赠》："日日临池弄小雏，还思写论付官奴。柳家新样元和脚，且尽姜芽
敛手徒。"

这是他与柳宗元往来论书法诗中的一首。唐元和年间，书法以筋骨
清劲称著，柳宗元和柳公权同是当时书坛的巨匠。这首诗提到的柳家又
指哪一家？后世人人以为柳宗元，有人则以为柳公权。若干年之后，曾
有人请教黄庭坚，他不置清楚，只回答："取其字制之新，而未指何人。"

柳宗元的书法师效王羲之，追溯钟繇、索靖，犹以章草擅长，楷书
外柔内刚，"大抵规模虞世南"。《因话录》称柳宗元书法"为时所宝"，
另外，柳宗元的妻子、杨凝女儿世称杨夫人，《书史会要》称她"善翰
墨"。柳宗元在其文集中，称其伯姐、崔简之妻"善隶书，为雅琴以自
娱"。其伯姐的女儿、薛巽之妻崔瑗，亦"善笔札，有书名，读书通古
今"。这三位闺阁书法家，当时很引人注目。

柳公权与兄柳公绰，也以书法闻名于世。可见，刘禹锡诗中的"柳
家新样元和脚"，不是单指哪一位或哪一家，或是指柳姓两家人，这样
的解释可能更完美一些。

曾经多次调动，刘禹锡被派往苏州担任刺史。当时苏州发生水灾，
饥鸿遍野。他上任以后开仓赈饥，免赋减役，很快使人民从灾害中走
出，过上了安居乐业的生活。苏州人爱戴他，感激他，就把曾在苏州担
任过刺史的韦应物、白居易和他合称为"三杰"，并建立了三贤堂。唐
文宗也对他的政绩予以褒奖，并赐给他紫金鱼袋。刘禹锡晚年回到洛阳，
任太子宾客加检校礼部尚书，与朋友交游赋诗，生活闲适。与白居易唱
和，共创《忆江南》词牌，世称"刘白"。会昌时，加检校礼部尚书。

《山南西道驿路记》，当是刘禹锡仕途转好之时所撰。之前开成元年
（836），同州连遭旱灾，他请得朝廷赈贷，放免旧欠。这年秋天，迁太
子宾客、分司东都。开成二年（837）二月，应李珏之邀，与裴度、白
居易等于洛水修禊，令狐楚卒，作诗哭之。开成三年（838），文宗欲置
诗学士，杨嗣复首荐刘禹锡，李珏反对此事，遂作罢。

书写者柳公权知道，刘禹锡撰写《山南西道驿路记》这年也已经

六十八岁，比柳公权长六岁。此间，仍为太子宾客、分司东都，加尚书衔，撰《史孝章神道碑》。

刘禹锡性格刚毅，饶有豪猛之气，在忧患相仍的谪居年月里，确实感到了沉重的心理苦闷，吟出了一曲曲孤臣的哀唱，但始终不曾绝望，有着一个斗士的灵魂。

柳公权与刘禹锡也都到了花甲开外的年纪，到了人生的秋天，尤其赞赏他那首有名的《秋词》："自古逢秋悲寂寥，我言秋日胜春朝。晴空一鹤排云上，便引诗情到碧霄。"诗篇一反传统的悲秋观，颂秋赞秋，赋予秋一种导引生命的力量，表现了诗人对自由境界的无限向往之情，胸次特高，骨力甚健。

柳公权也是在这个秋天的时候，一笔一画地书写刘禹锡笔下的美文，思绪沉浸到了撰文者纪述的情景之中。

《山南西道新修驿路记》云：

开成四年，梁州牧缺，上玩其印，凝旒深思曰："伊尔卿疾归氏，以文儒再世居喉舌。今天官贰卿融，能嗣其耿光，尝自内庭历南台，尹毂下，政事以试，可为元侯。"乃付印绶，进秩大宗伯兼御史大夫，玉节兽符，镇于妫墟。公拜手稽首曰："臣融敢扬王休于天汉之域！"

既苾止，咨于群执事，求急病者先之。咸曰："华阳黑水，昔称丑地。近者尝为王所，百态丕变，人风邑屋与山水，俱一都之会，自为善部矣。惟驿遽之途，敧危隘束，其丑尚存，使如周道，在公颐指耳。"于是因年有秋，因府无事，军逸农隙，人思贾馀。乃悬垦山刊木之佣，募其力；揆攒凿撞拟之用，庀其工；具舁輂畚插之器，膺其要。蘩以程之，糇醪以犒之。说使之令既下，奋行之徒垒集。我之提封居右扶风，触剑阁千一百里。自散关抵褒城，次舍十有五，牙门将贾黯董之；

自襃而南，逾利州至于剑门，次舍十有七，同节度副使石文颖董之。两将受命，分曹星驰。并山当蹊，顽石万状；坳者垤者，兀者铦者，磊落倾欹，波翻兽蹲。炽炭以烘之，严醯以沃之，溃为埃煤，一彗可扫，栈阁盘虚，椋下临嵚崎。层崖峭绝，枘木亘铁。因而广之，限以钩栏。狭径深阱，衔尾相接。从而拓之，方驾从容。急宣之骑，宵夜不惑。郤曲棱层，一朝坦夷。兴役得时，国人不知。繇是驶行者忘其劳，吉行者徐其驱，挐行者家以安，货行者肩不病，徒行者足不茧，乘行者蹄不刉。公谈私咏，溢于人听。伊彼金其牛而诱之以利，曷若我子其民而来之以义乎？既讫役，南梁人书事于牍，请纪之以附于史官地里志。

柳公权由此想到，自己五岁开始学书的时候，唐王朝发生了一次事变，与兴元的前身梁州大有干系。

那是唐德宗建中四年（783），手握兵权的太尉朱泚发动叛乱，很快占据了都城长安。唐德宗李适无奈只好逃至奉天即今乾县，叛军追逼不舍，难以立足。兴元元年（784）二月，德宗只好率嫔妃群臣沿傥骆道南逃梁州。德宗皇帝初来这里，春暖花开，气候宜人。所经之地，老百姓又夹道相迎，箪食壶浆，使德宗对此地有了好感。在这里，德宗得到了安全保障，并得到物资供给，使他遥控指挥关中官员平了叛乱。为振兴朝廷，改元兴元。

三个多月后，离开梁州返回长安时，下诏升梁州为兴元府。铭书曰："朕遭罹寇难，播越梁岷。蒸庶烦于供亿，武旅勤于扞卫。凡百执事，各奉厥司。人皆竞劝，物以丰给。嘉乃成绩，予怀不忘。"不久以后再次下诏，升兴元府与京兆府同级，并免去兴元百姓税赋徭役一年。中国历史上以帝王年号命府名，始于兴元。

事情过去了近六十年，山南西道新修驿路之举，让地处秦岭南北的长安与兴元受惠。也让柳公权与刘禹锡的文字笔墨在此续缘，从内心深处相互致意。

唐开成四年（839）春季，闰正月十六日，柳公权听说河东节度使裴度抵达京城，由于身体疾病而回到家中，未能拜见文宗。

倒是文宗接连派遣使者，到他家中慰劳赏赐。三月初四，裴度去世，朝廷追赠谥号为文忠。文宗奇怪裴度没留下给朝廷的遗表，派人问他的家属，找到一份没有写完的手稿，只说自己为皇上没有立太子而担忧，而不提及自己个人的任何要求。

在柳公权的眼里，裴度的身材和相貌并未超过一般人，但威望却远达周边的夷蛮各族，酋长们每见到唐朝的使者，常常问裴度的年龄多少？是否还得到朝廷重用？他和郭子仪一样，都是在二十多年的时间内，德高望重，而以自己的身家性命维系国家安危的重要人物。

四月十七日，文宗称誉判度支杜悰有才能，杨嗣复、李珏乘机奏请任命杜悰为户部尚书。陈夷行说："对臣下任命的旨意应当由皇上做出，自古以来，国家大凡灭亡，最初无不是大权旁落，而由臣下专权的。"李珏说："陛下曾对我说，帝王应当谨慎地挑选宰相，但不应当猜疑宰相。"

身为侍书承旨的柳公权，在朝权相争的气氛下，不便贸然说三道四，只能静观其变。

五月初七，文宗和宰相一起议论朝政，陈夷行又说不应使臣下专权而作威作福。李珏说："从陈夷行的用意看，他是怀疑宰相中有人玩弄陛下的权威，我以前多次请求辞职，现在如果能担任皇子诸王的太傅，也就是我的幸运了。"郑覃说："陛下在开成元年、二年处理朝政都很好，三年、四年渐渐不如以前。"杨嗣复说："开成元年、二年是郑覃、陈夷行担任宰相，三年、四年是我和李珏也一同升任宰相，看来郑覃的意思是说罪责在我了！"于是，接着叩头说，"我不敢再到政事堂去办公了！"随即退出。

看见朝廷内阁又起争端，风云变幻，凭自己的身份是不宜出来说什么话的。觉得杨嗣复明明听不得异己意见，动不动就给皇上撩挑子，让皇上下不了台，有失君臣之间的规矩。

文宗派人把杨嗣复召回，用好言安慰，说："郑覃失言，你何必这样！"郑覃起身谢罪说："我性情愚笨，刚才说的意思不是专指杨嗣复，没想到他竟然这样反感，看来，是杨嗣复不能容我。"杨嗣复说："郑覃认为朝政一年不如一年，不仅我一个人应当有罪，而且也牵连皇上。"于是退下，再三上表请求辞职。

文宗派宦官召他上朝。十三日，杨嗣复才开始上朝。十六日，门下侍郎、同平章事郑覃被罢免宰相职务，担任右仆射；陈夷行被罢免宰相职务，担任吏部侍郎。柳公权知道，郑覃的性情清正俭约，陈夷行也性情耿直，所以，杨嗣复等人十分痛恨他俩。之后，任命太常卿崔郸为同中书门下平章事。杨妃请求文宗立自己的弟弟安王李溶为太子，文宗应承后，便和宰相商议，李珏坚决反对，此事只好悬置另议。

十月十八日，文宗改变主意，立敬宗的小儿子陈王李成美为皇太子。第二天，文宗亲临会宁殿观赏音乐杂技。有一个儿童表演爬杆，底下有一人来往如狂奔，进行保护。

文宗很奇怪，左右侍从说："那人是这个儿童的父亲。"文宗顿时伤心流泪说："朕富贵而为天子，却不能保全自己的一个儿子！"

柳公权看得出，皇上正为立太子的事闹心，作为皇上并不能行使自己一言九鼎的权力，而在宰相的意见相佐中周旋，内心实在不安。

于是，文宗召见教坊刘楚材等四人，宫女张十十等十人责斥说："当初设计陷害皇太子李永，都是你们这些人干的，现在已重新立皇太子，难道你们还要陷害他吗？"随即命人把他们逮捕，下令全部杀死。文宗由此而感伤不已，旧病逐渐加重。

十一月二十七日，唐文宗病情稍有好转。这一天，坐在思政殿，召见翰林院值班学士周墀，和他一起喝酒，问道："朕可以和前代的哪些帝王相比？"周墀回答说："陛下是尧、舜一类的帝王。"文宗说："朕岂敢和尧、舜相比！我问你的意思是，我是否能赶上周赧王和汉献帝？"周墀大惊，说："周赧王和汉献帝都是最后亡国的帝王，怎么比得上陛下的大圣大德。"文宗说："周赧王、汉献帝不过受制于各地强大的诸侯，而今朕受制于宦官家奴。就此而言，我实在还不如他们！"文宗因此哭泣，泪下沾襟。周墀也拜伏在地，流泪不已。

从此以后，文宗不再上朝。柳公权为皇上的健康担忧，都是让立太子的事闹的。堂堂一代君主，却被掣肘于宦官家奴，实在是窝囊，心里怎么能好受呢？

开成五年（840），又一个春季来到了。正月初二，卧床不起的唐文宗下诏，立颖王李瀍为皇太弟，凡国家大事由其全权决定。诏令又说，皇太子李成美尚年幼，没有经过老师的训导，仍封为陈王。

此时，文宗病情已经加重，命知枢密刘弘逸、薛季棱引宰相杨嗣复、李珏来宫中，打算由二人辅佐太子代行皇上职权，处理朝政。左、右神策军护军中尉仇士良、鱼弘志鉴于当初立皇太子的时候，自己没有一点功劳，于是上言，说皇太子年幼，而且有病，建议废除重立。

在场的柳公权，也被仇士良、鱼弘志这突然的逆向建言怔住了。立太子的事态已经稍有平息，怎么有人又从中插一杠子，还嫌不够乱的，居心叵测。李珏说："皇太子的地位已定，怎么能轻易改变！"于是，仇士良、鱼弘志不管不顾，胆大妄为，擅自假称文宗的诏令，立李瀍为皇太弟。

事态瞬息万变，让柳公权目瞪口呆，不知所措。不过，他知道李瀍的品行，应该还是比较合适的接班人，倒也有点心安。当天，仇士良、鱼弘志率禁兵至十六宅宫，迎颖王李瀍到少阳院。接着，百官在思贤殿拜见皇太弟李瀍。性情深沉而刚毅的李瀍，处理问题十分果断，喜怒不形于色，他和安王李溶，都向来为文宗所厚爱，而区别于其他皇子诸王。

正月初四，唐文宗在太和殿驾崩，一代天子，随风飘散。

朝廷任命杨嗣复暂摄冢宰，主持治丧。正月初六，仇士良为排斥政敌，消除异己，竟然残忍地劝说皇太弟李瀍下令，命杨贤妃、安王李溶、陈王李成美自尽。本来，仇士良等人怨恨文宗，于是，凡教坊的乐工和曾经被文宗宠爱的宦官，相继被诛杀或贬逐。

这时候的柳公权，幡然醒悟，意识到自己可能误判了新的皇太子，便如履薄冰，不知诛杀或贬逐的噩运会不会降临于自己头上。于是，他三缄其口，不敢言语，悄悄地做自己分内的事情。在朝廷阅历甚多的侍书承旨柳公权，知道自己无力去抗衡越来越做大的宦官势力，与其冒昧劝谏，说不定会在刹那间丢了性命，倒不如从长计议，以观事变，留得青山在，不怕没柴烧。

接着，皇太弟李瀍改名为李炎，又下敕，命于正月十四日举行文宗入棺大殓的仪式，凡亲属和百官等一律穿上丧服。谏议大夫裴夷直上言，大殓的日期太远，李炎不听。裴夷直又上言说："陛下由藩王的身份继承帝位，所以应当像真正忧病一样，尽心哀悼文宗皇帝，迅速举行丧礼，从而早日亲政，以便安抚天下人心。但现在文宗皇帝去世还不到几天，就多次诛杀他的亲近臣僚，以致各地的官员都被惊扰，先帝的神灵不免也被伤害。这样下去，人们会怎样看待陛下呢！现在，国家的体面最为重要，假如先帝的亲近臣僚无罪，就不应惩罚他们；假如有罪，他们已经处于国家法律的天罗地网之中，无法脱逃，等十天后先帝入棺大殓结束，再加惩罚也不晚！"

李炎不听。正月十四日，文宗的尸体正式入棺大殓。同日，李炎即位，是为唐武宗。二月初八，唐武宗亲临圆丘祭天，大赦天下，改年号为会昌。

也就在这一年的三月九日，未参与宫廷厮杀的圈外人，工部侍郎、知制诰、侍书承旨柳公权，无缘无故地被罢内职，授右散骑常侍，从三品。被罢的内职，唐指翰林学士，亦内任京官。所授之散骑常侍，在汉代有散骑，为皇帝侍从，以士人任职。入则规谏过失，备皇帝顾问，出则骑马散从，资深者称祭酒散骑常侍。

在这种情况下，宰相崔珙深知柳公权的德行与才能，出面推荐其为集贤院学士、判院事。也许崔氏家族与柳氏一脉有过不一般的交际，关键时候挺身而出，能为处于逆境的朋友说一句好话，也不容易。

改朝换代，人事更替，柳公权由此被罢去翰林学士的内职，授于等同皇帝顾问的闲职。所谓集贤院学士、判院事，前者为掌刊辑经籍，后者为掌诸医药。

柳公权离开了皇帝身边，变成了类似闲人一个。

第十二章 集贤院

此时，作为集贤院学士、判院事的柳公权，很快适应并喜欢上了新的职守和环境，不常在皇帝身边晃悠，反而超脱一些，少了拘谨和约束，变得自由并从容起来。

集贤院，全称集贤殿御书院，是盛唐出现的一个图书文化机构，分别设在大明宫、兴庆宫、华清宫和东都洛阳。大明宫集贤院，位于光顺门外大街之西，南临命妇院，北接宫垣。院内中院中厅三间，知院学士所居。厅西为轩廊，连接书阁。东廊七间，为诸学士分居之。院内有杂果百株，有小园和仰观台，不失为一个修身养性的好去处。

唐前期历代君主，设立了不同文馆，附设在中书、门下、东宫等政府机构的有弘文馆、集贤院、崇文馆等常设性文馆。又在禁中设习艺馆奉宸府，国子监中增置广文馆，名目繁多。玄宗朝在两京均设集贤院，在馆学士及直学士以下职员先后有一百四十三人，常年编撰图书，校理经籍，馆内藏书达九万卷。文馆主要是为编集校理图书而设置，学士是从朝官中选拔的职事官，入馆后担任学士兼职，直接听命于皇帝。为方便皇帝顾问，学士轮番宿值于宫中，随时引见，讨论坟典（即三坟、五典，三坟即伏羲、神农、黄帝之书，五典即少昊、颛顼、高辛、尧、舜之书），商议政事，甚至于"夜分方罢"。

唐代文馆既有宏富的书籍收藏，又集中了文人学者，无形中成为国家的学术文化或文学活动中心。开元朝宰相裴耀卿，曾进入集贤院书库观书，见藏书宏富，感慨地说："圣上好文，书籍之盛事，自古未有。朝宰充使，学徒云集，观象设教，尽在是也。"那时，文馆学士与皇帝的亲密程度，往往有过于外朝宰相和尚书，以见识广博、通晓古今成败得失，而受到皇帝重视。在中书、门下两省及翰林院任职的学士，有很多机会操管弄翰，制诰多出其手，还经常为皇帝或权臣贵戚捉刀。

到了肃宗、代宗朝，两京虽然收复，但流水落花春去也，盛极一时的文馆无法再复旧观。集贤馆、弘文馆、崇文馆沦为一般性的图书勘校、教授生徒的机构。中晚唐时期，文馆清闲无事，馆舍长年失修，破败不堪。中晚唐文馆的衰落，与翰林学士院的出现有关。至德以后，翰林学士院成为皇帝私人的机要秘书班子，实际上已是朝中的政治机构，凌驾于诸馆之上，文馆的地位一落千丈。

柳公权在集贤院中徘徊，不由想起元和二年（807）时，白居易也曾官集贤校理。当时，集贤院称唐文学三馆之一，掌刊辑经籍图书。白居易于长庆元年（821）写过一首《晚春重到集贤院》的诗：

> 官曹清切非人境，风月鲜明是洞天。
> 满砌荆花铺紫毯，隔墙榆荚撒青钱。
> 前时谪去三千里，此地辞来十四年。
> 虚薄至今惭旧职，院名抬举号为贤。

在秋风扫落叶的萧瑟中，六十三岁的柳公权长叹了一句："老了老了，确实老了，时光不饶人啊！"

眼下，武宗即位后，朝廷的人事安排上，又是一朝天子一朝臣的沉浮跌宕，凭柳公权的观察和推测，则八九不离十。果不其然，武宗相继免去门下侍郎、同平章事杨嗣复的职务，任命其为吏部尚书，刑部尚书崔珙为同平章事兼盐铁转运使。

到了秋季，八月十九日，朝廷在章陵埋葬元圣昭献孝皇帝李昂，庙号为文宗。门下侍郎、同平章事李珏因担任山陵使时，运载文宗皇帝灵柩的车辆因故在半路失陷，被免去宰相职务，担任太常卿。京兆尹敬昕因此也被贬为郴州司马。而当初，武宗被立为皇太弟，不是出于宰相的建议。所以，武宗即位后，相继罢免宰相杨嗣复、李珏的职务，召淮南节度使李德裕来京。

柳公权心知肚明，朝廷的人事变动是有玄机的。杨嗣复当免另行任用，可李珏与尹敬昕的贬职，则完全借用突发事件选择性予以惩处。问题在于武宗之所以能继承皇位，起初的举荐者并非宰相杨嗣复、李珏，间隙早已生成，终于到了清除异己的时候了。新的宰相，则非李德裕莫属。

这年秋天，李德裕抵达京城，被任命为门下侍郎、同平章事。柳公权尽管已经不在皇帝身边从事，作为元老级的前任侍书学士，应邀列席朝会。

李德裕上朝向武宗谢恩，说："治理天下的关键，在于辨别群臣中谁是邪恶的小人，谁是正直的君子。邪恶和正直之间，难以相容。所以，君子指斥小人邪恶，而小人也指斥君子邪恶，以致皇上难以辨别。我认为，正直的君子就像松柏一样，独立生长，不必依赖别的器物。而邪恶的小人就像藤萝一样，如果不攀附其他器物，就不能自立。所以，正直的君子一心一意地侍奉皇上，而邪恶的小人则争先恐后地朋比为党。先帝文宗皇帝深知朋党的危害，然而，他所信用的官员却大多是朋党的成员。这主要是由于他自己没有主见，所以奸邪小人得以乘间而入。"

李德裕有点得势不让人，接着说："宰相不可能人人都是忠臣，皇上有时发现一个宰相欺骗自己，心中就开始猜疑其他宰相。于是，通过身边的侍从和宦官了解宰相的情况。例如德宗在晚年的时候，只信任裴延龄一人，其他宰相不过在朝廷的敕书中挂名而已。这是当时朝政紊乱的主要原因。陛下如果真的能谨慎地选拔德才兼备的官员担任宰相，把那些奸邪虚罔的官员立即罢免。同时，诚心诚意地委任宰相，坚定不移，凡是朝廷的政令，都由政事堂审定颁布，那么，就不必忧虑天下不会大治了。"

武宗听得入耳，连连颔首微笑，说："爱卿说得在理。"

李德裕的话没有完，又接着说："先帝文宗皇帝在大臣面前，很注意自己的言行举止，对于群臣小的过失，一般都容忍不言。这样日积月累，以至酿成大祸。这实在是一大失误，希望陛下引以为戒。今后，如果我们有错，陛下应该当面责问。假如事实不符，应当允许我们申辩清楚；假如确是事实，我们就会在申辩时理屈词穷。对于群臣小的过失，应当允许他们改过自新；如有大罪，则加以惩罚，甚至诛杀。这样，君臣之间就不会产生猜疑了。"

武宗对新任宰相李德裕的意见大加称赞，表示一并采纳，以振兴朝政，开创大唐帝国又一个崭新的时代。这时，群臣奉迎，好像一个百废俱兴的新时代就要开启了。

列席朝堂一侧的柳公权，并不为新任宰相李德裕的一番陈述所打动，只是镇静地听着，表情有些持重。

不善参与朝权之争的柳公权，在朝廷人事更替的大清洗中幸免于难，已经是十分幸运的事了。已经身为集贤院学士、判院事的柳公权，凡事已不大出头露面，夹着尾巴做人，自保为重，看自己是否能有一个好的落脚，一个不失晚节的安宁的晚年。

就在李德裕向新皇上谢恩并发表演讲时，柳公权想起了一桩事，是有关李德裕其人善于贿赂的传闻，实在蹊跷。

当初，李德裕担任淮南节度使时，朝廷曾下敕召监军杨钦义进京，人们都说杨钦义此番进京肯定会被任命为枢密使。李德裕对待杨钦义却并未增加礼节，杨钦义心中十分痛恨。一天，李德裕单独召请杨钦义，在节度使府正厅设酒为杨钦义送行，情义和礼节都极为优厚。李德裕又拿出很多珍玩陈列在几个床上，喝完酒后，全部赠送杨钦义，令其大喜过望。杨钦义进京走到汴州，朝廷又下敕命他返回淮南。于是，杨钦义把李德裕赠送他的珍玩如数奉还。李德裕说："这能值几个钱！"又都赠给杨钦义。以后，杨钦义果然担任了枢密使。可见这一回，李德裕被任命为宰相，和杨钦义有直接关系。

假借圣旨拥立新皇帝有功的宦官仇士良，此时已经是开府仪同三司、左卫上将军兼内谒者监，居功自傲，目中无人。柳公权听说，此人竟然厚着脸皮，说根据自己的官爵等级，提请朝廷批准授予儿子千牛备身的职务。千牛备身，即皇帝的侍卫官。给事中李中敏是个刚正不阿的良臣，对仇士良的请求批文说："按照开府仪同三司的品级，应当授予他的儿子官位，但仇士良作为宦官，怎么能有儿子呢？"仇士良无话可说，惭愧而愤怒。李德裕也因为李中敏是杨嗣复的党羽，因而厌恶他，把他调出朝廷担任婺州刺史。

文宗朝已成过去，也可谓树倒猢狲散。

旧臣柳公权，难道沦为老朽了不成？新任皇帝武宗，看来并不热爱书法，留下柳公权在身边是多余了。本来，柳公权在朝廷类似储君等重大国事上，他不是缺少治国智慧，而是感觉伴君如伴虎，风云莫测，没有他说话的份儿。

那也好，老朽就去专心书写自己喜好的碑文了。

还是在此前，唐文宗开成二年（837）正月，中书门下奏起居舍人集贤殿学士周墀、监察御史张次宗、礼部员外郎孔温业、兵部员外郎集贤殿直学士崔球等同刊校经典，于长安刊刻于石，约用了七年时间刻成了一部石经。

当时，柳公权做侍书承旨，忙于皇上身边的事，不曾参与石经书写之事。他是一个宽和为怀的书法大家，并不会小肚鸡肠地因为自己不在石经书写者之列，就一味地说别人的不是，而以为这是一个划时代的书界壮举，极力推崇，倍加赞赏。

这部石经，有《易》九石、《书》十石、《诗经》十六石、《周礼》

十七石、《仪礼》二十石、《礼记》三十三石、《春秋左传》六十七石、《公羊传》十七石、《孝经》一石、《论语》七石、《尔雅》五石等，共十二经二百十八石。文刻两面，字列八层，共记六十五万零二百五十二字。倘再加上附于其后的张参《五经文字》、唐元度《九经字样》（共十石）并记在内，真可谓是洋洋大观。

柳公权清楚，从汉《熹平石经》到魏《正始石经》，是石经书法的一大进展。但是很可惜，这两部石经均已毁佚。曹魏距汉熹平不过七十年间，却重刻石经，其缘由大抵是汉末战乱，洛阳宫室夷为平地，石碑也破坏殆尽，故曹魏有再立新石经的必要。以此类推，当曹魏正始三体石经也损毁殆尽之后，到了唐人，由于政治昌明，人文大兴，诗词歌赋而外，自然也会想到石经的好处来。

校刊文字的是周墀、张次宗、孔温业、崔球，那么书者芳名何在？石刻中也列有艾居晦、陈玠、段绛等四人。这四位当然不是当朝的大书家，但柳公权以为，以刻写石经的重要性而言，他们也绝非一般的民间工匠。至少，在端楷恭书的字里行间既能看到欧阳询的肃劲，也能看到虞世南的醇和与褚遂良的飘逸。以艾居晦等人作为晚唐书法上承初唐的一个脉络，也不大为过。多达二百余方的石经，自然要有一个整体的排列。据当时总领者的安排，是每石刻字基本均匀，为七至八列，以石累积，这颇近于后来的刻帖。

《旧唐书》指出："石经立后数十年，名儒皆不窥之，以为芜累。"《新唐书》却并无贬辞。石经自唐开成二年（837）刻成，置于唐长安城务于坊国子监。唐末长安城被毁，石经弃于野外。五代朱梁时，刘寻将它迁至府学北隅，即今西安碑林。

唐文宗开成五年（840），也就是又一回改朝换代的年份，柳公权奉敕撰并书《何进滔碑》，又称《魏博等州节度何进滔德政碑》。唐玄度篆额，立于河北东南端冀鲁豫三省交界处的大名县。此地在春秋时有五鹿城，唐代有八十里罗城，后唐曾称之为东京，曾辖黄河以北十八州。

篆额者唐玄度，文宗时侍诏，与柳公权作为同道相互尊重有加，互为欣赏。此人工书，"推原字画，使有指归"。开成二年（837）太学立石壁九经，文宗令翰林勒字官唐玄度复校字体。十体曰：古文、大篆、小篆、八分、飞白、薤叶、悬针、垂露、鸟书、连珠。网罗古今绳墨，盖亦无遗。著有九经字样。

除了给族人侄妹柳尊师作志之外，对于书法大家柳公权来说，为碑主既书丹同时又执笔撰文的先例非常罕见，何进滔究竟何许人也，有什么大的背景，还是与柳公权结缘甚深？

何进滔，灵武即今宁夏青铜峡人。发迹前，曾在为狄仁杰复立祠碑的田弘正手下效力，开始广结人脉。田弘正将全部精锐之兵委其率领的胡人，只干了七年便死于乱军。这一时期的河北三镇，常常充满扑朔迷离，兵强地广，合纵连横，爵命虽假于朝廷，群臣自谋于元帅。尾大不掉，亦正是在这样一个特殊历史时期，何进滔决绝地把握住了机会。大和三年（829），成功继任魏博节度使，为魏帅十余年，大得民情。

对这样一位实力雄强根基深厚的地方大员如何控制和安抚，此时的朝廷常感力不从心，加官晋爵之外，还有更好的办法吗？所以，在何进滔累官至司徒、平章事之后，文宗决意为他立一通德政碑。

文宗把撰写和书写碑文的重任交给了当朝书法巨擘柳公权，以示特别重视。皇上未把撰写碑文这件事情派给文笔超群的刘禹锡，亦未派给久负诗名的白居易，他们似乎都不合时宜，此时的朝堂上，唯有博贯经术、通音律的翰林书诏学士柳公权为不二人选。

柳公权的文章好，十二岁就有工辞赋的名声，而他的字名声更大。谁又能避免和拒绝遵命之作呢？比柳公权长六岁的白居易有诗云："不愿作人家墓前神道碣，坟土未干名已灭；不愿作官家道旁德政碑，不镌实录镌虚辞。"可说说容易，难道白居易一生没有只字片语的遵命之作？

何进滔如何就任魏博节度使，这件事情无论如何是绕不开的，亦是值得花费些笔墨的。这是碑主真正发迹之始，也是其人一生最精彩的一笔。柳公权写了些什么呢？

公谓将士曰：既迫以为长，当谨而听承。命都将总事者谕
之曰：害前使与监军凶党，籍其姓名，仍集之于庭，无使漏网，
卒获九十三人。白黑既分，善恶无误，会众显戮共弃，咸悦。
公于是素服而哭，将吏序吊。

（《资治通鉴》卷第二百四十三）

此恐涉溢美之辞。史料未见详细碑文，难以揣度。

开成五年（840），何进滔德政碑建成，与这通碑石有关的两个人相
继去世。文宗没等到他三十三岁的生日，这年十月何进滔死，赠太傅。
其子袭位，再后是其孙，何氏三世在魏长达四十余年。

之后，最早著录此碑的是欧阳修："何进滔德政碑，唐翰林学士承
旨兼侍书柳公权撰并书。进滔，唐书有传。开成五年立，其高数丈，制
度甚闳伟，在今河北都转运使公廨园中。"

其后的赵明诚在《金石录》中，对唐何进滔德政碑亦有述及："进
滔事迹固无足取，而柳公权书法为世模楷，此碑尤为雄伟；政和中，大
名尹建言磨去旧文，别刊新制，好古者为之叹惜也。"

谁知到了之后的北宋末年，大名府尹梁子美为讨好当朝皇帝，胆
大妄为，竟把唐文宗命柳公权为何进滔撰文并书的德政碑字迹磨掉，刻
了徽宗的《五礼新仪》。梁磨碑时，可能是因碑楼掩盖，两侧柳公权写
的字才保留下来。历经千年的侵蚀，这些剩下不多的字迹，仍可辨出刚
劲秀丽的柳体风格。所以说它既是唐碑又是宋碑。不知何因，从何时开
始，在当地民间则称之为"王强碑"，莫名其妙。

此碑形体庞大，厚四尺，宽一丈三尺，高四丈有奇，据说为中国历
代现存最高大的碑石。由碑座、碑身、碑帽三块巨石组成。碑座，圆
柱体，计重六十一吨多。碑身，长立方体，断裂为四段，计重五十八吨
多。碑帽，长方体已断裂为三段，计重三十三吨多。

如此巨大碑石，在唐朝时代，能够从遥远的外地把它搬运到这里
来，实在是一个奇迹。

此年二月，柳公权书《罗让碑》，又称《赠礼部尚书罗让碑》《江西观察使赠礼部尚书罗让碑》。王起撰文，立于高陵。

罗让，举进士贤良方正皆高第，宪宗时历迁江西观察使。工行书，贞元五年（789），卢群所撰唐《襄州新学记》为其所书。并以文学而有誉，诗作有《闰月定四时》。

撰文者王起，王播之弟，时为同中书门下平章事。

碑石立于关中平原腹地高陵县，因境内有奉正原，原体高隆，称原为陵，故名。建于秦孝公时代，是全国建县历史最早的县份之一。

此年，柳公权所书《李听碑》，又称《太子太保李听碑》《李听神道碑》。李石撰文，立于京兆。

碑主李听，正是那个曾经召唤校书郎柳公权北上夏州充当判官的李听。因为李听曾为胞兄柳公绰的部下，也是好朋友，在皇宫故纸堆里待了十三年之久的柳公权，有机会放了一次风，也就是离开长安，北上塞外边关谋职。一次回京办事，穆宗皇帝听说柳公权回到长安，想起曾在一座寺庙里见到的柳氏诗文墨迹，召见后便留下来做了皇上的书法老师。

一去二十年，弹指一瞬间。柳公权感慨的是，眼下轮到他亲自为当年的伯乐或恩师李听书写碑文了。谈不上滴水之恩，当涌泉相报，总算是为当年的上司做了一件事，心理上感到宽慰罢了。

柳公权记得，也就在柳公绰弥留之际，也念其旧情，通过宰相沟通李听亲吏被杀之事。大和七年（833）李听出守凤翔，开成元年（836）出为河中尹、河中晋绛慈隰节度使。之后以疾求代，除太子太保，是岁十月卒，时年六十一，赠司徒。

《李听碑》撰文者李石，元和十三年（818）进士擢第，从凉国公李听历四镇从事，机辩有方略，尤精吏术，事无不办。后由兵部郎中令狐楚请为太原节度副使，拜给事中、京兆尹。

此年，柳公权所书《苻璘碑》，又称《义阳郡王苻璘碑》《赠越州都督苻璘碑》《苻璘神道碑》。李宗闵撰文，邵建和镌刻，立于富平。

《苻璘碑》碑主姓氏，碑文作"苻"，两《唐书》作"符"。碑石原在富平齐村乡街子村仁里堡北原，后移至老县城文庙前院东侧。碑身断为两截，碑头无篆额，阴刻楷书三十一行，每行六十二字，实刻一千六百七十八字，百余字已不能辨识。二十世纪六十年代被粉碎，幸有拓片存世。

符璘，琅琊即今山东临沂人。唐德宗兴元年间，魏博节度使田悦谋叛自称魏王，朝廷派兵镇压，引起兵祸连年。符璘的父亲符令奇是田悦的部将，随军的还有符璘、符琳、符瑶三个儿子。田悦谋反后，符璘借一次外出行军的机会，让手下归降朝廷。回营后，其父看到田悦残暴无道，便让三个儿子降唐。

于是，田悦不但杀了符令奇，除了逃脱者外，还屠杀满门老少。之后，符璘协助唐军平定了田悦的叛乱，封义阳郡王。讨伐寇边西蕃，拜辅国大将军，做皇帝的禁卫长达十三年。卒年六十五。

今天的海南符氏多为唐将符璘后人。东方市四更镇赤坎村，有符确公兴贤祠。苏东坡谪琼期间，符有辰六世孙符确曾投奔到他门下，颇受教益，后中进士。

《符璘碑》镌刻者邵建和，唐朝碑刻名手，生卒不详。这位著名金石家，曾镌刻柳公权所书、令狐楚撰文的《大唐回元观钟楼铭并序》等名碑，自己却未能在史籍中留下任何足迹。

试想，书写了若干碑文的柳公权，在他去世之后，也没有留下什么碑文，甚为憾事。

《开成石经》却留了下来，尽管那些书写镌刻者的名气远不如柳公权。而柳公权的书法真迹或碑刻又有多少存世呢？在众多工书的唐代文人中，也只有颜筋柳骨和为数不多的书艺大家的作品流传了下来，沧海桑田，日月更替，其中到底有多少奥秘？

唐武宗会昌元年（841），柳公权在集贤院学士、判院事任上。

新皇帝为了给柳老先生一个面子，还委任以虚职，乃散骑常侍，意为皇上的顾问。这等角色，只是一个好听的尊号，常常是顾而不问，或问而不顾也。

　　也许就是在这个时候，六十三岁的柳公权向皇上呈了那份流传后世的《年衰帖》，曰：

　　　公权年衰才劣，昨蒙恩放出翰林，守以闲冷，亲情嘱托，
　　谁肯响应，惟深察。公权敬白。

　　此帖笔势往来，如用铁丝纠缠，诚得古人用笔意。

　　之前于长庆元年（821），四十四岁时的柳公权也呈过一份《蒙诏帖》，云："公权蒙诏，出守翰林，职在闲冷，亲情嘱托，谁肯响应，深察感幸。公权呈。"

　　先后两份帖子，虽然内容不一，遣词及口吻如出一辙。是恩，抑或稍带忧怨，引人深思。

　　另一版本为《紫丝靸帖》，亦名《蒙诏帖》：

　　　公权年衰才劣，昨蒙恩放出翰林，守以闲冷，亲情嘱托，
　　谁肯响应，惟深察，公权敬白。遂寄紫丝靸鞋一量，不任惭
　　悚，敬空。张兰亭诗兼公权续得者，亦付上，伏惟检领入筐。
　　余冀面话，不次。十二日，公权状上给事阁老阁下。青𢂰辄换
　　却旧者，谨空。

　　另有柳公权《奉荣帖》，又名《赤箭帖》《荣示帖》："奉荣示，承已上讫，惟增庆悦，下情但多欣惬。垂情问以所要，悚荷难任。傥有赤箭，时寄及三五两，以扶衰病，便是厚惠。不具，公权状白。"

　　书史中《赤箭帖》《伏审帖》《辱问帖》《紫丝靸帖》等相近，除少数两字联绵外，大多每字独立，行笔流丽，字取纵势。另外《兰亭续帖》中有《紫丝靸帖》，文字有所不同，翰林不称"出守"，故疑其伪，当为唐末宋初高手所拟。

不知什么时间，柳公权还呈过一份《圣慈帖》，云："圣慈允许留官，稍减罪责，尤深忧虑，续冀面言，不一一。诚悬呈卅弟处，十四日敬白。"

这些帖子，有谢罪感恩，也有自我检讨，或有隐隐的痛楚。

是时，新皇帝唐武宗整日不理朝事，只是热衷于广纳方士，寻仙问道，妄谈长生不老之术。慑于权势，满朝文武噤若寒蝉，没有一个敢谏。有个叫赵归真的方士，巧言令色，生就三寸不烂之舌，花公款修了一座坐仙观，哄得皇上团团转。

有一天，柳公权在内廷，看见唐武宗正怪罪一个失宠的宫嫔。

这位嫔妃是王才人，丰姿绰约，胆识过人，起初深得武宗喜爱。王才人心中暗忖，皇帝被妖道迷惑，视家国社稷为儿戏，长此以往，如何了得。王才人虽乃女流，实乃忠贞不二，竟然冒死进谏皇上，质疑妖道。果不其然，王才人因此被打入冷宫。

宫嫔、宫娥、宫婢、粉黛等，也统称宫女。其来源，一是罪人妻女和奴婢配役，二是从各地征选良家女入宫，三是由外邦蛮夷酋长或臣下进献。宫人身居禁中，虽然不愁衣食，但究其身份地位，乃是皇帝家婢，皇后贱隶。私家奴婢，主要通过买卖得来，与马牛驴驼一样可依法买卖，并要立有市券，违者处以笞刑。良人与奴婢，种类自殊。奴婢可作为财产遗传继承，可作为礼物赠送。奴婢"当色为婚"，子孙相承即家生奴，不经主人放免，便不能脱贱为良。

眼见这位宫嫔受到了冤枉，知其内情的柳公权打算怜香惜玉，凭借一张老脸，为失宠的宫嫔求情。其实，要在平时，他是不爱管闲事的。

见有老臣求情，又是德高望重的大学士，武宗不知怎么想的，转了一个弯子，对柳公权说："我怪罪了这个宫嫔，但是，如果你能写一首诗，我就饶恕她。"

这是哪里的道理，风马牛不相及，为失宠的宫嫔求情，却把自己夹带了进来，还让写一首诗，这不是恭维加要挟的手段吗？

武宗说着，用眼睛看着桌子上的几十幅蜀产笺纸，硬让柳公权写一首诗，此事才算罢了。

嫔妃王才人在哀愁中突然看到了明媚的希望，忙在一旁给大学士顶礼膜拜，并扭捏了两下窈窕的腰肢，央求说："柳大学士，您就依了圣上的意思作一首诗吧，小女子的命还不捏在您老人家手里么？"

柳公权起先感到莫名其妙，想想也是，举手之劳，不过是给当事人一个台阶下而已，便提起笔来略加思索，顷刻之间就写了一首七绝《应制为宫嫔咏》，诗云：

> 不怨前时忤主恩，已甘寂寞守长门。今朝却得君王顾，重
> 入椒房拭泪痕。

武宗只是听出了诗的大概意思，装腔作势地称赞说："好诗，好诗！"伫立一旁的嫔妃王才人，破涕为笑，给大学士又是一拜，感恩不尽。

柳公权怕皇上没有完全听明白，就诗中个别字词做了一番解释。忤即触犯，长门本意是汉宫名，司马相如《长门赋》序曰"孝武皇帝陈皇后时得幸，颇妒，别在长门宫，愁闷悲思"，后以长门借指失宠女子居住的寂寥凄清的宫院。椒房即椒房殿，皇后所居也。

一首诗让当事人皆解围，武宗为柳公权的诗作大悦，赞誉其不愧当朝诗书超群的大才子。

天子心情爽快了，事情就好办多了，当即饶过了那个宫女，并赏赐给柳公权二百匹锦缎。

柳公权感谢皇上的赞许和恩赐，也只好笑纳。

此时的柳公权，深为同情那位失宠的嫔妃，心想自己虽然身份不同，已经是朝中命官，身居高位，但作为一个人，其荣辱得失，命运却大致相近。

也许因了应制作诗写字，柳公权在唐武宗心目中重新获得尊崇，授予其右散骑，见封河东县开国男。之后，不知哪里又得罪了皇上或谗言的奸臣，左授太子詹事。河东，即柳公权的祖籍地蒲坂。北周初置开国

公、开国侯、开国伯、开国子、开国男五等爵。左授，即降官，贬职。太子詹事，詹，省也，率更令、家令、仆、卫率属詹事，薪水二千石。

年事已高，谁知还能再活几天，较什么劲呢？柳公权对时沉时浮的官职泰然处之，知足常乐，告诉自己不必去纠结。

这年三月，唐武宗任命御史大夫陈夷行为门下侍郎、同平章事。宫廷又一次掀起浊浪，殊不知又有谁事到临头，又有谁荣登高位。

当初，知枢密刘弘逸、薛季棱很得唐文宗的宠信，因而仇士良厌恶他二人。唐武宗即位，并非出于刘、薛二人和宰相的本意，所以武宗即位后，罢免宰相杨嗣复、李珏的职务，把他们调出朝廷，分别担任湖南观察使和桂管观察使。仇士良又多次在武宗面前说刘弘逸等人的坏话，劝武宗诛除他们。武宗听信仇士良的谗言，即拟命刘弘逸、薛季棱自尽，并派宦官前往潭州、桂州杀杨嗣复和李珏。

户部尚书杜惊得知后，急忙骑马去见李德裕，郑重地说："皇上年轻，刚刚即位，这件事不应当让他放手蛮干！"李德裕和同僚崔珙、崔郸、陈夷行联名几次上奏，又邀请枢密使到中书省，一起劝阻武宗的贸然指令。

李德裕等人的奏折说："过去，德宗曾怀疑刘晏动摇自己当初为皇太子时的地位，因而把他诛杀。朝廷内外的官员都认为刘晏冤枉，黄河南北割据跋扈的藩镇因而都感到恐惧，于是以此为理由，更加骄横跋扈。德宗后来悔悟，录用刘晏的子孙到朝廷做官。文宗曾猜疑宋申锡和漳王李凑交结，结果贬逐宋申锡，以致于死。但后来又后悔，为宋申锡冤死而流泪。杨嗣复、李珏等人如果真有罪恶，请求陛下再加重贬。假如陛下还不能容忍，也应当先进行审讯，待他们的犯罪事实昭然若揭，再杀也不晚。现在，陛下不和我们商议，就急忙派使者前往诛杀，百官得知后，无不震惊。希望陛下开延英殿让我们当面奏对。"

柳公权觉得，李德裕虽然是借别人倒霉而获重用的，但还不像仇士良之类下流坏子那么无耻，不至于挟私报复而不顾国家安危，凡事总有个分寸，不必置政敌于死地而后快。多行不义必自毙，是要遭报应的。

直到傍晚，武宗才命开延英殿，召见上奏的朝臣。李德裕等人哭泣着，极力劝阻武宗说："陛下应慎重地决定这件事，不要以后再后悔！"武宗说："朕不后悔。"随即几次命李德裕等人坐下。李德裕等人说："我们希望陛下赦免杨嗣复和李珏的死刑，以免二人死后，百官都认为冤枉。现在，陛下尚未最后批准，我们不敢坐。"过了很久，犹豫不定的武宗才说："朕考虑到你们的请求，特此赦免他们。"

李德裕等人高兴地跳下台阶，向武宗行舞蹈礼。武宗命李德裕等人向前坐下，唉叹说："朕被立为皇太弟的时候，当时的宰相哪里曾想到要我继位？李珏、薛季棱的意图是立陈王李成美，杨嗣复、刘弘逸的意图是立安王李溶。立陈王还算是文宗的遗言，立安王，则是专意阿附杨妃。据说杨嗣复曾给杨妃写信说，您为什么不效法武则天而临朝称帝？假如安王被立为皇太子继承帝位，朕哪里还有今日？"李德裕等人说："这件事十分暧昧，是真是假难以得知。"武宗说："杨妃曾经患病，文宗同意她的弟弟到宫中侍候过一个多月，杨嗣复就是通过他向杨妃转达自己的书信的。朕已经仔细问过宫中的宦官，事实一清二楚，绝不是虚构。"

终究，武宗还是派人追回诛杀杨嗣复和李珏的使者，再贬杨嗣复为潮州刺史，李珏为昭州刺史。之后武宗下诏："从今以后，凡百官奏论他人罪恶时，应当同时奏请将犯罪人交付御史台审问，而不得请求留在宫中审问，以便杜绝奸臣的谗言。"

一场宫廷风波终于暂告平复。在集贤院静候消息的柳公权，也长长出了一口气，谢天谢地，祈祷大唐王朝平安无事。

柳公权知道，武宗也和他的几位先人有一样的嗜好，十分喜爱打猎，以及踢球、骑射、摔跤等习拳练武一类的游戏。于是，五坊使下属的当差杂役得以出入宫中，武宗常常给予他们优厚的赏赐。

一次，武宗到兴庆宫去看望祖母郭太后，从容不迫地问她怎样当好皇帝，太后劝武宗虚心听取百官的劝阻。武宗回宫后，把百官规劝自己的上疏都拿出来阅览，发现百官大多劝阻自己游乐打猎。

从此以后，武宗外出打猎逐渐减少，对于五坊的当差杂役也不再随便赏赐了。

这年五月，离开新皇帝身边的柳公权，被邀书《崔陲碑》，又称《赠太师崔陲碑》《崔太师碑》。刘禹锡撰文，立于偃师即今洛阳。

碑文记载："太公望既封于营丘，子汲嗣侯。汲之孙曰穆伯，食邑于崔，遂以为氏。"

碑主崔陲，出身清河即今邢台崔氏小房一支，祖父崔琰曾任御史中丞，其父崔倍曾任太子属官，其子崔郸在文宗、武宗年间担任宰相。崔陲至少有七个儿子，崔郸最为知名，其中六兄弟在唐朝政府中身居高位。

崔郸早年考取了进士，任渭南尉，迁翰林学士、中书舍人，后任兵部侍郎，负责东都洛阳的选官事宜。当文宗召集群臣商议选官标准时，向崔郸询问他是如何处理不合格的候选人的。崔郸说，他会把这些人送到边疆任职，文宗不赞同，认为这是苦了边疆的百姓。之后，崔郸被授予同中书门下平章事，实际上相当于宰相。

武宗继位后，首席宰相换人，而崔郸的宰相地位不变，据说李德裕和崔氏兄弟有长期的交情。之后崔郸离开长安，任西川节度使。宣宗继位，任其为淮南即今扬州节度使，授同中书门下平章事，卒于淮南任上。

唐武宗会昌元年（841）十二月，柳公权书《玄秘塔碑》，全称《唐故左街僧录内供奉三教谈论引驾大德安国寺上座赐紫大达法师玄秘塔碑铭并序》，裴休撰文，柳公权书并篆额，立于京兆。碑现存西安碑林博物馆。

此碑落款：

江南西道都团练观察处置等使朝散大夫兼御史中丞上柱国赐紫金鱼袋裴休撰

谏议大夫守右散骑常侍充集贤殿学士兼判院事上柱国赐紫

金鱼袋柳公权书并篆额

《玄秘塔碑》正文文字较艰涩，但被称为柳公权的代表作之一，仅供书艺爱好者细究，无兴趣者可忽略不计，姑且抄录如下：

玄秘塔者，大法师端甫灵骨之所归也。

於戏！为丈夫者，在家则张仁义礼乐，辅天子以扶世导俗；出家则运慈悲定慧，佐如来以阐教利生。舍此无以为丈夫也，背此无以为达道也。和尚，其出家之雄乎！

天水赵氏，世为秦人，初，母张夫人梦梵僧谓曰：当生贵子。即出囊中舍利使吞之。及诞，所梦僧白昼入其室。摩其顶曰：必当大弘教法。言讫而灭。

既成人，高颊深目，大颐方口，长六尺五寸，其音如钟。夫将欲荷如来之菩提，凿生灵之耳目，固必有殊相奇表欤？

始十岁，依崇福寺道悟禅师为沙弥。十七，正度为比丘，隶安国寺。具威仪于西明寺照律师，禀持犯于崇福寺升律师，传惟识大义于安国寺素法师，通涅槃大旨于福林寺崟法师。复梦梵僧以舍利满琉璃器，使吞之且曰：三藏大教尽贮汝腹矣。自是经律论无敌于天下。囊括川注，逢原委会，滔滔然莫能济其畔岸矣。夫将欲伐株杌于情田，雨甘露于法种者，固必有勇智宏辨欤？

无何，谒文殊于清凉，众圣皆现；演大经于太原，倾都毕会。

德宗皇帝闻其名征之，一见大悦。常出入禁中与儒道议论。赐紫方袍。岁时锡施，异于他等。复诏侍皇太子于东朝。

顺宗皇帝深仰其风，亲之若昆弟。相与卧起，恩礼特隆。

宪宗皇帝数幸其寺，待之若宾友。常承顾问，注纳偏厚。

而和尚符彩超迈，词理响捷，迎合上旨，皆契真乘。虽造次应对，未尝不以阐扬为务。由是，天子益知佛为大圣人，其教有大不可思议事。

当是时，朝廷方削平区夏，缚吴干蜀，潴蔡荡郓，而天子端拱无事。诏和尚率缁属迎真骨于灵山，开法场于秘殿。为人请福，亲奉香灯。既而刑不残兵不黩，赤子无愁声，沧海无惊浪。盖参用真宗以毗大政之明效也。夫将欲显大不思议之道，辅大有为之君，固必有冥符玄契欤？掌内殿法仪，录左街僧事，以标表清众者，凡十一年。讲《涅槃》《唯识》经论，位处当仁，传授宗主，以开诱道俗者，凡一百六十座。运三密于瑜伽，契无生于悉地。日持诸部十余万遍。指净土为息肩之地，严金经为报法之恩。前后供施数十百万，悉以崇饰殿宇，穷极雕绘。而方丈匡床，静虑自得。贵臣盛族，皆所依慕，豪侠工贾，莫不瞻向。荐金宝以致诚，仰端严而礼足，日有千数，不可殚书。而和尚即众生以观佛，离四相以修善，心下如地，坦无丘陵，王公舆台，皆以诚接。议者以为成就常无轻行者，惟和尚而已。夫将欲驾横海之大航，拯群迷于彼岸者，固必有奇功妙道欤？

以开成元年六月一日，向西右胁而灭。当暑而尊容若生，竟夕而异香犹郁。其年七月六日，迁于长乐之南原，遗命荼毗，得舍利三百余粒。方炽而神光月皎，既烬而灵骨珠圆。赐谥大达，塔曰玄秘。俗寿六十七，僧腊四十八。弟子比丘、比丘尼约千余辈，或讲论玄言，或纪纲大寺。修禅秉律，分作人师，五十其徒，皆为达者。於戏！和尚果出家之雄乎？不然何至德殊祥如此其盛也？

承袭弟子义均、自政、正言等，克荷先业，虔守遗风。大惧徽猷有时堙没，而今阁门使刘公，法力最深，道契弥固，亦以为请，愿播清尘。休尝游其藩，备其事，随喜赞叹，盖无愧辞。

铭曰：

贤劫千佛。第四能仁。哀我生灵。出经破尘。教纲高张。孰辩孰分？有大法师。如从亲闻。经律论藏。戒定慧学。深浅同源。先后相觉。异宗偏义。孰正孰驳？有大法师。为作霜雹。趣真则滞。涉俗则流。象狂猿轻。钩槛莫收。柅制刀断。尚生疮疣。有大法师。绝念而游。巨唐启运。大雄垂教。千载冥符。三乘迭耀。宠重恩顾。显阐赞导。有大法师。逢时感召。空门正辟。法宇方开。峥嵘栋梁。一旦而摧。水月镜像。无心去来。徒令后学。瞻仰徘徊。

（会昌元年十二月廿八日建

刻玉册官邵建和并弟建初镌）

柳公权书《玄秘塔碑》，碑主乃大达法师端甫，是继玄奘法师后，唐代又一位有名的高僧，于唐代宗大历四年即公元七六九年出生于甘肃天水。大达法师一生历经唐朝德宗、顺宗、宪宗、穆宗、敬宗、文宗朝。

端甫十岁在天水街亭镇崇福寺做沙弥，十七岁升任为比丘，入安国寺诵经。因对佛学虔诚，经师傅推荐，在西明寺受戒于照律师，后又学毗丘尼于崇福寺，并升为律师，同时，传《唯识》于安国寺法师，通《涅槃》于福林寺监法师。随后，他"谒文殊于清凉，众圣皆现；演大经于太原，倾都毕会"。

唐宪宗时，因为端甫在佛学界的造诣和声名，得到宪宗的宠遇，宪宗诏端甫率缁属迎真骨于灵山，开法场于秘殿，端甫继玄奘后又一次在长安震动朝野。端甫在朝中掌内殿法仪，标表净众长达十年，尤以主讲《涅槃》《唯识》等著称于世。据史书记载："贵臣盛族皆所引慕，豪侠工贾莫不瞻向，荐金宝以致诚，仰端严而礼足，日有千数，不可殚书。"由此可见，端甫在当时的社会地位远非普通僧人可比。

唐文宗开成元年（836）六月，端甫面向西，朝自己的家乡天水圆寂了，享年六十八岁，葬于长安长乐原之南。皇帝赐谥号大达法师。

书写《玄秘塔》时，柳公权已经六十四岁，说是老迈，其实正值炉火纯青、精神矍铄之时。此碑高一丈五寸，宽五尺一寸，字共二十八行，满行五十四字。正书碑刻气势恢弘，运笔遒劲有力，字体学颜出欧，别构新意。结字的特点主要是内敛外拓，这种结字容易紧密挺劲。运笔健劲舒展，干净利落，四面周到，有自己独特的面目。

文如其人，字如其人，与文一样的字，同样反映出人的精神气质。由汉字而汉语、汉学，即成为中国文化的代称。柳法遒媚劲健，与颜司徒媲美，《玄秘塔碑》的确是有人评价的"诚悬极矜练之作"。

书法是中国特有的艺术，秦汉以来的统一文化，"车同轨，书同文，行同伦"，决定着民族的精神面貌，也影响了汉字书写的轨迹。汉代的隶书是书法的精英，有强大的艺术生命力。从魏晋南北朝开始，隶、楷、行、草各种书体竞相怒放，诞生了书圣王羲之，北方流行碑书，南方则流行帖书，民间书法也风起云涌。唐代书法则融合南北，名家辈出，书体繁茂，在颜真卿创造了颜体之后，柳公权所创立的柳体便应运而生了。谁也料想不到，颜柳书体，一经流传就是千年。

到了会昌二年（842），散骑常侍柳公权不知何故被贬为太子詹事后，寻改太子宾客，并正三品。太子宾客为太子东宫属官，掌调护侍从规谏等。

柳公权向来和李德裕关系亲密，因为宰相崔珙推荐柳公权担任集贤学士、判院事，李德裕却很不高兴，鉴于提拔柳公权的恩德不是出于自己，于是就拿柳公权试问（《资治通鉴》第二百四十六卷）。

看来，柳公权遭贬，并不是说他本人有什么过失，而是看他的站队是否对错，他的上线是什么人等，能否得势，说得上话。如果宰相崔珙将推荐权让给李德裕，同样是柳公权，也就不会有遭贬的下场了。是崔珙的不经意呢，还是李德裕此人心胸不大开阔？

武宗即位以来，经过几度起落的李德裕再次入居相位后，逐渐取得了武宗的信任。这年秋天，武宗听说太子少傅白居易很有名望，打算任命其为宰相，于是问宰相李德裕。向来有些厌恶白居易的李德裕，便从自己的私心出发，说白居易衰老多病，不堪担负朝廷重任。武宗听此言，便罢了。还好，白居易的堂弟左司员外郎白敏中，学问直逼白居易，而且很有见识和器量。于是，武宗任命白敏中为翰林学士。

适时，刘禹锡读到了李德裕写的《秋声赋》，序中说："况余百龄过半，承明三入，发已皓白，清秋可悲。"赋中感叹时光流逝的思想，对刘禹锡的感触很深，便也写了一篇《秋声赋》，其引言云："相国中山公赋《秋声》，以属天官太常伯，唱和俱绝，然皆得时行道之余兴，犹有光阴之叹，况伊郁老病者乎？吟之斐然，以寄孤愤。"

柳公权读到李、刘二人唱和的《秋声赋》，打从心底里不免产生强烈的共鸣，此番咏叹，何尝不是柳老夫子此时的心境。李德裕的封邑在中山郡，引言的开头提到相国中山公，刘禹锡的这篇同题之作显然是写给李德裕看的。李德裕虽曾被排挤在外，但武宗朝总算获得了施展抱负的时机。而刘禹锡坎坷一生，卒无所遇，衰老多病，闲居洛阳，空怀济世安民之志，抚今追昔，孤愤难平。

是啊，草木是无情之物，尚有衰败零落之时。人为动物，在万物中又最有灵性。无穷无尽的忧虑煎熬他的心绪，无数琐碎烦恼的事来劳累他的身体，费心劳神，必然会损耗精力。更何况常常思考自己的力量所做不到的事情，忧虑自己的智慧所不能解决的问题，自然会使他鲜红滋润的肤色变得苍老枯槁，乌黑光亮的须发变得花白斑驳。人非金石，为什么却要以并非金石的肌体去像草木那样争一时的荣盛呢？应当仔细考虑究竟是谁给自己带来了这么多磨难，又何必去怨恨这秋声呢？

尽管如此，刘禹锡在《秋声赋》中还是抒发了与清秋可悲迥然不同的感情，以打消李德裕的迟暮之悲，劝其振作精神，奋发有为。"嗟乎！骥伏枥而已老，鹰在韝而有情。聆朔风而心动，眄天籁而神惊。力将疼兮足受绁，犹奋迅于秋声！"刘禹锡把自己比作有病的老骥，但仍想着驰骋千里；把自己比作受绁的鹰，但仍想着展翅高飞。对生活的热爱和激情，不屈服于命运压力的意志，使他的生命充满了活力。

会昌二年（842）秋天，七十一岁的刘禹锡与世长辞。其挚友白居易悲痛欲绝，写了《哭刘尚书梦得二首》，表达了深切的悼念之情，而且还对刘禹锡的为人推崇备至，称他为贤豪。

住闲集贤院中的柳公权，听到了刘禹锡辞世的消息，黯然无语。他一生与其交集甚多，从内心崇尚刘禹锡的人品与诗文。

柳公权禁不住吟咏道："嗟乎！骥伏枥而已老，鹰在韝而有情。说得多好啊！"

"哀我生灵，出经破尘。"柳公权又联想到了书写《玄秘塔碑》铭文中的警句，又陷入了不可自拔的无端怅惘之中。

虽然在唐武宗朝初期罢内职，柳公权退到了集贤院养闲，之后做了太子詹事，似乎有点不如意。但比起六十岁之前处境的不得意，到了六十岁之后，尽管有一些不愉悦，也算得上是恩宠日增了。

"人缘书贵，书因人重"。柳公权先是以书法实力赢得皇上和众人赞赏，所谓人缘书贵。到后来则一路升迁，官居高位，有点书因人重的味道。

唐武宗会昌三年（843），六十六岁的柳公权，身为右散骑常侍充集贤院学士、判院事，奉旨书《神策军碑》。此碑又称《左神策纪圣德碑》《皇帝巡幸左神策纪圣德碑》《武宗皇帝左神策纪圣德碑》。翰林学士崔铉撰文，徐方平篆额，立于皇宫禁地。

因是奉旨书写，柳公权不免特别郑重，以竭尽全力，后世评价此为柳公权代表作之一。所书之字端庄森严，苍劲精练，书法结构严整，充分体现了柳体楷书骨骼开张、平稳匀称的特点。其点画遒劲而富于变化，笔力凝练内含，骨力洞达，结体内敛外放，敧正相生，顾盼天成，气脉贯通，如深山道士，神清气健，超尘脱俗。

原碑藏于禁宫，故捶拓较少，且原石早已毁灭，现世仅存北宋所拓孤本。

左神策军，是唐天子最精锐的部队之一，由拥立武宗有功的宦官仇士良指挥。武宗驾临左神策军军营时，仇士良借机奏请立此碑以纪圣德，武宗也便应允了。碑文记录了回鹘汗国灭亡及安辑没斯来降之事，从皇帝巡幸左神策军起，至来朝上京嘉其诚止，约七百余字。

之前，武宗李炎即位不久，当时如何修复与宦官的关系，是摆在新任皇帝面前的一个问题。唐朝自德宗之后，宦官掌管禁军神策军，专权局面逐渐形成。武宗之兄文宗曾命朝官谋划甘露之变，从而引发了朝官和宦官的激烈冲突，文宗也因此被宦官软禁。武宗是宦官仇士良所立，因此，武宗决定巡视左神策军，其用意在于向宦官示好，而仇士良也正好顺从圣意，进而请求建立颂圣德碑以回应，神策军碑因此而立。

碑文题款：

皇帝巡幸左神策军纪圣德碑并序

翰林学士承旨朝议郎守尚书司封郎中知制诰上柱国赐紫金鱼袋臣崔铉奉敕撰

正议大夫守右散骑常侍充集贤殿学士判院事上柱国河东县开国伯食邑七百户赐紫金鱼袋臣柳公权奉敕书

集贤直院官朝议郎守衡州长史上柱国臣徐方平奉敕篆额

正文：

我国家诞受天命，奄宅区夏，二百廿有余载，列圣相承，重熙累洽，逮于十五叶。运属中兴，仁圣文武至神大孝皇帝，温恭濬哲，齐圣广泉，会天地之昌期，集讴歌于颍邸，由至公而光符，历试逾五让而绍登宝图，握金镜以调四时，抚璿玑而齐七政，蛮貊率俾，神祇撝怀。践位之初，惟新霈泽，昭苏品汇，序劝贤能，祗畏劳谦，动遵法度，竭孝思于昭配，尽哀敬于园陵。风雨小愆，虔心以申乎祈祷，虫螟未息，辍食以轸乎黎元，发挥典谟，兴起仁让，敦叙九族，咸秩无文，舟车之所通，日月之所照，莫不涵泳至德，被沐皇风，欣欣然，陶陶然，不知其俗之臻于富寿矣。是以年谷顺成，灾沴不作，惠泽润于有截，声教溢于无垠，粤以明年正月，享之玄元，谒清庙，爰申报本之义，遂有事于圆丘，展帝容，备法驾，组练云布，羽卫星陈，俨翠华之葳蕤，森朱干之格泽，盈荐斋果奠拜，恭寅故得二仪垂休。百灵受职，有感斯应，无幽不通，大辂鸣銮，则雪清禁道，泰坛紫燎，则气霁寒郊，非烟氤氲，休征杂沓。既而六龙回辔，万骑还官，临端门敷大号，行庆颁赏，宥罪录功，究刑政之源，明教化之本，考臧否于群吏，问疾苦于蒸人，绝兼并之流，修水旱之备。百辟竞庄以就位，万国奔走而来庭，搢绅带鹖之伦，毡裘椎髻之俗，莫不解辫蹶角，蹈德咏仁，抃舞康庄，尽以为遭逢尧年舜日矣。皇帝惕然自思，退而谓群臣曰，历观三五已降，致理之君，何常不满招损，谦受益，崇太素，乐无为。宗易简以临人，保慈俭以育物，土阶茅屋，则大之美，是崇，抵璧捐金，不贪之宝，斯著，顾惟，荷祖宗之丕构，属寰宇之甫宁。思欲追踪太古之遗风，缅慕前……

纵观柳公权书《神策军碑》，一个鲜明的特征，是将汉字的结构处理得天衣无缝，恰到好处。

汉字结构可分为独体和合体两大类，而合体字又可分为左中右、上中下和包围式三种。其结构规律，如独体字，是一个不可分割的整体，其多数字笔画较少，很难安排，故在书写中要注意重心的稳固、点画的呼应和形体的变化。如中、于、心、九，笔画虽然很少，但通过笔画的粗细、结构的巧妙分割，使字势雍容而稳健。

左中右和上中下结构，在碑文中占有很大的比例，其安排比例得当，随形就位。一个字的几个组成部分，在字中占有相应的位置而不能随意改变，在这一点上可谓做得精到。如祈、秩二字为左右相等，涛、德二字为左窄右宽，邻、则二字为左宽右窄，圣、思二字为上下相等，息、乐二字为上重下轻，泉、畏二字为上轻下重。其结构规律，又如宽窄合宜，高低有序。没有左中右的高低和上中下的宽窄是完全相等的，即使是结构相叠的字，也有大小、高低、宽窄之别，如羽字左低右高，昌字上窄下宽。

另如，避实就虚，穿插错位；上下对齐，左右对称；搭配得体，疏密匀称。其包围式结构，主要表现在外框与被包围者的协调关系上，统一得体。如通、图、幽三字。其风格特点，主要表现在瘦硬通神，刚柔相济。虽以骨力取胜，又丰腴温润，不失内在的张力。其冲宫紧聚，四面开张，峻峭险劲，静中求动，而且大小兼备，纵横交错。

《神策军碑》是柳公权一生中最杰出的作品之一，其晚年之作无出其右者。

会昌三年（843）十月，柳公权书《昊天观碑》。王起撰文，徐方平篆额，立于万年县。

此碑史料不详。且从昊天析疑，玉皇大帝又名玉皇、玉帝、昊天金朔阙玉皇大帝，原为道教的四大天帝之一，后来成了受全民崇拜的最高神灵。

玉皇大帝起源于上古时期人们对天帝的崇拜，当时的古人认为风雷雨电、雹雪霜冻等自然现象，全是由天上的神仙操纵。这些神仙的最高统帅就是天帝，民间俗称老天爷。于是，便产生了玉皇大帝的形象。在古人的心目中，要想过上安居乐业、风调雨顺的日子，就必须敬奉好天帝。昊天观之类的祭神场所，便在这种背景下应运而生。

会昌四年（844），柳公权为太子詹事。

四月，书《金刚经》，又称《注金刚经》。柳公权正书，郑一体题额，立于京兆。

佛教经典《金刚经》，全称《能断金刚般若波罗蜜经》，又称《金刚般若波罗蜜经》。最早由鸠摩罗什于后秦弘始四年（402）译出，以后相继出现五种译本，即北魏菩提流支、南朝陈真谛、隋达摩笈多、唐玄奘、唐义净译本。

此经以一实相之理为体，以无住为宗，以断疑为用，以大乘为教相。卷末四句偈文："一切有为法，如梦幻泡影，如露亦如电，应作如是观。"被称为一经之精髓。意为世界上一切事物都是空幻不实，实相者则是非相，认为应远离一切诸相而无所住，即对现实世界不执着或留恋。由于此经以空慧为体，说一切法无我之理，篇幅适中，不过于浩瀚，也不失之简略，故历来弘传甚盛，特别为慧能以后的禅宗所重。

本经的普遍流传是鸠摩罗什首译本。鸠摩罗什译为童寿。父亲是印度人，后来移居龟兹国，母亲是龟兹国公主。母亲生他不久便出家，罗什也随之出家。幼年到北印度迦湿弥罗修学声闻三藏。回龟兹时经过莎车国，遇到大乘学者须利耶苏摩，转而归向大乘，鸠摩罗什回龟兹时已经是英俊饱学的法师。

符秦王符坚派吕光攻打龟兹，迎接鸠摩罗什来华。吕光攻破龟兹后护送鸠摩罗什回国，在半路上得到符坚淝水战败的消息，吕光即宣告独立，国号西凉，在今甘肃西部。等到姚秦兴起，国王姚兴信奉佛法，特派大兵攻西凉，这才迎罗什到长安。

当时的佛教优秀学者都集中到长安，从鸠摩罗什禀受大乘佛法。鸠摩罗什便一面翻译一面讲学。鸠摩罗什所翻译的大乘经论很多，如般若、法华、净名、弥陀等经，智度、中、百、十二门等论，信实而能达意，文笔又优美雅驯，在翻译界被认为是第一流最成功的译品。

柳公权理解的《金刚经》，全文没有出现一个"空"字，但是通篇讨论的是空的智慧。一般认为前半部说众生空，后半部说法空。经文开始由号称佛陀十大弟子中解空第一的须菩提发问："当众生立定志向要达到无上圆满的佛陀觉知时，应该将发心的目标定在哪里？如果在实践过程中心不能安住，应该如何降伏？即如何使心灵平和地安住在终极关怀，如何在走向终极目标的过程中，对各种错误认识患得患失心理进行克服？"《金刚经》就是围绕佛陀对此问题的解答而展开的。

《金刚经》在中国佛教界流行极为普遍，如三论、天台、贤首、唯识各宗，都有注疏。尤以唐宋以来盛极一时的禅宗，与本经结有着深厚的因缘。传说参礼黄梅的六祖慧能，就是听了本经"应无所住而生其心"而开悟。六祖以前，禅宗以楞伽印心，此后《金刚经》即代替了楞伽。

柳公权早年书《金刚经》时，四十七岁，时值唐穆宗长庆四年（824），碑石立于长安西明寺。过了整整二十年，柳公权又书《金刚经》，逐句逐字，一笔一画，大概已经渐渐镌刻在了他的心里。

而他并非遁入佛门，而是在大唐王朝现实生活的红尘中徘徊，悟出了一些生存的智慧和自以为是的生活方式。

唐会昌四年（844）十月，柳公权书《高重碑》。此碑又称《赠太子少保高重碑》《检校户部尚书高重碑》。高元裕撰文，立于伊阳即今河南汝阳。

碑主高重，曾任太子少保。太师、太傅、太保，都是东宫官职。太师教文，太傅教武，太保保护东宫安全。少师、少傅、少保均是副职。名存职异，只是一个荣誉称号作为赠官加衔的名号，约等于军衔，并非实职。太子少保，从一品衔，仅次于"公"而高于"卿"的特殊官职。唐时皇族中，因太子常居东宫，东宫便成了太子的别称。也有的皇帝根本就没太子，也封别人做太子太保。有的皇帝还是小孩，就封别人做太子太保。高重曾任户部尚书，六部中户部的最高级长官，相当于财政部长。

撰文者高元裕，累迁左司郎中。李宗闵做相，用为谏议大夫，寻改中书舍人。李宗闵得罪南迁，因其出城饯送为李训所怒，出为阆州刺史。

唐武宗会昌五年（845），仍居太子詹事的柳公权，在这一年里，仅仅书写了一块碑，即《李载义碑》，又称《武威郡王赠太傅李载义碑》，裴璟撰文，立于京兆。

李载义，唐朝远支宗室，早年丧父，和同乡豪杰四处旅游。他身体强健，善于摔跤，打动了时任卢龙节度使刘济，被其招入亲军，升衙前都知兵马使。宝历二年（826），幽州兵变，朱延嗣因虐待士兵，不得军心，李载义遂杀朱延嗣，以其罪上奏朝廷，被封为武威郡王。此后，李载义扣押了前来行贿的李同捷的侄子，并将他和贿赂一同送往长安，李载义授同中书门下平章事，朝廷赐给功德碑。大和八年（834），杨志诚被部将驱逐，逃往长安，李载义将其殴打，还想杀他，在手下苦苦劝谏下才没有杀，但仍然杀了杨的妻子和随从。文宗因他有功，没有处罚。李载义上表指称杨志诚挖掘了他母亲和兄弟的坟墓，盗取陪葬，请求处死杨志诚并要挖出他的心来祭奠母亲，被文宗拒绝。甘露之变，李载义被允许留任河东，病逝于太原，时年五十。

撰文者裴璟，生平不详。

唐武宗会昌五年（845），柳公权在太子詹事任上。

这一年，发生了唐武宗灭佛事件。

唐代后期，由于佛教寺院土地不输课税，僧侣免除赋役，佛教寺院经济过分扩张，损害了国库收入，与普通地主也存在着矛盾。唐武宗崇信道教，深恶佛教，会昌年间又因讨伐泽潞，财政吃紧，在道士赵归真的鼓动和李德裕的支持下，于此年四月，下令清查天下寺院及僧侣人数。

柳公权乃当朝饱学之士，深谙印度佛教流入中国并传播发展的来龙去脉。大约在西汉末年传入，魏晋以前为输入时期，东晋南北朝为传播时期，隋唐为兴盛时期。

东晋南北朝时期，佛教在门阀世族统治阶级的提倡下，获得了广泛的传播。皇帝、贵族和世族官僚大都信仰佛教，印度僧人佛图澄、鸠摩罗什先后被后赵石勒、石虎和前秦苻坚尊为国师。南朝梁武帝更是一个很虔诚的佛教徒，他尊佛教为国教，并曾三次舍身出家为僧。这个时期佛教寺院大量兴建，僧尼空前增多。北魏时佛寺多达三万余所，出家僧尼达二百余万人。南朝梁武帝时，仅建康一地就有佛寺五百余所，僧尼十万余人。而且这些佛教寺院都拥有独立经济，占有大量的土地和劳动力，形成了特殊的僧侣地主阶层。

北周武帝当政时，北周有僧侣一百万，寺院万余所，严重影响了政府的兵源和财源。为了消灭北齐，周武帝决定向寺院争夺兵源和土地。建德三年（574）下诏禁断佛、道二教，把僧侣地主的寺庙、土地、铜像资产全部没收，以充军国之用，近百万的僧尼和寺院所属的僧祇户、佛图户编入民籍。北周灭北齐，北周毁佛的范围达到关内及长江上游，黄河南北的寺院也被毁灭。江南自侯景之乱后，佛教势力也受到影响，陈朝的佛教已不及梁朝之盛。

佛教势力的再次膨胀，与隋文帝杨坚的提倡有极大关系。隋文帝杨坚于开皇元年（581），发布诏令，可以自由出家，并按人口比例出家和建造佛像。隋炀帝时，命僧人法果在洛阳缩写佛经经目。

唐朝时，佛教已再度兴盛起来了，随之也有几次抑制佛教的活动。唐初时，傅奕多次上书，列数佛教的恶果，请求废除佛教，唐高祖曾下诏淘汰僧尼。由于唐高祖退位，太宗摄政，大赦天下，所以并没有实行。唐太宗曾于贞观初年，下令凡有私度僧尼者处以极刑。但武则天之时，到处建造佛像，又建明堂，修天枢，佛教势力更加膨胀。佛教寺院可与宫室相媲美，极尽奢华。以后唐朝诸帝也多信佛，肃宗、代宗在宫内设道场，养了数百个和尚在里面早晚念佛，宪宗时还举行迎佛骨的活动。代宗时下诏，官吏不得"箠曳僧尼"，僧尼犯法也不能绳之以法，关中的良田多为寺院所有。

佛教在统治者提倡下迅速发展起来，但同时也与封建国家存在着矛盾。大量的劳动人口出家为僧或者投靠寺院为寺户、佃户，寺院控制了许多土地和劳动力，寺院经济发展起来，而封建政府的纳税户却大为减少。傅奕反对佛教的理由之一就是，僧尼是游食之民，不向国家交纳租税，浪费了封建国家许多钱财，减少了税收。韩愈在反佛的文章中也从国家财用的角度，指出了佛教的弊端。代宗时，彭偃就建议，僧道不满五十岁的每年交纳四匹绢，女尼及女道士不满五十岁的交纳二匹，并和普通百姓一样应役。他认为如果这样，那么出家为僧也就没有什么害处了。

因为存在争夺土地和劳动人口方面的矛盾，在这一矛盾达到一定程度时，封建国家就会向佛教势力宣战。另一方面，唐武宗灭佛，也是佛教与道教斗争中的一个回合。道教是中国土生土长的宗教，追尊老子李聃为教祖，北朝以来的皇帝多信道教。唐朝建立后，因为皇帝姓李，道教尊奉的老子也姓李，统治者为了借助神权提高皇家的地位，自认是老子的后代，所以推崇道教。高宗时，追尊老子为太上玄元皇帝。玄宗还亲自为《道德经》作注，尊老子的《道德经》为《道德真经》，庄子的著作为《南华真经》，庚桑子的著作为《洞灵真经》，列子的著作为《冲虚真经》，在科举中增设老、庄、文、列四子科。并规定道士女冠由宗正寺管理，宗正寺是管理皇室宗族事务的机构，说明唐朝把道士和女冠当作本家看待。武则天崇佛，一是因为佛教曾为她当女皇制造理论根据，同时也是要用佛教来压制道教。

此时的太子詹事柳公权，还在当了十三年校书郎之后北上夏州做判官的时候，曾经历过元和十四年（819）围绕佛教斗争的朝廷风云。唐宪宗敕迎佛骨即所谓舍利于凤翔法门寺。先在宫中供养三天，然后送长安各寺，供僧俗礼敬，从而再次掀起全国性的宗教狂热。对此，韩愈从儒家立场出发予以坚决反对，上表认为，佛教只是夷狄之法，非中国所固有，只是在后汉时才传入中国，因而不合先王之道。又说佛教的流行使"乱亡相继，运祚不长"，对封建统治有害而无益。此表招致宪宗的盛怒，欲处韩愈以极刑，后经裴度、崔群等人的说情，最后将韩愈贬为潮州刺史。

柳公权认为，宪宗在唐中期还算是个有作为的皇帝。此后朝政腐败，朋党斗争，国势日衰，而穆宗、敬宗、文宗照例提倡佛教，僧尼之数继续上升，寺院经济持续发展，大大削弱了政府的实力，加重了国家的负担。武宗继位后，在整顿朝纲、收复失地、稳定边疆的同时，决定废除佛教。

尽管柳公权对佛教颇有兴趣，但当佛教使大唐王朝受到危害时，他也不容置疑地背弃了佛教，站在了主张废佛的群臣一边。

武宗在废佛敕书中写道："洎于九州山原，两京城阙，僧徒日广，佛寺日崇。劳人力于土木之功，夺人利于金宝之饰；遗君亲于师资之际，违配偶于戒律之间。坏法害人，无逾此道。且一夫不田，有受其饥者；一妇不蚕，有受其寒者。今天下僧尼不可胜数，皆待农而食，待蚕而衣。寺宇招提，莫知纪极，皆云构藻饰，僭拟宫居。晋、宋、齐、梁，物力凋瘵，风俗浇诈，莫不由是而致也。"

废佛是"惩千古之蠹源，成百王之典法，济人利众"的唯一办法，这是武宗决心灭佛的主要原因。

唐武宗尚未即位时，已偏好道术。即位后，即召道士赵归真等八十一人入宫，于三殿修"金箓道场"，并亲临三殿，受法箓。在日益偏信道教的同时，武宗开始了对佛教的整顿。而赵归真因曾遭京师诸僧的诮谤，常感"痛切心骨，何日忘之"（《宋高僧传》卷十七）。这时便利用武宗对道教的偏信，于宫中"每对，必排毁释氏"（《佛祖历代通载》）。他向武宗荐引了道士邓元起、刘玄靖等人，以声气相求，同谋毁佛。道教徒的煽动，加强了唐武宗灭佛的决心。

灭佛实始于会昌初年，而至会昌末年达到高潮。在会昌二年（842），武宗已令僧尼中的犯罪者和违戒者还俗，并没收其全部财产，充入两税徭役。会昌四年（844）七月，敕令毁拆天下凡房屋不满二百间，没有敕额的一切寺院、兰若、佛堂等，命其僧尼全部还俗。

会昌五年（845）三月，敕令不许天下寺院建置庄园，又令勘检所有寺院及其所属僧尼、奴婢、财产之数，为彻底灭佛做好准备。同年四月，即在全国范围内展开全面毁佛运动。僧尼不论有牒或无牒，皆令还俗，一切寺庙全部摧毁，所有废寺的铜像、钟磬悉交盐铁使销熔铸钱，铁交本州铸为农具。

这年八月，下诏宣布灭佛结果：天下所拆寺四千六百余所，还俗僧尼二十六万五百人，收充两税户，拆招提、兰若四万余所，收膏腴上田数千万顷，收奴婢为两税户十五万人。在灭佛同时，大秦景教穆护、祆教僧皆令还俗，寺亦撤毁。但当时地方藩镇割据，唐中央命令因而不能完全贯彻，如河北三镇就没有执行，有的地方执行命令不力。这是一次寺院地主和世俗地主矛盾的总爆发，佛教徒称之为"会昌法难"。

唐武宗开始禁佛时的政策非常温和。如果想继续做僧尼，就要坚守不拥有财产田宅的戒律；如果不想放弃财产，那就必须还俗。对于犯淫戒的、娶妻的、不受戒的，勒令还俗。甚至还允许比丘、比丘尼保留一二名奴仆。但是，骄奢淫逸惯了的僧尼们，根本不理。唐武宗不得不强迫二十六万出家人还俗。但是，仍然保留了部分寺院，规定了这些寺院的僧尼人数。

这也是中国历史上曾发生过"三武一宗"灭佛事件之一。"三武"指北魏太武帝拓跋焘、北周武帝宇文邕、唐武宗李炎，一宗指周世宗柴荣。应该说，历史上的这四次禁佛事件，是对佛教盲目发展的几次规范，不存在纯粹因信仰而迫害的事情。对比欧洲历史上的宗教迫害，中国的四次禁佛显得仁慈太多了。

再对比一下某些站在宗教立场上的人，他们对这四次禁佛的态度很不客观。"灭佛""毁佛""法难"等词汇显示出隐含的恨意。甚至还有人说，这四位禁佛的帝王的下场都很不好，都是"灭佛"的因果报应，因为"灭佛"而堕入地狱。

会昌灭佛给佛教以沉重打击。山东、河北一带的寺院，到处是"僧房破落，佛像露坐""寺舍破落，不多净吃；圣迹陵迟，无人修治"的景象。在江南地区，也是"刹宇颓废，积有年所"的状况。

对佛教的态度也是唐后期牛李党争的一个内容。李德裕反对佛教，他在浙西做官时曾拆毁寺观一千四百余所，在西川任节度使期间，也曾毁寺观兰若多处，把寺院土地分给农民。会昌年间的灭佛运动，就是李德裕和唐武宗协同进行的。

会昌六年（846）三月二十三日，唐武宗李炎因服用方士金丹，久病不愈而卒，年三十三岁。

先是武宗病危，二十日，左神策中尉马元贽等矫诏立宪宗第十二子光王李怡为皇太叔，武宗卒。皇太叔即位于武宗灵柩前，是为宣宗，年三十八。

李怡幼时，"宫中皆以为不慧，群居游处，未尝发言。及立为皇太叔，初见百官，裁决庶务，咸当于理，人始知其有隐德，意谓处乱世韬匿自保"（《资治通鉴》）。

其实，李怡并不愚钝，他是把自己的聪明才智隐藏起来，装疯卖傻似的，竟然得到了皇位。武宗的五个儿子年纪尚小，无法辅立，宦官们决定由光王李怡接班，更名李忱当上了新皇帝。李忱小的时候反应迟钝，不爱说话，还常常莫名其妙地跌足，有一年冬天从马上跌晕在路上，险些被冻死。阴谋多端的宦官们，显然是让李忱安于自保的韬晦之策给蒙蔽了。

李怡是宪宗之子，是穆宗的弟弟，而且是敬宗、文宗、武宗三个皇帝的叔叔，处于这样一个位置，从血缘关系上来讲，有继承皇位的可能，这样就难免会引起当政皇帝的疑忌。武宗李炎就对这个憨傻的皇叔不放心，让人将李忱囚于宫厕里。宦官仇公武可怜他，说是把他杀掉得了，武宗答应了。仇公武把他从宫厕中偷偷带出宫去，藏了起来，这才捡了一条命。

大智若愚的唐宣帝，傻傻地当上了皇帝，并力图在皇位上有所作为，开创新的政治局面，为大唐帝国画上一道黄昏的霞光。

柳公权面对朝廷的突然变故，不知所措，但也见怪不怪，泰然处之。

说是不在其位，不谋其政，同时身为太子詹事的他已经老迈，也无力疏导江河日下的大唐朝政，日月常新，且任它去吧。

又一番改朝换代时，柳公权由太子詹事改为太子宾客，正三品。

也许是这一时期，柳公权突发奇想，随手写下了一部《小说旧闻记》（见《全唐五代笔记》），著录六卷，借以遣怀，而流传后世。

这部书现仅存三篇，记载了三则神怪故事，其语言简练，文笔生动，写得神乎其神。

其一写元稹任江夏地方官时，遇一渔人捕得一条大鲤鱼，在鱼腹中发现两枚古镜，遂视为宝物。元稹死后，镜亦不知去向。

其二写唐秘书省与义威卫逸事。

其三写王铎在宣宗朝入相，因不屈从"权道"，遭藩镇忌恨。他们收买刺客李龟寿，令其在王铎书斋行刺。王铎退朝回书斋，义犬连吠，衔住王铎衣襟不使其入内。刺客李龟寿有感于王铎高德，愿以余生报效。王铎死后，李龟寿亦"尽室亡去"。

至于元稹，为人刚直不阿，情感真挚，和白居易是一对好友。白居易这样评价元稹"所得惟元君，乃知定交难"，并说他们之间的友谊："一为同心友，三及芳岁阑。花下鞍马游，雪中杯酒欢。衡门相逢迎，不具带与冠。春风日高睡，秋月夜深看。不为同登科，不为同署官。所合在方寸，心源无异端。"而元稹对白居易的关心，更凝结成了千古名篇《闻乐天授江州司马》。

除了流芳千年的"元白之谊"，元稹和妻子韦丛的半缘情深也为人津津乐道。唐德宗贞元十八年（802），太子少保韦夏卿的小女儿年方二十的韦丛，下嫁给二十四岁的校书郎元稹。韦夏卿出于什么原因同意这门亲事，已然无从考证了，但出身高门的韦丛并不势利贪婪，没有嫌弃元稹。相反，她勤俭持家，任劳任怨，和元稹的生活虽不宽裕，却也温馨甜蜜。可是造化弄人，唐宪宗元和四年（809），韦丛因病去世，年仅二十七岁。此时的三十一岁的元稹已升任监察御史，幸福的生活就要开始，爱妻却驾鹤西去，他无比悲痛，写下了一系列的悼亡诗，其中有云："曾经沧海难为水，除却巫山不是云。取次花丛懒回顾，半缘修道半缘君。"用世间至大至美的形象来表达对亡妻的无限怀念，任何女子都不能取代韦丛。另一首云："昔日戏言身后意，今朝都到眼前来。衣裳已施行看尽，针线犹存未忍开。尚想旧情怜婢仆，也曾因梦送钱财。诚知此恨人人有，贫贱夫妻百事哀。"

《遣悲怀三首》作于韦丛去世后两年。虽然就在同年，元稹即在江陵府纳了妾，有些言行不一，但是他对韦丛的感情是真挚的，不能用王维终不再娶的标准来衡量每个人。元稹三十一岁时，在成都认识了已经四十二岁的薛涛，但她仍风韵不减当年。

元稹亦为风流才子，写了《莺莺传》，实为元稹之自传。莺莺本为良家淑女，元稹可令其深宵抱枕而来私会，此子之风流可见一斑。莺莺并没有挽救自己注定成灰的爱情，她知道自己一着不慎，满盘皆输，不该抱枕而去，以至再不能光明正大做人妻，但她没有露出恨意，甚至去信，嘱元稹好好生活，不用牵挂她。

薛涛一生未动过男女之情，及遇元稹，忽然就把那一点温柔的女性之花释放了开来。元稹写道："风花日将老，佳期犹渺渺。不结同心人，空结同心草。"如此这般，两人开始日日谈诗，日日游玩在锦江边上，相伴于川中各地。那一段日子，是薛涛一生最快活的日子，仿佛回到了十四岁以前。然而元稹也算是既风流又有头脑的人，一场轰轰烈烈的姐弟恋之后，元稹要回京城了，临别时笑眯眯地对薛涛说："我走了，我会尽快回来的。"薛涛心灰意懒随口道："勿忘我。"他说："不会的，我即使会忘记你，也不会忘记你的诗啊。"元稹就这样带走了薛涛的诗，和薛涛的爱情，踏上他新的仕途，后又做了乘龙婿。这却是她一生唯一的爱情。而薛涛重回了浣花溪，元稹早薛涛数年辞世。

这个男人的一生有两条线索，一条是走门阀路线攀龙附凤娶贵族之妻的婚史，一条是在宦游途中与各地风流才女谈情说爱的情史。元稹的过人之处在于，他能令那些高贵典雅的婚礼和隐秘欢娱的情感并行不悖，他可以在彻底的欢娱之后彻底地放弃。所以，他终其一生都是高尚君子，而那些曾与他情深似海的女人，在短暂的欢娱之后，无一例外地在蒙羞的寂寞中度过余生。

说到王铎其人，他出生于太原，曾任中书令。工书法，行书甚有影响。伯父王播，是唐文宗时宰相。至于李龟寿其人，是一名刺客。宰相王铎外放当节度使，于僖宗即位后又回朝当宰相。他为官正直，各处藩镇的请求若是不合理的，必定坚执不予批准，因此得罪了许多节度使。他有读书癖，虽然公事繁冗，每天总是要抽暇读书，在永宁里的府第之中，另外设一间书斋，退朝之后每在书斋中独处读书，引以为乐。有一天又到书斋去，只有一头矮脚狗叫作花鹊的跟在身后。他一推开书房门，花鹊就不住吠叫，咬住他袍角向后拉扯。王铎叱开了花鹊，走进书房。花鹊仰视大吠，越叫越响。他起了疑心，拔出剑来，放在膝上，向天说道："若有妖魔鬼怪，尽可出来相见。我堂堂大丈夫，难道怕了你鼠辈不成？"

刚说完，只见梁间忽有一物坠地，乃是一人。此人头上结了红色带子，身穿短衫，容貌黝黑，身材瘦削，不住向王铎磕头，自称罪该万死。王铎命他起身，问他姓名，又问为何而来。那人说道："小人名叫李龟寿，卢龙人氏。有人给了小人很多财物，要小人来对相公不利。小人对相公的盛德很是感动，又为花鹊所惊，难以隐藏，相公若能赦小人之罪，有生之年，当为相公效犬马之劳。"王铎道："我不杀你便了。"于是命亲信都押衙傅存初录用他。

次日清晨，有一个妇人来到相府门外。这妇人衣衫不整，拖着鞋子，怀中抱了个婴儿，向守门人道："请你叫李龟寿出来。"李龟寿出来相见，原来是他的妻子。妇人道，"我等你不见回来，昨晚半夜里从蓟州赶来相寻。"于是和李龟寿同在相府居住。蓟州和长安相隔千里，这妇人怀抱婴儿，半夜而至，自是奇怪得很了。

唐代藩镇跋扈，派遣刺客去行刺宰相的事常常发生。宪宗时宰相武元衡就是被藩镇所派的刺客刺死，裴度也曾遇刺而受重伤。黄巢造反时，王铎奉命为诸道都统，用了个说话漂亮而不会打仗的人做将军，结果大败，朝廷改派高骈做都统，高骈毫无斗志。王铎痛哭流涕，坚决要求再干，于是皇帝又派他当都统。这一次很有成效，四方围堵黄巢，使黄巢不得不退出长安，朝中当权的宦官怕他功大，罢了他的都统之职，又要他去做节度使。

王铎是世家子弟，生活奢华，又是书呆子脾气，去上任时"侍妾成列，服御鲜华，如承平之态"。魏博节度使的儿子乐从训贪他的财宝美女，伏兵相劫，将王铎及他家属从人三百余人尽数杀死，向朝廷呈报说是盗贼干的，朝廷微弱，明知其中缘故，却是无可奈何。王铎死后，李龟寿全家悄然离去，不知所终。

还有一说，柳公权《小说旧闻记》其中有一篇，是写薛少保画鹤的。

诗人杜甫诗作《通泉县署屋壁后薛少保画鹤》云：

> 薛公十一鹤，皆写青田真。画色久欲尽，苍然犹出尘。低昂各有意，磊落如长人。佳此志气远，岂惟粉墨新。万里不以力，群游森会神。威迟白凤态，非是仓庚邻。高堂未倾覆，常得慰嘉宾。曝露墙壁外，终嗟风雨频。赤霄有真骨，耻饮洿池津。冥冥任所往，脱略谁能驯。

人称"薛少保"的，本名薛稷，蒲州汾阴即今山西万荣西南人，名臣魏徵外孙，官至太子少保、礼部尚书。以书法名世，为书法初唐四大家之一，也擅画人物、佛像、鸟兽、树石，画鹤尤其生动，时称一绝。

还有一说，最早的登山者是唐代的浙江天姥人王玄冲，他的登山旅游事迹在柳公权写的《小说旧闻记》里有记述。

王玄冲在攀登过东南名山后打算攀登华山，但义海和尚却说这山陡峭，除非你能驭风凭云，要不怎能上得去？

王玄冲回答说："你不该说天不可上，令人担心的是没有上天之志，我决心攀登。"

经过十天的攀登，王玄冲终于登上山顶。他敲石取火，点燃烟号，义海和尚见峰顶烟起，自愧不已。

柳公权一生以书法名世，仅留传后世的几首诗作也堪称上乘，鲜为人知的是他偶尔写有小说，记载于史籍杂书之中。小说主人公的名字，在历史上确有其人，多是他的同时代人，却运用曲笔甚或魔幻手法，构思惟妙惟肖。

其实，从某一角度来讲，丰富繁复而奇诡的现实生活，有时候比小说作家的虚构文字要精彩得多。文学作品所反映的人类生活情态，仅仅是所谓冰山一角而已。

多才多艺的柳公权，适时禁不住跨界秀一把所谓小说，也算是生平趣事一桩。看热闹也罢，看门道也罢，无论如何，作者发乎于情，总是一抒胸臆的一种外化形式。诗文书画同源，有时触类旁通，一通百通，堪为全才。

第十三章 东宫

唐武宗会昌六年（846）三月二十六日，宣宗李怡即位。

大中元年（847）正月十七日，唐宣宗于圆丘祭天，大赦天下。

鉴于前朝武宗灭佛带来的负面影响，大中元年三月，宣宗敕复佛寺，凡会昌五年（845）所废佛寺，如有僧能修复者，任其住持，不得禁止。

在又一任新皇帝重新调整重臣之际，前朝元老级资深大学士柳公权，职位转而向好，也由太子詹事改为太子宾客，为太子东宫属官，掌调护侍从规谏等。所谓太子宾客，只是护侍太子的顶尖级特别保姆而已。

宣宗即位一年后，柳公权转太子太师，从一品。官职与太子太傅、太子太保并称为东宫三师，多为虚衔无实职。

柳公权进宫答谢。

新皇帝宣宗召他上殿，尊崇备至，一点也看不出"不慧"的迟钝样子，显得机智老成，是一副皇帝的做派。

宣宗说，自小就崇尚柳大学士的书艺，只是没有机会当面求教。这不，机会来了，万不可丢掉这个千载难逢的机遇。"你是先皇们的书法老师，让先皇们在治理朝政之余增添了不少修为，风雅之趣也是朕的嗜好，国兴诗文兴，书画兴国兴，还望前辈多多引领才是。"

柳公权伺奉过几朝皇上了，大多为附庸风雅者，难得有潜心酷爱书法之辈，他在书法上为人师表，多么希望哪怕有一位能够成为名符其实的皇帝书法家，自己也算功德无量了。也许，眼前的新皇帝会有一点大的出息。

宣宗干脆亲自从笔架上取来一支毛笔，恭恭敬敬地递到老师手中，让老先生当面书写几幅字，开开眼界，领略一下当朝大书法家挥毫走笔的风采。

柳公权已经被敬到了这个份儿上，这当儿，哪有推辞的份儿，遵旨即是。也便舍我其谁，当仁不让，镇静地接过了皇上递过来的毛笔，开始临池作业。宣帝遂令军容使西门季玄替他捧砚台，枢密使崔巨源替他过笔，自己侧着脑袋，屏住呼吸注目观赏。

柳公权定了定神，起笔在一张纸上写了一幅正楷，十个字："卫夫人传笔法于王右军。"接着，在另一张纸上，写了一幅行书，十一个字："永禅师真草千字文得家法"。在第三张纸上，写了一幅草书，八个字："谓语助者焉哉乎也。"（《旧唐书》柳公权传）

楷、行、草，三种书体都有了，各有千秋，相得益彰。

放下笔管，柳公权端详了片刻，觉得还拿得出手，脸上露出少有的微笑。宣宗抵制不住如获至宝的感激之情，一边叫好，一边忙给大学士赐座，辛苦辛苦，快歇息歇息。围在一旁的随行大臣，也殷勤有加，递过茶来，附和着皇上赞美了一番，都似乎成了懂书法门道的看客。

柳公权呷了一口茶，且不知晓宣宗的书法造诣，怕新皇上对所书内容犹疑，便指点着墨迹未干的字，耐心地做了一番阐释。

第一二幅字，说的是书法史实。卫夫人，系东晋女书法家，姓卫名铄，河南安邑即今山西夏县人，汝阴太守李矩之妻，人称卫夫人，工书法，师钟繇，正书妙传其法。一代书圣王右军羲之，曾跟她学习书法。王羲之的第七代孙智永禅师，曾用家传的真草书写千字文八百篇，馈赠江南诸寺，因而名声大震。第三幅字的意思是，前两篇的谈论，对你有什么帮助吗？

由此不难看出，柳公权此次书写的良苦用心。他不会冒昧地书写一首赞美新皇上莺歌燕舞的颂词，仅仅出自胸臆，说的还是他梦寐以求的书艺，这便是"老而堪尊"的德行所在。

宣宗对柳公权的书法很器重，连连赞誉，赏赐给他锦缎、瓶盘等银器，并命他亲自书写答谢表，不拘楷书、行书，来日再说。

日后，柳公权遵旨，自如地书写了一则谢表，宣宗当然喜欢，亦特别珍惜，放置于榻旁，每日欣赏不止。

这番阵势，有点像唐玄宗在兴庆宫邀李白写诗，杨贵妃为之捧砚，高力士为之脱靴伺候的场景。而柳公权一向是低调行事的性情内敛之人，不比李白的狂狷不羁，天子呼来不上船。他宠辱不惊，对皇帝的此番美意，也只不过谦恭地躬身道谢罢了。

在东宫的殿堂里，身为太子太师的柳公权也主要是教皇子们写字。写得疲倦了，皇子们便缠着太师给讲故事。听故事比写字省力，又好玩，满腹经纶的大学士随便拈来一个故事，也让皇子们听得入迷。

这一回，柳公权讲的仍是一个先朝的故事，是太宗朝时萧瑀当太子少师的事儿。

说是有一天，皇上对萧瑀说，我年少的时候喜欢玩弓箭，自以为能够完全懂得其中的奥妙。最近得到了数十副好的弓，拿着它们给做弓的工匠看。他们说，这些都不是好的材料。我问他们其中的原因，工匠说，木心不正，那么木材的脉理都不好，弓虽然很刚硬有力但是发箭的时候无法向前发，不是好的弓。我才开始领悟到这个道理。我以为我平定四方，用弓很久了，却还领悟不到其中的道理。况且我掌握朝政的时日不多，得到这个道理的含义，本来就比不上对弓的了解，对弓的了解犹且得不到，更何况对于治国的道理呢？

从此以后，到都城述职的五品以上的官员和中书内省官员，太宗每次召见，都给他们赐座，说与这番话，询问访察各地的事情，力求了解百姓的需要与不想要的东西，及政治教育等方面的得失。

柳公权的弦外之音，不知皇子们听懂了没有？

这前后，他已经六十九岁了，即将抵达七十致仕的年纪，按理说该告老还乡，回到京兆华原的柳家原故里安度晚年了。

前一年的八月十四日，白居易卒于洛阳。

柳公权知悉白居易去世的消息，彻夜未眠。他回忆起多年前出差去苏州，受到白居易的热情款待，并浏览了那里的胜迹。他找出白居易当年写的《和柳公权登齐云楼》与他的和诗，吟咏再三：

楼外春晴百鸟鸣，楼中春酒美人倾。

路旁花日添衣色，云里天风散佩声。

向此高吟谁得意，偶来闲客独多情。

佳时莫起兴亡恨，游乐今逢四海清。

这一切，犹显眼前，却又恍若隔世。柳公权屈指数来，白居易自从转任刑部侍郎，因病改授河南尹，离开长安回到洛阳履道里，已经有十七年之久了。

柳公权曾听说，十多年前元稹去世，为其撰写墓志铭，元家给白居易润笔的六七十万钱，他也全数布施于洛阳香山寺。后被任命为同州刺史，白居易辞不赴任，何必走回头路，后改任命为太子少傅分司东都，封冯翊县侯，仍留在洛阳。

晚年的白居易，大多是在洛阳的履道里第度过的。他与刘禹锡唱和，时常游历于龙门一带，曾作《池上篇》《醉吟先生传》自况。七十三岁时，白居易出钱开挖龙门一带阻碍舟行的石滩，事成后作诗《开龙门八节石滩诗二首并序》留念，诗中仍反映出他"达则兼济天下"的人生观。去世前一年时，尚在履道里第举行"七老会"，老友重聚，旧情难却，不免慨叹一番人生苦短的哲思。晚年笃信佛教，号香山居士，是以闲适的生活兑现自己"穷则独善其身"的人生境界。

身居长安的柳公权，羡慕白居易的晚年心态，如此这般，堪称人生的完美处境了。后来听说，白居易在开成四年（839）不幸得了风疾，之后罢太子少傅，停俸。又以刑部尚书致仕领取半俸，直到去世，享年七十五岁，葬于龙门。

柳公权深知，白居易对诗歌提出的要求，目的只有一个，那就是补察时政，"总而言之，为君、为臣、为民、为物、为事而作，不为文而作也。"《琵琶行》与《长恨歌》是他写得最成功的作品，其艺术表现上的突出特点是抒情因素的强化。与此前的叙事诗相比，这两篇作品虽也用叙述加描写来表现事件，但却把事件简到不能再简，只用一个中心事件和两三个主要人物来结构全篇。

当朝及后世的诗史家评价说，白居易的诗作，主张"文章合为时而著，歌诗合为事而作"。在白居易自己所分的讽喻、闲适、感伤、杂律四类诗中，前二类体现着他"奉而始终之"的兼济独善之道。在《新乐府序》中，他明确指出作诗的标准是"质而径、直而切、核而实、顺而肆"，分别强调了语言须质朴通俗，议论须直白显露，写事须绝假纯真，形式须流利畅达，具有民间歌谣色彩。也就是说，诗歌必须既写得真实可信，又浅显易懂，还便于入乐歌唱，才算达到了美学的极致。

白居易的仙逝，不能不让年迈的柳公权感叹，老友相继凋零，人生也不过是那么一回事，稍纵即逝，悲凉之余却也是一种豁达与坦然。

白居易去世后，唐宣宗李忱写诗悼念：

缀玉联珠六十年，谁教冥路作诗仙？
浮云不系名居易，造化无为字乐天。
童子解吟《长恨》曲，胡儿能唱《琵琶》篇。
文章已满行人耳，一度思卿一怆然。

可见宣宗皇帝对白居易一往情深，也深谙诗文堪为性情中的文人。如果不是背后有御用"枪手"的话。

这年十二月，冰天雪地，朔风呼啸，在一派空寂的气氛中，柳公权书写完了《李石碑》。此碑又称《相国李凉国公碑》《检校礼部尚书东都留守李石碑》。李德裕撰文，立于孟州阴汉祖庙内。

碑主李石，字中玉，陇西人。元和十三年（818）登进士，辟为李听幕府，随历诸镇，与柳公权同为一先一后的同僚，尚有几分交谊。后拜给事中，权知京兆尹。甘露之变后拜同平章事，与郑覃联袂主持朝政，抑制宦官专权，禁停诸道进奉等弊政，又奏请疏浚潼关至咸阳兴成渠。开成三年（838）被神策中尉仇士良派人刺伤，遂辞相位，出任荆南节度使。会昌三年（843）移镇河东，次年正月召为东都留守，两年后卒，年六十二岁。

李德裕为《李石碑》撰文时，为当朝太尉，是权倾一时的人物，曾于文宗、武宗朝两度为相。当官是柄双刃剑，既维持人缘，同时也得罪人，甚至有人结了死仇。天有不测风云，人有旦夕祸福。出乎柳公权的意料，到了宣宗大中元年（847）九月，前永宁尉吴汝纳告前淮南节度使李绅与前宰相李德裕，说他们朋比为党，欺罔武宗，曾枉杀其弟吴湘，请召前审案人证实真相。宣宗敕命御史台重新审查此案，所告属实，很快，贬太子少保李德裕为潮州司马。

宣宗即位后，李党尽贬，量移牛僧孺衡州长史，还为太子太师。可惜的是，政敌牛僧孺也没有活过这一年。

而最让柳公权担心的是，当初由李德裕一手任用的他的亲侄子、柳公绰之子柳仲郢，在京兆尹的官位上会有什么闪失。

早在唐元和十一年（816），胞兄柳公绰首次出任京兆尹。唐会昌五年（845），柳公绰的儿子、柳公权侄子柳仲郢出任京兆尹，这期间相隔三十年，恰恰是人们常说的一代人。

柳仲郢出任京兆尹的会昌五年，最重大的事件莫过于武宗毁佛灭法。唐朝的皇帝有崇道的，也有尊佛的。崇道的将老子奉为玄元皇帝，尊佛的下令将佛像敬放在官员进餐的食堂，让他们在饭前顶礼膜拜。武宗在灭法之后死于丹术，被礼佛的人看作是对其毁佛崇道一事的反讽与报应。

在柳公权看来，对于唐朝的皇帝来说，问题的实质并不在于信奉哪一种宗教，而是在于追求长生不老，宗教成为通向不死之路的阶梯。尽管事实已经证明人注定是要死的，而那些灵丹妙药会对人的生命造成伤害，但是贵有天下的君王们，仍然前仆后继地去追求肉体上的不死。武宗灭佛的风暴显然是猛烈的，那些被毁寺庙中的铜钟、铜磬，则被统一收回到各地的官府，熔炼后铸成铜币。在铸币之前，有人提出在铸币用的模范上加刻"新"字，以示和旧币的区别。兼任京畿铸钱使的柳仲郢，制止了这种做法。认为一个国家发行的钱币是有规矩定式的，随意改动样式将会损害钱币的权威性。此次全国有二十多个地方用收缴的铜器铸造铜币，只有淮南在模范上加刻了"新"字。一年多后，宣宗即位，佛寺重兴，那些加了"新"字的铜币竟被人收集起来，熔化后重新铸成佛像，本来就短缺的铜币又一次流失。

作为叔父的柳公权，尽管并不出头露面议论或干涉政事，为老当尊，不在位不谋其政，但免不了常常与自己的侄子柳仲郢切磋朝政的风向。叔父毕竟久经世事，有些劝导侄子还是听的，当然，叔父也相信侄子的判断力和执行力。

柳仲郢担任京兆尹期间所办理的案件中，最著名的应该是刘诩殴打母亲案。以柳公权看来，按照唐律，殴打自己父母的人应当处死，由此看来刘诩一案算不上什么大案难案。但由于这个刘诩乃是神策军中的人，神策军属于宦官管辖下的禁军，事情一旦和宦官挂在一起就变得复杂起来了，一件很清楚的案件很可能会避重就轻甚至不了了之。柳公权提醒侄子，此案当慎重处理为好。

对于这类案情，柳仲郢也有着亲身经历。就是说，应该判处死刑的人，就这样又活了下来。文宗大和五年（831）时，柳仲郢在朝任侍御史，京兆富平县人李秀才诬告乡亲砍了他父亲坟墓旁的柏树，并用箭射杀了那位乡亲。这个李秀才不是姓李的秀才，而是姓李名秀才。司法部门判定李秀才犯了擅自杀人罪，应当处死。但是此人籍属禁军，籍属应该是在禁军挂着名字，所谓"市井富民，往往行贿寄名军籍，则府县不能制"。李秀才不仅在禁军挂着名，还有宦官罩着，说情说到了皇上那里，文宗批复，将死刑改为打上一顿屁股后流放边疆，这在法律上叫作"决杖流配"。按照制度，犯人实施决杖时应由御史台侍御史在场监督执行，这一次轮到柳仲郢监决。

柳仲郢认为自己不能去执行这次监决，他上奏唐文宗说："圣明的君王制定了法律，擅自杀人者必须处死。现在李秀才犯了杀人罪，这个贼人不处死，就是乱了朝廷的典章，而我如果监督决杖就是失职。我听说上面有英明的天子，下面就不会有破坏法律的臣子。我虽然只是一个小官员，却不能亵渎自己的职责，更不能玷污圣上的英明。"柳仲郢坚守法律，拒不执行监决，文宗只得再换一个侍御史。而换上的人和柳仲郢一样，认为李秀才应该处死而不是决杖流配，此案最终绕过御史台改由京兆府监决。

柳公权与侄子的想法一致，即使被免官，也要坚守法治的立场。有鉴于此，这一次柳仲郢不等皇上的批复下达，就抢先一步将刘诩杖杀，省得夜长梦多。刘诩被杖杀之后，宦官们大为不满，果不其然，柳仲郢因而受到诬陷，被免去京兆尹的职务，改任他官。

柳公权劝慰侄子，这官丢得值，没有丢柳氏的脸面，罢了。

叔侄二人明白，神策军起于唐代宗时期，此后势力逐步壮大。属于神策军派的宦官是唐中晚期宦官的主要力量，连皇帝都由他们拥立。自唐宪宗元和年间到武宗会昌年间，敢于在神策军头上动土的京兆尹有四个人，一是许孟容，一是薛元赏，另外两个就是柳公绰和他的儿子柳仲郢。

朝廷内外纷纷议论，柳仲郢的母亲韩氏早年为了防止儿子夜间读书时打瞌睡，特意用熊胆汁配制成药丸让他咀嚼提神。人们常用吃了豹子胆来形容某个人胆量之大，这柳仲郢小时候可是吃了熊胆的。

再说，柳仲郢的母亲，也就是柳公绰的妻子韩氏，是韩皋的女儿。

韩皋在元和年间历任户部、吏部、兵部尚书，韩皋的父亲韩滉是唐德宗时期的宰相，而韩皋的爷爷则是开元名相韩休。柳仲郢的妻子韦氏，是元和宰相韦贯之的女儿，韦氏的兄弟是那位给宣宗写下《处分语》的韦澳。柳公绰的外兄薛官早年病故，其女儿由柳公绰扶养，后来嫁给了张毅夫。韩皋、韦澳、张毅夫都曾担任过京兆尹。此番人脉勾连，经多见广，可以推断柳仲郢的处事是有底气的。

在柳仲郢身上，体现出从小所受的家教给予的素养，继承了父亲柳公绰的那种正直耿介、不畏权势的性格，也与叔父柳公权持重本分的言传身教有很大关系。柳仲郢乃元和十三年（818）进士，在政坛上的名声初显，则是在牛僧孺的幕府中。那时敬宗玩心特强，不理朝政，这使得宰相牛僧孺陷入两难境地，说也不行，不说也不行。牛僧孺已经年近半百，而敬宗不过十六岁，要是自己的儿子不听话，打也打得，骂也骂得，但现在不听话的是皇帝。但是，放任敬宗由着自己的性子行事，对于牛僧孺来说又有悖于宰相的职责。

两难之际，牛僧孺提出到地方去任职，眼不见为净。于是，牛僧孺带宰相职出任武昌军节度使，而柳仲郢则在节度府中任从事。在此期间柳仲郢表现出众，牛僧孺赞叹说："非积习名教，安能及此！"（《旧唐书》列传第一百一十五）

而柳仲郢真正受到重用，则是在武宗会昌年间李德裕执政期间。按说，柳仲郢并不是李德裕的追随者，更在许多事情上与李德裕的观点相左。会昌五年（845）吴湘案时，御史崔元藻因为复查案件而被贬，柳仲郢多次上奏为其申理，这被认为是针对李德裕的，当时有不少人都为柳仲郢的命运担忧。但是，进封太尉的李德裕，则认为柳仲郢这样做并无一点私心，反而更加看重他，随即举荐柳仲郢为京兆尹。任命下达之后，柳仲郢前去拜谢李德裕，一般来说在这种场合都是说些感激的话，柳仲郢却说："我一定会像在奇章公幕府时那样去努力，以报答你的厚德。"牛僧孺的祖上牛弘在隋朝时被封为奇章公，唐人因而用此称号尊称牛僧孺。这个耿直的柳仲郢啊，当着重用自己的李德裕的面，此言无疑是犯了忌讳。

事实上，李德裕并没有因为这些话而记恨柳仲郢，这或是表明李德裕并非因私怨而妒贤的人，或是表明李德裕并没有自立一党。武宗与李德裕之间的君臣相知，成为晚唐之绝唱。宣宗即位，嫉其位高权重，贬至崖州司户，六十三岁卒。李商隐称李德裕为"成万古之良相，为一代之高士"。逝后十年被追封为太子少保，这也算身后昭雪。

李德裕去世六年之后的宣宗大中九年（855），柳仲郢兼任盐铁转运使，便将李德裕兄弟的儿子李从质安排在盐铁院任推事，让其用所得的俸禄来供给家用。当时的宰相、华原柳氏的乡党令狐绹对此很是不满，柳仲郢给令狐绹写了一封信，说："李太尉受到责处已经很久了，他的家人也因此而漂流零落，这样下去恐怕连祭祖这样的大事都会无人去做，实在是令人痛心。"

也许是柳仲郢的信说服了令狐绹，也许是令狐绹由自己每次面见宣宗都会紧张得浑身冒汗的情况，体会到伴君之难，因而动了恻隐之心，令狐绹下令任命李从质为朝廷正式官员。

柳公权称赞侄子柳仲郢，这件事做得好，做人要讲义气，滴水之恩当涌泉相报，势利而忘恩负义的人是得不到世人尊重的。

而就此期间，柳仲郢却驳了宣宗的面子。宣宗让他安排一个名叫刘集的医生担任盐场主管，这个职务不入流品，又是皇上本人亲自写的条子，完全可以送个顺水人情，但柳仲郢却没有照办。他上奏宣宗说："如果这个医生医术高明，应该让他去尚药局担任医官。假如盐铁院有一个与其职能毫不相关的医生，臣不知道应该怎样去考核他的工作。再说，安排一个人担任盐场主管这样一个低级别的职务，不是一国之君应该干的事情。"宣宗无奈，在柳仲郢的奏疏上批示："赐给刘集绢百匹"，安排人送他回家去。

柳仲郢的这般作为，源自华原柳氏的家风家学家教。父亲柳公绰年少时起读书千卷，尔后成为朝廷栋梁，一代名士。叔父柳公权从幼年习字，毕生手不释笔，终成书法大师。读书学习是柳家的家风，柳仲郢受到父辈的影响，也是嗜书如命，公事之余则开卷读书，不舍昼夜。《九经》《汉书》《后汉书》亲手抄写一遍，魏晋南北朝的史书手抄两遍，全是用小楷精心写下，每个字都很认真，没有败笔。

柳仲郢后任河南尹时，为政宽松，有人问他为什么和任京兆尹时做法大不相同？回答说："京兆是在天子的车轮之下，要的是次序，应该以弹压为先，而河南则是地方，治理起来应该重在养民，以和谐为主，这两个地方是不能类比的。"

按照柳仲郢和他父亲柳公绰的秩品，位于长安升平里的柳家门前是可以竖立戟杖的。据说每当柳仲郢的职位升迁之前，总会有许多鸟儿聚集在他们家门前的戟架上，五天之后才会散去。多年之后，当柳仲郢官授天平军节度使时，这些鸟儿却没有出现，家里人都认为这不是个好兆头。果然，柳仲郢不幸卒于天平军任上，时为咸通五年（864）。因史籍未载其出生年月，估摸寿数在七旬上下。且为后话。

唐宣宗大中元年（847）时，柳公权已经整整七十岁高龄了。

杜甫说：人生七十古来稀。按照孔子的说法，七十岁已经进入到随心所欲不逾矩的境界。唐朝规定官员七十岁致仕，即退休。唐朝的时候，能够达到这个寿数的人并不占多数，这个条件对害怕退休的人来说是很宽松的。

这一年，柳公权破例未能致仕，反而由太子宾客转为太子太师，从二品，上谢表。对于国事，柳公权不在其位不谋其政，太子太师的称谓也只不过是荣誉职务而已。但对于书法家，却似乎并没有致仕退休一说，七老八十，只要头脑清醒，腿脚灵便，人书俱老，只是一直写下去就是了。

人老了，便念及故土，念及当初出发的地方。柳公权不时会想起家乡，田园将荒芜不归，京兆华原柳家原的风物无时不在召唤游子归去，他恨不得明天一早就动身，离开喧嚣的长安城，回到炊烟缭绕的土原上去。

但是，书碑的事情排了时间，一时不便抽身，似乎永远没有回归的那一天。他想起了贺知章的烦恼，默默念叨着："少小离乡老大回，乡音未改鬓毛衰。儿童相见不相识，笑问客从何处来。"

贺知章是武则天时代的进士，已经过去一百五十年了。在京师生活和供职近五十年，离开长安的时间距柳公权当下的年纪，也有一百年了。虽说是长年在北方做官，贺知章从不讲官话，始终乡音未改。他的同事说，你这是南方的金子到了北方才发光，贺知章写了一首诗回答道："钑镂银盘盛蛤蜊，镜湖莼菜乱如丝。乡曲近来佳此味，遮渠不道是吴儿。"柳公权不曾到过镜湖，记得李白诗云："我欲因之梦吴越，一夜飞度镜湖月。"镜湖的莼菜根熬制的汤在唐朝是一品味道，是极其鲜美的汤羹。

到了天宝初年，贺知章向皇上申请回家乡去安度晚年。玄宗问他："还有什么要求尽管提出来，朕会千方百计地加以满足。"贺知章说："臣有一个儿子，想请圣上赐给名字，这将成为臣的荣耀。"这意思是，回到家乡就可以向乡亲们夸耀了。玄宗说道："你的儿子就叫'孚'吧，希望他成为一个讲信用的人。"贺知章跪谢天恩，高高兴兴地离去。一路上，他也在琢磨这个"孚"字，想着想着就想出烦恼来了，孚字上面是一个爪字，下面是一个子字，就嘟囔说："圣上这不是在开我的玩笑吗，怎么能说我的儿子是爪子呢？"

想到这里，柳公权也暗暗笑了起来。他崇尚贺知章的爱才若渴，知人善用。当他身居太子宾客时，李白还是一个平民，在读了《蜀道难》后赞叹不已，称李白是"谪仙"。两人年龄相差四十多岁，但一见如故，对饮畅叙，结为忘年知己。那天，贺知章身上没钱买酒，竟毫不犹豫地解下佩在身上显示官品级别的金龟，换取酒菜。后来，他在皇帝面前推荐了李白，做了供奉翰林。

柳公权预料不到，有朝一日自己告老还乡，回到京兆华原柳家原时，会不会遭遇老前辈贺知章一样的难堪。

一天，太子太师柳公权在东宫溜达，听皇子们说笑，笑得前俯后仰。什么事情让他们好笑，原来是在演绎宣宗李忱微服出行的遭遇，煞是有趣。

有一个叫卢沆的学子，准备参加进士考试，当他在长安城东浐河边行走时，对面来了一个骑驴的人。卢沆有眼色，当下想到道路避让守则："少让老，民让官，官员让的是宰相，举国上下让皇上。"于是就主动侧过身子让骑驴人先走。对方看见卢沆讲礼貌，就勒住毛驴致以问候，当得知他准备参加今年的进士考试时，又索要了他的诗文作品，塞到自己的袖子里骑驴而去。

卢沆想不到，这个骑驴人就是宣宗皇帝。回到宫中，皇上看过卢沆的作品后给主考官打了声招呼，卢沆考中了进士。当时的宰相得知圣上为卢沆的事情打招呼后，感到很震惊，以前从来就没听说过卢沆还有通天的关系，他就找卢沆摸底，卢沆回答说俺在浐河边上给皇上让过路。

皇子们所讲的宣宗趣闻，让身为太子太师的柳老夫子也忍俊不禁。皇子们请求太师也讲讲趣谈，柳公权想了想，讲了友人温庭筠的故事。

有一次，宣宗在外面遇上了诗人温庭筠，此人外号"温钟馗"，看来是一副凶神恶煞的模样。这个温庭筠虽然相貌丑陋，却很有才气。学子们在参加统一考试时要作律诗，一首诗是八句，温庭筠左右手一交叉就想出一句，手叉八下一首诗就写成了，人们叫他"温八叉"。温庭筠盯着普通人打扮的宣宗，左看右看之后评价说："你大概是州里司马一级的官员吧？"宣宗说："不至于吧！"温庭筠往高的说了一些："那就是节度府的主簿？"宣宗再一次否认。温庭筠没有继续往下猜，在他看来对方的官职也大不到那里去，没有必要待见。被人家说成是国家的下级官员，宣宗一定很郁闷。

再说宰相令狐绹，温庭筠是认识的，他照样是冷嘲热讽。有一次，令狐绹询问起一个典故的出处，温庭筠解释说这个典故出自《南华经》。答疑解惑完了之后，温庭筠又补充了一句：《南华经》可是常用的经典著作。"言外之意是，你令狐绹在百忙之中也应该抽时间读些书。宰相令狐绹也是当过翰林学士的人，尽管社会上有传言说令狐绹的学识水平名不符实，但也不能由着温庭筠这个等级的人来教育，再联想到温庭筠曾经对人说"中书堂内坐将军"，把令狐绹比作一个武夫，令狐大人不恨才是怪事。

令狐绹当上宰相后，只要是姓令狐的人来找他办事，基本上都不会落空。有人看准了这是一个机会，就冒充令狐这个姓氏，甚至有些原本姓胡的人给胡字前面加上一个令字，自称五百年前和令狐绹是一家子。温庭筠就这件事发表了自己的看法，他说："自从您老人家当了宰相以后，咱们大唐姓胡的人都改姓令胡了。"温庭筠这种做派，很难为掌权的人所容纳，仕途很是不得意。上天造人时也是有所保留的，注入了才气就抽走了运气。

皇子们听太师柳公权讲得很出神，也听得入迷了。

大概，这也算是太子太师的职守，护侍的同时给涉世未深的皇子们上了一堂功课，借助人情世故的诙谐故事，以潜移默化的形式劝谏皇子们。之后，他余兴未尽似的摇了摇头，转身出了东宫，到花香鸟语的庭院里散步去了。

七十尚未致仕，还在太子太师位置上守候着，也许是出于某种无奈，柳公权的归园梦，也始终只是一个梦而已。

唐宣宗大中元年（847）正月，柳公权在太子东宫缮书《商於驿路记》，又称《商於新驿路记》《新修驿路记》。韦琮撰文，李商隐篆额，立于商州，即今陕西商洛。

商山路即武关道。春秋战国时开辟，原本是为了秦楚相互争夺的需要，以"武"字名关名路，起自长安，经蓝田、商州，至河南内乡、邓州之间道路的统称。武关道是连接关中地区与江汉地区的重要道路，战国时古道上烽烟迭起，丹阳、蓝田两次战役，秦大败楚军。西汉兴于武关道，亡于武关道。

唐王朝承平几百年间，武关道很少用兵，主要作用在于政治、经济和文化的南北沟通。贞观、开元年间，大都长安与江淮之间的交通往来，除贡赋物资及笨重行李要取道黄河、汴水和渭河漕转外，官民商旅往返多利用商山路的便捷条件，商州"邮传之盛，甲于它州"。

白居易在《登商山最高顶》一诗中云："高高此山顶，四望惟烟云。下有一条路，通达楚与秦。或名诱其心，或利牵其身。乘者及负者，来去何云云。"唐末诗人王贞白《商山》诗曰："商山名利路，夜亦有人行。"于是，商山路又有了名利路的别名。商山路大部分路段是沿丹水北侧行走的，山道不广，林木遮被，路又多在山头或山腰，贾岛描述形容它是"一山未尽一山迎，百里都无半里平"，可见其道路比较难行。

中唐、晚唐期间，朝廷曾对商山路进行过多次修治。德宗贞元七年（791）八月，商州刺史李西华奉命征发工役十余万，在加宽由蓝田至内乡七百余里旧道的同时，于阻水涧处又别开偏道，并在沿途"修桥道，起官舍"，使商山路一时"人不留滞，行者称便"。

商山路经过大修后，商於驿馆舍也新落成，商州地方特别制作石碑一通立于驿前，碑文请太子宾客柳公权缮书，碑额则由秘书郎李商隐恭篆。

"晨起动征铎，客行悲故乡。鸡声茅店月，人迹板桥霜。"在书写碑文时，柳公权又想起了那个据说是钟馗样子的温庭筠来，温氏人虽貌丑，诗却不差，在路行商州时就留下了《商山早行》的佳句。在他的生花笔下，商州的山城、板屋、行客、驿路，好似一幅商於六百里的生动画面。

此外，诸多如韩愈、颜真卿等贬官，均走武关道。唐初武关道即置驿，由京师都亭驿东行，出通化门，经长乐驿、灞桥驿折东南行，即进入武关道，依次为蓝田驿、青泥驿、七盘岭、韩公驿、蓝桥驿、蓝溪驿、蓝田关，入商州境之仙娥驿、商州城、四皓驿、洛源驿、棣花驿、层峰驿、武关驿、青云驿、阳城驿，而出省境。

说来也巧，柳公权曾于开成四年（839）秋天，缮书刘禹锡撰文的《山南西道新修驿路记》，领教过杰出诗人笔下的风采。过了近十年后，又与另一位杰出诗人在碑石间相遇，这便是篆额的李商隐。

柳公权读到了李商隐《商於新开路》，诗云："六百商於路，崎岖古共闻。蜂房春欲暮，虎阱日初曛。路向泉间辨，人从树杪分。"由此，足见其险峻。旧商山路多鸷兽，害其行旅。唐代各州设有"捕捉"之职，负责驱逐道路虎狼。让柳公权感到有些遗憾的是，此碑的撰文并非李商隐，而是他不大熟悉的韦琮，时任翰林学士、同平章事。

唐元和八年（813）和大中元年（847）刻立的商州《唐新修桥驿记》《唐商於驿路记》石碑，分别对宪宗、宣宗年间对武关道的局部修治做了记述。安史之乱后，关东仍不安宁，河道漕运和邓州、武关间的武关道受阻，物资运输不畅。遂凿修上津道，利用汉水将物资运至上津县，再陆转商州，北运长安。并在上津、商州间设置邮驿、馆舍。肃宗、代宗、德宗时期隶属商州的上津县，成为水陆漕运的中心。上津，亦名上津堡，今属湖北郧西县，在山阳县漫川关南十五里，唐时曾设商州上津县于此，其地以水为名。

长安至荆南驿路，是通向南方的唐诗之路。除两京驿路以外，长安至荆南也有一条驿路，它自长安东南出蓝关，经商州、武关、邓州、襄阳达荆州，全程一千七百三十里。在唐代，它是仅次于两京驿路的全国第二驿路，因从商洛山中穿过，在唐人诗文中又称商山路、商於路。商山路的修建，与沿线的物产丰富也有一定关系。商州置炉铸钱后，江淮七监皆停止铸钱，说明市场货币投放量足够流通周转。除产铜铸钱以资国用外，沿线还有很多出产，如弓材、鹿茸、朱砂、麻布、熊白、枳壳、楮皮、厚朴、杜仲、黄柏诸物。

这年四月，柳公权又书与驿路有关的《王起碑》。此碑又名《山南西道节度使王起碑》，立于关中平原中部的三原。撰文者为唐武宗朝中书侍郎李回。柳公权知晓李回其人，强干有吏才，遇事通敏，官曹无不理。大中元年，因与李德裕亲善，贬抚州刺史，复出为成都尹、剑南西川节度使。

这年，柳公权又书《苏氏墓志》，又名《李公夫人武功苏氏墓志》。立于京兆。

碑主生平不详。撰文者是碑主的从弟苏涤，京兆武功人，翰林学士知制诰，著有《穆宗实录》二十卷。

在这一年间，接着，柳公权书《太仓箴》，立于京兆。这一回，是李商隐的撰文了。是李商隐从桂林回到了长安，还是继续留在南方而撰写了《太仓箴》呢？如果李商隐回到了长安，一定会与柳公权聚首的。

太仓，一指京师储谷的大仓，二指人体器官胃。"胃者，太仓也"。以其容纳水谷，故名。箴，同针。古代一种文体，以告诫规劝为主。箴铭是规戒性的韵文，是刻在器物或碑石上兼于规戒、褒赞的文字。原意为像针砭那样的刺耳逆言，用于规劝，目的是使人的思想行为回归正常。

李商隐《太仓箴》中说："海翁忘机，鸥故不飞，海翁易虑，鸥乃飞去"，出自列子《好鸥鸟者》，讲述了一个美妙的寓言。是说在那遥远的海岸上，有个很喜欢海鸥的人，他每天清晨都要来到海边，和海鸥一起游玩。海鸥成群结队地飞来，有时候竟有一百多只。后来，他的父亲对他说："我听说海鸥都喜欢和你一起游玩，你趁机捉几只来，让我也玩玩。"第二天，他又照旧来到海上，一心想捉海鸥，然而海鸥都只在高空飞舞盘旋，却再不肯落下来了。忘机，是道家语，意思是忘却了计较、巧诈之心，自甘恬淡，与世无争。鸥鹭忘机，即指无巧诈之心，异类可以亲近。比喻淡泊隐居，不以世事为怀。

柳公权在书写李商隐《太仓箴》一文时，记住了以上的节点，其间阐发的人生哲理，让他感到很有嚼头。

也就在唐宣宗大中元年（847），柳公权读到了李商隐的五言绝句《夜意》，抒发的是政治上失意的诗人对妻子的思念之情："帘垂幕半卷，枕冷被犹香。如何为相忆，魂梦过潇湘？"当时的李商隐去了桂林，由于政治上的失意，李商隐写下很多想念妻子的诗，其构思颇似杜甫《梦李白》："三夜频梦君，情亲见君意。"孤独寂寞的诗人，半夜醒来感到枕头冰凉，而被子还留着余香，他不禁觉得是妻子不辞辛苦，远涉潇湘和他在梦中相会。明明是自己无比思念妻子，却说妻子走进自己的梦中，写得一往情深，无不叫人生发出几分难以诉说的情愫。

　　而进入七十致仕之年的柳公权，其妻子贵姓、芳名、生卒，均未见史籍。不可杜撰的是，柳老先生在此时此刻，一定或与妻子诉说缮书《商於驿路记》之事，共享与刘禹锡、李商隐此等有品位的诗人交集的温暖之情，或者以此怀念已经逝去的爱妻，曾经耳鬓厮磨的美妙时光。

　　商山路，诗之路，名利之路，崎岖悲怆的人生之路，让柳公权为之沉吟。谁知到了大中五年（851），柳公权得悉，李商隐的妻子王氏在春夏间病逝。他的这位老友，经历了又一次重大打击。从李商隐的诗文上看，他和王氏的感情非常好。这位出身于富贵家庭的女性，多年来一直尽心照料家庭，支持丈夫。由于李商隐多年在外游历，夫妻在很长的一段时间里聚少离多。可以想象，李商隐对于妻子是有一份歉疚的心意，而他仕途上的坎坷，无疑增强了这份歉疚的感情。家庭的巨大变故，并没有给李商隐很长的时间去体验痛苦。

　　到了这年秋天，柳公权侄子柳仲郢被任命为西川节度使，李商隐接受了邀请任参军。他在四川的梓州幕府生活了四年，大部分时间都郁郁寡欢。他曾一度对佛教发生了很大的兴趣，与当地的僧人交往，并捐钱刊印佛经，甚至想过出家为僧。梓幕生活，是李商隐宦游生涯中最平淡稳定的时期，他已经再也无心无力去追求仕途的成功了。

　　大中九年（855），柳仲郢被调回京城任职，他给李商隐安排了一个盐铁推官的职位，虽然品阶低，待遇却比较丰厚。李商隐在这个职位上工作了两到三年，罢职后回到故乡闲居。大中十三年（859）秋冬，四十六岁的李商隐在家乡荥阳病故，死后葬于祖籍怀州雍店，即今沁阳山王庄镇之东原的清化北山下。

　　李商隐仙逝的消息，又使得八十二岁高龄的柳公权，黯然神伤。这已经是之后的事了。

第十四章

河东郡公

唐宣宗大中二年（848），柳公权为左散骑常侍，封河东郡公。

散骑常侍，为皇帝侍从，以士人任职。入则规谏过失，备皇帝顾问，出则骑马散从。唐太宗曾以散骑常侍为散官，正三品下，属门下省。职掌同为规谏过失，侍从顾问，并无实权，而为尊贵之官，常作为将相大臣的加官。

河东，代指山西。因黄河流经山西省的西南境，则山西在黄河以东，故这块地方古称河东。郡公，一种封爵，即爵位、爵号，是皇帝对贵戚功臣的封赐。

这年，柳公权七十一岁，书《刘沔碑》。此碑又称《刘沔神道碑》，全称为《唐故光禄大夫守太子太傅致仕上柱国彭城郡开国公食邑二千户赠司徒刘公神道碑铭并序》。柳公权署衔为金紫光禄大夫左散骑常侍，韦博撰文，唐玄度篆额，李从庆镌刻。当年十月立于关内道京兆好畤县，县治在今乾县东八里的好畤村。

此碑原在永寿好畤河畔，后移至永寿县建亭保护。碑为一块完整的石料雕成，碑文楷书三十七行，行六十五字。字体偏小，但书体劲秀，有其淡雅特点。细察其碑多用圆笔，如"国"字，右角转换既圆，右直下也呈弓弩形。"司徒"之"司"，右侧遽然下弯，有拙态，"神道"之"道"字的结体也错互示拙。

七十岁以后，柳公权的书艺也在变化。此碑与其相近风格者如《苻璘碑》《魏公先庙》《冯宿碑》均有"敛才就范，终归淡雅"之风范，却不失刚强之态。此碑刻工也极精，或认为是柳书传世最佳者。

碑主最显著的功勋是于唐会昌二年（842），回纥侵犯，时任河东节度使刘沔进屯雁门，尔后向大同出击，打退了回纥兵。唐时的关隘位于今山西代县西北二十公里勾注山上，为山西北部之屏垣，人称"外壮大同之藩卫，内固太原之锁钥"，自古以来是兵家必争之地。

碑主刘沔，字子汪，徐州彭城人。父亲曾随从德宗到奉天，因战功官位做到左骁卫大将军。少时客居振武，节度使范希朝署任刘沔为牙将，军中有大型宴会，刘沔持在堂下。范希朝感到他很奇怪，召来对他说："日后你一定能坐在我这位置上。"元和末讨吴元济，常用刘沔为前锋，遇贼血战，伤重卧草中，月黑不知归路。昏然而睡中，梦人授之双烛，曰："子方大贵，此行无患，可持此而还。"既行，炯然有双光在前。自后破虏危难，每行常有此光。刘沔骁锐善骑射，冒刃陷坚，故忠武一军，破贼第一，后回朝授勋神策军将军。

大和末年，河西党项羌叛，刘沔移授振武节度使。开成三年（838），党项抢夺营田，发动吐谷浑、契苾、沙陀部落万人御敌，告捷而还。他把所缴获的马羊全部分给参战士卒，又在都护府西北设立四个军垒。武宗会昌初，回纥部饥，乌介可汗奉太和公主至汉南求食，刘沔移河东节度使，进军驻守雁门关，斩首万人，迎得太和公主至云州。刘沔以太子太傅退休，次年去世，终年六十五岁。

碑主刘沔驰骋沙场的豪壮，为大唐王朝屡建功勋，让柳公权甚为钦佩。同时也对《刘沔碑》篆额者唐玄度的学养很尊崇，二人已经是再度合作的老朋友了。

唐宣宗大中三年（849）五月十九日，柳公权书《牛僧孺碑》。此碑又称《赠太尉牛僧孺碑》，全称为《故丞相太子太师赠太尉牛公神道碑》。李钰撰文，柳公权正书并篆额，立于万年县。

同时，柳公权又书《牛僧孺志》，全称为《唐故太子少师奇章郡开国公赠太尉牛公墓志铭》，杜牧撰文。

柳公权与碑主的关系非同一般，渊源颇深。

牛僧孺，字思黯，安定鹑觚即今甘肃灵台人，生于唐代宗大历十四年（779），卒于唐宣宗大中元年（847），享年六十九岁。在牛李党争中是牛党的领袖，穆宗、文宗时宰相。早年宪宗制举贤良方正科特试，二十六岁的牛僧孺正血气方刚，胸怀治国韬略，在策对中毫无顾忌地指陈时政，其胆略见识深为考官赏识，成绩被列为上等。所作策文触犯宰相李吉甫，在元和朝不得志。这次科场案，是以后纠葛四十余年的牛李党争的起因，也使他看到了腐败政治的一些内幕。

穆宗时，韩弘入朝为官，其子曾厚赂宦官朝贵，韩弘父子死后，皇帝派人帮助其幼孙清理财产时，发现宅簿上"具有纳赂之所"，至牛僧孺名下，独注其左曰："某月日，送钱千万，不纳。"穆宗看了这则批语大受感动，在议论宰相的时候，"首可僧孺之名"。长庆二年（822），牛僧孺为同平章事。文宗大和三年（829），牛僧孺再次入相。

大和五年（831），吐蕃维州守将悉怛谋降唐，剑南西川节度使李德裕派兵入驻维州城，并奏用兵事宜。牛僧孺认为唐与吐蕃结盟，不宜违约开衅。文宗听从牛僧孺建议，命李德裕撤退驻兵，送还降将。牛僧孺对维州的决策，反映了他一贯妥协反战的思想。武宗即位后，李德裕当权，牛僧孺被罢为太子少师。会昌四年（844），又以牛僧孺交结泽潞叛藩的罪名，贬为循州长史。宣宗即位后，李党尽被贬谪，牛僧孺复原官太子少师。

再说，牛僧孺好学博闻，他在洛阳城东和城南分别购置了一所宅邸和别墅，"治家无珍产，奉身无长物"，"游息之时，与石为伍"。他和诗人白居易一起品石作文，其乐融融。为纪念二人的友情和记载牛僧孺的爱石情愫，白居易于会昌三年（843）五月题写了《太湖石记》，成为千古名文。

千年之后，鲁迅在谈到中国小说史时说道："造传奇之文，荟萃于一集者，唐代多有，而煊赫者莫如牛僧孺之《玄怪录》。"此作，堪与元稹的《莺莺传》、陈鸿的《长恨歌传》、白行简的《李娃传》等相媲美。

牛僧孺有诗《席上赠刘梦得》云："粉署为郎四十春，今来名辈更无人。休论世上升沉事，且斗樽前见在身。珠玉会应成咳唾，山川犹觉露精神。莫嫌恃酒轻言语，曾把文章谒后尘。"牛僧孺去世，天下设祭者百数。当时李商隐正在京兆尹幕府中，"假参军事，专章奏"，便为府尹代写了祭奠牛僧孺的祭文。

也许在柳公权看来，不管牛党或李党，都是跟宦官合作才飞黄腾达，或扭转运程的。因为唐朝中叶以后，真正主导朝局的主角几乎都是掌握中央禁军兵权的宦官，牛李党争虽然对唐代政局有一定的影响，但与宦官相比，政治上只能是第二流的角色而已。

柳公权纵观牛僧孺一生，以为他既是唐朝政界的贵胄，又是文坛的名士。毕生六十九年中，经历了德、顺、宪、穆、敬、文、武、宣八个皇帝，这正是唐中期以后走向衰亡的历史时期。这时期皇帝昏庸，宦官弄权，因此朝臣与宦官的斗争，朝臣中世家出身的与科举出身的党派斗争非常尖锐激烈。各派政治集团你上台他下台，像走马灯似的。朝廷对宰相的更换极为频繁，而一个宰相的更替与贬斥，就相应地引起了一大批京官与外任的调换。官宦巨族的斗争，皇帝成为掌权的党派用来打击对方的棍子。其时政治腐败，藩镇势力乘机发展，社会动乱不安，大唐已经走向末路了。

再说，时至晚唐，长安的官吏简直是车载斗量，地方上也是以邑设州，以乡分县，州县里的官吏多如牛毛。他们职能重叠，人浮于事，却都坐着伸手要俸禄，天下也都被一帮胥吏和冗员给吃穷了。李德裕的父亲主政的时候，就疾呼"吏寡易求，官少易治"，减官吏，并州县。到李德裕任宰相时，也提出了"省事不如省官，省官不如省吏"。这是父子相继，也是有志匡扶天下的人必须做的。

可是，淘汰官吏、削减职位一向是遭人记恨的，让谁来办理如此棘手的事呢？经过深思熟虑后，李德裕选中了吏部郎中柳仲郢。李德裕非常欣赏他，根本不介意他与牛僧孺颇有渊源。在裁汰州县冗员时，柳仲郢处事明快，大刀阔斧，旬日之间就裁了一千二百人之多。被裁撤的官员和担心被裁撤的官员，当然痛恨李德裕和柳仲郢。但不下猛药，又怎能拯救一个在病痛中走向死亡的王朝？

在柳公权看来，持续了四十多年的牛李党争，其实应该称为"李李党争"，是李德裕一党与李宗闵一党之间的斗争，牛僧孺顶多是个配角。这场党争，在晚唐历史上隆重上演，其影响范围之大，把原本就千疮百孔的唐王朝推向了无可挽回的深渊。

柳公权心知肚明，忧国忧民，书写完碑文最后一个字，将毛笔有力地掷于一边，心里在无奈地说："别了，碑主牛僧孺！"

接着，柳公权又书《牛僧孺志》，为墓志铭。其撰文者杜牧，曾于开成三年（838）与柳公权合作过立于京兆万年的《庄淑公主碑》，今又重逢，不亦乐乎。这样，也使柳公权与小他二十五岁的青年才俊杜牧有了一番人与文的交集。他们二人几乎是两代人，却寿命相殊，也就在杜牧去世后十三年，柳公权才离开人间。

盛唐有李白、杜甫，他们的名字可谓妇孺皆知，合称"李杜"。晚唐有李商隐、杜牧，后世把他们并称为"小李杜"。他俩是晚唐诗坛上两颗光芒闪烁的星星，也有人称为双子星座。

书法家柳公权太懂诗了，虽然轻易不作诗，却也熟知杜牧的那一首流传广泛的诗作《遣怀》："落魄江湖载酒行，楚腰纤细掌中轻。十年一觉扬州梦，赢得青楼薄幸名。"正是这首忏悔诗，给杜牧的一生带来了好运。尤其是后两句，很容易让人理解为诗人杜牧在扬州的风流生活史。繁华的扬州城中，他如何天天泡在风月场上，在青楼里喝酒作诗，叫上三五个小姐小妹相互调笑。说好听的是风流不羁，说不好听的是不成体统。

杜牧给人的印象，仿佛成了扬州妓院的资深嫖客，风流成性，风流完了还写诗以炫耀。其实不然，杜牧的这首诗是说："想当年，我失意潦倒，浪迹江南，随身携带着酒，以酒为伴，整天在那些苗条细腰、身轻得能够在掌上跳舞的歌姬中间厮混。那些年，我在扬州的混乱生活简直就是一场噩梦，如今回想起来，我得到的只是青楼歌姬们骂我为薄情郎的名声。"

柳公权理解，杜牧写的《遣怀》诗，同样也是个人的忏悔录，不仅没有炫耀什么，而是处处透露出诗人的忏悔和自嘲。往事如烟，不堪回首，多年在扬州的放荡生活，原来不过是一场梦，之后才总算清醒过来。

撰文者杜牧，与墓主则另有一番牵连。柳公权在书写《牛僧孺墓志铭》的时候，推算杜牧在写这首诗的时间，当是诗人在扬州当幕僚之时。文宗大和七年（833），杜牧投奔到淮南节度使牛僧孺的门下，跟随牛僧孺到扬州担任掌书记之职，大约就相当于秘书。这一年，杜牧三十郎当岁。他自述扬州幕府生活，曾经这样说："十年幕府吏，每促束于薄书宴游间。"幕僚生活，倚红偎翠，经常酒宴笙歌，陪上司应酬，还要和风尘女子游戏，这和杜牧的追求其实是相悖的，但为了生计，无奈只能迁就，内心处于苦闷和挣扎的境遇。杜牧的苦恼，当属于知识分子的理想和现实的反差所导致的孤独和郁闷，和工作与收入无关。

安史之乱之后的晚唐，唐朝的大势已去，无可奈何地走向衰亡，只是时间早晚的问题，地方藩镇叛乱已经司空见惯，无地不藩，无藩不乱，而牛李党争又有愈演愈烈的趋势。而且，这种党争一直延续了四十年之久，而朝廷更加无能，宦官竟然可以左右皇帝的废立，整个社会处于风雨飘摇之中。牛僧孺很赏识杜牧的才华，召他来扬州幕府，也就是处理一下文书。扬州出了名的繁华，李白的"烟花三月下扬州"，不是随便说着玩的，扬州不仅有天下美食，有天下美景，更有天下美色。青楼林立，妓女如云，"天下三分明月夜，二分无赖是扬州"。当时的知识分子像杜牧这样的，基本上看不到出路在哪里，忧心如焚却找不到方向，世事变幻莫测，内心的寂寞和苦闷无处诉说，只能通过释放肉体来缓解。

"牧美容姿，好歌舞，风情颇张，不能自遏。时淮南称繁盛，不减京华，且多名妓绝色，牧恣心赏，牛相收街吏报杜书记平安帖子至盈箧。"说的正是杜牧与牛僧孺在扬州时候的故事。杜牧来到繁华的扬州，简直如鱼得水，几乎夜夜都流连于烟花巷，被美色迷了眼，不能自拔。牛僧孺担心他在外面喝酒生事，就派几个兵士换上便衣，暗中保护，以防不测。还好，杜牧和妓女相处倒还和善。

后来，杜牧被任命为监察御史，要赴京城长安，离皇上更近了。临行前，牛僧孺单独把他叫到自己身边，缓言相劝："在我身边，你可以毫无顾忌，到了京城，人多嘴杂，何况你从事的又是纪检工作，在生活小节方面可得多多留意了，希望今后更加'谨慎持身'，京城的长官未必能像我这样保护你。"杜牧抵赖，自我辩解说自己一直很注意，从未乱来过。牛僧孺微笑，不做辩解，只命侍从取来一只篮子，内中都是报帖。杜牧一看，里面的内容大多是：杜书记今日平善，并未生事。还有少部分内容记录的是：某月某晚，杜书记到某处宴乐，平安。某月某日，杜书记在某妓处夜宿，等等。杜牧的脸马上红了，惭愧不已，羞愧难当，"泣拜致谢"，终生对牛僧孺由衷地感激。回到家，杜牧马上写成《遣怀》诗，表达自己的忏悔之意。

后来，太学博士吴武陵在一个偶然的机会，看到杜牧这首《遣怀》诗，知道杜牧已知改过，在行为上约束自己，收敛了自己的放肆，就拿着杜牧的《阿房宫赋》向主考官崔郾推荐，崔郾看了大加赞赏。由此，杜牧得以进士及第。他的另一首《江南春》更是优美，诗云："千里莺啼绿映红，水村山郭酒旗风。南朝四百八十寺，多少楼台烟雨中。"

杜牧出名比较早，在李商隐之前。刘禹锡的诗中也有类似的风流佳话："司空见惯浑闲事，断尽苏州刺史肠。"二十三岁那年，杜牧就写成了名满天下的奇文《阿房宫赋》，以秦朝的滥用民力、奢逸亡国为戒，给本朝统治者敲了警钟。

在书法行当，杜牧也与柳公权同道中人，亦工书，有书迹《张好好诗》传世，后人称"深得六朝人风韵"。张好好是一名歌妓，容颜娇美，才华出众，十五岁时结识诗人杜牧，二人从此心灵相寄，互相等待。种种原因，杜牧失约，好好含泪嫁给他人，可她还是忘不了初恋情人杜牧。杜牧曾有《赠别》写给张好好，诗云："多情却似总无情，惟觉樽前笑不成。蜡烛有心还惜别，替人垂泪到天明。"听到杜牧死亡的消息，她来到长安，在杜牧的坟前自尽。柳公权后来得知此消息，又找来杜牧的书迹仔细品评，深为二人的悲欢离合而惋惜。诗文与书法，是有情感的事物，甚至是泣血的。

柳公权想，杜牧这个人，一生虽在官场上不甚得志，远大抱负难以实现，但其终究贵为官宦子弟一类。在其祖父杜佑的熏陶之下，文采一流，风流潇洒，同时其性情疏野放荡，也在所难免。与土豪二代们标榜的风流相比，杜牧还有家世文化的家国天下之心。杜牧诗作《山行》云："远上寒山石径斜，白云生处有人家。停车坐爱枫林晚，霜叶红于二月花。"此时的柳公权，已经七十有二，杜牧的诗境，不正是人生清秋的绝好描绘吗？

牛增孺去了，之后杜牧也去了，而柳公权尽管年迈康健，依然也是会去的。这是碑文和墓志铭书写者的柳公权，无法摆脱且与日俱增的心理处境。杜牧死后，埋葬于韦曲南少陵原边朱坡村，沿华严寺一条坡路可上到村，杜牧的墓就在村边，规模很小。他曾写有《朱坡》一诗，描写他居住的朱坡四周景色。诗人重病时曾给他的姐丈裴度写有《忍死留别献盐铁裴相公二十叔》诗一首："贤相辅明主，苍生寿域开。青春辞白日，幽壤作黄埃。岂是无多士，偏蒙不弃才。孤坟三尺土，谁可为培栽？"杜牧请求裴度打发他的后事，感叹自己死后有谁给墓上培上三尺土呢？

让柳公权不曾料到的是，为牛增孺撰写墓志铭的杜牧，临死之时，心知大限将至，自撰墓志铭，便闭门在家，搜罗生前文章对火焚之，仅吩咐留下十之二三。但这篇墓志铭的短文写得却是平实无奇，丝毫不显文豪手笔。其中写道："某平生好读书，为文亦不出人。十一月十日，梦书片纸'皎皎白驹，在彼空谷'，傍有人曰：空谷，非也，过隙也。复自视其形，视流而疾，鼻折山根，年五十，斯寿矣。某月某日，终于安仁里。"

柳公权由杜牧其人之生死观，痛感人生之渺茫。豁达一些想开了去，自己的墓地想必在京兆华原柳家原的故土一隅。而墓志铭，该又有谁人来撰文呢？另一个杜牧，还会出现吗？

曾几何时，也许在此前后，有人惠赠来几支毛笔，柳公权甚为感激，于是写了一帧《谢人惠笔帖》，云：

> 近蒙寄笔，深荷远情。虽毫管甚佳，而出锋太短，伤于劲硬。所要优柔，出锋须长，择毫须细。管不在大，副切须齐。副齐则波磔有凭，管小则运动省力，毛细则点画无失，锋长则洪润自由。顷年曾得舒州青练笔，指挥教示，颇有性灵。后有管小锋长者，望惠一二管，即为妙矣。

柳公权对自己所喜爱的笔砚图籍视若珍宝，装上箱子藏好锁起来，从不轻易示人。他很喜欢砚台，对青州石制成的砚台评价最高，其次是绛州的黑砚。对写字用的毛笔也更讲究，喜欢用细管长锋的羊毫笔。从此帖可以看出，柳公权对笔的选择是如何认真，而这种笔的选择，对于柳体的形成则有重要影响。

之后唐昭宗时，冯贽《云仙杂记》说："养笔用硫黄酒，可舒展笔毫；养纸用芙蓉粉，为的是借芙蓉的颜色给纸增添色彩；养砚用文绫，主要是因为它隔尘性能好；养墨用豹皮囊，是因为它高效隔潮。"

中小楷笔管细为佳，是柳公权的个人偏好。基本上如同锋长一般，杆径亦应随字的大小调整，这在写中小楷时尤其敏感。为了要腰力健，入管深，结果笔杆越做越粗。杆径太粗，写来手酸，结果只有闲置一旁，甚为可惜。要笔毫入管深，又要直筒状笔斗，为减轻笔斗重量及视觉上清，确是个挑战。如果实在不能两全，只有让笔斗稍稍放粗，来保持杆径削瘦了。

说到笔管，《诗经》中有"静女其娈，贻我彤管"的句子。所谓彤管，一般指笔管。笔管的恰当与否，同样会影响到书写者的感受及书写风格的表现。

王羲之《笔经》说："管修二握，须圆正方可。后世人或为削管，故笔轻重不同，所以笔多偏握者，以一边偏重故也。自不留心加意，无以详其至此。"王羲之认为笔管长约二十厘米最利于书写，从传世摹本、刻帖中王羲之书法作品的尺幅大小判断，这样长短的笔管应主要适用于书写尺牍类书法的毛笔上。笔管除了要有恰当的长度，在形制上还要求圆正，也就是管要圆得均匀，才把握舒适。

他对笔管的重量上也同样留心加意，主张笔须轻便，云："昔人或以琉璃、象牙为管，丽饰则有之，然笔须轻便，重则踬矣。近有人以绿沈漆（竹）管及镂管见遗，录之多年，斯亦可爱玩，讵必金宝雕琢，然后为贵也？"踬，碍也。"驰之不已则踬，引之不已则逸"。书写者总是希望书写顺畅，笔管太重自然就变得不顺。

秦汉以前的毛笔笔管，质料不是普通的竹，就是低档的芦苇，而且上面毫无纹饰。东汉时，"尚书令、仆、丞、郎，月给赤管大笔一双，篆题曰北宫工作，楷于头上，象牙寸半着于笔下。"西晋的傅玄以为，"丰约得中，不文不质"。他曾见到过汉末的一件装笔的匣子，上面"雕以黄金，饰以和璧，缀以隋珠，发以翠羽"。虽然装在里面的笔早已没了踪影，但推测"此笔非文犀之桢，必象齿之管"，有资格使用它的人，必定是"被珠绣之衣，践雕玉之履"的显贵。

汉唐时期，有各种质料的笔管，有金管、银管、斑管、象管、玳瑁管、玻璃管、镂金管、绿沉漆管、棕竹管、紫檀管、花梨管等。西汉帝王所用笔管，"以错宝为跗，毛皆以秋兔之毫，官师路扈为之。以杂宝为匣，厕以玉璧翠羽，皆直百金。"跗，即笔管裁毛的部分，"以错宝为趾"是指在趾上镶嵌珍宝，足见其华丽而贵重。

段成式曾给好友温庭筠写过一篇夫子自道式的书信，说他在桐乡获有两支葫芦笔管，不无自恋地认为，这种笔管是高雅的制作，而前人所谓的"绿沈、赤管过于浅俗"。他还寄了一支给温庭筠，温答书云"足使玳瑁惭华，琉璃掩耀"，也同声附和了一番。

历来有择笔和不择笔两种观点，欧阳询则"不择纸笔"，而其子欧阳通却因为对笔过于讲究，以至非犀象笔管不书，就被批评为"矜持太过，失其常理。是有愧不择纸笔者"。欧阳通，"常自矜能书，必以象牙、犀角为笔管，狸毛为心，覆以秋兔毫"。

柳公权《谢惠笔帖》中的看法是"管不在大"，理由是"管小则运动省力"，因此最后在信中还特地嘱托友人："后有管小锋长者，望惠一二管，即为妙矣。"在柳公权看来，笔的简朴与奢华，似乎与书法的品位并不成正比。

关于王羲之笔制，先于发梳兔毫及青羊毛，去其秽毛讫，各别用梳掌痛，正毫齐锋端，各作扁，极令匀调平好，用裹青羊毛，毛去兔毫头下二分许，然后合扁卷令极固，痛颉讫。以所正青羊毛中截用裹笔中心，名为笔柱，或曰墨池、承墨。复用青毫外如作柱法使心齐，亦使平均，痛颉内管中，宜心小不宜大，此笔之要也。无非是硬毫、紧心、三副，上承蒙恬有柱有被，有心有副。这种笔的特点是圆健，宜于侧锋取势，而不宜于正锋作倚侧字，侧锋才能将笔按得下去，正锋的话就会显得毫太硬不易控制，即使如柳公权也不能运用。

宋人邵博《闻见后录》曾载：宣州陈氏家传右军《求笔帖》，后世盖以作家名笔。柳公权求笔，但遗此二支，曰："公权能书当继来索，不必却之。"果却之，遂多易常笔，曰："前者右军笔，公权固不能用也。"

这并不是说柳公权技术如何，而是晚唐与东晋，社会生活习俗的重大变化，由此带来书写工具上的改制，所以，柳学欧只能得其间架骨力而未能得其笔势，因为他讲"心正则笔正"，笔正则应该是双钩执笔用软毫，与晋人相对而言。侧锋取势幅度不大，米芾讥之为恶札、俗书，原因就在这里。虽然诸葛笔在当时也相应地在选毫上做了调整，但最终还是未能跳脱衰败的厄运。

书写工具随时代而嬗变，在现代更是日新月异。人们已经习惯了电脑码字，古老的书法及毛笔，渐次成为朝花夕拾的古董了。

第十五章　太子少师

唐宣宗大中三年（849），柳公权在左散骑常侍任上，由太子太师转太子少师。

散骑常侍为散官，分为左右，左散骑常侍二人属门下省，右散骑常侍二人属中书省正三品下。职掌同为规谏过失，侍从顾问。太子少师，与太子少保、少傅，合称太子三少或东宫三少，为从二品。不知何故，似乎比太子太师的从一品又降低了，有点不可思议。

柳公权名为皇上顾问，也基本上顾而不问，人家给你个尊贵名分，你却信以为真，总是添乱，就是不识抬举了。他还是整日出入于东宫，太子詹事、宾客、太师、少师也罢，只是名分的更换，至于从一品、二品，对他来说能有多大意思呢？做好名义上的太子老师，以道德辅导太子，而谨护翼之，足矣。

大中四年（850），柳公权得知，这一年的进士李景庄，是通过潜规则才金榜题名的。他有点诧异，这李景庄的哥哥不就是老友李景让吗？

曾几何时，那个淮南节度使王播，用十万贯钱贿赂皇上宠幸的近臣，以图谋到朝廷内做官。这些宠臣有时任起居郎柳公权，还有拾遗李景让等数人。他们一起于延英殿抗疏，弹劾王播。过了这么些年，难道李景让堕落了不成？

此时的李景让名气已经很大了。听说有一次，中央部委的丞、郎级官员在一起会餐，吃到一半时，日后成为宰相的蒋伸突然站了起来，只见他斟满一杯酒对在场的官员说："在座的各位有谁认为自己孝于家，忠于国，名重一时的，请喝了这杯酒。"估计蒋伸是多喝了二两酒，在场的官员你看看我，我看看你，没人敢认领这杯酒。这时候，李景让站起来，拿过酒杯一饮而尽。蒋伸当场评论说："也就是李公您有资格喝这杯酒。"据说李景让是有机会成为宰相的，只是由于宣宗任命宰相时，采用的是差额抓阄的方法选择人选，李景让运气不好，没被抽中。

柳公权之后得知，李景让的老母亲家教是很严厉的，尽管李景让已经是胡子一大把，下属一大批，位居朝廷高位，一旦认为某一件事是李景让犯了错误，就二话不说动用家法鞭打一顿。也是，李景让的弟弟李景庄考了几回进士都没考上，老娘就认为这是当大哥的李景让管教不利，李景庄每落一次榜，李景让就要挨母亲一顿鞭子。亲戚们实在是不忍心，都劝李景让去跟有关人员打个招呼。李景让坚决不干，他说："朝廷取士自有公论，岂敢效人求关节乎！"后来是当时的宰相发了话，对主考官说："今年考试必须让李景庄过关，可怜李景让那老儿一年遭一顿杖。"原来，李景庄是这么登第的，差点让柳公权错怪了老友李景让，但也觉得此事不够妥当。

位居左散骑常侍、太子少师任上的柳公权，体格尚健，还是继续书写他的碑文。这一回，缮书的是《普光王寺碑》。此碑又称《普照王寺碑》《泗州临准普光寺主碑》，全称为《大唐泗州临准县普光王寺碑》。李邕旧文，重立于万年县。

唐代泗州城，位于今江苏盱眙县，坐落于此的普光王寺开山祖师僧伽大师，与淮安有极深厚的关系。僧伽和尚原是一位唐初的高僧，当年泗州屡闹水患，传说是他施用功法降伏了妖魔水母娘娘无支祈，使得泗州永绝水患，被视为观音化身，尊为泗州大圣。

僧伽，自言何国人。何国，唐时为贵霜州，故地在今乌兹别克斯坦撒马尔罕的西北方，因以何为姓。少年出家为僧之后誓志游方，自玄奘法师西行求法出境之处别迭里山口入唐，始发凉州，经历洛阳，行抵江表，抵达嘉禾灵光寺，教化水乡泽国为生之民众。僧伽在泗州，常常像观音菩萨一样，一手拿着柳枝，一手拿着净瓶，为老百姓救难祛灾，治病治水，十分神异。中宗因此尊僧伽为国师，八十三岁的僧伽和尚在长安荐福寺现小雁塔圆寂。中宗为其敬漆肉身，俄而大风忽起，臭气满城。中宗垂问左右是为何因，近臣奏云，僧伽大师化缘在临淮，恐是欲归彼处，故现此变。中宗炷香祝之默然许之。瞬间芬芳帝里，倾城叹异。帝令赐绢三百匹，敕有司造灵舆奉全身归泗州普光王寺。及发，群官护送至国门，哀恸都城，即于是年五月五日抵达淮上，还至本处建塔供养。后寺塔毁于火，僧伽肉身受损，遂以火化，始有舍利流传于世。

李白《僧伽歌》云："真身法号号僧伽，有时与我论三车。问言诵咒几千遍，口道恒河沙复沙。"此歌犹若人物画图，将这位身材魁梧奇伟，相貌威严方正的西域高僧形象展现世人面前。李白为翰林时，僧伽圆寂业已三十余年，其所描绘和刻画的僧伽行状，当为其在京师期间见闻僧伽故事及其游历江淮时节瞻仰僧伽真身后的直接再现，给人以形象逼真、栩栩如生的感觉。至于这位青莲居士自称"有时与我论三车"，就只能是梦寐以求，心仪神往而已。

李邕《泗州普光王寺碑》："僧伽者，龙朔中西来，尝纵观临淮，发念置寺。既成，中宗赐名普光王，以景龙四年三月二日示灭于京。"

柳公权所书《普照王寺碑》，是依照李邕旧文，唐大中四年（850）重立。其撰文者李邕乃柳公权书法前辈，柳公权出生时，李邕已经去世四十年。李邕的书法从二王入手，能入乎其内而出乎其外。曾说："似我者欲俗，学我者死。"柳公权熟知，当时的中朝衣冠以及很多寺观常以金银财帛做酬谢，请李邕撰文书写碑颂，得到的润笔费竟达数万之多。但他却好尚义气，爱惜英才，常用这些家资来拯救孤苦，周济他人。李邕撰文书写的碑文，常请伏灵芝、黄仙鹤和元省己镌刻，这三人很可能也是李邕的化名。

李邕愿意结交名士是出了名的，与李白交谊甚深，李白的叙事乐府《东海有勇妇》便与李邕有关。送别李白后两年，李邕就遭到李林甫的迫害，屡遭贬谪，晚年在北海太守任上被定罪下狱，竟被酷吏活活杖杀，时七十岁。李白愤怒之极，感叹之极，他大呼："君不见李北海，英风豪气今何在？"柳公权钦佩于李邕的人与文及书，相隔多年后在重立《普光王寺碑》的机缘中相遇对话，实在是上天所赐。

到了大中六年（852）二月二十三日，柳公权书写了《韦正贯碑》。又称《岭南节度韦正贯碑》《岭南节度使韦公神道碑》，萧邺撰文，柳公权署衔左散骑常侍，立于万年县。

碑主韦正贯，曾调华原尉，一生为官清廉。另外，韦正贯还是柳公权的华原半个同乡。不仅如此，韦正贯还是柳公权侄子柳仲郢的岳父，与柳公权以亲家称谓。

柳公权还曾经听说，韦正贯进京应试时，曾来到汝州。汝州刺史柳凌留他任军事判官。柳凌曾梦见有人呈上个案子，案子上说欠柴一千七百束。柳凌请韦正贯为自己解梦，韦正贯说："柴薪木也，柳将木，看来你在这里住不多久了。"一个多月后，柳凌病死。他生前向来贫穷，韦正贯为他安排后事，发现柳凌已向公家借过好几个月的钱粮布等维持生活，死后仍欠公家一千七百捆柴。韦正贯任岭南节度使时，"南方风俗右鬼，正贯毁淫祠，教民毋妄祈。""南海舶贾始至，大帅必取象犀明珠，上珍而售以下直。正贯既至，无所取，吏咨其清。"

韦正贯墓，葬少陵原之世茔，后出土，存高望堆村磨房。

《韦正贯碑》撰文者萧邺，以平章事节度河东，曾在宣宗和懿宗初拜相。萧邺虽为官多年，高居相位，但并无值得称道之政绩。

此年，柳公权撰文、正书并篆额《刘荣璨碑》，又称《掖庭局令刘荣璨碑》。

由柳公权亲自撰文，还是不常见之。碑主的身份为掖庭局令，掖庭即宫中旁舍，宫女居住的地方。

这年，柳公权书《魏谟先庙碑》，崔屿撰文，立于长安县昌东里。

魏谟，文宗时为谏议大夫，武宗时贬信州长史，宣宗朝官至吏部尚书。先祖魏徵，太宗时为谏议大夫，去世后太宗痛哭："人以铜为镜，可以正衣冠；以古为镜，可以知兴替；以人为镜，可以明得失。魏徵去世，我失去一面镜子！"

是年十一月十日，柳公权书《高元裕碑》。萧邺撰文，立于洛阳。

碑高一丈一尺余，广四尺，楷书三十三行，行七十九字。额篆书"大唐故吏部尚书赠尚书右仆射渤海高公神道碑"，四行，二十字。其书有龙跳虎卧之气，雄强有力，已达炉火纯青之境界。

李宗闵为相时，高元裕为谏议大夫，寻改中书舍人。李宗闵得罪南迁，高元裕出城饯送，为李训所怒，出为阆州刺史。李训、郑注既诛，复征为谏议大夫，官至吏部尚书。为官清廉，生活俭约，通儒术，性格耿直不惧权贵。

接着，柳公权撰文并书《康约言碑》，又称《河东监军康约言碑》，立于万年县。

又书《薛平碑》，李宗闵撰文，立于绛州。

薛平为唐名将薛仁贵曾孙，十二岁的时候，就以藩镇这个小王国"皇太子"的身份做了磁州刺史。唐宪宗发兵讨伐淮西藩镇，特升迁薛平为滑州刺史，多次立有战功。并给黄河故道与现流河道之间的农民更换了田地，加宽河道二十里以减缓水势，滑州很长时间没有发生水患。唐穆宗即位不久，薛平接到诏命率兵二千前赴棣州，平息了散兵之乱，进封魏国公。后被召拜为太子太保，第二年以年老致仕，终年八十岁。

同时，柳公权又书《起居郎刘君碑》，刘三复撰文，立于徐州。

多少年后，北宋官员、诗人陈师道在徐州任职时，特意写信给赵明诚，说得到了柳公权所书刘君碑。这时赵明诚之父已回京担任要职，然而陈师道并不与之交好，只愿跟赵明诚这个后生小辈书信往来。之后，赵明城就向闲居徐州的陈师道求得柳公权所书《起居郎刘君碑》。

碑主刘君，不详。撰文者刘三复，累官至刑部侍郎、弘文馆学士。

聪敏绝人，善属文。

这段时间竟然连书五通碑文，对于老迈的柳公权来说负担不轻，但却忙得不亦乐乎。

大中七年（853）八月，七十六岁高龄的柳公权，有过一次江浙之行。

他也难得走出深深的宫院，走出长安城，到南方游览一遭。他不可能像杜牧等风流才子一样，去享受那里的风花雪月，而是专程前往天台山国清寺，与僧人清观交游，感受清净之境的妙处。

国清寺乃浙江天台寺庙，位于天台城北四公里的地方，和济南灵岩寺、南京栖霞寺、江陵玉泉寺并称"佛门四绝"，是佛教天台宗发祥地，也是日本天台宗祖庭。始建于隋开皇十八年（598），是依据天台宗创始人智顗亲手所画的样式所建，初名天台寺，后取"寺若成，国即清"改名为国清寺。

智顗开创天台宗后，想建一寺庙，作为该宗的正式祖庭，但限于资金，迟迟不得动工。他在临终遗书晋王，说："不见寺成，瞑目为恨。"后为隋炀帝的晋王杨广见书后极为感动，便派司马王弘监造国清寺。初建的国清寺址，在八桂峰前山坡上。唐会昌中，原寺毁于火，旋即重建。新址在四面环山的世外桃源式的地理环境之中，出城关三五里，先见隋塔忽隐忽现，直到国清寺南大门的木鱼山下，才窥塔身全貌。而国清寺，仍是"养在深闺人未识"。转过寒拾亭，只见"隋代古刹"一照壁，古刹山门不知开于何处。等过了丰干桥，向东数步，方见古刹山门。

柳公权听僧人讲，原来国清寺山门一反常规，朝东开而不朝南开。进山门转直弯，甬道两旁浓荫蔽日，修竹夹道，平添了深幽神秘的气氛。进弥勒殿，国清寺奇观"到眼宛如展画屏"。这便是国清寺匠心独运的建筑布局的起、承、转、合。隋塔由隋炀帝遣司马王弘为智者大师而建，塔身黄褐色，高有五十九米余，六面九级，砖砌塔壁，内为空心。其建造别致，除砖砌塔壁上精雕佛像外，塔顶上没有通常的尖形塔头，站在塔内可直接仰见蓝天。

尚有一传说，观音向五百罗汉借砖遭拒，又向罗汉借锅烧饭，罗汉又故意将铁锅敲了一个洞。观音一笑了之，用破锅照样烧出一锅香香的米饭。罗汉见状，大惊失色，验看此破铁锅，破洞只会漏沙不会漏米。从此叫此破铁锅为"漏沙锅"，后人并在藏此大铁锅的房门口写了副对联："古寺犹有寒灶石，云厨尚存漏沙锅。"

柳公权在大雄宝殿左侧的一座梅亭小憩，望见亭前花坛植有老梅一棵，苍老挺拔，疏枝横空，暗香浮动，传为天台宗五祖章安手栽，俗称隋梅。柳公权感慨说，这大概是天下最老的一棵梅树了。

在这里，柳公权于寺后石壁上题写"大中国清之寺"六个大字，流传后世。

让柳公权仰慕的是国清寺内三圣殿左边的"鹅"字碑，系东晋书法家王羲之所书。相传，王羲之曾入天台山华顶峰旁灵墟山中，向白云先生学书，后写下此字。到了后世，鹅字右半边是王羲之的真迹，左半边是天台山人曹抡选补写的，两边浑然一体，达到了乱真的程度。

柳公权听此传说，越发感觉王羲之独体鹅字碑的神奇了。

从天台山交游回到长安，柳公权开始书《观音院记》，又称《护国寺观音院记》。段成式撰文，立于万年县。

护国寺，即长安乐游原青龙寺，又名石佛寺。唐时为长安城延兴门内新昌坊。该寺建于隋文帝杨坚开皇二年（582），原名灵感寺。龙朔二年（662）城阳公主患病，苏州和尚法朗诵《观音经》祈佛保佑得愈，公主奏请复立为观音寺。景云二年（711），改名青龙寺。唐武德会昌五年（845）禁佛时寺废，次年又改为护国寺。大中九年（855），长安左右两街添置寺院八所，该寺又恢复本名。青龙寺是唐代密宗大师惠果长期驻锡之地，日本留学僧空海法师事惠果大师于此，后成为创立日本真言宗之初祖。日本僧人入唐八家，其中六家如空海、圆行、圆仁、惠运、圆珍、宗睿，皆先后在青龙寺受法。

撰文者段成式，志怪小说家。自幼力学苦读，博学强记，入仕后从校书郎官至太长少卿，于懿宗咸通四年（863）卒，享年六十一。他和当时的诗人温庭筠、李商隐结为朋友，往来密切。居长安时"以闲放自适"，"尤深于佛书"，正是他晚年生活的概括。除代表作志怪小说集《酉阳杂俎》传于后世外，在《全唐诗》中收入他的诗词三十多首，《全唐文》中收入他的文章十一篇。晚唐社会"官乱人贫，盗贼并起，土崩之势，忧在旦危"，皇帝仍旧终日宴游，不理朝政。在这样的社会环境里，段成式信佛读经，饮酒赋诗唱和，以解其忧，诗中多流露出超脱世俗的消极情绪。

从浙江天台山国清寺，到护国寺观音院，柳公权的笔下是佛言，耳边皆佛音，似乎进入了一个清净世界。

这一年，尽管书写碑文数通，红尘纷纭，也尽是自己同时代的人与事，繁复而冗杂。只有沉入佛地，才似乎深深出了一口气，心神安静了下来。

站在乐游原上的观音院，柳公权此时此刻，想到了李商隐晚年的诗句："向晚意不适，驱车登古原。夕阳无限好，只是近黄昏。"

唐宣宗大中八年（854），柳公权七十有七，为左散骑常侍，太子少傅，正二品。

比起上一年来，这一年相对省心，也许身体欠佳，或其他原因，柳公权仅书了一通《崔从碑》。又称《淮南节度使崔从碑》，蒋伸撰文，柳署衔权知太子少傅，立于寿安寺。

崔从少时孤贫，与兄寓居太原，隐于山林，刻苦读书。德宗贞元初年登进士第，出为山南西道推官。因母丧回乡守制，结庐于墓旁，后权知邛州事。邛州狱中有盗在押，前刺史已定其案，崔从疑其有冤，不治其罪，后果然捕获真盗。宪宗欲任其为相，宦官监军使揣知此事，向崔从为朝中权贵求取贿赂，崔从不肯，由此不得为相。文宗时为淮南节度副大使，按旧制，扬州境内凡交易资产、奴婢皆须按值纳税，百姓养羊须按口纳税，官府还通过酒曲专卖以获利，崔从到任后皆罢之。

大中九年（855），柳公权由大中二年所任的国子监酒、从三品，迁工部尚书、正三品。

国子祭酒，晋武帝时设的一个官名，为国子学或国子监的主管官，以后历代多沿用。古代祭祀礼仪有一种叫浇奠祭祀，就是举起酒杯向天祝祷、洒酒于地，执行这个礼仪的人叫祭酒。原意是德高望重的祭祀或宴会的主持人，后来引申为特定人群的地位最尊者，到后来就成为官名了。

国子监是古代国立最高学府和官府名，传授儒家思想，其中最重要的礼仪就是祭祀，所以国子监的主管被命名为祭酒。为主管学务的官员和官学教师的统称，如祭酒、博士、助教、提学、学政、教授和教习、教谕等。后亦以泛称文坛、艺坛或学术界、文化界的首脑人物。

从唐朝，开始实行三省六部制，其中工部尚书，为掌管全国屯田、水利、土木、工程、交通运输、官办工业等的大臣。柳公权由国子监酒迁工部尚书，相当于从大学校长升迁为国务副总理。

大中九年，柳公权书碑有三，《圭峰禅师碑》《濮阳长公主碑》及《复东林寺碑》。

与以往不同的是，《唐圭峰禅师碑》碑文并非柳公权所书，他也只是书写了碑之篆额，这在他书碑的经历中还没有先例，碑文则是由宰相裴休撰文并正书的。此年的十月十三日立于鄠县，即今陕西户县草堂寺。

裴休比柳公权小十三岁，字公美，河东闻喜即今山西运城闻喜人，一说孟州济源人。出身进士，后来做到了宰相，对佛教信仰相当虔诚，尤其与禅宗有深厚因缘。善文章，工书，以欧阳询、柳公权为宗，寺刹多请其题额，河南庐山亦多为其题铭。其撰写的《圭峰禅师碑》貌似柳公权体，然而风格较柳体更为遒媚劲健。他书法的传世拓本还有《定慧禅师碑》，现存户县草堂寺。

也许，裴休应该算作柳公权的书法弟子，师傅只是题额，弟子既然撰写了碑文，一并正书缮写也好，也省得劳师傅大驾。

裴休曾遇到一位天竺异僧，授予他一首偈颂："大士涉俗，小士居真，欲求佛道，岂离红尘？"也许裴休有出家之意，异僧知道，更知他未来将做宣宗的宰相，能制止武宗排佛的浩劫。当宣宗还是皇子的时候，正值兵荒马乱，避难在香严和尚会下做小沙弥。后来小沙弥当上皇帝，就是唐宣宗，礼聘同门师兄裴休入朝为相。裴休当上宰相后，操守严正，著述佛教经典序文颇丰，被宣宗称誉为"真儒者"。中年以后断绝肉食，摒弃诸欲，焚香诵经，世称河东大士。儿子裴文德中了状元，皇帝封为翰林，但父亲却亲自送子出家入了佛门。

裴休《圭峰禅师碑》的书风，令当朝书界同仁大吃一惊，它竟是地道的柳公权风格。点画结构、神采意蕴，无不得其楚楚风神。倘说这是柳公权亲笔所书，大约谁也不会怀疑。

但以常理度之，柳公权当时只不过一介学士，裴休却贵为宰相大僚，纵然柳公权书法名震寰宇，裴休也不至于屈尊，向其学书，并仿其风格酷似罢了。即使他学步其后，由于柳公权书名甚高，他也绝脱不了沿趋摹仿的讥评，且一人之下万人之上的宰相，真能为艺术而自逊身份？又以如此酷似，倘无十年八载的寒窗苦练，难抵此境。裴休公务繁忙，日理万机，岂有如此空暇？但石刻凿凿，无可置疑，是近乎情理的。

《圭峰禅师碑》署柳公权篆额，柳氏本身既已参与此事，书风又酷似柳，则其中更令人感觉有什么名堂了。

联想到柳公权书《玄秘塔碑》，赫然署裴休撰文，柳公权正书，这又是一个发人深省的现象。看来裴休与柳公权亲密无间，经常合作，以裴休善为文而柳公权有书名推之，《玄秘塔碑》的分布是合理的。这样说来，《圭峰禅师碑》的柳公权篆额、裴休撰并书，也就不出人意料了。事实上，古人对裴休书柳体的移花接木也已有所猜疑，只是苦于缺乏证据罢了。

《圭峰禅师碑》，楷书，碑文凡三十六行，每行六十五字，额篆书九字。此碑笔笔谨严，清劲潇洒，结构尤为精密，书风兼有刚柔，取法于欧、柳，为晚唐佛寺碑铭精品。

碑文落款：

金紫光禄大夫守中书侍郎兼户部尚书同中书门下平章事充
集贤殿大学士裴休撰并书

金紫光禄大夫守工部尚书上柱国河东郡开国公食邑二千户
柳公权篆额

　　碑文中写道："圭峰禅师，号宗密，姓何氏，果州西充县人，释迦如来三十九代法孙也。释迦如来在世八十年……自迦叶至达摩，凡二十八世……大师本豪家，少通儒书，欲干世以活生灵……大师以建中元年生于世，元和二年印心于圆和尚，又受具于拯律师。大和二年庆成节征入内殿，问法要，赐紫方袍为大德，寻请归山。会昌元年正月六日，坐灭于兴福塔院，俨然如生，容貌益悦，七日而后迁于函，其自证为力可知矣。其月二十二日，道俗等奉全身于圭峰。二月十三日茶毗，初得舍利数十粒，明白润大。后，门人泣而求诸煨中，必得而归。今悉敛而藏于石室，其无缘之慈可知矣。俗岁六十二，僧腊三十四……"

　　圭峰禅师宗密，为草堂寺高僧，曾经师事澄观法师，为华严宗第五代祖师。后人有诗云："下马来寻题壁字，拂尘先读草堂碑。平生最爱圭峰志，惟有裴公无愧辞。"

　　《圭峰碑》镌刻者邵建初，邵建和弟，刻玉册官。会昌元年（841），兄弟同刻《玄秘塔碑》，又咸通九年（868）刻《刘遵礼墓志铭》。

　　唐宣宗大中九年（855），柳公权撰并书《濮阳长公主碑》，又称《顺宗女濮阳大长公主碑》，立于万年县。

　　顺宗即位时已患中风，喑哑不能言，传位于太子李纯，崩于兴庆宫，一说病死，一说被宦官杀害。据《邵阳公主墓志铭》，顺宗至少有二十三个女儿，濮阳公主位居其中。

　　在柳公权笔下，顺宗的这位女儿，濮阳大长公主的命运如何，憾于不得其详。

　　在此前后，年满八十的柳公权缮书《复东林寺碑》。

庐山东林寺始建于东晋，建寺者为名僧慧远，住持三十余年，集聚沙门上千人，罗致中外学问僧一百二十三人，结白莲社译佛经、著教义，成为佛门净土宗的始祖。天宝九年（750），鉴真途经东林寺，与僧人智恩志同道合，最后一次东渡时智恩共行，将东林寺教义传入日本。

"虎溪三笑"的传说，以慧远大师为释家的代表，以陶渊明为儒家代表，而以陆修静为道家的代表，他们相交甚密，晤面甚欢，难分难舍，以至远公忘记了平日的习惯，迈过了虎溪，受到虎啸的示警。围绕着"虎溪三笑"的故事，形成了"三笑文化"，在东林寺内，有《三笑图》《三笑碑》，在虎溪上还有"三笑亭"。

在东林寺，俗客可与僧众共进素斋，尝尝做僧人的滋味。游客步入斋堂，男先女后，男居右，女居左，齐齐而坐，不能紊乱，不能出声。食前由众僧膜拜诵经，住持立于佛祖像前，其余僧众右排列，又是叩首，又是鼓乐，充满了美妙庄严独特的佛国气氛。

唐宣宗大中十一年（857），距李邕写《复东林寺碑》一百二十六年后，庐山东林寺再次大修，又请人写碑记之。这次撰写碑文的是江州刺史崔黯，书写碑文的则是时为工部尚书的柳公权。

当时的庙宇或公卿大臣家立碑，都以请柳公权书写为荣，若求不到柳字，那是极没有面子的。柳公权当然知道东林寺的大名，精心书写碑文，笔法俊秀劲健，为柳碑中的上乘之作。

历代文人风闻来访探东林寺者，除了书写《复东林寺碑》的柳公权，之前还包括谢灵运、陶渊明、孟浩然、王昌龄、李白、杜甫、韩愈、白居易、李邕等。从晋迄唐，东林寺达到鼎盛，其时殿堂廊庑达三百一十余间，藏经万卷，号称天下经典一寺藏，是唐代四大藏经院之一。东林寺曾容纳僧人无数，以至被称为万僧之居，成为名闻天下的大丛林。当时，寺内还收藏有江州司马白居易诗稿，是白居易文稿三处收藏地之一。

柳公权正书《复东林寺碑》，一种心灵之光仿佛荡漾在字里行间。

唐宣宗大中十二年（858），时任工部尚书、太子少师的柳公权，已经八十有一。

此年，他谢绝了几宗缮书碑文的邀请，在家闲住，不时还得上朝，听从皇上召唤。

正月一日，含光殿受朝称贺。受朝，为帝王接受臣下的朝贺。老态龙钟的柳老先生，在朝堂可谓百官之首，代表文武百官向圣上恭贺新年。朝会按惯例在大明宫含元殿举行。

含元殿坐落在十五米高的土坡上，殿前是三道长长的龙尾道，从龙尾道的起点仰望，含元殿就像天上宫阙。

同为河东蒲坂人的薛锋，咸通初为秘书监，曾写过一首诗《宣政殿前陪位观册顺宗宪宗皇帝尊号》："楼头钟鼓递相催，曙色当衙晓仗开。孔雀扇飞香案出，衮龙衣动册函来。金泥照耀传中旨，玉节从容引上台。盛礼永尊徽号毕，圣慈南面不胜哀。"

另《元日楼前观仗》其一云："千门曙色锁寒梅，五夜疏钟晓箭催。宝马占堤朝阙去，香车争路进名来。天临玉几班初合，日照金鸡仗欲回。更傍紫微瞻北斗，上林佳气满楼台。"

可见，柳公权从天不亮就骑上老马，或乘车子，顶着寒冷的晨风从升平坊的宅第出发，自南朝北，在车水马龙中周旋约一半个时辰后，赶到大明宫含元殿上朝。

华原民间有一个传说，是说柳公权当初上朝，是从二百里外的华原骑小毛驴赶到京城去的，一大早出发，晚上再返回。他的嫂嫂产生了疑心，这是一头怎样神奇的小毛驴呢？

有天夜里，嫂嫂打着灯笼溜进驴棚，没有发现小毛驴的异常之处，莫非这小毛驴是神仙所赐，长有飞毛不成？果然，她发现毛驴的四蹄都长了一撮长毛。她恶作剧地用火烧掉了飞毛，等着看笑话。

第二天，柳公权骑上小毛驴上路了，小毛驴不比往常，怎么也跑不起来，这才发现飞毛被人烧掉了。早朝是肯定赶不上，到京城时已是后半晌了。

从此，柳公权便住在了京城，是否还是骑驴早朝，不得而知。显然，这只是个离谱的传说而已。

皇上办公在大明宫，含元殿为朝堂。大明宫从始建到毁灭，使用时间二百三十年，唐代大部分的皇帝都住在这里。在昭阳殿的东西两侧，分别有东阁、西阁，通过长廊与昭阳殿连接。东阁内有含光殿，西阁内有凉风殿。廊阁之间，流水潺潺，香草萋萋，是另一天地。昭阳殿后面，则是皇后嫔妃们居住的后宫，是通过永巷与昭阳殿连通的，分为左右两院。太极宫为大内，是东宫掖庭宫的总称，东宫是太子住的地方。

柳公权从龙尾道的起点一步一步朝大殿走去，途中不能停，更不能倚着道旁的栏杆喘口气。毕竟年龄不饶人。等柳老先生赶到大殿前时，已经是满脸霜花，气喘吁吁。一步步踏上高高的台阶，急步入殿，他力已绵惫，体力已严重透支。

接下来还要向皇帝叩拜，称贺之后，柳老前辈出台表演了，上尊号的身份非他莫属。尊号，是指古代尊崇皇帝、皇后的称号，有三种：尊号、谥号、庙号。唐以前，天子尊称皇帝，嗣位皇帝尊称前帝为太上皇，前皇后为皇太后、太皇太后，无其他称号。从唐代起，皇帝有尊号，一般用于外交、礼仪、祭祀等。皇帝的尊号不需避讳，上至王公贵族，下至平民百姓都可以叫。

时至唐代，为皇帝上尊号之风大盛，有生前奉上者，亦有死后追加者。而生前加尊号，一是加于在位之时。如武后称圣母神皇、高宗称天皇、中宗称应天神龙皇帝等便是。到玄宗时，已成为制度。生前尊号，玄宗一代先后曾加六次，即从开元圣文神武皇帝到开元天地大宝圣文神武孝德证道皇帝，由最初六字加至十四字。

此外，皇帝逊位之后，为太上皇，由继位皇帝为之加尊号。死后加号者，如玄宗死后，肃宗于上元二年（761）上尊号为至道大圣大明孝皇帝，此乃玄宗又被称为明皇之缘故。尊号多有数次追加，帝后尊号字数有增无减。宣宗时，其尊号已是十八字，即元圣至明成武献文睿智章仁神聪懿道大孝皇帝。

柳公权伫立朝堂，高声念祝贺词："元天首祚，景福维新，圣敬文思和武光孝皇帝与天同休。"

而一向口齿灵敏的柳公权，不知怎么一时唇舌含混，却将"和武光孝"误读为"光武和孝"，朝堂上下，顿时一片哗然。

有不怀好意的大臣窃窃私语，讥讽柳老先生毕竟廉颇老矣，七十致仕乃旧典，早早该回家等死了，还赖在朝堂上显摆什么，老而不尊。有一向尊崇柳公权的重臣，斜了私议者一眼，严厉地说："就你这等货？还活不到柳公这等高寿呢！"

御史作为责任人，虽然顾及德高望重的柳公的面子，但又恐怕担当监察失职之罪名，公事公办，照例弹劾了柳公权。

御史以为，柳公权的失误不光是念错词了，他首先错在抢在众臣前面提前祝贺，不合制度。

弹劾，指人们将立法机关为了反对某位政府官员而提起的一种法律诉讼程序。弹劾不是一种刑事审判，而是一种政治审判。弹劾判决的效力，一般仅限于免职以及褫夺当事人担任有荣誉、有责任、有薪酬公职的资格。

因此，弹劾案的处理不影响依据法律所必须的刑事审判。但是，刑事审判应在弹劾之后进行。并且，弹劾审判认定无罪的，不能交付刑事审判。另一方面，行政首长有权赦免或者缓和刑事定罪，但是无权赦免或者缓和弹劾案的定罪。

还好，弹劾的结果不是很重，罚了柳公权一季的俸禄。

一年分春夏秋冬四季，三个月为一季。俸禄，即皇朝政府按规定给予各级官吏的报酬，主要形式有土地、实物、钱币等。商周时期因官职同爵位相一致，并且世代相袭，俸禄实际上是封地内的经济收入，不包括上缴给政府的部分。即俸禄表现为土地形式，封地的大小是各级官吏的俸禄标准。春秋末期至唐初，主要以实物作为官吏的俸禄。

唐继隋制，然亦有小异。京外官吏俸禄比京官次等，于主要俸禄之外，据官吏品级给予俸食，用于雇用警卫及庶仆人员，即统称之俸料钱。唐中期后，俸禄以货币为主，俸料钱在官吏的全部俸禄中所占比重已超过一半之多。因货币在税收结构中成分增加及商品经济的发展，唐之俸禄制度已由实物完全向货币化发展转化。

开元二十四年（736），唐玄宗正式改革俸禄制度，统一了俸禄的等级与形式。虽然有时仍然将实物乃至土地作为俸禄，但实行的基本是以货币为主要形式的俸禄制度。要求官吏在享受俸禄的同时，履行一定的职责。若官吏违反朝廷有关法令，或有渎职行为，其俸禄便要相应扣除。

唐代规定，凡文武官员在朝堂上不守礼仪，罚一月俸。举凡推荐人才不当，处理公文稽迟，科举考试泄题，无故超假等失职行为，皆处罚俸。

柳公权明知自己犯错，也不便说什么，只好道谢了事。御史的动意，无非是杀一儆百，杀鸡给猴看罢了，没料到使唐朝资政身份的柳公权因此受辱。便连连向柳老先生抱歉，好像自己犯了什么错似的。

历经多朝，柳公权只是进士中第后，在校书郎的位置上一待就是十三年，有点不得志，之后应该说是仕途通达。他从来恪尽职守，诚惶诚恐，如履薄冰，如临深渊，才混到眼下的天地，容易吗？

偶尔犯这么一次错，已经是大智慧者难以避免的区区小事一桩。因年老力衰，反应稍有迟钝，算不得大错。君不见，在柳公权身边倒下，甚至死无葬身之地的朝中名臣，还敢一一数来吗？

柳公权已经八十有一，没有办理退休手续，或属于返聘，或属于特殊个案延缓致仕。他有书法手艺，聊以自慰，也有银子花，还怕退休后寂寞无奈吗？

大唐朝廷规定，官员七十岁致仕，即退休，年限可谓很宽松。按孔子的说法，七十岁已是随心所欲而不逾矩，达此境界者不多，更何况古代天命无常，所谓人生七十古来稀。如此规定，注重了人性化的因素。但有些官员到年龄后仍不愿退休，和上级讲条件，或为公，想继续为国效忠，或为私，在考虑切身利益。到了点，该退不想退，多是官位令其留恋难舍。

武则天时，有位兵部侍郎叫侯知一，年龄到了，朝廷下发了关于他致仕的文件，上盖皇帝大印，意味着武则天已圈阅。但他不愿退，就给皇帝写奏章，表示自己欣逢盛世，身体健康，还能再干几年。为证明自己能行，他在百官上朝时当着圣上的面"踊跃驰走，以示轻便"。按当时朝堂空间推断，这番"踊跃驰走"应是直来直去，类似足球运动员体能测试时的折返跑。武则天见了高兴，就应允了。想想侯知一老人家，为保住饭碗真不容易。可见，就是到了点，该退也有可以不退的，只要皇帝龙颜大悦。

柳公权大概属于受皇上宠爱的书法资政。

若没到七十岁，但身体不好不能胜任工作，也可以提前半退，保留散官或勋官级别。五品以上的官员，年龄虽不大，但"形容衰老者"要提前退休，此乃官员不仅要有朝气，还要耐看，须拿得出手。面子问题是如此重要，它可以提前结束一个官员的政治生命，所以官员们经常照镜子，很懂得保养。唐朝皇帝每年腊月初八前，都要向官员们赠送面脂和口脂等化妆品。看来，当时官员们重视养生，不仅仅为了长寿。

大凡官员们都怕到点，大限一到，人走茶凉。一怕实际到了点，二怕看上去到了点，影响了朝廷的观瞻。要想保住位置，保养固然不能忽视，心态更加重要。代宗时，有术士曰唐若山，用气导引，寿不逾八十，尚父郭子仪，立勋业，出入将相，穷奢极侈，寿临九十。当官又能心宽体胖，延年益寿，才是真会当官。

即便身体康健，但若老眼昏花，仕途也要受影响。武则天当政时，一天散朝后，宰相娄师德在洛阳城门坐等随从把马牵来。一位想进宫的县令走来挨着坐下，和他寒暄起来。县令的儿子走来，惊见父亲和宰相平起平坐，忙高声提醒。县令闻听很惶恐，起身便拜，连说死罪。娄师德为人宽厚，说："人有不相识，法有何死罪。"县令不认识宰相很正常，见宰相平易近人，便趁机诉苦，上级说他的眼看不清东西，让提前退休。县令解释说，自己看东西并不昏暗，晚上点着蜡烛还能给上级写报告。娄师德笑道，晚上还能看清字，为何大白天却分辨不出宰相？县令听了，吓得磕头如捣蒜。

七十岁退休并非绝对，也不应该绝对，有些朝代的国家重臣年过七十还继续留任，他们的经验智慧乃国家的财富。战国时代，赵国老将军廉颇，虽老矣尚能饭，冲锋陷阵，为国之栋梁。长平之战，若非赵王中了秦人反间计，四十万赵军未必就被坑杀，历史或能改写。

唐朝时也涌现出狄仁杰、郭子仪、裴度等社稷老臣。狄仁杰就被武则天尊为国老，郭子仪、裴度也分别以身系国家安危二三十年。可见，退休年龄应因人而异，老当益壮者不乏其人。如才力正当年，一律令其退下，于个人休养或许是好事，于全局未必不是损失。倘若凡老皆退，三国时老将军黄忠恐怕就不会有威震定军山的机会。

大唐武则天长安四年（704）十月，八十岁的张柬之被任命为宰相，这时武则天也已八十岁，这一君一臣成为武周朝告别演出的主角。让八十老翁当宰相，武则天用人真可谓不拘一格。两个月后，张柬之等人兵谏迎仙宫，武则天被迫退位。此前，为达此目的，多少人往灶里添柴火，可锅中的水就是烧不开，而张柬之这把柴添进去后，水就沸腾了。李唐王朝由婆婆管家的历史至此宣告结束。可见，老有老的劲道，关键时刻能力挽狂澜。

但老也有老的难处。唐中宗景龙三年（709）十二月，已退休的唐休被重新任命为太子少师，此时他已年过八十。次年清明时节，唐中宗在梨园场举办拔河比赛，参加者有宰相和享受宰相待遇的官员十人，大将军三人，驸马两人，共十五人。唐休老迈年高，拔河时摔倒在地半天爬不起来，唐中宗和韦后笑得直不起腰，连皇帝身边的宫女也开怀大笑，令众大臣斯文扫地。人，有时不服老还真不行。

唐朝在位官员年龄最大的，可能要数唐玄宗时的太府卿杨崇礼了。他是隋炀帝的玄孙，在太府干了二十多年，年过九十才退休。太府管理着国库和市场贸易，杨崇礼每年能赚出数百万缗钱。此公不简单，年过九十还头脑清晰，否则朝廷怎会让个老糊涂管钱？但高龄官员也有犯错误的，或因气力不支，或因老朽糊涂而失去判断力。错误有轻有重，轻的经济上受些损失，重的就要掉脑袋了。

与柳公权误读圣上尊号，"世讥公权不能退身自止"相比，另一位太子少师乔琳的错误就犯大了，上了贼船丢了性命。

唐德宗建中四年（783），路经长安的泾州兵士谋反，德宗前往汉中避难。走到秦岭山口时，太子少师乔琳对德宗说，自己老了，请求前往仙游寺出家，替圣上祈福消灾。翻越秦岭，山高路险，七十多岁的乔琳的要求有情可原，皇帝于是应允。偏偏叛贼派人将他带回长安，拜为吏部尚书。等德宗杀回关中，乔琳被列为投敌官员，立即处死。

可见，人老不讲筋骨为能，不能忽视现实。人一老，不仅活动不便，脑筋和判断力也容易出错，再委以重任，出问题的可能性就大。该退不退，久之必受其累。

致仕官员从九品到一品，他们的土地收入和俸禄收入相当于一般丁男家庭的二点五到六十倍和五点六到上百倍。唐代丁男家庭年收入不足二十石。这意味着官民之间经济上的超乎寻常的不平等。官员以何官称致仕，致仕后的俸禄数目及是否朝见等待遇，与其原官品、功绩及皇帝的恩宠程度有关。

柳公权不能克遵典礼，老而受辱，人多惜之。其实，也不全怪柳公权本人，说话算数的应该是皇上不是？

第十六章

最后的碑文

唐宣宗大中十三年（859），柳公权八十二岁，在左散骑常侍、太子太傅、工部尚书任上，正二品。

这年春上，宣宗冥冥中为自己每况愈下的身体担忧起来，且不知寿数如何。宣宗晚年颇好神仙，服用医官、道士等所制药，祈求长生，却导致背部生疽。到了八月，宣宗病重，为江山社稷着想，密召枢密使王归长、马公儒、宣徽南院使王居方，命三人立所喜欢的第三子夔王滋为太子。

当时，左神策中尉王宗实与三人不和，三人密议出王宗实为淮南监军。王宗实受任，将由银台门出。左神策副使亓元实以为宣宗病重，恐敕命有诈，劝王宗实面见宣宗然后赴任。王宗实恍然大悟，再入宫中。这时，宫中诸门皆已派兵增守，亓元实引王宗实直至寝殿，发现宣宗已驾崩。

王宗实遂叱责王归长三人矫诏不法，遣宣徽北院使齐元简迎宣宗长子郓王温。左军中尉王宗实以见后诏为伪，杀王归长、马公儒、王居方三人，矫遗诏立郓王温为皇太子，年二十八，更名漼。

李漼即帝位，是为懿宗。

年事已高的柳公权，又经历了此生中最后一次改朝换代。

宣宗亦信方士，欲求长生之术，终因此而亡，年五十岁。然史称其性明察沈断，用法无私，从谏如流，恭谨节俭，惠爱民物。故大中之政，讫于唐亡，人思咏之，谓之"小太宗"。

当月十三日，懿宗即位，尊皇太后为太皇太后。以王宗实为骠骑上将军，医官李玄伯、道士虞紫芝、山人王乐皆伏诛。

九月，追尊上母晁昭容为元昭皇太后。加魏博节度使何弘敬兼中书令，幽州节度使张允伸、门下侍郎萧邺、兵部侍郎杜审权同平章事。

这年六月，安国寺摹立柳公权长庆四年（824）书西明寺《金刚经》，立于京兆。

大安国寺，位于长安城东北角的长乐坊。这里北面是大明宫，东面原是禁苑，开元后改作十六王宅。西面是翊善坊，南面是大宁坊，多为贵族、宦官、禁卫将军及皇子所居之地。大安国寺基址位于长乐坊的东半边，这里原是睿宗的本宅，景云元年（710）睿宗即位，这里立为佛寺，即用睿宗本来所封的"安国相王"的封号为寺名。

睿宗当时"尝施一宝珠，令镇常住库，云值亿万"，这是大食国即阿拉伯帝国进贡的宝珠，后来被一识宝的胡商买走。虽然已经改作佛寺，但睿宗本宅的一些建筑并未拆除，如红楼，元和中诗僧广宣上人住其中，于是成为文人雅集之所，白居易等人都曾有诗吟诵。

安国寺始建于唐睿宗景云元年，为唐代著名的密宗寺院，在武宗灭佛中被毁，唐懿宗咸通七年（866）重建，其遗址在今西安城东北隅。后在据地面十米深的圆形窖穴内发现了十一尊密宗造像，计有文殊菩萨、降三世明王像、金刚造像、马头明王像、不动明王像、宝生佛造像、明王像、菩萨头、像残造像等。造像多采用汉白玉，其石质晶莹剔透，很接近玉石。

自中唐以来，宦官专权跋扈，深为士大夫所疾。至咸通初，双方矛盾愈深，士大夫如与宦官结交，众皆唾而弃之。

唐懿宗咸通元年（860）九月，右拾遗刘邺上奏，以为李德裕父子为相，有功于国。自贬逐以来，亲属几尽，生涯已空，宜赠一官。十月十一日，敕复李德裕太子少保、卫国公，赠左仆射。

十一月二日，懿宗于圆丘祭天，大赦天下。

这一年，柳公权八十有三。

开春，从孙蓝田尉柳珪擢右拾遗，"或以不能事父，有司驳还其制"。柳公权不顾年迈体弱，偕侄子柳仲郢为之讼枉。

给事中萧仿《驳还蓝田尉直宏文馆柳珪擢右拾遗奏》："陛下高悬爵位，本待贤良，既命浇浮，恐非惩劝，珪居家不禀于义方，奉国岂尽于忠节。"

萧仿以柳珪不能事父为由，封还其诏。显然，萧仿诉柳珪德行有亏是言过其实。而柳珪能以蓝田尉直入弘文馆，文采十分出众，但有文如此，而以常人的品德尚不能担任拾遗，拾遗对德行的要求之高可见一斑。

也就是说，柳公权的从孙柳珪，时任蓝田县尉，有机会提拔到右拾遗的位置上去。但被有关组织人事部门官吏驳回，其理由或者是因柳珪不能事父，不能尽到当儿子的责任。

这自然是一种托词，背后一定有官场游戏的潜规则在作怪。无奈之下，身为一族之主的老者柳公权只好偕侄子柳仲郢出面，为之打官司，申冤辩屈。

在唐朝赫赫有名的柳氏家族，还受如此之窝囊气，可见无论是谁，也永远左右不了一些事态的变化。皇上老子，有时不是也操纵不了天下吗？

这年仲春时节，柳公权改为太子少傅。如此称谓，实为虚衔一个。

难道说，柳公权在朝廷的威望在每况愈下，气数尽了不成？

柳公权从孙柳珪，字交玄，大中年间擢进士，其秀整而文，为杜牧、李商隐称之。以蓝田县尉上调弘文馆，迁右拾遗，是从地方官员中选拔精英。而不知何故，给事中萧仿及郑裔绰却偏偏找茬子，说柳珪不能事父，封还其诏。

刑部尚书柳仲郢显然有点火冒三丈，便向给事中萧仿进表称："子珪才器庸劣，不当玷居谏垣，若诬以不孝，即非其实。"

太子少师柳公权也上书，亦讼侵毁之枉。

皇上明显得罪得了柳氏，得罪不了萧仿及郑裔绰之流，斟酌再三，令免柳珪官职，家居修省。

一旦子称不孝，为士叹之。出于权宜，柳仲郢诉其子"冒处谏职为不可，谓不孝则诬，请勒就养"。就养，即侍奉父母。

皇上下诏，仅仅一字："可"。

如此一来，似乎柳公绰如坊间所议"治家埒韩滉，及珪被废，终卫尉少卿，士人愧怅"。埒，矮墙的意思。是说柳公绰治家不如他的亲家之父韩滉。韩滉曾官至检校左仆射同中书门下平章事，有画作《五牛图》传世。

从中阻拦柳珪仕途的萧仿，乃唐懿宗时宰相，不知柳氏如何过节于他，不得其详。话说回来，也许他秉公从事，无意间误伤了柳氏家族的才子柳珪。

至于另一个叫郑裔绰的，在李德裕《授郑裔绰渭南县尉直弘文馆制》曰："况两代持衡，皆有贞节，守正持法，遗风凛然。"郑裔绰和郑公舆曾共同上奏杨汉公容貌猥琐，且不廉洁，不能在京城附近任职。杨汉公便三次交还任命制书，宣宗怀疑杨汉公抗命。

寒食节后，宣宗赐宴群臣，见到郑裔绰时佯说："门下省中怎么都在议论杨汉公不赴职的事，说他有死党在暗中相助。"郑裔绰奏称："同州是太宗兴王之地，陛下是太宗的后代，应当精心选择人才治理同州，杨汉公已经不服从陛下任命，还有什么理由让他出任同州刺史呢？"宣宗听罢怒形于色，斥郑裔绰等离间君臣，贬郑裔绰出京任商州刺史。

由此可见，朝廷的是非盘根错节，不知有多么诡秘，剪不断，理还乱。

唐懿宗咸通二年（861）八月八日，八十四岁高龄的柳公权，为福州九峰镇国禅院题额。

九峰山距福州城三十五公里，位于北峰崇山峻岭之中，隶属晋安区寿山乡。主峰南坡有一座寺院，为九峰寺，坐北向南，背倚高崖，面临溪涧，周围青松翠竹，阴翳蔽日。

唐大中初，"有法主大师创庵于兹。一夕，梦神人报曰：此非师之居，将有长贤禅师来。未几，果至。法主遂别卜双峰，为第一代。"九峰寺，由僧慈惠创建于唐大中二年（848），咸通二年赐号"九峰镇国禅院"，邀请当朝书法大家柳公权书匾。

随后，柳公权书《蒋系先庙碑》，又称《襄州刺史蒋系先庙碑》。郑处晦撰文，立于襄阳延庆寺。

蒋系，文宗大和初年授昭应尉，不久任史馆修撰，与沈传师、陈夷行等编修《宪宗实录》。宣宗即位，任给事中，历任兴元、凤翔节度使。懿宗初年，迁为兵部尚书。

《蒋系先庙碑》为柳公权晚年作品。此为襄州刺史蒋系上请朝廷，改兴国寺为延庆寺，被批准并扩建之后所立。蒋系还撰写了《延庆禅院碑》，立于寺中。延庆寺故址，在襄阳城南望楚山。

撰文者郑处晦，大和八年（834）进士，仕历刑部侍郎、宣武节度使。文章拔秀，早为士友所推，方雅好古，勤于著述，有《明皇杂录》传世。

咸通三年（862）四月，懿宗敕令左右街慈恩寺、荐福寺、西明寺、庄严寺四寺各置戒坛，度僧、尼三至七日。懿宗崇佛，怠于政事，即位以来于宫中设讲席，自唱经，抄录佛经。数次巡视京城诸寺院，施舍无度。还在咸泰殿筑坛为内宫寺尼受戒，两街僧、尼皆入宫参加受戒仪式。

此间，进士皮日休上书，请科举考试去《庄子》《列子》，除诸经外，加以《孟子》为学科。又言自孔、孟、荀以至文中子后，得儒学真谛者，唯韩愈一人，请以韩愈配享孔子。

是年十月，以长安尉令狐滈为左拾遗。左拾遗刘蜕等上言，认为滈父令狐绹为宰相时，受贿以李琢为安南即今越南河内经略使，致使南诏攻陷交趾，滈不宜谏官之列。时令狐绹任淮南即今江苏扬州节度使，上表论诉，贬刘蜕为华阴令，令狐滈改詹事司直。

咸通四年（863），八十六岁的柳公权缮书《封敖碑》，又称《平卢节度封敖碑》，立于京兆。

碑主封敖，元和十年（815）举进士，会昌初年召为翰林学士，拜中书舍人，迁御史中丞。大中十一年（857）出任淄青节度使，卒于尚书右仆射任上。封敖"属辞赡敏，不为奇涩，语切而理胜"，以文才为李德裕所器重，故屡次得到荐拔。武宗时，草诏慰问边地受伤将士，有句"伤居尔体，痛在朕躬"，贴切形象，深得武宗赏识。李德裕为太尉时所作制诰文件，都由封敖代笔为之。

唐懿宗咸通五年（864），王朝不大太平，边境烽烟四起。西川奏称南诏进犯嶲州即今四川西昌，被刺史喻士珍率兵击退，诏发右神策兵五千及诸道兵戍防嶲州。以刑部尚书、盐铁转运使李福同平章事、充西川节度使。南诏率群蛮六万再攻邕州，岭南西道节度使康承训方遣万人出战，以獠人为向导。獠人蒙哄唐军，致使唐军受南诏、群蛮袭击，伤亡八千余人，唐兵大败。

这一年，柳公权八十有七，书《魏谟碑》，又称《太子太保魏谟碑》。令狐绹撰文，立于凤翔。

此乃柳公权漫长一生中书写的最后一通碑文。

可以看到他以生命最后一段晚霞，映染在碑的字里行间，其书艺又为生命润色辉映。那种风采已不是朝阳般的充满蓬勃生机的光辉，也不像灼灼当午的炎日，而是一片灿烂的晚霞。其笔锋的利铦转入内部，气韵与自然贴近，通篇之旨趣与大化亲和，是宗匠晚年的心智所悟，老笔所致。

柳公权就像一位得道之人向青山深处走去，攀上极顶，又终于消逝在山里，将书魂凝刻进书学的峰峦中。

魏谟，字申之，是魏徵的五世孙。登进士第，任长春宫巡宫、秘书省校书郎等小官。曾经有一天，文宗李昂翻阅《贞观政要》，有感于魏徵的忠直，遂下令寻求魏徵后裔。文宗得知他是魏徵之后，待他异于旁人。宰相李固言、李珏、杨嗣复也都赏识他。遂为右拾遗，擢谏议大夫。

文宗与近臣李训、郑注图谋屠杀当权宦官的甘露事败后，李训下属御史中丞宗室李孝本伏诛，家属充军为奴，但文宗命将李孝本二女带入宫中，人们以为文宗要纳她们为妃。魏谟上表称，文宗应该三思，避免做下儒家反对的内婚行为的嫌疑。文宗得表，立刻送李孝本女出宫，升魏谟为右补阙，下诏大赞魏谟，将其与先祖魏徵相比。

魏谟被提拔为起居舍人，面圣致谢，文宗命他献上先祖魏徵的笏板。宰相郑覃说："在人不在笏。"文宗答："我这是遵循《甘棠》的意旨。"所谓《甘棠》，出自《诗经》。甘棠，即杜梨树。诗的意思是说，召伯听男女之讼，不重烦百姓，止舍小棠之下而听断焉，国人被其德，说其化，思其人，敬其树。

魏谟被授谏议大夫，仍兼起居舍人。文宗要看《起居注》，魏谟劝阻："陛下做得好，不用担心不写上，做得不好，全国百姓也会记下来。"唐文宗便不看《起居注》了。

武宗年间，李珏、杨嗣复被罢相，其政敌李德裕为相，魏谟因得宠于李、杨，也被遣出京城被贬为信州长史。宣宗继位，李德裕因此失势，白敏中成为首相，随后魏谟被提拔到商州为刺史，后被召回长安任给事中，迁御史中丞。在任上，上表弹劾驸马都尉杜中立贪赃，权贵震动且害怕他。

宣宗授魏谟同中书门下平章事，拜为宰相。当时，宣宗四十一岁，相对而言已是高龄，仍未立太子，群臣慑于政治敏感性，也不敢提及。当魏谟面圣感谢任命时，趁机指出未立太子是他对宣宗为政的主要担忧。虽然此后宣宗并未立太子，但时人都被魏谟触动了。

魏谟拜相后，负责监修《文宗实录》，修成四十卷并呈上，因此和下属都受到嘉奖。其他宰相在宣宗面前议政时，为了不引起皇帝不悦，都委曲进言，只有魏谟敢直言。宣宗常说："魏谟有祖上的风范，我很敬重他。"

但魏谟也因此为首相令狐绹所忌。他被遣出长安任西川节度使，仍保有同中书门下平章事作为荣衔。魏谟染病，宣宗准备召他回长安任兵部尚书，但魏谟称病，只求闲职，因而被任为太子少保。魏谟回河北巨鹿下曲阳祭扫祖墓，辛苦疾逝，葬于蒲州治南四十里。

说来也巧，柳公权在缮书最后的碑文《魏谟碑》之际，与撰文者京兆华原同乡令狐绹凑在了一起，缘分不是？

令狐绹比柳公权小十七岁，此年也七十高龄了。唐朝京兆华原的世家有柳氏、傅氏、令狐氏，柳、令狐能聚合在一通碑石上，实在是天赐机缘。

令狐绹，字子直，令狐楚子。性懦，精文学。唐文宗李昂大和四年（830）进士，开始从政。前后担任过弘文馆校书郎、左拾遗、左补阙、户部员外郎、右司郎中。唐武宗时任湖州刺史。唐宣宗大中四年（850），起任宰相。此后一直在这个职位上工作到大中十三年（859）唐宣宗去世。大中十三年秋八月，为山陵礼仪使。唐懿宗时，出为河中节度使。后来先后担任宣武、淮南等四镇节度使。后召入知制诰，辅政十年，拜司空、检校司徒，封凉国公。之后的咸通九年（868），庞勋起义军攻占徐州，他受命为徐州南面招讨使，屡为庞勋所败。僖宗时召入任为凤翔节度使，后又召为太子太保，徙封赵，卒于封地。

令狐绹执政的时代，已经是唐代的晚期，政权已经缺乏振作的生命力，他没有良好的政绩记录也并不奇怪。唐宣宗是晚唐最后一个比较强势的皇帝，而令狐绹以一种小心翼翼的态度，处理了他们之间的合作关系。说他的性格胆小迟缓，这也许是他身居相位达十年之久的原因之一。

令狐绹的父亲令狐楚，也曾经在唐宪宗元和年间担任过宰相。令狐绚能够升任宰相，在某种程度上是宣宗感动于令狐楚对宪宗的忠诚。

令狐绚之子令狐滈，骄纵不法，受贿卖官，人称"白衣宰相"。令狐滈"多时举人，极有文学，流辈所许"。唐懿宗时，以故相之子出拜拾遗，因为"顷籍父威，不修子道，干权黩货"，且"潜行游宴，颇杂倡优；鼓扇轻浮，以为朋党"，遭到谏官的一致反对，只得改任詹事府司直。

早在会昌五年（845）秋天，李商隐闲居洛阳时，回寄给在长安的旧友令狐绚一首诗。令狐绚当时任右司郎中，所以题称《寄令狐郎中》："嵩云秦树久离居，双鲤迢迢一纸书。休问梁园旧宾客，茂陵秋雨病相如。"意思是说，你是嵩山云我是秦川树，长久离居，千里迢迢，你寄来一封慰问的书信。请别问我这个梁园旧客生活的甘苦，我就像茂陵秋雨中多病的司马相如。

温庭筠与令狐滈友好，经常出入于相府。令狐绚曾央求温庭筠代写二十首《菩萨蛮》词。令狐绚不知"玉条脱"之说，温庭筠告诉他出自《南华经》。令狐绚一次说到世间奇异的东西时，自己拿出一支铁管，直径不到一寸，长四寸，从中取出一小卷书，对着太阳光观看，乃是一部完整的《九经》。这部书所用的纸就是蜡浦团，上面的经文均面小，头尾相似，它的精致奥妙是用语言所表达不出来的。令狐绚将小铁筒倒着顿了几下，又倾出一件东西，展开一看是一匹轻绢。量一下，整四丈，一点也不少，称一下，只有半两重。看它织得那精巧劲儿，不像是人世间的东西。

宣宗把朝中的政务大事委托给令狐绚，君臣之间很投合，密切无间。舍人刘蜕经常揭发令狐绚的短处。有一次，他向皇上密奏一本，宣宗扣留未发，只是以揭发的事来告诫令狐绚，而未讲揭发他的人。密奏中有揭发宰相令狐绚的儿子未经地方选拔而直接参加科举考试的事。简略地说，他的儿子叫作"无解进士"。还有他的子弟受贿的事，说是在大白天，见其子弟家有金子却未见是谁送的。

令狐绚对此事怀恨在心，于是派了一人去当刘蜕的书吏，让他谨慎行事。刘蜕把此人当作心腹，毫不怀疑。后来刘蜕因帮一个经业举人中选而受贿十万的事，就是由这个书吏告发的，因此刘蜕被贬职。

君子曰："彭城公将欲律人，先须洁己。"哪里有自身都不干净，而还要揭发别人短处的呢？难怪令狐绹升不到高位，那时令狐绹在朝中只是单独一人，他常常想要把令狐家族繁盛起来，好跟崔、卢家族抗衡。因此凡是本家族的人，他都引荐到朝廷。甚至皇族中有未得到官的，想要报名应试，也要给这个人改姓令狐。那个时候这样做的人太少了。

这样看来，柳公权最后的碑文，似乎不只是书写魏谟之生平功过，也可以串起柳氏、令狐氏及李商隐等诸多当朝名士的交集与纠葛。

柳公权的后半生虽官居高位，却较少涉足政事，完全超脱于宫廷政治，对皇帝的劝谏仅限于帝德，是无涉于治国方略。超脱于是非恩怨，为王播书碑而早年抗疏，低调地为人处事。是迫于人情，禅宗"不思善，不思恶"的破执精神。错误难免应该批驳，人死了立碑书文还是要做的，以此评价其一生。

晚唐宫廷险恶，柳公权与人交往，大门开放，无亲无疏，善恶不计，与人为善，与世无争，处事平和。这样的处事态度，使他在人事交往中紧闭心扉，密不可测，因而从未卷入晚唐宫廷人事纷争的漩涡之中。

用心书法，不贪钱财，甚至超脱于世俗生活的一切。他为人书写了那么多碑志，所得润笔确实极丰，却视钱财宝物为粪土。与人交往的开放与心扉的紧闭，使其书法结体形成了四周舒放、中宫紧闭、壁垒森严的特色。散发出超逸的禅味，如后人所说："如深山道士，修养已成，神气清健，无一点尘俗。"

唐人尚法，是指楷书在魏晋南北朝已取得长足发展，奠定楷书法度的基础，唐人树碑立传之风大盛，楷书在碑碣上广泛应用，多以楷书碑版著名。碑版的规范性、严肃性和庄严性促使书写者精心构思，精意书写，而不能一任自然。凡碑版有格，欲取格之齐，故排兵布阵，方正端严。

晚唐王朝，柳书集古出新，渊源于三方面：一是钟繇和王羲之，取其平和、古朴、清逸之韵，二是欧阳询、虞世南、褚遂良、陆柬之，特别是颜真卿的清劲、含厚、宽博之气，三是北碑和齐碑的雄强峭拔、斩截方正之质。形成自己的体势劲媚之书风。

楷书自魏晋发端，至南北朝，及初唐和中唐，到了晚唐，风格多样，流派纷呈，已经完全成熟。从点画形态上，方圆、巧拙、中侧、长短等，无所不包。从结体取势上，侧身取势，正身示人，端严平正，险绝开张，应有尽有。从章法布局上，疏朗开阔，密集严整，各有千秋。从这种局面看来，柳公权似乎无路可走了。用笔偏瘦、偏肥的有了，结字宽疏的也有了。

柳公权经过深入研究，从临摹传统入手，集欧、颜楷法，从细微处着手，借鉴北碑齐碑，取其方劲雄强，融会贯通，写出了自己的个性风格。他六十岁之前集古生变，一直致力于向历代书家学习，以笔下有诸家笔体而得意，有《冯宿碑》《钟楼铭》等。六十岁之后创法出新，有《玄秘塔碑》《神军策碑》。书风特征，遒劲峭拔，斩钉截铁。还在于行草的线条流畅，气势张扬，跌宕起伏，意志雍容，圆润豪纵，完全打破了晋人所创立的平和简静、秀丽柔美的行草书规范。

柳书用笔灵活，不是纯用方硬瘦峭之笔来展示筋骨，而是起笔多方，收笔多圆，方圆结合，自然随意。长笔瘦，短笔肥，竖笔挺，折笔劲，轻重有致，变化多端，既筋骨强健，又血肉充实。在笔画的收束处，多用圆笔裹锋，不使笔锋铺开，消迹灭棱，写到尽处一往即收，显得格外丰润圆浑，内含而质朴。随形赋体，不拘一格，极具装饰变化之美。

柳书的点，多带钩出锋，用糅笔来蓄势，出钩劲利。宝盖头的上点和左点，以及下部组合的众点之间，点笔用竖点，竖画左右对称两点，左稍远离而右稍靠近。三点水旁排列成弧状，下点之末每垂直于上点之尾，以求上下呼应之势。

其横画起方收圆，长横伸左取势，中段稍细，提锋为之，中锋运笔颇得骨力。短横多写得较粗壮，起收按笔较重，力量凝聚。短横在左多让右，将其写成"尖尾横"，在右多让左，又写成"尖头横"，俯仰曲直，极尽变化。

其竖画起笔多强调"方笔"，折锋非常突出，时常出现两个棱角，并稍偏向左侧，常用二次转锋折笔写成。收笔有悬针、垂露之分，中竖多用悬针，提笔出锋，空抢逆收，显得饱满、尖锐，特显精神。左右竖笔多用垂露，收笔不作重按，转笔向上疾收。凡左右对称用直画者，形窄者多取相背之势，取欧体之特点；形宽者多作相向之势，用颜体之变化。

其撇画行笔速度较快，长掠直下，稍有弧度，修长劲健。长撇瘦硬，短撇粗重，捺画却比较突出，重而粗，起笔较细，中段逐渐加粗，加重，加长，末尾极粗，并出现明显的燕尾，出锋有力，方劲遒美。撇捺相交，轻撇重捺，近似颜法，但粗细变化却比颜体明显。

其"口"字形，多取上开下合，上大下小之势，且左边竖脚下伸外露，不但使字形端稳，而且具有一点的装饰特点。

其竖弯钩则一路圆转，曲劲有弹力。如"风"字的外框，横折弯钩，弧度较大，几乎是圆周的三分之一，钩笔饱满，而尖锐形状酷似鹅头。

柳体在处理笔画变化时，还有一个突出的特点，即一反常态将短横写得特别粗重，而又将长竖写得较细挺，对比强烈，引人入胜，如《玄秘塔碑》中的"千"、"柱"等字及"木"、"牛"、"言"等偏旁。这一点虽然吸收了颜体的特点，但用法不同，效果亦不一样。

这一年，裴休卒。

长于柳公权十岁的沈传师，以及小于柳公权十三岁的裴休，都被视为与柳公权同一类型的书家，尚清劲，命新体。柳公权的名碑《玄秘塔碑》即是裴休撰文，裴休的名碑《圭峰定慧禅师碑》即由柳公权篆额。而裴氏此碑，可见柳书的影响，"细参之，其运笔之操纵，结体之疏密，与诚悬昕合无间"。

作为学生的裴休也先去了。白发苍苍的柳老先生，顿时感到了人生如梦的惶惑与虚幻。

第十七章

隐居鹳鹊谷

出京兆华原城南门，直行二里许，便走入了鹳鹊谷，俗名岔口。出谷口即富平界，为唐代华原通三原达国都长安之大道。长蛇岭屏障于北，爷台山雄峙西南，东西乳山合抱于南端鹳鹊谷口，形成关中通往朔方的天然门户。

上了八十岁，风烛残年的柳公权就时常隐居于鹳鹊谷。从这里沿沟则上，可以抵达他出生的家园柳家原。不得已时，入长安城或书碑，或公干，或会友。

鹳鹊谷，位于长安宅第与柳家原之间。风光旖旎，翠色盈目。这里有东西乳山对峙相望，尚有一水蜿蜒南下，名赵氏河。水天相映，波光粼粼。谷北是一片开阔地，良田畦畦，阡陌纵横，稼禾摇翠，林木竞秀。东傍药王山，山上绿柏葱茏，秀色可餐。有诗人云："暮雨云中树，炊烟岭上村。"

谁知，这一派宁静中，却掩埋着曾经的刀光剑影。

西汉武帝年间，役祤即华原同官一带，出过一位抗击匈奴的名将赵食其，封关内侯。从大将军卫青出定襄，因迷失道当斩，后赎为庶人。

赵氏河，也许与其有关联。成败荣辱也罢，如今都付之流水。

东晋孝武帝太元九年（384），前秦苻坚的龙骧将军姚苌在此反叛，苻坚怒不可遏，率兵前来讨伐，曾在这赵氏河一带摆开战场，双方直杀得天昏地暗，数万士卒肉搏于此，可想是多么惨烈。当地人说，苻坚切断了姚苌的水源，姚苌部卒陆续干渴致死，但是天助姚苌，突降倾盆大雨，地上水盈三尺，继之反败为胜，苻坚兵败，羌人首领姚苌得了长安，建立后秦。

苻坚逃到五将山，被姚苌俘获，姚苌向苻坚索要传国玉玺，苻坚大骂姚苌，说"五胡次序，无汝羌名，违天不祥，其能久乎"，你不过是个恩将仇报的叛贼而已，怎么着也轮不到你。姚苌一气之下，将苻坚吊死于新平佛寺，即今彬县南静光寺。前秦毛皇后美而勇，善骑射，后秦兵入其营，毛氏犹弯弓跨马，率数百人力战，杀后秦军七百余人，因众寡不敌，为后秦所俘。姚苌却要将其纳为己有，毛氏且哭且骂："姚苌，汝先已杀天子，今又欲辱皇后。皇天后土，宁汝容乎？"姚苌只得将其杀之。无怪乎后来姚苌屡做噩梦，梦见苻坚"将天官使者、鬼兵数百突入营中"，带领鬼兵来收拾他。姚苌惊惧到在皇宫内乱跑，宫人在帮他刺鬼时，不小心刺中了要害，"误中苌阴，出血石余"，不久，姚苌不治而亡。东晋义熙十三年（417），刘裕率军北伐后秦，十六国时期后秦最后一位皇帝姚泓投降，后被押解到都城建康闹市中斩首，时年三十岁。后秦灭亡。

古战场上的血已经化为泥土，隐居的柳公权于一片宁静中，是否预感到即将到来的唐末的战马嘶鸣，从远方传来。

柳公权时常漫步至附近的古刹广严寺，古刹存有北魏年代多通造像碑石，他可以揣摸上面残缺不全的文字，用手指摹写结体和笔顺，研习书法，修身养性，也饶有趣味。仰望漆沮汇流的东岸石坡上，有开凿的摩崖造像，是一佛二和尚。民间有俚语说："漆水再高，高不过佛爷的脚。"

他漫步于沟壑间，登高远眺，或流连于溪水边，思绪顺流而下，沿渭水至黄河，至沧海。

在这神秘的谷口，果然会有鹳鹊在栖息或飞翔吗？叫作鹳的鸟儿，羽毛灰白色或黑色，嘴长而直，形似白鹤，生活在江、湖、池沼的近旁，捕食鱼虾等。闲云野鹤，不正是柳公权一心向往的人生境界吗？而他也酷似一只从皇宫逃到这里的老迈的鹳鹊，在此徘徊复徘徊，寻觅的不是果腹的东西，也不是名利之物，而是生命最终的归路。

柳公权晚年隐居鹳鹊谷后称柳沟，后人曾在鹳鹊谷一边石壁上镌刻"唐柳公权故里"、"唐令狐绹故里"大字。

多年后，古刹及岔口驿道旁的碑石造像被冲入河中，久远的石头也会说话，成为一代又一代挖掘文物的宝库。以至后世，有戏剧家编了一出戏，叫《大头和尚戏柳翠》，流传各地剧种。年节社火，秧歌高跷，多有大头和尚戏柳翠的大头娃娃的即兴表演。故事说的是京兆华原柳沟柳公权别墅的丫环柳翠，到广严寺米坊舂米，遇到了寺中年轻的和尚月里，两人产生了爱慕之情。于是，月里和尚与柳翠常利用到漆水边挑水洗衣的机会，谈情说爱。

戏说道，二人情事受到周围人恶评，也有悖寺院戒律，柳公权向华原县令写了诉状，要求依律处理。月里和尚被重打四十大板，赶出了佛门。二人的情爱故事如何结局，不得而知。

柳公权给世人留下的印象，是对平民百姓纯朴生活的向往。

有一年，关中遭了年馑，地方上有个豪绅不开仓放粮，反而强令佃户请名人题写大匾。求到柳公权门上，他索性前去题匾，写了"文魁武魁"四字，却各少写了一笔。豪绅被人笑话，来求柳公权，他说："为富不仁，侈谈门面，你的文魁武魁还不如一个锅盔。"豪绅认错，开仓赈灾，柳公权这才提笔蘸墨，对准大匾一一向上抛去，为文武二字各添一点，为魁字各添一撇，扬长而去。

距鹳鹊谷不远处，有一户人家，父母早丧，兄弟二人合家过日子。弟媳过门后，日子不安宁了，甚至闹到大打出手的地步。兄弟中的老大在路上遇到柳公权，心想，柳大人官高位显，见多识广，何不讨个法子。

柳公权听了，让老大随他回到屋里，写了一首诗，让老大带回去贴在自家照壁上。诗云："同树连根各自荣，些许言语莫伤情。一回相见一回老，能得几时为弟兄。兄弟同居忍便安，莫因毫末起争端。眼前生子又兄弟，留给儿孙作样观。"

老二回家，看见照壁上的诗，连续读了几遍，觉得句句在理，想起兄嫂昔日种种好处，不由得落了泪。此后，兄弟妯娌和好如初。

柳公权的这首劝邻里诗，便在华原一带流传下来，以至记入土著世家族谱，绵延不绝。

咸通年间，唐朝江山已经江河日下。柳公权的生命历程，也如他伴随的唐王朝一样，面临大限。他一生历九朝，默默无闻，潜心书学，政治上不像颜真卿，慷慨激昂，为国出生入死，在风云变幻的政治舞台上轰轰烈烈度过壮烈的一生，书艺上却与之比肩，为后世景仰。

在皇宫度过漫长一生的柳公权，颇像一只关在禁笼中的金丝雀。宫廷的生活，使他缺少壮阔的气度和宽广的视野以及浩瀚的生活源泉。颜体一碑一碑曾不断地变化，柳体在其成熟以后变化较少。颜真卿像奔腾咆哮的洪流，柳公权却似流于深山老林的涧水。当然，这是两种不同的生命情调。

柳公权淡泊处世，正直朴厚，与世无争。入仕为官，是唯一出路，其但志向在于诗文书法。他属于"庄士"一类书法家，尊崇孔孟，精研国学，而又笃志勤学，沉默寡言，个性内向。不像狂士张旭和怀素，无视礼教，我行我素，癫狂不羁，而是恪守儒道，严于立身，谨于从事。同时又敢于直言，立朝刚直，风范凛然。视富贵、财物如云烟，唯求闲静、超逸、萧散、平和，淡泊无求，致力书艺，穷尽一生时间和精力，而成大家。

柳公权能够化身为巨人，既需一颗慧心，取质、取量、取度，炼形、炼神、炼韵，加以冶铸，又需要不凡的身手，刻苦的磨炼，尤要以自己的性灵和人格去化入。儒则出世，欲有所作为，又老庄则与世无争，清静自然，更禅宗则顺其自然，无为而治。尽管他未能像白居易、裴休等人成为居士，也不谈禅，行为上却禅味十足，"直指人心，见性成佛"，"每说一义，必诵数纸"，诵而已，述而不作，不著文字传世。

到晚年，求其书写碑文墓志者不绝于门。一生创作书法作品百件，有明确记载的有九十四件，其中碑铭六十二件，墓志六件，题跋二件，题额三件，帖札十五件。留存至今的有二十余件，其中碑刻十件。其诗作《全唐诗》仅录六首，其中三首还是应制之作。为别人撰写碑文数篇，另有一卷《小说旧闻记》，记的尽是奇闻轶事。文宗朝，大臣献诗文著作成风，柳公权却无动于衷。

所以，他留于后世的关于身世家庭及个人生活罕见之。

唐懿宗咸通六年，即公元八六五年，某个季节的某个时辰，八十八岁的柳公权实在是太累了，长眠于京兆长安自己的宅第里。

他终于轻轻放下了那一支从五岁起紧握的毛笔，舞动了八十多个春夏秋冬的如椽大笔，全身放松，缓缓屏住了呼吸。

四周一片寂静。

也许是小雨淅沥，或大雪纷飞，或天高云淡，没有一丝微风。也许是"长安夜半秋，风前几人老"的诗境，长安城里遍地秋风，更深夜半的时候，将有多少人老尽他们的年华，走向生命的终点呢？

他没有实现老死在家乡柳家原土炕上的愿望，那里早已田园荒芜，无限寂寥。至于他夫人的生平身世，也不见于史册杂书，不容演绎戏说，也许早已先他而归天了。

弥留之际，守在他身边的是年过半百的儿子柳仲宪，史籍未有记载其点滴事迹，兴许有一官半职，不便虚构。还有已经成人的孙子柳瑗，也只是在柳氏族谱中留下一个名儿而已。

当朝皇上赠予柳公权太子太保。太师、太傅、太保，都是东宫官职，均负责教习太子。太师教文，太傅教武，太保保护其安全。

"太子太保致仕柳公权卒"，被载入唐懿宗咸通六年大事记。云："柳公权，字诚悬，京兆华原人。幼嗜学，善辞赋。元和初，登进士，辟为夏州掌书记，穆宗即位，召拜右拾遗、翰林侍书学士。改右司郎中、弘文馆学士。文宗朝，迁谏议大夫，拜中书舍人，再入翰林为书诏学士。以直言闻名，累迁翰林学士承旨。武宗即位，罢为右散骑常侍，与宰相李德裕相忤，左迁太子詹事，历工部尚书。咸通初以太子太保致仕，卒，年八十八岁。”

柳氏的一生，除了少许时间在外任官，基本上都在京城，在宫中，先后在六位皇帝身边供职。其一生，一直在不断地为皇家、为大臣、为亲朋书碑。各朝皇帝都爱他的书法，爱他的诗才，甚至他的谏议也乐意接受。

他特精于《左传》《国语》《尚书》《毛诗》《庄子》，每讲说一词一义，常写满好几篇纸，却信奉述而不作。

柳公权读过《乐书》，知晓中国古代音乐起源很早，伏羲发明乐器，黄帝作乐律，虞舜作曲。西周五声八音齐全，音乐多用于祭祀、求雨和劳动，所谓礼乐。汉代有乐府，乐已成为六经之一。唐代燕乐的繁荣，音乐机构的庞大，民间音乐的兴盛，也不会不被柳公权视而不见，且有一定涉猎，并通晓音律。但他似乎在音乐方面有一定偏见，不喜欢听演奏，其缘故是由于听音乐容易使人产生骄慢情绪，这多半归于他喜欢清静的内敛性情。

当时公卿大臣家碑志，非其手笔者，人以子孙为不孝。民间更有“柳字一字值千金”的说法。外国使者入唐朝贡，皆另带钱币，称以此购柳书。其书法号柳体，流传后世。

隋人有叫郑译的，是隋文帝的开国功臣，遭贬以后，文帝念旧欲招他回朝，即令人草拟诏书恢复郑译爵位。丞相高颎戏谓译曰：“笔干。”郑译则答曰：“不得一钱，何以润笔。”文帝闻后大笑。这样，“润笔”一词后来就衍生为求人写字作画的报酬。

润笔，唐人也叫“义取”。在唐代，给人撰写碑志或书写碑文可以得到一笔润笔费，越是知名的文士所得到的润笔就越多。李邕“尤长碑记，前后所制，凡数百首。受纳馈送亦至钜万，时议以为自古鬻文获财，未有如邕者"。

柳公权既有佛道慰藉心灵，故在滚滚红尘中颇能超脱。他甚至对于钱财不屑一顾。他这个人是典型的学者类型，不善于理财，替勋臣贵戚家书写碑文，"问遗岁时钜万"，每年得到大量的金钱馈赠，所得到的钱和金银器皿都交给管家海鸥、龙安保管。这是一个空子，柳府的管家和一些仆人趁机钻这个空子，把主人的钱当作自己的钱用，用了也不吭一声。

他曾经把一些银杯银碗放在一个竹箱子里，过了一阵子后，箱子上的封条完好无损，但器皿却不翼而飞。他审问时，海鸥说："我也不知道怎么丢的。"柳公权微微一笑，说道："大概银杯羽化成仙，长出翅膀升入天堂了。"

生不带来，死不带走。他也就不再说什么。

柳公权仙逝。一颗书法巨星陨落了。然而，他的遗体和灵魂又回到了他出生的地方，京兆华原柳家原。他长眠在这里的黄土山峁上，获得了永恒的安息。

第十八章

柳骨长存

阅遍史籍，与柳公权子嗣相关的文字寥寥无几。

柳公权之子柳仲宪，不得其详。

柳公权之孙、柳仲宪之子柳瑗，不详。

柳公权的侄子、柳公绰之子柳仲郢，咸通五年（864）卒于任上。

柳仲郢之子，长子柳珪为卫尉少卿，次子柳璞为著作郎，三子柳璧为右谏议大夫，四子柳玭为御史大夫。

柳璧之子柳怀素，不详。

柳公权的根脉，可回溯到隋初京兆华原先祖的柳昂至柳敏、柳懿至柳纯、柳景猷、柳轨、柳丰、柳隗至柳安，即河东柳氏之始祖。

有一种河东柳氏族谱版本，自第一世至第三十二世，从秦末到晚唐，历一千一百多年。由河东柳氏族谱推及，自柳昂一代始，依次为：柳昂之子柳调，从祖侄柳客尼、柳明伟、柳正礼、柳子温、柳公权、柳仲宪、柳瑗。以下，则无从知晓。仅载有柳公权的伯父柳子华的曾孙柳璨，晚唐被朱温流放崖州杀之。柳公权的侄子柳仲郢之孙柳怀素之后，无考。

河东柳氏家族，经过历次政局动荡或战乱的打击后，其族人的仕途在很大程度上受阻，但其家族的家学礼法不废。士族大家的文化涵养，成为其除了世代官位的显赫之外的另一个重要特性，其家族在官场上发展不利时，自古就培养起来的文化精神起到了支撑作用，并藉此延续了家族的声望。

在唐朝，河东柳氏出过三位宰相，即高宗朝柳奭、德宗朝柳浑、哀帝朝柳璨。柳璨少时孤贫好学，光化中登进士第，后即以谏议大夫、平章事改中书侍郎。但在唐末的时局动荡中，柳璨对唐室旧臣中的清流士族进行了重大打击，但他自己也被朱温所杀，其弟瑀、瑊也被杀害。由此，柳氏亦在历史大势中再一次衰落。

士族衰亡，是隋唐时期历史发展的趋势，河东柳氏在这样一个历史大势中由盛转衰，乃情理之中的事情。从柳氏家族的衰亡过程，可以看到士家大族本身在漫长的历史过程中的自我调整和自我挣扎。河东柳氏的升沉历程，是魏晋南北朝至唐末士族由盛至衰以致灭亡过程的典型事例之一。

推算起来，柳公绰岳父是韩皋，与韩氏生柳仲郢。柳仲郢岳父是韦贯之，与韦氏生四子柳玭。

柳玭，"应两经举，释褐秘书正字，又书判拔萃，高湜辟为度支推官。逾年，拜右补阙，湜出镇泽潞，奏为节度副使，入为殿中侍御史。李蔚镇襄阳，辟为掌书记，湜再镇泽潞，复为副使，入为刑部员外。湜为乱将所逐，贬高要尉，玭三上疏申理。湜见疏本叹曰：我自辨析，亦不及此。寻出广州节度副使。黄巢陷广州，郡人邓承勋以小舟载玭脱祸，召为起居郎。贼陷长安，为刃所伤，出奔行在，历谏议给事中，位至御史大夫。"

唐代士人所做的家训，流传下来的有柳玭所著的家训。

其中云："予幼闻先训，讲论家法。立身以孝悌为基，以恭默为本，以畏怯为务，以勤俭为法，以交结为末事，以弃义为凶人。肥家以忍顺，保友以简敬。百行备，疑身之未周；三缄密，虑言之或失。广记如不及，求名如偿来。去吝与骄，庶几减过。莅官则洁己省事，而后可以言守法，守法而后言养人……夫坏名灾己，辱先丧家。其失犹大者五，宜深志之。其一，自求安逸，靡甘澹泊，苟利于己，不恤人言。其二，不知儒术，不悦古道，懵前经而不耻，论当世而解颐，身既寡知，恶人有学。其三，胜己者厌之，佞己者悦之，惟乐戏谭，莫失古道，闻人之善嫉之，闻人之恶扬之，浸渍颇僻，销刓德义，簪裾徒在，厮养何殊。其四，崇好漫游，耽嗜麹蘖，以衔杯为高致，以勤事为俗流，习之易荒，觉已难悔。其五，急于名宦，昵近权要，一资半级，虽或得之，众怒群猜，鲜有存者。兹五不是，甚于痤疽。痤疽则砭石可瘳，五失则巫医莫及。前贤炯戒，方册俱寸，近代覆车，闻见相接。"

唐代柳玭曾经告诫子弟，是说从小就开始接受家训的洗礼，讲论家法。成就自我，应该以孝为基础，以谦逊低调为本，以谨慎行事为要务，以勤俭为准则，结交好友的人是行善事，背信弃义的人是可恶的人。爱护家庭才能合家欢乐，保护朋友才显尊敬之意。万事在行动之前该问问自己是否做好了心理准备；是否考虑得周全，应三思而后行，避免不必要的误解。凡事应留条后路，不可做绝，过犹不及。追求功名利禄应顺其自然，不可强求。驱除吝啬和骄躁。才能让心静下来，较少过失。为官清正廉洁，远离是非之地，这样遵守规则，言行一致，后能养人。出生于名门世家的人，应该有敬畏之心，切不可有依靠之心。为人处世，一点做不到位的地方，就会比别人受到更多的指责，九泉下将无颜见祖先，这就是为什么要有敬畏的心。出生于名门世家，容易滋生骄傲之心，宗族强盛容易招来嫉妒，有善良的品行和真才实干，别人未必相信，但是如果纤小的缺点和细微的过失，就会被很多人看见而且争相指责。所以生在富贵之家的人，学知识的时候应该更加勤奋，言行举止应该加以勉励，不能与普通人相比。

时至今日，唐朝京兆华原柳氏家训仍在方圆流传。

从汉字诞生那一天起，就有了中国书法。从古老的甲骨文、青铜器铭文，就留下了笔法结构的美的法则。每一个朝代，都有不同的书法特征，不可替代，从而构成了一条书法的长河。

所谓书法，即书写汉字的法规与法度。横平竖直，点画呼应，上下包容，左右礼让，以中正平和之体形成了汉字的结构美学与书写规律。汉字起源于物象，象形会意形声而成字。汉字发展的独特路径，体现了中国人的思维特征，深刻地影响了中国文化与中国历史的面貌。书写，是人的审美意识对象化到汉字之中。

一部中国书法史，如果没有柳公权，必定黯然失色。

所谓魏晋风度，是以老庄为本的玄学与佛学相汇而形成的与道逍遥的精神风度，淡泊世俗名利，寻求精神人格的自在真实。

唐代文化的兴盛，使书法得到了特殊的礼遇，名家辈出，书论精妙，篆、隶、楷、行、草，书体皆备，成就空前。得益于上层统治者的提倡，唐太宗、高宗、玄宗、穆宗、文宗等皇帝的身体力行，书法家的地位较高，像虞世南、褚遂良、颜真卿，大都身居高位。从初唐到盛唐，出现了欧阳询、孙过庭、张旭、怀素等书法大家。

唐代的社会气象与精神气度推动着唐人绕过王羲之而另辟蹊径，开创书法的新天地与新境界。楷书和草书，唐人不让古人，直达巅峰。初唐时期的楷书，承续了二王以来的隽永书风。经过盛唐，苍劲与粗犷之气化入楷书，书风大变，出现了颜真卿、柳公权等书家，笔画中潜在着一种无形的力量，穷尽了楷书的结体法度与风格形态。

安史之乱后，唐王朝元气大伤，宦官专权，政治气候压抑，书法也只是流风余续而已。晚唐书法的终结者，非柳公权莫属。且独领风骚，以高官厚爵之地位和影响，集前贤楷书之大成。

到了宋代，范仲淹诔石曼卿文云："延年之笔，颜筋柳骨。"

"骨"是指字刚猛有力，气势雄强。晋卫夫人云："善力者多骨，不善力者多肉；多骨微肉者谓之筋书，多肉微骨者谓之墨猪。"

书学史上多有论"骨"者。以"点如坠石"举隅，那是说一个点要凝聚过去的运动的力量，这种力量是书家内心的表现，但并非剑拔弩张，而是既有力，又秀气，这就叫作"骨"。

"筋"有多义，或指笔锋，或指执笔悬腕作书时，筋脉相连有势而言。筋也与肉联，称为"筋肉"。颜、柳并称，比较两人显著特点是：颜书筋肉较多，但也并非无骨，颜真卿书也重骨力；柳书露骨较著，但也并非无肉，仅是趋于瘦削而已，而柳公权特重骨法。

柳公权最醉心于骨力之体现，精心于中锋逆势运行，细心于护头藏尾，汲汲于将神力贯注线条之中。他增加腕力，端正笔锋，如"锥画沙"，如"印印泥"，其笔势鸷急，出于啄磔之中，又在竖笔紧之内；在挑剔处、撇捺处，常迅出锋铦；在转折处、换笔处，大都以方笔。

柳公权的所谓风骨，就是不傍不倚、不趋不鹜的独立与自由。书法是心迹，也是时代精神气象的载体。如果说书法是汉字的舞姿，那么，这舞姿摇曳的是书法家的心性，也是时代的精神气象。

汉字作为中国文化的载体，尽管书写形式在不断演化，历代书家层出不穷，屡经大浪淘沙，唐人柳公权却成为后学们难以逾越的峰巅。书法爱好者们在谦恭地接近他，让自己的字植根于柳书的厚土而努力生长，如若不投缘，也很难奢望在中国书法的大树上有一小片属于自己的叶子。

柳书不仅是书体的意义，更是一种文化的力量。他的生命情调是静的，如同默默无言的故乡土原，寂然守望的青山，少有喧哗的林中流泉。而他的灵魂，撞动着一代代汉字书写喜好者的笔墨，像永远也开不败的花朵。

正派，是柳书的品质，它以不变应万变，使多少时尚的变体花招都如同过眼烟云。它是一种正美，不是邪美。是一种华美，不是丑陋之美。它是硬朗的美，不是柔软之美。它是雄媚兼得之美，不是有阳无阴或有阴无阳的美。它是站在前辈巨人的肩上显示个性的大美，不是无源之水的盲目张扬个性一味孤芳自赏的私美。文如其人，书如其人，古来如此。

柳公权去世前后，唐王朝也如日暮途穷，危机四伏，即将走向尽头。

唐宣宗刚死，唐懿宗初继位的这一年，即大中十三年（859）十二月，浙东以裘甫为首的农民起义爆发。起义军随即攻开象山县，唐朝军队屡战屡败，吓得明州的官吏白天关起了城门。浙东观察使郑祗德派兵镇压，于咸通元年（860）正月大败，起义军接连攻破余姚、慈溪、奉化、宁海等县。唐王朝起用前安南都护为帅，以优势兵力，将裘甫农民起义军剿灭。

咸通九年（868）七月，桂林戍兵起义爆发。戍卒因超期留守，怒杀都头王仲甫，一路打回老家徐州，杀死节度使崔彦曾，分兵控制了江淮，起义军发展到二十余万人。起义经历一年两个月，最终归于失败。

乾符元年（874）底，濮州人王仙芝聚众数千，于长垣起义。随之，冤句人黄巢聚众响应，攻克曹濮二州上，大败唐朝天平节度使薛崇，更大规模的农民起义爆发。

自懿宗以来，奢侈日甚，用兵不息，赋敛愈急。关东水旱，上下相蒙，百姓流殍，因此聚众起义。后王仙芝被杀，黄巢率领起义军经过生死奋战，到广明元年（880）克复了唐朝都城长安，唐懿宗逃入四川。直至中和四年（884），起义失败，历时十年。

唐昭宗李晔继位后，先迁往凤翔，依节度使李茂真。宣武节度使朱全忠带兵入关，李茂真战败，宦官大小七百多人被杀死。昭宗落入朱全忠手中，逼迁洛阳被杀死，立昭宗之子十三岁的李柷为帝，是为唐哀帝。开平元年（907），朱全忠废李柷，自立为皇帝，改名朱晃即后梁太祖，都城开封。次年，李柷被杀。

唐朝自武德元年，即公元六一八年建国，至开平元年即公元九〇七年灭亡，历时凡二百八十九年。唐朝既亡，进入五代十国时期。然后是宋、元、明、清。

柳公权逝世于唐懿宗咸通六年，即公元八六五年。也就是说，在柳公权去世后，晚唐王朝只存活了四十二年。

京兆华原柳氏一族，从柳昂自河东蒲坂迁来，经历了从隋初到晚唐的漫长时光，前后达三百多年，几乎伴随隋唐王朝一起，从兴到衰，同呼吸，共命运，载入了浩瀚的史册。

柳公权墓，位于今铜川市耀州区关庄镇让义村北约一千米处的原畔上。

柳公绰墓在东，柳公权墓在西。

墓前各立石碑一通，右碑上款楷书"赐进士及第兵部侍郎兼副都御史陕西巡抚毕沅书"，中行隶书大字"唐兵部尚书柳公公绰墓"，下款楷书"大清乾隆岁次丙申孟秋知耀州事张凤鸣立石"。

另一通上下款与前碑相同，中行隶书大字"唐太子太师河东郡王柳公公权墓"。同为清代乾隆年间立石，毕沅书。

苍茫的沟壑山原之间，柳公权和柳公绰的墓地一片肃静。

一对亲生兄弟，生死相依的好兄弟。柳公权与兄长从小在此玩耍戏嬉，从这里走向长安城，走向辽远的大地，终归回到了母亲的怀抱，化入不老的故土。

呜呼，唐哪里去了？

宋、元、明、清哪里去了？

历史的风烟从这里吹过了一千多年，当初的一切都风流云散，仅仅留下这块孤零零的冰凉的碑石。

而唐代的那一片灿烂的彩云，永远在历史长河的上空游荡。

据当今守望柳氏兄弟墓的老人讲，历朝历代屡有盗墓贼光顾此处，说柳公绰死于沙场或遭人暗杀而未能全尸，皇上赐予金头（当地人把"头"念作"sa"，即颡）银胳膊，盗墓贼是来淘金的，却从未得逞。

墓碑尽管残损，而上帝之手，始终没有停止对于柳书的抚摸。柳公权，那一颗明亮的星辰，依然在后人的心中闪灼光芒。

柳公权墓碑上的碑文，也可以说是他最后的碑文。

碑主一辈子书写了那么多碑文，都是为旁人写的，却没有为自己的墓碑写上一笔一画。这也许就是人的悲哀。

曾几何时，柳氏一族像秋天的蒲公英，随风把自己的种子撒向了辽远的天际，尔后缓缓落在大地的任何一个角落，等待又一个春天开花的日子。京兆华原的柳家原，已经没有一户姓柳的人家了。

千年之后，繁华落幕。

唐朝的最后一个书者，还在石头的背后等候后来者。

2012 年 11 月 12 日动笔

2014 年 11 月 19 日初稿

2015 年 6 月 16 日二稿

2015 年 8 月 24 日三稿

于长安三爻

附录一

柳公权年表

唐代宗大历十三年　戊午（778）　一岁

柳公权出生于京兆华原，即今陕西省铜川市耀州区关庄柳家原人。祖父柳正礼，官至邠州司户曹参军。父亲柳子温，曾任丹州刺史。兄柳公绰，比柳公权大十三岁。

唐代宗大历十四年　己未（779）　二岁

五月，唐代宗崩。太子李适即位，为唐德宗。

唐德宗兴元元年　甲子（784）　七岁

颜真卿在蔡州为叛贼李希烈杀害。

唐德宗贞元元年　乙丑（785）　八岁

兄柳公绰应制举登科，授秘书省校书郎，正九品上。

唐德宗贞元四年　戊辰（788）十一岁

兄柳公绰授渭南县尉。

唐德宗贞元五年　己巳（789）十二岁

公权嗜学，此年已能作辞赋。

唐德宗贞元十七年　辛巳（801）二十四岁

书《李说碑》，郑儋撰文，后追立于洛阳。

唐德宗贞元二十一年　乙酉（805）二十八岁

唐顺宗永贞元年

正月，唐德宗崩。太子李诵即位，为唐顺宗。

八月，顺宗退位，称太上皇。太子李纯即位，为唐宪宗。

书《符元亮碑》，立于京兆。

唐宪宗元和元年　丙戌（806）二十九岁

登进士科，为状元。又登博学宏词科，授秘书省校书郎，正九品上。

唐宪宗元和二年　丁亥（807）三十岁

在校书郎任上。

兄柳公绰为武元衡判官，随之入蜀。

唐宪宗元和四年　己丑（809）三十二岁

在校书郎任上。

兄柳公绰为成都少尹。二月二十九日，柳公绰正书、裴度撰文、鲁建镌字《蜀丞相诸葛武侯祠堂记》立于成都。

唐宪宗元和五年　庚寅（810）　三十三岁

在校书郎任上。

兄柳公绰改谏议大夫。由吏部郎中拜御史中丞。

唐宪宗元和六年　辛卯（811）　三十四岁

在校书郎任上。

兄柳公绰为潭州刺史，充湖南观察使。

唐宪宗元和八年　癸巳（813）　三十六岁

在校书郎任上。

兄柳公绰移为鄂州刺史，鄂岳观察使。迎母亲崔氏至江夏。

唐宪宗元和十年　乙未（815）　三十八岁

在校书郎任上。

兄柳公绰奉诏讨伐武元济，大胜。

唐宪宗元和十一年　丙申（816）　三十九岁

在校书郎任上。

兄柳公绰入为给事中，拜京兆尹，以母崔氏忧免。

唐宪宗元和十二年　丁酉（817）　四十岁

在校书郎任上。

十月，正书《柳州复大云寺记》，柳宗元撰文。

唐宪宗元和十四年　己亥（819）　四十二岁

五月，被夏州刺史李听辟为掌书记兼判官、太守寺协律郎，正八品上。

兄柳公绰为刑部侍郎，领盐铁运转使。

唐宪宗元和十五年 庚子（820） 四十三岁

正月，唐宪宗被宦官陈弘志所杀。太子李恒即位，是为唐穆宗。

在夏州任上。三月，奉使入京奏事，因前有《题朱审寺壁山水画诗》书法为穆宗常识，二十三日，穆宗诏见，拜为右拾遗，充翰林侍书学士，从八品上。

正书并篆额《薛苹碑》，孟简撰文，立于河中。

兄柳公绰转兵部侍郎，兼御史大夫。

唐穆宗长庆元年 辛丑（821） 四十四岁

在右拾遗、翰林侍书学士任上。

亡父柳子温因兄柳公绰而赠为尚书右仆射。

兄柳公绰改京兆尹、兼御史大夫，后改礼部侍郎、银青光禄大夫。

唐穆宗长庆二年 壬寅（822） 四十五岁

九月，迁右补阙，从七品上。

兄柳公绰改尚书左丞。

唐穆宗长庆三年 癸卯（823） 四十六岁

在右补阙、翰林侍书学士任上。

兄柳公绰为检校户部尚书、襄州刺史、山南东道节度使。

唐穆宗长庆四年 甲辰（824） 四十七岁

正月，唐穆宗因服金丹致死。太子李湛即位，是为唐敬宗。

四月六日，书《金刚经》，强演、邵建和镌刻，立于京兆西明寺。

六月，书《大觉禅师塔碑》，李渤撰文，胡证篆额，立于赣州。

十一月，出翰林院，为起居郎，从六品上。

十二月九日，偕谏议大夫独孤郎等抗疏，论淮南节度使王播厚赂求领盐铁使之事。

兄柳公绰加检校左仆射。

唐敬宗宝历元年　乙巳（825）　四十八岁

在起居郎任上。

正月二十四日，题王献之《洛神赋》。

唐敬宗宝历二年　丙午（826）　四十九岁

在起居郎任上。

随州立兄柳公绰正书《紫阳先生碑铭》，李白撰文。

唐敬宗被宦官刘克明杀害，二弟李昂即位，是为唐文宗。

唐文宗大和元年　丁未（827）　五十岁

在起居郎任上。

八月，兄柳公绰充邠州刺史，邠宁节度使。

唐文宗大和二年　戊申（828）　五十一岁

三月十日，见任司封员外郎，从六品上。

题王献之《送梨帖跋》。

五月二十一日，又充侍书学士，赐紫。

七月，书《涅槃和尚碑》，武翊黄撰文，立于洪州。

十一月二十一日，改库部郎中，从五品上。

唐文宗大和三年　己酉（829）　五十二岁

在库部任上。

四月六日，正书并篆额《李晟碑》，裴度撰文，立于高陵。

唐文宗大和四年　庚戌（830）　五十三岁

正月，书《王播碑》，李宗闵撰文，立于华原。并书《王播志》，牛僧孺撰文。

兄柳公绰为太原尹、北都留守、河东节度观察使。

唐文宗大和五年　辛亥（831）　五十四岁

二月，书《韦文恪志》，庾敬休撰文。

兄柳公绰致书宰相李宗闵，替弟"乞换一散秩"。

七月十五日，出翰林院，迁右司郎中，从五品上。

十二月，书《京兆太清宫钟铭》，冯宿撰文。

唐文宗大和六年　壬子（832）　五十五岁

在右司郎中任上。

兄柳公绰以病自河东征还。三月授兵部尚书，四月三日卒，赠太子太保，谥号"成"。

唐文宗大和七年　癸丑（833）　五十六岁

迁兵部郎中，从五品上。弘文馆学士。

书《升玄刘先生碑》，冯宿撰文，唐玄度篆额。

唐文宗大和八年　甲寅（834）　五十七岁

十月十五日，充翰林院侍书学士。

唐文宗大和九年　乙卯（835）　五十八岁

九月十二日，加知制诰。

唐文宗开成元年　丙辰（836）　五十九岁

四月二十日，书《回元观钟楼碑》，令狐楚撰文，邵建和刻字，立于万年县。

九月二十八日，为中书舍人，正五品上，充翰林院书诏学士。

十一月，书《王智兴碑》，裴度撰文，丁居晦篆额，立于洛阳。

唐文宗开成二年 丁巳（837） 六十岁

二月，于未央宫应制作诗，贺边军支春衣。

四月十一日，于便殿君臣对答，直言谏诤，授谏议大夫。

五月，正书并篆额《冯宿碑》，王起撰文，立于万年县。

七月，书《阴符经序》，郑瀚撰文，孙文杲镌刻，立于洛阳。

十一月十日，文宗召麟德殿对答。

书并篆额《罗公碑》，李绛撰文，立于洛阳。

撰文并书《柳遵师志》，立于华原。

唐文宗开成三年 戊午（838） 六十一岁

正月，书《崔稹碑》，李绛撰文，立于洛阳。

夏日，与文宗及诸学士联句，有"熏风自南来"句。

七月，书《韦元素碑》，丁居晦撰文，立于万年县。

九月二十八日，迁工部侍郎，正四品下，翰林学士承旨。

唐文宗开成四年 己未（839） 六十二岁

七月，书《元锡碑》，李宗闵撰文，立于咸阳。

书《庄淑公主碑》，杜牧撰文，立于万年县。

书《宪穆公主碑》，立于万年县。

秋日，书《山南西道驿路记》，刘禹锡撰文，立于兴元。

书《李有裕碑》，李景让撰文，立于万年县。

唐文宗开成五年 庚申（840） 六十三岁

奉敕撰文并书《何进滔碑》，唐玄度篆额，立于大名。

二月，书《罗让碑》，王起撰文，立于高陵。

唐文宗被宦官软禁抑郁而死。弟李炎即位，是为唐武宗。

三月九日，罢内职，授右散骑常侍，从三品。宰相崔珙荐为集贤院学士、判院事。

书《李听碑》，李石撰文，立于京兆。

书并篆额《苻璘碑》，李宗闵撰文，邵建和镌刻，立于富平。

唐武宗会昌元年　辛酉（841）　六十四岁

五月，书《崔陲碑》，刘禹锡撰文，立于偃师。

十二月，书《玄秘塔碑》，裴休撰文，立于京兆。

遵命诗作《应制为官嫔咏》。

唐武宗会昌二年　壬戌（842）　六十五岁

见封河东县开国伯。

十月，左授太子詹事。

唐武宗会昌三年　癸亥（843）　六十六岁

四月，奉敕书《神策军碑》，崔铉撰文，徐方平篆额，立于万年县。

十月，书《昊天观碑》，王起撰文，徐方平篆额，立于万年县。

唐武宗会昌四年　甲子（844）　六十七岁

四月，书《金刚经》，郑一体题额，立于京兆。

二月，书《高重碑》，高元裕撰文，立于伊阳。

唐武宗会昌五年　乙丑（845）　六十八岁

书《李载义碑》，裴璟撰文，立于万年县。

唐武宗会昌六年　丙寅（846）六十九岁

三月，唐武宗崩。李忱即位，是为唐宣宗。

改太子宾客，正三品。

书《李石碑》，李德裕撰文，立于孟州河阴汉祖庙内。

唐宣宗大中元年　丁卯（847）七十岁

转太子少师，从二品。上谢表。

宣宗召见，御前书三纸"卫夫人传笔法于王右军"等。上赐锦彩银器。

正月，书《商於驿路记》，韦琮撰文，李商隐篆额，立于商州。

四月，书并篆额《王起碑》，李回撰文，立于三原。

书《太仓箴》，李商隐撰文，立于京兆。

书《苏氏墓志》，苏涤撰文。

唐宣宗大中二年　戊辰（848）七十一岁

迁金紫光禄大夫、上柱国、国子祭酒，封河东郡开国公，食邑二千户。

书《刘沔碑》，韦博撰文，唐玄度篆额，李从庆镌刻。

唐宣宗大中三年　己巳（849）七十二岁

五月十九日，书并篆额《牛僧孺碑》，李珏撰文，立于万年县。

并书《赠太尉牛僧孺墓志》，杜牧撰。

唐宣宗大中四年　庚午（850）七十三岁

书《普光王寺碑》，李邕旧文，重立于万年县。

唐宣宗大中六年　壬申（852）七十五岁

二月二十日，书《韦正贯碑》，萧邺撰文，立于万年县。

撰文、篆额并书《刘荣璨碑》，立于万年县。

唐宣宗大中七年　癸酉（853）　七十六岁

八月，与天台僧清观交游。书"大中国清之寺"额及批答。

书并篆额《魏谟先庙碑》，崔屿撰文，后于咸通中立于京兆昌东里。

十一月十日，书《高元裕碑》，萧邺撰文，立于洛阳。

撰文并书《康约言碑》，立于万年县。

书《薛苹碑》，李宗闵撰文，立于绛州。

书《刘君碑》，刘三复撰文，立于徐州。

书《观音院记》，段成式撰文，立于京兆。

唐宣宗大中八年　甲戌（854）　七十七岁

为太子太傅，正二品。

书《崔从碑》，蒋伸撰文，立于寿安。

唐宣宗大中九年　乙亥（855）　七十八岁

十月十三日，篆额《圭峰禅师碑》，裴休撰文并正书，邵建和镌刻，立于鄠县。

撰文并书《濮阳长公主碑》，立于万年县。

唐宣宗大中十一年　丁丑（857）　八十岁

四月二十六日，书《复东林寺碑》，崔黯撰文，立于庐山东林寺。

唐宣宗大中十二年　戊寅（858）　八十一岁

正月初一，含光殿受朝称贺，误上尊号，为御史弹劾，罚一季俸禄。

唐宣宗大中十三年　己卯（859）　八十二岁

正书西明寺《金刚经》立于安国寺。

八月，唐宣宗因服长生药崩。李漼即位，是为唐懿宗。

唐懿宗咸通元年　庚辰（860）　八十三岁

春，从孙蓝田县尉柳珪擢右拾遗，或以不能事父，有司驳还其制，偕侄柳仲郢为之讼枉。

改太子少傅。

唐懿宗咸通二年　辛巳（861）　八十四岁

八月八日，为福州"九峰镇国禅院"题额。

书《蒋系先庙碑》，郑处晦撰文，立于万年县。

唐懿宗咸通四年　癸未（863）　八十六岁

书《封敖碑》，立于京兆。

唐懿宗咸通五年　甲申（864）　八十七岁

书《魏谟碑》，令狐绹撰文，立于凤翔。

唐懿宗咸通六年　乙酉（865）　八十八岁

柳公权卒。赠太子太师。

葬于京兆华原让义村原畔，即今陕西铜川耀州关庄让义村北二里处。墓碑系清代乾隆年间毕沅书，重立。

附录二

史评辑录

公权字诚悬。幼嗜学，十二能为辞赋。元和初，进士擢第，释褐秘书省校书郎。李听镇夏州，辟为掌书记。穆宗即位，入奏事，帝召见，谓公权曰："我于佛寺见卿笔迹，思之久矣。"即日拜右拾遗，充翰林侍书学士，迁右补阙、司封员外郎。穆宗政僻，尝问公权笔何尽善，对曰："用笔在心，心正则笔正。"上改容，知其笔谏也。历穆、敬、文三朝，侍书中禁。公绰在太原，致书于宰相李宗闵云："家弟苦心辞艺，先朝以侍书见用，颇偕工祝，心实耻之，乞换一散秩。"乃迁右司郎中，累换司封、兵部二郎中、弘文馆学士。

文宗思之，复召侍书，迁谏议大夫。俄改中书舍人，充翰林书诏学士。每浴堂召对，继烛见跋，语犹未尽，不欲取烛，宫人以蜡泪揉纸继之。从幸未央宫苑中，驻辇谓公权曰："我有一喜事，边上衣赐，久不及时，今年二月给春衣讫。"公权前奉贺，上曰："单贺未了，卿可贺我以诗。"宫人迫其口进，公权应声曰："去岁虽无战，今年未得归。皇恩何以报，春日得春衣。"上悦，激赏久之。

便殿对六学士，上语及汉文恭俭，帝举袿曰："此浣濯者三矣。"学士皆赞咏帝之俭德，惟公权无言，帝留而问之，对曰："人主当进贤良，退不肖，纳谏诤，明赏罚。服浣濯之衣，乃小节耳。"时周墀同对，为之股栗，公权辞气不可夺。帝谓之曰："极知舍人不合作谏议，以卿言事有诤臣风采，却授卿谏议大夫。"翌日降制，以谏议知制诰，学士如故。

开成三年，转工部侍郎，充职。尝入对，上谓曰："近日外议如何？"公权对曰："自郭旼除授邠宁，物仪颇有臧否。"帝曰："旼是尚父之从子，太皇太后之季父，在官无过。自金吾大将授邠宁小镇，何事议论耶？"公权曰："以旼勋德，除镇攸宜。人情论议者，言旼进二女入宫，致此除拜，此信乎？"帝曰："二女入宫参太后，非献也。"公权曰："瓜李之嫌，何以户晓？"因引王珪谏太宗出庐江王妃故事，帝即令南内使张日华送二女还旼。公权忠言匡益，皆此类也。累迁学士承旨。

武宗即位，罢内职，授右散骑常侍。宰相崔珙用为集贤学士、判院事。李德裕素待公权厚，及为珙奏荐，颇不悦。左授太子詹事，改宾客。累迁金紫光禄大夫、上柱国、河东郡开国公，食邑二千户。复为左常侍、国子祭酒。历工部尚书。咸通初，改太子少傅，改少师，居三品、二品班三十年。六年卒，赠太子太师，时年八十八。

公权初学王书，遍阅近代笔法，体势劲媚，自成一家。当时公卿大臣家碑板，不得公权手笔者，人以为不孝。外夷入贡，皆别署货贝，曰此购柳书。上都西明寺《金刚经碑》备有钟、王、欧、虞、褚、陆之体，尤为得意。文宗夏日与学士联句，帝曰："人皆苦炎热，我爱夏日长。"公权续曰："薰风自南来，殿阁生微凉。"时丁、袁五学士皆属继，帝独讽公权两句，曰："辞清意足，不可多得。"乃令公权题于殿壁，字方圆五寸，帝视之，叹曰："钟、王复生，无以加焉！"

大中初，转少师，中谢。宣宗召升殿，御前书三纸，军容使西门季玄捧砚，枢密使崔巨源过笔。一纸真书十字，曰"卫夫人传笔法于王右军"；一纸行书十一字，曰"永禅师真草《千字文》得家法"；一纸草书八字，曰"谓语助者焉哉乎也"。赐锦彩、瓶盘等银器，仍令自书谢状，勿拘真行，帝尤奇惜之。

公权志耽书学，不能治生，为勋戚家碑板，间遗岁时钜万，多为主藏竖海鸥、龙安所窃。别贮酒器杯盂一笥，缄縢如故，其器皆亡。讯海鸥，乃曰："不测其亡。"公权哂曰："银杯羽化耳。"不复更言。所宝惟笔砚图画，自扃锸之。常评砚，以青州石末为第一，言墨易冷，绛州黑砚次之。精《左氏传》《国语》《尚书》《毛诗》《庄子》。每说一义，必诵数纸。性晓音律，不好奏乐。常云"闻乐令人骄怠故也"。

————后晋　刘昫等撰《旧唐书·柳公权传》

公权，字诚悬，公绰弟也。年十二，工辞赋。元和初，擢进士第。李听镇夏州，表为掌书记。因入奏，穆宗曰："朕尝于佛庙见卿笔迹，思之久矣。"即拜右拾遗、侍书学士，再迁司封员外郎。帝问公权用笔法，对曰："心正则笔正，笔正乃可法矣。"时帝荒纵，故公权及之。帝改容，悟其以笔谏也。公绰尝寓书宰相李宗闵，言家弟本志儒学，先朝以侍书见用，颇类工祝，愿徙散秩。乃改右司郎中、弘文馆学士。

文宗复召侍书，迁中书舍人，充翰林书诏学士。尝夜召对子亭，烛穷而语未尽，宫人以蜡液濡纸继之。从幸未央宫，帝驻辇，曰："朕有一喜，边戍赐衣久不时，今中春而衣已给。"公权为数十言称贺，帝曰："当贺我以诗。"宫人迫之，公权应声成文，婉切而丽。诏令再赋，复无停思，天子甚悦，曰："子建七步，尔乃三焉。"常与六学士对便殿，帝称汉文帝恭俭，因举袂曰："此三澣矣！"学士皆贺，独公权无言。帝问之，对曰："人主当进贤，退不肖，纳谏诤，明赏罚。服澣濯之衣，此小节耳，非有益治道者。"异日，与周墀同对，论事不阿，墀为惴恐，公权益不夺，帝徐曰："卿有诤臣风，可屈居谏议大夫。"乃自舍人下迁，仍为学士知制诰。

开成三年，转工部侍郎。召问得失，因言："郭旼领邠宁，而议者颇有臧否。"帝曰："旼，尚父从子，太皇太后季父，官无玷邮，自大金吾位方镇，何所更议？"答曰："旼诚勋旧，然人谓献二女乃有是除，信乎？"帝曰："女自参承太后，岂献哉？"公权曰："疑嫌间不可户晓。"因引王珪谏庐江王妃事。是日，帝命中官自南内送女还眰家。其忠益多类此。迁学士承旨。

武宗立，罢为右散骑常侍。宰相崔珙引为集贤院学士，知院事。李德裕不悦，左授太子詹事，改宾客。累封河东郡公，复为常侍，进至太子少师。大中十三年，天子元会，公权稍耄忘，先群臣称贺，占奏忽谬，御史劾之，夺一季俸，议者恨其不归事。咸通初，乃以太子太保致仕。卒，年八十八。赠太子太师。

公权博贯经术，于《诗》《书》《左氏春秋》《国语》、庄周书尤邃，每解一义，必数十百言。通音律，而不喜奏乐，曰："闻之令人骄惰。"其书法结体劲媚，自成一家。文宗尝召与联句，帝曰："人皆苦炎热，我爱夏日长。"公权属曰："薰风自南来，殿阁生微凉。"他学士亦属继，帝独讽公权者，以为词情皆足，命题于殿壁，字率径五寸，帝叹曰："钟、王无以尚也！"其迁少师，宣宗召至御座前，书纸三番，作真、行、草三体，奇秘，赐以器币，且诏自书谢章，无限真、行。当时大臣家碑志，非其笔，人以子孙为不孝。外夷入贡者，皆别署货贝曰："此购柳书。"尝书京兆西明寺《金刚经》，有钟、王、欧、虞、褚、陆诸家法，自为得意。凡公卿以书赈遗，盖钜万，而主藏奴或盗用。尝贮杯盂一笥，縢识如故，而器皆亡，奴妄言囸测者，公权笑曰："银杯羽化矣！"不复诘。惟研、笔、图籍，自镉秘之。

——宋　欧阳修、宋祁撰《新唐书·柳公权传》

延年之笔，颜筋柳骨。散落人间，宝为神物。

——宋　范仲淹《祭石曼卿》

柳少师书，本出于颜，而能自出新意，一字百金，非虚语也。其言"心正则笔正"者，非独讽谏，理固然也。世之小人，书字虽工，而其神情终有睢盱侧媚之态，不知人情随想而见，如《韩子》所谓窃斧者乎，抑真尔也？然至使人见其书而犹憎之，则其人可知矣。余谪居黄州，唐林夫自湖口以书遗余，云："吾家有此六人书，子为我略评之而书其后。"林夫之书过我远矣，而反求于予，何哉？此又未可晓也。

何当火急传家法，欲见诚悬笔谏时。

——宋　苏轼《东坡题跋》《柳氏二外甥求笔迹》

柳公权《谢紫丝趿鞋帖》，笔势往来如用铁丝纠缠，诚得古人用笔意。

东坡道人少日学《兰亭》，故其书姿媚似徐季海，至酒酣放浪，意忘工拙，字特瘦劲似柳诚悬。

——宋　黄庭坚《山谷论书》

柳公权《国清寺》，大小不相称，费尽筋骨。

柳公权师欧，不及远甚，而为丑怪恶札之祖。自柳世始有俗书。

柳与欧为丑怪恶札祖，其兄公绰乃不俗于兄，筋骨之说出于柳。世人但以怒张为筋骨，不知不怒张，自有筋骨焉。

欧、虞、褚、柳、颜皆一笔书也。安排费工，岂能垂世。

柳公权如深山道士，修养已成，神气清健，无一点俗尘。

——宋　米芾《海岳名言》

公权博贯经术，正书及行，皆妙品之最，草不失能。盖其法出于颜，而加以遒劲丰润，自名一家，而不及颜之体局宽裕也。

——宋　朱长文《续书断》

颜筋柳骨，古有成说。公权《赤箭帖》，字瘦而不骨露，沉着痛快而气象雍容，欧、虞、褚、薛不足道焉。枯润纤浓，掩映相发，非复世能仿佛。

——宋　周必大《平园集》

"心正则笔正"与"意在笔前，字居心后"，皆名言也。

颜、柳结体既异古人，用笔复溺于一偏，予评二家为书法之一变。数百年间，人争效之，字画刚劲高明，固不为书法之无助，而晋、魏之风轨，则扫地矣。然柳氏大字，偏旁清劲可喜，更为奇妙。近世亦有仿效之者，则俗浊不除，不足观。故知与其太肥，不若瘦硬也。

——宋　姜夔《续书谱》

诚悬书《金刚经》，柳玭谓，备有钟、王、欧、虞、褚、陆之体。今考其书，诚为绝艺，尤可贵也。

——宋　董逌《广川书跋》

右军曾写《换鹅经》，珠黍仙书骨气清。

看到柳公心正处，千年笔谏尚驰名。

——元　赵岩《题唐柳诚悬楷书度人经真迹》

柳法遒媚劲健，与颜司徒媲美。书家谓惊鸿避弋，饥鹰下韝，不足喻其驾意。

所书《兰亭》帖，去山阴室虽远，大要能师神而离迹者也。

此碑（玄秘塔碑）柳书中最露筋骨者。遒媚劲健固不乏，要之晋法一大变耳。

——明　王世贞《书林藻鉴》《弇州山人稿》

柳诚悬书，极力变右军法，盖不欲与《禊帖》面目相似。所谓神奇化为臭腐，故离之耳。凡人学书，以姿态取媚，鲜能解此。余于虞褚颜欧，皆曾仿佛十一。自学柳诚悬，方悟用笔古淡处。自今以往，不得舍柳法而趋右军也。

余曾见柳诚悬小楷《度人经》，遒劲有致。蔡君谟《茶录》，颇仿之。

——明　董其昌《画禅室随笔》

柳书惟此碑（玄秘塔碑）盛行，结体若甚苦者，然其实是纵笔、盖肆意出之，略不粘滞，故不觉其锋棱太厉也。全是颜鲁公《家庙碑》来，久之熟而浑化、亦遂自成家矣，此碑刻手甚工，并其运笔意俱刻出，纤毫无失。今唐碑存世能具笔法者，当以此为第一。

——明　孙文融《书画跋跋》

杨子云以"书为心画"，柳诚悬谓"心正则笔正"，皆书家名言也。大书笔笔从心画出，必端人雅士，胸次光莹，胆壮气完，肆笔而书，自然庄重温雅，为世所珍。故学书自作人始，作人自正心始，未有心不正而能工书者；即工，随纸墨而渝灭耳。

——明　费瀛《大书长语》

柳诚悬骨鲠气刚，耿介特立，然严厉不温和矣。

——明　项穆《书法雅言》

此碑柳书结字小差胜《玄秘塔碑》，尚不堪与薛稷雁行。杨用修云，亚于《庙堂碑》，过矣。

书虽似劲健而不免脱巾露肘之病，大都源出鲁公而多疏，此碑是其尤甚者。

——明　赵崡《石墨镌华》

柳诚悬墨迹帖（《蒙诏帖》）一卷，是真，笔法劲爽而纵横悉如意志，盖自文皇，大令而自成家，奇妙。

——明　詹景凤《玄览篇》

诚悬《冯尚书碑》亚于《庙堂碑》。

书法端劲中带有温恭之致，乃其最得意之笔。

其书亦带有婵娟不胜罗绮之致。

字虽剥落，然一看挺拔不群之概，尚可扪而得之也。

——明　孙承泽《庚子消夏记》

书有气格。唐元宗李璟，字伯玉。都金陵。楷法匀稳。小楷边镐奏状。江南后主李煜，字重光，元宗长子。降宋封吴王，宋太宗鸩杀之。书师薛稷，得柳诚悬拨镫法。小楷心经，智藏禅师真赞。

——明　丰坊《书诀》

（《玄秘塔碑》）是柳书之极有筋骨者，刻手精工，唐碑罕能及之，故可宝也。

——明　盛时泰《苍润轩碑跋》

正书之擅名者，自魏钟繇而至于宋，仅得四十四人，而唐柳诚悬实铮铮乎其间，则夫墨妙笔精，有不待赞者。

——明　宋濂《翰苑集》

慎伯谓自柳少师后，遂无有能作小楷者，论亦过高。米海岳《九歌》，赵松雪《黄庭内景经》，皆能不失六朝人遗法，但其他书不能称是，遂为识者所轻。文征仲《黄庭经》亦与右军原书酷似，但恨用笔太工巧耳。

——清　吴德旋《初月楼论书随笔》

柳书《玄秘塔》出自颜真卿《郭家庙》。

故书也者，心学也。

——清　刘熙载《艺概》

柳则学书于颜而少变其法，颜法宽展，柳法收敛。徐浩亦学书于平原，而尽得其秘，肖其神，《不空和尚碑》乃兼《多宝》《争坐》之长也。裴休私淑欧阳，后与柳诚悬同朝，日夜讲论，书遂精妙。《圭峰定慧》其极作也。晋、唐人多能书，兹特举其大者，余不能悉登也。

《玄秘塔碑》是诚悬极矜炼之作。

——清　王澍《翰墨指南》《虚舟题跋》

颜书胜柳书，柳书法却甚备，便初学。

——清　冯班《钝吟书要》

心正笔正，前人多以道学借谏为解，独弟以为不然，只要用极软羊毫落纸，不怕不正，不怕不著意把持，浮浅恍惚之患，自然静矣。

——清　梁同书《频罗庵论书》

柳公权曰，心正则笔正。笔正则锋易正，中锋即是正锋。古人谓心正则气定，气定则腕活，腕活则笔端，笔端则墨注，墨注则神凝，神凝则象滋，无意而皆意，不法而皆法。此正是先天一著工夫，省却多少言思拟议，所谓一了百了也。

——清　周星莲《临池管见》

字字藏锋，书家共赏。米海岳（芾）所谓小字要如大字，有寻丈之势也，此也。诚悬（柳公权）之论曰："尖如椎，捺如凿，不得出，只得却。"是非极工于笔者不能。

——清　叶奕苞《金石补录》

李后主云：后世书家可得右军之一体。虞世南得其美韵而失其俊迈，欧阳询得其力而失其温秀，褚遂良得其意而失其变化，薛稷得其清而失于窘拘，颜真卿得其筋而失于粗鲁，柳公权得其骨而失于生犷，徐浩得其肉而失于俗，李邕得其气而失于体格，张旭得其法而失于狂。独献之俱得，而失于惊急，无蕴藉态度。余谓此评诚有根据，但欧甚秀，褚变化，而张亦可商，因改其语曰：欧得其力而失其变化，褚得其巧而失其拙，张得其变化而失其收敛。未知有识者又以余言为何如也？

柳诚悬"心正则笔正"一语，余虽于三四年前指为千秋笔决，扫却"笔谏"之说，但究未实在体验，大段以一念不杂为正。戊子四月望后一日，在黔使院见山书屋作小楷，觉弩、策、波、磔至后半心辄动。动即偏，偏即坏矣。乃沉其心而正之，往往十得七八。

——清　杨宾《大瓢偶笔》

（颜）平原如耕牛，稳实而利民用。而柳书法度甚备，便初学。

——清　包世臣《艺舟双楫》

虞、褚、薛、陆传其遗法，唐世惟有此耳。中唐以后，斯派渐混，后世遂无嗣音者，此则颜、柳丑恶之风败之欤？

欧、虞、褚、薛，笔法虽未尽亡，然浇淳散朴，古意已漓，而颜、柳迭奏，澌灭尽矣！

《高元裕碑》有龙跳虎卧之气。

诚悬虽云出欧，其瘦硬亦出《魏元预》《贺若谊》为多。唐世小碑，开元以前，习褚、薛者最盛。后世帖学，用虚瘦之书益寡，惟柳、沈之体风行，今习诚悬师《石经》者，乃其云礽也。

柳之《冯宿》《魏公先庙》《高元裕》最可学，直可缩入卷折。大卷得此，清劲可喜，若能写之作折，尤为遒媚绝伦。

——清　康有为《广艺舟双楫》

（柳公权《蒙诏帖》）险中生态。力变右军。

——清　玄烨

柳诚悬书，平原以后莫与竞者。《和尚碑》天骨开张，虽不善学者，流为犷悍，然如《苻璘碑》《魏公先庙碑》《刘沔》《冯宿》皆敛才就范，终归淡雅。《高元裕》一碑，尤为完美，自斯厥后，虽有作者，不能自辟门户矣。故余撰《楷法溯源》，以唐代为断。

——清　杨守敬《学书迩言》

柳书香光服其下笔古涩，此非深于此事者不知。好之者以为开朗，病之者以为支离，皆皮相也。《冯宿》《苻璘》二碑字较少于《大达和尚碑》，而魄力雄浑一同，此时何等神力。

——清　郭尚先《芳坚馆题跋》

柳诚悬用力捉笔，刚猛之气无敌千古；至布置点画，必以长短补砌，邪正撑拄，其法律森严难犯，欲参以他家一笔不得，虽乏恬澹雍容之度，而廉顽立懦，非此不能中人骨髓也。世因诚悬、清臣同用正锋，遂号为一派。然柳之超脱神骏，颜似不及；而甘弃晋法，则柳为差甚耳。前辈论草书。谓古人作草如今人作真，何尝有一笔苟且。余谓晋人作真，亦如今人作草，并无一笔留滞。柳书则一意作真，以求入木三分之力，奈筋骨外露，笔笔皆属尽境。即以力言，亦反不若晋人之沉着也。《冯宿碑》与此手笔小异，惜剥蚀已甚矣。

——清　侯仁朔《侯氏书品》

山谷学柳诚悬，而直开画兰画竹之法。

——清　钱泳《履园丛话》

附录三　参考文献

1.《旧唐书》，刘昫等，中华书局。

2.《新唐书》，欧阳修、宋祁，中华书局。

3.《资治通鉴》，司马光，中华书局。

4.《苏轼文集》，中华书局。

5.《唐语林》，王谠，学苑出版社。

6.《金石录》，赵明诚，齐鲁书社。

7.《山谷题跋》，黄庭坚，上海远东出版社。

8.《池北偶谈》，王士禛，中华书局。

9.《画禅室随笔》，董其昌，江苏教育出版社。

10.《学书迩言》，杨守敬，文物出版社。

11.《频罗庵论书》，梁同书，中华书局。

12.《艺概》，刘熙载，上海古籍出版社。

13.《广艺舟双楫》，康有为，上海书画出版社。

14.《中国史纲要》，翦伯赞，人民出版社。

15.《中国古代史纲》，李培浩，北京大学出版社。

16《中国美学史资料选编》，中华书局。

17.《中国古代文学史》，郭预衡，上海古籍出版社。

18.《大唐文化的奇葩》，三环出版社。

19.《隋唐五代史纲》，韩国磐，人民出版社。

20.《汉唐文化史》，熊铁基，湖南出版社。

21.《盛唐政治制度研究》，吴宗国，上海辞书出版社。

22.《唐代地域结构与运作空间》，李孝聪，上海辞书出版社。

23.《唐代文馆制度及其与政治和文学之关系》，李德辉，上海古籍出版社。

24.《唐朝大历史》，吕思勉，北京联合出版公司。

25.《细说唐代二十朝》，朱孟阳，京华出版社。

26.《唐史演义》，蔡东藩，中央编译出版社。

27.《全唐传》，佚名，内蒙古人民出版社。

28.《长安历史文化研究》，陕西人民出版社。

29.《大明宫唐诗辑注》，何建超、吴广怀，人民出版社。

30.《武则天正传》，林语堂，海南出版社。

31.《中国书法文化大观》，金开成、王岳川，北京大学出版社。

32.《中国书法全集》，刘正成，荣宝斋出版社。

33.《中国书法史》，钟明善，河北美术出版社。

34.《唐代书法家年谱》，朱关田，江苏教育出版社。

35.《历代书法家述评辑要》，刘遵三，齐鲁书社。

36.《历代书法论文选》，上海书画出版社。

37.《西安碑林名碑品评》，李正峰，陕西旅游出版社。

38.《中国书法家全集柳公权》，倪文东，河北教育出版社。

39.《柳公权评传》，何炳武、党斌，三秦出版社。

40.《历代著录法书目》，朱家溍，紫禁城出版社。

41.《柳宗元集》，尚永亮、洪迎华，凤凰出版社。

42.《白居易散文研究》，付兴林，中国社会科学出版社。

43.《刘禹锡集》，吴在庆，凤凰出版社。

44.《柳公权与范宽》，王仲德，《铜川地方志资料丛书》之二。

45.《铜川旧志拾遗》，王仲德，中国社会出版社。

46.《铜川史料辑佚》，王仲德，《铜川文史》第十一辑。

47.《唐代华原柳氏家族名人述略》，雷天启，《铜川经济社会研究》。

48.《柳公权》，刘文韬，耀县文物旅游局。

49.《铜川史遗》，黄卫平，三秦出版社。

50.《耀州名人撷英》，《耀州文史资料》第十一辑。

51.《耀州故事》，铜川市耀州区编。

52.《耀州志校注本》，耀州区史志办。

后 记

　　从事文学写作凡四十年，从体裁样式上说，诗、散文、报告纪实文学、小说、舞台剧、影视都曾涉猎过，唯独历史人物传记，撰写唐朝大书法家柳公权这样一位传主，对花甲之年的我来说是一个不小的精神负担。

　　也不就是最后的冲刺吗？犹疑之后，还是承应了下来。拼出全力，即使绊倒在前行的路上，也在所不辞。告老还乡后，为写好这本书，我又辗转往返于城乡之间，或钻进图书馆里查阅资料，上网搜索并甄别史实，或奔走于传主家乡的山原沟壑，在唐长安城遗址的角落里寻觅千年前的足迹和气息。围绕柳公权这个名字，广征博采，旁喻远引，徘徊流连，有点"疲马再三嘶"的意味，一晃就是两个春夏秋冬。

　　为之快意的是，我在穿越千年前那个令人神往的诗意的大唐王朝，沿着中国汉字书写从萌芽到长成参天大树的脉络潜行。在中晚唐先后九任皇帝的生生灭灭、英雄与奸臣的生死较量、文人的仕途与艺术造就的命运纠葛中，为之喜怒哀乐，哭了又笑了。此间，我是慰藉的，从容的，然而亦是一次艰难而风雨兼程的逆旅。

　　得感谢我唐代的乡党、瘦硬通神的柳老前辈，等候了一千多年的是他还是我，彼此总是有了这么一番美好的心灵交集。感谢中国历史文化名人传记丛书编委会的同仁们，感谢家乡铜川和耀州的诸多友人，给予我天时地利人和与一次敛籽的机遇，作为此生文学写作生涯的最后收获。

　　因文献史料繁复冗杂，诸类版本及言说表述文字不一，作者在甄别中难免有谬误之处，万望方家宽宥并教正，不胜感念。

和　谷

2015 年 8 月 24 日于华原南四

第五辑出版书目

图书在版编目（CIP）数据

真书风骨：柳公权传 / 和谷著. -- 北京：作家出版社，2016.1
（中国历史文化名人传丛书）
ISBN 978-7-5063-8680-7

Ⅰ.①真… Ⅱ.①和… Ⅲ.①柳公权（778～865）- 传记
Ⅳ.①K825.72

中国版本图书馆CIP数据核字（2015）第321841号

真书风骨——柳公权传

作　　者：和　谷
责任编辑：冯京丽
书籍设计：刘晓翔＋韩湛宁
责任印制：李卫东　李大庆
出版发行：作家出版社
社　　址：北京农展馆南里10号　　　　邮　　编：100125
电话传真：86-10-65930756（出版发行部）
　　　　　86-10-65004079（总编室）
　　　　　86-10-65015116（邮购部）
E-mail:zuojia@zuojia.net.cn
http://www.haozuojia.com（作家在线）
印　　刷：北京汇林印务有限公司
成品尺寸：152×230
字　　数：342千
印　　张：23.25
版　　次：2016年1月第1版
印　　次：2016年1月第1次印刷
ISBN 978-7-5063-8680-7
定　　价：39.00元